BADILE

KATHEDRALE AUS GRANIT

Herausgegeben von
Marco Volken

Mitarbeit:
Giuseppe Miotti

Texte und Porträts:
Marco Volken, Daniel Anker, Ursula Bauer, Res Blum, Giovanni Capra, Erminio Ferrari, Jürg Frischknecht, Luca Maspes, Giuseppe Miotti, Jiří Novák, Claude Rémy, Karin Steinbach Tarnutzer

Originalberichte:
Vitale Bramani, Hermann Buhl, Claudio Corti, Michel Darbellay, Betty Favre, Giuseppe Gugelloni, Zuzana Hofmannová, Dick Isherwood, Christian Klucker, Igor Koller, George Livanos, Francesco Lurani Cernuschi, Giuseppe Miotti, Gaston Rébuffat, Alfred Zürcher

Fotos:
Marco Volken, Ruedi Homberger und andere

BERGMONOGRAFIE
13

Ein Spielfeld für Bergsteiger aus aller Welt

Alle Abenteuer, die ich in den Bergen und Wänden der Alpen und der Welt erlebt habe, waren für mich von Bedeutung. Jedes war eine Etappe auf meinem Weg als Mensch und Bergsteiger, jedes schenkt mir auch heute noch Erinnerungen und Emotionen. Aber unter all meinen Unternehmungen liegt mir die Erstbegehung der Nordostwand des Pizzo Badile vielleicht am meisten am Herzen. Seit jenem fernen Jahr, in dem wir sie durchkletterten, nehmen diese Wand und der Badile selbst einen besonderen Platz in meinem Leben ein.
Mir lag immer viel an diesem Berg, nicht nur wegen der herrlichen Klettertouren und der Erinnerungen an meine Jugend. In der Gegend um den Badile habe ich viele, auch einzigartige und wertvolle Freundschaften schliessen können, wie etwa mit Dino Salis aus Bondo, mit Vera Cenini aus den Bagni del Masino, mit den Bergführern Fiorelli, besonders mit Giulio. Es ist für mich eine wahre Freude, dieses Werk von Marco Volken vorstellen zu dürfen, das jedem Geheimnis dieses Gipfels auf den Grund geht – eines Gipfels, der historisch zu den für den internationalen Alpinismus bedeutendsten gehört.
An den Wänden des Badile kann man, wie wohl nur an ganz wenigen anderen Bergen, ähnlich wie an geologischen Schichten den ganzen Weg des bergsteigenden Menschen ablesen, von Coolidges Normalroute im 19. Jahrhundert bis zu den modernsten Routen in den höchsten Schwierigkeitsgraden dieses neuen Jahrtausends. In beinahe 140 Jahren Abenteuer am herrlichen Granit des Badile, der manchmal sonnig und freundlich, manchmal feindlich und kalt ist, haben Bergsteiger aus aller Welt ein Spielfeld gefunden, das offen ist für alle, die neue Horizonte und neue Anregungen suchen – und sie können es auch heute noch finden.

Riccardo Cassin

Kunst: Martial Leiter zeichnet den Badile mit kräftigen Strichen (60 x 80 cm, 2006). Vordergründig von Norden, tatsächlich aus seiner Vorstellung. Zwischen Schwere und Chimäre schwebt der Berg, dessen Platten, Risse und Falten er so gut wie auswendig kennt, ohne ihn je betreten zu haben (Seite 8).

Kult: Riccardo Cassin blickt dem Fotografen gelassen in die Kamera. Soeben hat der 78-Jährige die Nordostwand zweimal innerhalb von zwei Wochen durchstiegen. Das hatte er schon früher gemacht, mehrmals. Das erste Mal 1937 – eine Erstbegehung, die in die Annalen des Alpinismus einging. Die Route heisst schlicht: Cassin (Seite 9).

Kalt: Kaum jemand verirrt sich ins winterliche Val Bondasca. Kälte klirrt, Wände vereisen, Winde tosen. Die Dezembersonne vermag den Badile, den Cengalo und die Gemelli (von rechts) bloss für wenige Augenblicke zu streifen, jeweils frühmorgens und spätabends; warm werden dabei höchstens die Farben (oben).

Inhalt

Mit dem Kopf durch die Wand

«Wenn das meine Mutter wüsste...»

Bernard Pierre, während der zweiten Begehung der Nordostwand
(aus: Gaston Rébuffat, Sterne und Stürme, 1955)

Klettern als Denksportart

«In dieser entsetzlichen Wand standen wir jetzt nur noch auf eingetriebenen Stiften. Wir kamen nach Aufwendung aller geistigen und physischen Kräfte ernst und wortlos ins kleine Kamin hinein [...]. Die Worte: ‹Es geht nicht› waren eine grenzenlose Enttäuschung für mich.» Es geht nach hartem Ringen doch, Walter Risch und Alfred Zürcher erreichen am selben Tag den Gipfel des Badile – als Erste über die Kante.

Geistige und physische Kräfte. Wer Zürchers Bericht liest – das kann man ab Seite 60 –, erlebt eine Erstbegehung, deren böseste Stellen nicht dank Fingermuskulatur und Fusstechnik, sondern in erster Linie dank höchstem psychischem Einsatz überwunden wurden. An sich keine neue Erkenntnis, im Gegenteil: Im Gegensatz zu den meisten übrigen Sportarten ist Alpinismus eine Kopfgeburt, eine kulturelle Leistung, die Entwicklung des Bergsteigens vor allem eine mentale – emotionale wie rationale – Angelegenheit. Bonatti erinnert daran, dass Berge jene Bedeutung besitzen, die ihnen die Menschen zumessen; von sich aus wären sie nur «ein Haufen Steine».

Aus der Perspektive des Bergsteigers sind Berge Bühnen, Hindernisse und Schwierigkeiten dienen als Requisiten. Es gibt grosse und kleine Bühnen. Eine der ganz grossen, eine Weltbühne, ist der Pizzo Badile. Renata Rossi – über sie später mehr – schrieb in ihrem Badile-Führer von 1989: «Wer durch die Granitseiten des Badile blättert, kann die Geschichte dieses grossen Bergs nachvollziehen [...] und darin grundlegende Meilensteine der alpinistischen Entwicklung entdecken.»

Zum Beispiel den Meilenstein von 1937, als sich Riccardo Cassin mit seinen Gefährten an die Nordostwand des Berges machte. Angesichts der Felsstruktur – eine einzige, riesige Granitplatte ohne erkennbare Schwachstellen – war die Wand selbst für einen solchen Ausnahmekönner ein grosses Fragezeichen. Noch am Ende des zweiten Tages, als zwei Drittel der Route bereits geschafft waren, wollte sich keine Zuversicht einstellen: «Wann werden wir den Gipfel erreichen? Welche und wie viele Schwierigkeiten warten auf uns? Werden wir sie überwinden?» Wer die Geschichte dieser epochalen Kletterfahrt liest – ab Seite 79 –, erlebt einen höchst dramatischen dritten Tag, den die zwei schwächsten Kletterer nicht überstanden. Dass drei weitere lebend davonkamen, war der mentalen Stärke und dem unbändigen Willen Cassins zu verdanken.

Hoffen und Bangen, Zuversicht und Zweifel liegen an einem Berg der Badile-Klasse sehr oft sehr nah beieinander. Selbst ein ausgesprochen heiterer und ausgeglichener Alpinist wie der französische Bergführer Gaston Rébuffat, erster Wiederholer der Cassin-Route in der Nordostwand, musste auf dem Weg nach oben durch ein regel-

rechtes Wechselbad der Gefühle gehen, wie er in seinem Band «Sterne und Stürme» zugab: «Der Piz Badile steht in der herrlichsten Gebirgslandschaft, die man sich nur denken kann», später «Jetzt singt es dauernd in uns», dann «Hier beginnt der Badile. Er sieht abschreckend aus», «Eine prächtige freie, ausgesetzte Kletterei, ein reines Vergnügen», «Ich habe Furcht, mir ist elend zu Mute», und schliesslich, auf dem Gipfel, «Alles hat ein neues Gesicht. Der Fels, die Sonne, die Menschen, die Farben, der Tabak ...». Stern- und Sturmstunden wechseln sich im Rhythmus ab. Genau 35 Jahre später analysierte Cassin im britischen «Alpine Journal»: «Wenn man aufzeigen will, dass die Bergsteiger vor 30 oder 40 Jahren den heutigen überlegen waren, dann weist man normalerweise auf die unterschiedliche Ausrüstung hin: Schuhe mit Filzsohlen, Leitern, eine kleine Hakenauswahl, Hanfseile. Das ist sicher richtig, trifft aber nicht den Kern der Sache, denn der liegt woanders. Ich glaube, dass das Wichtigste ist, dass die Bergsteiger damals beschlossen, die psychologischen Hemmnisse zu überwinden, die Barriere der Furcht mit grosser moralischer Kraft zu durchbrechen, in dem Bewusstsein und der Überzeugung, überall durchkommen zu können, auch wenn die Schwierigkeiten enorm scheinen.»
Mit dem Kopf durch die Wand.
Ob Coolidge, Klucker, Risch, Molteni, Cassin, Buhl, Darbellay & Co., die Rusconis, Koller, Stehliková und Hofmannová, sie alle mussten nicht nur grosse alpintechnische Schwierigkeiten überwinden, sondern auch – und vielleicht vor allem – mentale Barrieren einreissen. Bis hin zu Rossano Libera, der 2004 eine schwierige Route in der Nordwestwand als Erster allein im Winter

Traumziel: Der Badile, hier von Promontogno aus, lockt jedes Jahr Kletterer aus aller Welt. Viele kommen wieder, immer wieder. Am häufigsten Bergführer Siffredo Negrini aus Casaccia, der bis heute etwa 200 Mal zuoberst stand, mehr als 120 Mal über die Kante kletterte und etwa 60 Mal auf verschiedenen Routen durch die Nordostwand.

durchkletterte. In einem Interview äusserte er sich unmissverständlich: «Die Route hat mich knapp acht Tage lang in Beschlag genommen. Es war fast mehr eine menschliche denn eine alpinistische Erfahrung, weil du dich schlussendlich mit dir selbst misst, die Route ist beinahe nebensächlich. Der Berg hilft dir, dich selbst zu überwinden, denn in Wirklichkeit kämpfst du in solchen Augenblicken gegen dich selbst. Du hast einen Berg als Arena ausgewählt, du hast aus freien Stücken entschieden, da hinaufzusteigen. Es ist dir weder vom Berg noch von sonst wem aufgezwungen worden.»
Albert Frederick Mummery, einer der Wegbereiter des modernen Kletterns, bemerkte einmal: «Ich glaube, dass fast alle Berge diese drei Stadien durchgehen müssen; ein unerreichbarer Gipfel – der schwierigste Aufstieg in den Alpen – eine leichte Damentour.» Ein besonders schönes Beispiel für das Einreissen von Barrieren liefert die Geschichte des Frauenkletterns am Badile. Nehmen wir die Nordkante. 1923 schafften Risch und Zürcher das bis dahin für unmöglich Gehaltene. Einige Jahre lang, bis zur ersten Wiederholung, stand die Tour im Ruf, die schwierigste Granitkletterei der Alpen zu sein. Doch bereits 1935 turnte im Rahmen eines Ausflugs der Naturfreunde die erste Frau, Clärli Wyss, empor. Hatte sich in den 12 Jahren der Berg derart verändert? Oder die Ausrüstung, die Technik? Wohl kaum. In Wirklichkeit schaffte Frau Wyss die Route, weil sie an ihre Fähigkeiten glaubte – und den Mut hatte, gegen ein Tabu zu verstossen. Dasselbe galt 1961 für die erste reine Damenseilschaft, jene von Claudia Conti und Lena Rossi, oder 1977 für die erste Alleinbegehung durch die Veltlinerin Serena Fait. Dann, 1981, wurde die am Fusse des Badile aufgewachsene Renata Rossi (zusammen mit Serena Fait) erste Bergführer-Aspirantin Italiens. Auch sie musste auf dem Weg dorthin überkommene Vorstellungen über Bord werfen: «Es war nicht einfach, nein. Ich hatte gegen Unverständnis und Vorurteile der Bergführer-Ausbildner, aber auch der Kurskameraden anzukämpfen.» Noch im gleichen Jahr führte Frau Rossi einen männlichen Gast über die Kante. Damit schloss sich ein Kreis, wie er 1923 völlig undenkbar gewesen wäre. Alpinismus ist auch, das Undenkbare denkbar zu machen.

Wie schwierig ist schwierig?
Wie schön ist schwierig?

Lässt sich Fortschritt in Zahlen fassen? Im Klettern schon, zumindest ein Stück weit – mit den Schwierigkeitsbewertungen. Ursprünglich wurden sechs Grade definiert, der sechste galt als Grenze des Menschenmöglichen. Obwohl diese Vorstellung längst überholt ist, übte der sechste Grad bis vor ein, zwei Generationen eine magische Anziehungskraft auf Kletterer wie Laien aus. Der Badile spielte dabei eine herausragende Rolle, wie Alfonso Vinci 1938 festhielt: «Ausserhalb seiner Geburtsstätte, den Dolomiten, hat das Unternehmen des sechsten Grades einen der bedeutendsten Schauplätze in der riesigen Insel aus reinem Granit der Masino- und Bergellberge gefunden.»
Höchste Schwierigkeitsgrade und deren Pioniere – darum geht es im vorliegenden Buch. Aber auch um die damit verbundenen Emotionen und Erlebnisse. Vitale Bramani, als Erstbegeher der Nordwestwand und vieler weiterer Routen im Bergell gewiss kein Verachter anspruchsvollster Anstiege, notierte im Jahr 1936: «... was heute als Erstes an einer Kletterroute interessiert, ist der Schwierigkeitsgrad. Sobald wir von einer Erstbegehung oder sonst einer Bergtour heimkehren, wird uns immer die eine Frage gestellt: ‹Welcher Schwierig-

keitsgrad?›, mit der Gefahr, ein verhalten-ironisches Lächeln des Mitleids zu ernten, wenn es sich nicht mindestens um einen satten Fünfer handelt. […] Aber für uns, einfache Bergsteiger mit etwas antiquierter Mentalität und vielleicht noch nicht auf der Höhe der ‹modernen Technik›, für uns, die wir uns immer noch erlauben, mit unseren vier bescheidenen Pfoten zu klettern: Für uns zählen diese Tage in den Bergen nicht wegen der Schwierigkeitsgrade, sondern wegen der Beglückung, mit der sie uns beschenken, und wegen des hellen Lichts, das sie in unserer Seele hinterlassen.»
Ursula Corning, britisch-schweizerisch-amerikanische Dame aus gutem Hause, teilte im gleichen Jahr die Ansicht von Herrn Bramani. Zur Nordkante, die sie 1936 als dritte Frau beging, schrieb sie einen höchst inspirierenden Aufsatz, aus dem die folgenden Zeilen stammen: «Die Meinungen gingen weit auseinander. Es sei die am gefährlichsten ausgesetzte Kletterei der Alpen. Es sei eine Bagatelle, ‹viel Geschrei und wenig Wolle›. Es sei Grad +4 (dies von einem Italiener), während der Grépon nur 3 ½ sei. (Die Idee, einen grossartigen Berg als +4 zu bewerten und einen verfallenden Zahn wie die Torre Trieste als ‹oberen› +6, ist kriminell.) Es sei viel einfacher als die Aiguilles von Chamonix oder die Dolomiten. Offensichtlich gab's nur eins: hingehen und selbst schauen.»
Hingehen und selbst schauen: nach wie vor die beste Lösung.

Marco Volken

Kunststück: Ein Badile, wie er nur im Kopf existiert. Und auf einem Computer. Digitale Fotomontage des slowakischen, in der Schweiz lebenden Bergführers und Fotokünstlers Alexander Luczy, der die Nordkante – knapp rechts der Bildmitte – dreimal kletterte. Und dabei drei völlig unterschiedlichen Bergen begegnete.

ERSTE BESTEIGUNGEN
1867–1883

Erste Besteigungen

«Die Punta Trubinesca erscheint dem Autor als absolut unzugänglich, es sei denn, sie könne über die Nordrippe erreicht werden, die er nicht gesehen hat. Die Cima di Tschingel ist vermutlich erreichbar, aber ziemlich schwierig.»

John Ball, «Alpine Guide», 1864

Unbemannte Pracht: Bis 1867 sonnt sich der Badile in «splendid isolation» (vorangehende Doppelseite).

Touristische Attraktion: «The Punta Trubinesca and Cima di Tschingel, from St. Moritz» (unten). Frontispiz des 1875 erschienen Klassikers «Italian Alps» von Freshfield. Auf der Punta Trubinesca, dem heutigen Cengalo, hatte er 1866 als Erster gestanden. Ein Jahr später folgte Coolidge mit der Cima di Tschingel, dem heutigen Badile.

Mit dem Erfolg von Whymper am Matterhorn im Jahr 1865 geht eine wichtige Phase des Alpinismus zu Ende, jene der Erstbesteigungen. Bis auf wenige Ausnahmen sind alle wichtigen Viertausender der Alpen «bezwungen», darunter auch sehr anspruchsvolle. Bergsteigen entwickelt sich zur Trendsportart: Auf den einfachen Gipfeln und Gletschern am Mont Blanc, im Wallis oder im Berner Oberland stehen sich die Touristen gegenseitig auf die Füsse.
Zu dieser Zeit ist das Massiv zwischen Bergell und Val Masino immer noch ein blinder Fleck in den Karten und Köpfen der Alpinisten: Abgesehen vom Pizzo Porcellizzo, dessen Besteigung im Jahr 1835 durch den Topografen Johannes Eschmann rein wissenschaftlichen Charakter hatte, sind die Gipfel samt und sonders noch unbestiegen, unbeschrieben, sie tragen zum Teil nicht einmal einen Namen. Und dies, obwohl die markanten Granitberge von der Berninagruppe oder auch vom Malojapass aus nicht zu übersehen sind.

1867 Die Sache ändert sich, als sich ein paar Engländer – wer denn sonst – das Gebiet vornehmen: Douglas W. Freshfield und W. A. B. Coolidge, weil sie die hohen Berge, die grosse Aufregung und die gedrängten Touristenzentren grundsätzlich für plump halten, und Leslie Stephen, weil in seiner Vitrine nach zahlreichen Erfolgen in den Berner und Walliser Alpen sowieso kein Platz mehr für weitere Viertausender ist. Stephen schnappt sich standesgemäss den höchsten, den Monte Disgrazia (1862), Freshfield verbucht den Sissone

(1864), den Cengalo und die Cima di Castello (1866).

Was William Augustus Brevoort Coolidge betrifft, veröffentlicht das britische «Alpine Journal» im Jahr 1870 einige unscheinbare Kurznotizen über seine Klettertouren 1867, darunter auch folgende: «Cima di Tschingel (10,853'). – Erste Besteigung ausgeführt am 26. Juli von den Bagni del Masino. Gestartet um 5.22 morgens, erreichten wir den Gipfel um 10.58 (mit Zeitverlust wegen Nebels) und kehrten zurück zu den Bagni um 1.52. Pausen 1.45, inklusive 42 Minuten auf dem Gipfel. Wir wählten eine Route über den Talschluss des Val Porcellizza, hielten dann links, der Grat wird in eher schwieriger Kletterei erreicht, von wo der höchste Punkt leicht zu gewinnen ist.»

Eine Cima di Tschingel sucht man heute in den Karten vergebens, die Meldung ist dennoch höchst aufschlussreich. Ihr Autor stützt sich bei seiner Beschreibung auf die aktuelle Dufourkarte, die den 10 853 Fuss oder 3308 Meter hohen Gipfel zuhinterst im Val Porcellizzo als Cima di Tschingel bezeichnet. Dieser Gipfel erhält kurz darauf einen neuen Namen: Coolidge und seinen zwei Bergführern François und Henri Dévouassoud gelingt damit die erste Besteigung des Badile.

Die bergsteigerische Leistung hinter dieser Notiz ist eindrücklich. Coolidge ist am 26. Juli 1867 gerade 16 Jahre alt, als er mit seinen Führern den Badile erstbesteigt. Die drei benötigen für die mehr als 2100 Höhenmeter von den Bagni bis zum Gipfel inklusive Pausen nur 5 Stunden 36 Minuten sowie 2 Stunden 12 Minuten für den Abstieg. Eine solche Zeit schaffen auch heute nur die wenigsten.

Jugendlicher Abstecher: Die Erstbesteigungen des Badile und der Cima di Rosso vier Tage später bleiben die einzigen Bergeller Touren in Coolidges aussergewöhnlicher Karriere. Aus dieser Perspektive, von der Punta Torelli aus, hat er «seinen» Gipfel nie gesehen.

W. A. B. der Grosse (und Böse)

William Augustus Brevoort Coolidge

Für seinen Biografen Ronald W. Clark war Coolidge einfach «the alpine Godfather». Erika Schwarz nannte ihn «alpin-geistigen Wucherer» und «bedeutendsten Historiker der Alpen», Arnold Lunn den «Lord of the Battles», Sylvain Jouty «l'un des plus grands explorateurs de la chaîne alpine [...] et l'un des pires caractères de l'histoire de l'alpinisme». Als «the young American who climbs with his aunt and his dog» war er einst bekannt geworden.

Coolidge wurde 1850 in der Nähe von New York geboren, seine Tante Meta Brevoort brachte 1864 den kränkelnden Jüngling zur Gesundung nach Europa. Hier blieb er, bestieg am 17. Juli 1865 seinen ersten Gipfel, den Niesen am Thunersee. Von da an verbrachte Coolidge 33 Saisons hintereinander vor allem in den Westalpen, führte rund 1750 Touren aus, darunter fast 80 Erstbesteigungen und Erstbegehungen, meistens in Begleitung der Grindelwalder Führer Christian Almer Vater und Sohn. Sowie natürlich seiner Tante und des Hundes Tschingel, den Almer ihm geschenkt hatte und der Ehrenmitglied des britischen Alpine Club wurde.

Das Tourenverzeichnis von Coolidge umfasst 23 Seiten, dasjenige seiner Bücher und Artikel gar 37 Seiten. Die Bibliothek bestand aus über 20 000 Büchern und Broschüren, füllte das Chalet Montana in Grindelwald, wo Coolidge ab 1896 bis zu seinem Tod wohnte und wo auch sein Grab steht; die Sammlung ist heute das Herzstück der Zentralbibliothek des Schweizer Alpen-Clubs in Zürich.

Coolidge war von 1880 bis 1889 Redaktor des «Alpine Journal», war zusammen mit William Martin Conway Herausgeber der «Climber's Guides», der ersten eigentlichen Hochtourenführer, worin er auch sein immenses alpinhistorisches Wissen ausbreitete. Er war Professor für englische Geschichte in Oxford und später 12 Jahre lang Priester. Er war Ehrenmitglied des englischen, französischen, italienischen und amerikanischen Alpenclubs sowie der Sektion Grindelwald des SAC und korrespondierendes (Ehren-)Mitglied vieler gelehrten Gesellschaften.

Coolidge war einer der Pioniere des Winterbergsteigens, mit der Besteigung von Jungfrau, Wetterhorn (je 1874) und Schreckhorn (1879), aber dass eine Frau das erste Buch zum winterlichen Alpinismus veröffentlichte, konnte er nicht akzeptieren und nannte «The High Alps in Winter; or, Mountaineering in Search of Health» (1883) von Elizabeth Main «probably the flimsiest and most trivial [volume] that has ever been offered to the alpine public». Dabei hatte er doch auch das gemacht, was ihr Untertitel antönt: Bergsteigen zur Gesundung. Aber genau das war das Problem von Coolidge: Nur seine Meinung zählte, und wer sie nicht teilte, bekam seinen legendären Jähzorn zu spüren.

Das war einst: Auch wer heute bergsteigt oder sich fürs Bergsteigen interessiert, kann an W. A. B. nicht vorbeiklettern. Schon gar nicht im Colletto Coolidge am Monte Stella in den Seealpen, im Canalone Coolidge am Monviso in den Cottischen Alpen, im Couloir Coolidge des Mont Pelvoux und auf dem Pic Coolidge im Dauphiné, seinem Lieblingsgebiet. Am Badile auch nicht.

Dabei wären dieser und die Cima di Rosso, die Coolidge am 26. respektive 30. Juli 1867 zusammen mit den Führern François und Henri Dévouassoud erstmals bestieg, beinahe die letzten eroberten Gipfel gewesen; ins Bergell kehrte er übrigens nie mehr zurück, aus welchen Gründen auch immer. Sechs Tage nach dem Badile, bei der Erstbesteigung des Piz Mitgel in den Albula-Alpen, fiel ein Stein aufs Seil zwischen ihm und François (Henri war nicht angeseilt, weil er allein einen möglichen Weiterweg auskundschaftete), wodurch beide Kletterer den Halt verloren. Doch der Führer konnte den endgültigen Absturz aufhalten.

Daniel Anker, Jahrgang 1954, Bergsteiger und Alpinhistoriker. Sein erster Gipfel ist die Kaiseregg in den Berner Voralpen, sein erstes Buch «L'Oberland bernois à skis» (zusammen mit Hannes Grossen) in der Rébuffat-Reihe «Les 100 plus belles courses». Im AS Verlag hat er acht Bergmonografien herausgegeben, zuletzt «Bietschhorn» mit Marco Volken.

Der erste Weltbergführer

Das gewichtige Buch «Les Alpinistes célèbres» von 1956 schreibt die Erstbesteigung des Piz Badile dem britischen Alpinisten und Rechtsanwalt Douglas William Freshfield (1843–1922) zu; genauso macht es der sonst akribisch genaue SAC-Führer durch die Albula-Alpen mit derjenigen des Piz Mitgel (3159 m) oberhalb von Savognin. Beides ist so falsch wie verständlich. Denn der Bergführer auf beiden Touren heisst François Dévouassoud, und er war der Leibführer von Freshfield. Wer unter den Erstbesteigern den Namen Freshfield liest, wird fast immer auch denjenigen von Dévouassoud finden. Ihre erste gemeinsame Tour führte sie 1863 auf den Mont Blanc, den höchsten Gipfel der Alpen; an seinem Fuss, im schattigen Weiler Les Barats bei Chamonix, war François Joseph 1831 auf die Welt gekommen. 1864 begleitete er Freshfield erstmals auf eine mehrwöchige Bergreise, ostwärts über den Monte Rosa hinaus, mit der Eröffnung einer neuen Route am Rheinwaldhorn und der Erstbesteigung der Cima Presanella (3558 m). Im Jahr darauf ging es gleich nochmals in die damals von den Alpinisten noch wenig besuchten Ostalpen, und wiederum glückten zahlreiche «first ascents», wie zum Beispiel jene des Grossen Möselers in den Zillertaler Alpen. Die alpinistischen Sommerferien wurden beibehalten. Am 25. Juli 1866 erreichten Freshfield, Dévouassoud & Co. als Erste den Pizzo Cengalo (3370 m), den ebenso stolzen wie abweisenden Nachbarn des Pizzo Badile, am 7. August den Corn da Tinizong (3173 m), diesen matterhorngleichen Gipfel östlich des Piz Mitgel. Nicht verwunderlich also, dass Badile und Mitgel auch gleich zum Freshfield'schen Palmares gezählt wurden. Doch nicht ihn, sondern den damals blutjungen Amerikaner W. A. B. Coolidge begleiteten François Dévouassoud und sein Bruder Henri auf Badile (am 26. Juli 1867), Cima di Rosso (30. Juli) und Piz Mitgel (1. August). Das waren die einzigen Erstbesteigungen von Dévouassoud mit Coolidge.

1868 fand die erste ausseralpine Expedition in der Geschichte des Alpinismus statt; Teilnehmer waren die Engländer Freshfield, Charles Comyns Tucker, Adolphus Warburton Moore mit François Dévouassoud bien-sûr. Im Kaukasus gelang ihnen die erste (offizielle) Besteigung des Elbrus-Ostgipfels (5621 m) sowie die Erstbesteigung des Kazbek (5047 m). Im selben Stil ging es jahrelang weiter: Gran Sasso und Apuanische Alpen, Monte Cinto auf Korsika, die Berge Spaniens und Algeriens, wieder Kaukasus mit der Erstbesteigung des Tetnuld. Und natürlich der ganze Alpenbogen. Insgesamt über 50 «new expeditions» für F. Dévouassoud, die meisten von ihnen mit Freshfield.

François Dévouassoud war der erste der «travelling guides», der Auslandbergführer. Zugleich war er Mitglied der berühmten, 1821 gegründeten Compagnie des Guides von Chamonix. Wenn Mr. François nicht auf einem Araberhengst durch einen Fluss ritt, Tee mit einem armenischen Fürsten trank oder mit dem Erzbischof von Canterbury auf Englisch parlierte, führte der gross gewachsene Führer ein gemütliches Bergbauernleben; er hatte deshalb auch den Übernamen «le grand paysan». Am Berg war er nicht der Draufgänger wie andere Führer; sein Motto blieb zeitlebens: «My first duty is to bring home my travellers safe and sound; my second to carry out their wishes.»

François Dévouassoud

Das tat er auch am 26. Juli 1865, als er Freshfield und Francis Fox Tuckett über die Fuorcla Fedoz von Sils-Maria im Engadin ins italienische Val Malenco führte, in Begleitung eines wegkundigen Einheimischen. Dieser war der Vater von Christian Klucker. In seinen «Erinnerungen» schreibt Klucker über seinen Wunsch: «Wenn du älter und stark wirst, schaffst du dir auch Gletscherseil und Pickel an, ähnlich wie die Engländer und Führer sie besitzen!» Er tat es – ein würdiger Nachfolger von François Dévouassoud. Auch am Badile.

Daniel Anker

Irritiert: Johann Jakob Weilenmann verpasst den Badile wegen fehlerhafter Karten um ein ganzes Tal. Mit der Übersichtskarte aus dem Führer von Brasca (unten) hätte er erkannt, dass der Badile nicht ans Val Codera grenzt; doch der Führer erscheint erst 40 Jahre später.

Vergnügt: Wer die unübersichtliche Normalroute kennt, darf sich heute auf eine tolle Tour freuen – auch dann, wenn schon spätherbstlicher Schnee liegt (rechte Seite).

1871 Der St. Galler Berggänger Johann Jakob Weilenmann, dem bereits die Erstbesteigung von Piz Buin, Fluchthorn, Rotem Kopf und Cima de' Piazzi gelungen ist, glaubt den Badile noch unbestiegen. Zusammen mit seinen Begleitern, dem Jugendbildner Johann M. Caviezel und dem Jäger Josef Pontz, beide aus Sils-Maria, überschreitet er von Bondo aus die Bocchetta della Teggiola, um unter einem Felsblock auf der Alp Sivigia im obersten Val Codera zu biwakieren. Die drei steigen am nächsten Tag bis gegen den Fuss des Badile, wo sie konsterniert feststellen: «Wie uns hinauffinden am Berg – der uns um mindestens tausend Fuss noch überragt? Verzweifelt misslich sieht die Sache aus. Uebelberathen waren wir, von dieser Seite her die Besteigung zu versuchen. Drüben im V. Porcellizza – wir erinnern uns dessen – erhebt sich der Abhang, leicht begehbar, weit höher empor zum Gipfel. Kämen wir aber wohlgenährt und ausgeruht aus einem comfortablen Hôtel, wir würden das Wagniss nicht unternehmen, geschweige jetzt, nach einer Muth und Kräfte so paralysirenden Nacht.» Was Weilenmann nicht wissen kann: Die Karte hat ihn irregeleitet, in Wirklichkeit erreicht er bloss den Fuss des vorgelagerten Badilet.

1879 Auch Bernhard Minnigerode, Mathematikprofessor aus Greifswald, weiss nichts von Coolidges Besteigung: «Diesem Gipfel zu Liebe war ich hauptsächlich in die Gegend gekommen; er war mir von den Berninabergen aus öfters gezeigt und mit dem Namen Badile bezeichnet worden. Er galt bei den Pontresiner Führern für jungfräulich.» Dazu nimmt er die Dienste des Führers Alois Pinggera aus Sulden in Anspruch. Am 11. September 1879 stehen die beiden am Südfuss des Gipfels, mit einem «50 Fuss langen Manillaseil» und einem in den Bagni del Masino ausgeliehenen Waschseil, «das uns sehr gute Dienste geleistet hat».

«Wir nahmen zuerst den uns zunächst liegenden östlichen Spalt in Angriff (8 Uhr). Nach kurzem Frühstück auf dem Gletscher liessen wir allen Proviant zurück, mit Ausnahme einer Flasche Wein, die ich ziemlich unvorsichtig in eine Seitentasche meiner Joppe steckte. Zunächst bewegten wir uns auf einer Eiskante am Gletscherrand, zwischen der und dem Felsen eine Kluft gähnte. Pinggera ging voran, ich folgte; das Seil hatten wir angelegt. Ich war noch keine 20 Schritt gegangen, als bei der ersten lebhaften Bewegung die schöne Flasche Wein aus meiner Tasche in den Abgrund stürzte. Da war nichts zu machen.»

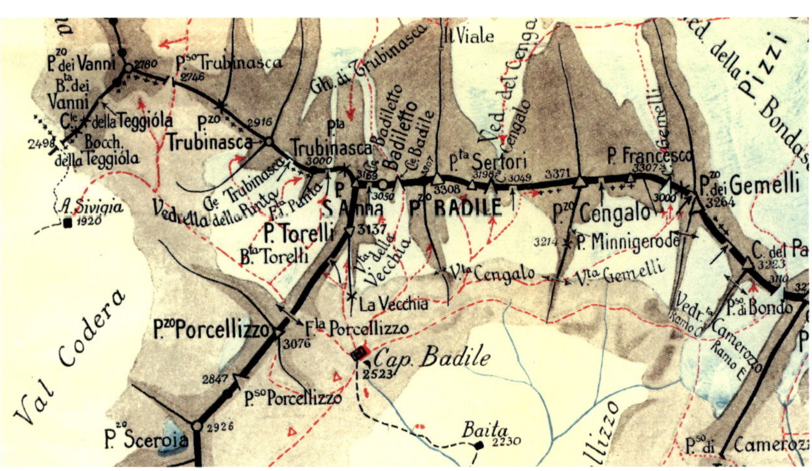

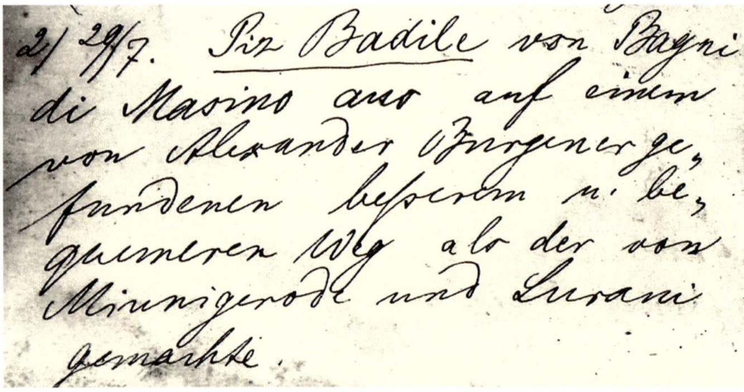
2/ 29/7. Piz Badile von Bagni di Masino aus auf einem von Alexander Burgener gefundenen bessern u. bequemeren Weg als der von Minnigerode und Lurani gemachte.

Damen und Herren: Karl Schulz schreibt Alexander Burgener den «besseren u. bequemeren Weg» ins Führerbuch – Alltag für den damals besten Führer. Hermine Tauscher-Geduly (unten) hat ebenfalls in viele Führer- und Gipfelbücher geschrieben: Nordflanke des Colle Rasica (Erstbegehung mit Christian Klucker), Ortler, Dent Blanche, Weisshorn, Matterhorn, Schreckhorn, Mont Blanc – und eine um wenige Minuten verpasste Erstbegehung der Bernina-Westwand.

Pinggera klettert für seinen Gast einen weit mühsameren, schwierigeren und komplizierteren Weg als Dévouassoud 1867, da er rechts statt links der Kante einsteigt und einem Risskamin folgt, der von einem grossen eingeklemmten Felsblock unterbrochen ist. Die Kletterei erfordert komplizierte Seilmanöver. Als sich die Schwierigkeiten legen, meint Minnigerode zu Pinggera: «So eine Kletterei wie vorhin ist denn doch eigentlich ein Unsinn.» Pinggera, nach einer Weile: «Ich habe vorhin wieder sehr viel Respect vor Ihnen bekommen. Wodurch, fragte ich? Weil Sie selbst sagen, dass so etwas ein Unsinn sei, erwiderte er.» Um 14 Uhr 30 stehen die beiden endlich

auf dem Gipfel und feiern die Erstbesteigung, die gar keine ist, «beide überglücklich über das Vollbrachte». Sie suchen den Gipfel nach Spuren von früheren Besuchern ab, finden aber nichts vor und errichten drei Steinmännchen. Drei Zettel werden hinterlassen: einer im Futteral des Opernguckers, einer in einem Handschuh und einer in einem Rosinentäschchen, «dessen Inhalt uns zum Schluss noch erquickte». Minnigerode räumt in einem späteren Erzählbericht ein, dass Coolidge wohl die Ehre der Erstbesteigung zukommt, was der streitbare Engländer im SAC-Jahrbuch mit Nachdruck und einem Schuss Polemik bekräftigen wird.

1880 Am 31. Juli 1880 gelingt dem Ehepaar Hermine Tauscher-Geduly und Béla Tauscher aus dem damals ungarischen Pressburg mit Hilfe der Führer Peter Egger (Grindelwald), Peter Dangl und Alois Pinggera (beide Sulden) auf der Route von 1879 die dritte Besteigung des Badile. Eine gute Woche später, am 9. August, ist Graf Francesco Lurani an der Reihe, der sich dem Führer Antonio Baroni anvertraut. Die beiden folgen einer Route, die wesentlich einfacher als jene Pinggeras ist. Sie wird – obwohl wahrscheinlich identisch mit dem Aufstieg von Coolidge – fortan «Via Lurani» genannt und gilt als Normalroute.

1880 Antonio Baroni wird dank dieser Besteigung und der Empfehlung Luranis zum gefragten Badile-Führer. Der adlige Gian Carlo Gallarati-Scotti, der Fürst von Molfetta, engagiert ihn umgehend für eine Wiederholung. Sie erreichen den Gipfel am 17. August 1880.
Nur vier Tage später, es ist der 21. August, führt Baroni auch den Ingenieur und Schmetterlingsforscher Antonio Curò, 1873 Gründungsmitglied und erster Präsident

des CAI Bergamo, zum Erfolg. Wie Minnigerode erwähnt, pflanzt Curò «auf dem Gipfel eine Fahne auf, die einen Monat lang von Promontogno aus gesehen wurde, neben ihr an einigen Tagen ein Gemsbock». Die Seilschaft ist auf eigenwillige Weise heute noch verbunden: Unweit des Pizzo Coca in den Bergamasker Alpen befindet sich sowohl ein Rifugio Curò als auch ein Rifugio Baroni.

1883 Obwohl nach wie vor im Schatten von Bernina, Palü, Disgrazia & Co., etabliert sich der Badile langsam als eigenständiges, gefragtes Ziel, selbst bei berühmten Bergsteigern. Einer von ihnen ist Karl Schulz aus Leipzig, Erstbegeher der Bietschhorn-Südwand, Zweitbegeher des Biancograts und Drittbegeher der Monte-Rosa-Ostwand. Seine Begleiter sind die Walliser Führer Clemenz Perren und Alexander Burgener. Die drei verlassen die Bagni del Masino am frühen Morgen des 29. Juli, erreichen den Wandfuss und steigen ein. Burgener sucht sich seinen eigenen Weg und eröffnet gemäss Schulz eine neue Variante, die zwischen der Lurani- und der Minnigerode-Route verlaufen soll. Die Begehungszeit lässt jedenfalls auf eine rasche, routinierte Seilschaft schliessen: 1 Stunde 25 Minuten vom Wandfuss auf den Gipfel. Minnigerode hatte noch 3 Stunden 15 Minuten benötigt, die Tauschers 2 Stunden 30 Minuten und Lurani 1 Stunde 45 Minuten.

Dame und Herren: «Anschauen statt anfassen» scheint für die Touristengruppe am Südfuss des Badile 1913 die Devise zu sein. Auch 46 Jahre nach der Erstbegehung trauen sich die wenigsten, auf den Gipfel zu klettern, oder sie finden es einfach unnötig.

Badile

Der Badile hat die Form eines massiven Trapezes. Mitten auf der Frontseite, die dem Valle Porcellizzo zugewandt ist, sieht man einen im unteren Teil ziemlich ausgeprägten Grat, der in Gipfelnähe verschwindet und sich mit den Gratplatten vereinigt, die wie eine Mauer aussehen. Dieser Grat teilt das Felsmassiv des Badile in zwei aneinander grenzende Vorderseiten oder besser gesagt zwei Seiten, die gegeneinander geneigt den Grat bilden und sich an ihren Kanten in ihm vereinigen. Um 10 Uhr waren wir am Fuss dieses Grates, der sehr weit nach Süden in den Gletscher hineinragt.

Baroni stieg energisch von Westen über ein sehr markantes Felsband hinauf, und in wenigen Minuten waren wir auf dem Gratrücken.

Zwanzig Minuten stiegen wir den Grat entlang, hielten uns jedoch etwas rechts unterhalb. Wir mussten auf allen vieren unter einem vorstehenden Felsen hindurchkriechen. Danach war es unmöglich, weiterzugehen, ohne auf den Gratrücken zurückzukehren, und die einzige Möglichkeit, dorthin zu gelangen, war ein richtiger Kamin, den wir hochkletterten, indem wir uns mit den Ellbogen, den Knien und dem Rücken im Fels verspreizten. Kurz darauf mussten wir den Grat wieder verlassen, und ein Sims leitete uns nach rechts in eine Zone abschüssiger Platten, auf denen man sich nur wie eine Echse kriechend fortbewegen konnte, die sich aber mit bequemen Felsbändern abwechselten, die wir hier nie erwartet hätten. Ein gurgelndes Bächlein, das Schmelzwasser der letzten Schneereste, ergoss sich über diese Felsen, mal als kleiner Wasserfall, mal sich über die Platten ausbreitend wie ein breiter Schleier; das war zwar erfrischend für unsere ausgetrockneten Kehlen, aber es zwang uns auch zu ständiger Vorsicht, weil manchmal mit dem harmlos anmutenden Wasser auch kleine Geröllmassen abgehen …

Über eine Stunde schon dauerte die unentwegte Turnerei, und mich beun-

Experten: Giorgio Sinigaglia, Antonio Baroni, W. A. B. Coolidge und Christian Almer. Wer der beiden Mittleren hat die Normalroute erfunden, die dem – in der Skizze von Lurani deutlich erkennbaren nach rechts abfallenden – Südgrat folgt? Entscheidend sind die ersten 60 Meter (rechte Seite oben): Die Normalroute steigt von links über die besonnte Schneezunge und Felsplatten auf die Gratschulter. Das machte Coolidge 1867 vermutlich; Minnigerode 1879 sicher nicht; Baroni 1880 ganz sicher. Was alle machten: In der Morgendämmerung durch das Valle Porcellizzo aufsteigen (rechte Seite unten).

Fig. 11: Panorama dal P.ᵗᵃ Porcellizzo (3076)

Nachbarn: Blick vom Badile auf seinen und des Cengalos Schatten. Unter dem Nebelmeer das Bergell.

ruhigte immer noch der Zweifel, wir könnten durch irgendein unüberwindliches Hindernis zum Rückzug gezwungen werden. Keine Spur von der Rinne, die Minnigerode beschrieben hatte! Baronis Entdeckung eines halb verkohlten Schwefelhölzchens erfüllte uns mit Freude: eine Pfeife, ein Bergführer war hier vorbeigekommen! Noch ein paar Schritte, und der Nebel über unseren Köpfen riss auf, gegen den blauen Himmel zeichnete sich die oberste Felskrone ab, die mit Neuschnee weiss überzuckert war. Um 11.45 Uhr lagen die Schwierigkeiten hinter uns, und Baroni stiess beim Anblick des Hotels von Promontogno einen durchdringenden Triumphschrei aus – Ohi de Bond! –, der sich im unermesslichen Abgrund des Val Bondasca verlor.

Der Gipfel des Badile besteht aus einem etwa 200 Meter langen Grat. Die Höhenangabe von 3307 Metern im Schweizer Atlas scheint sich auf den Felsturm am westlichen Ende des Grates zu beziehen, der bisher noch nicht erreicht wurde. Der Gipfel, den wir erstiegen, liegt etwa auf der Hälfte des Grates. Auf ihm befindet sich ein kleiner Steinmann mit den Karten von Minnigerode und den Tauschers in einem kleinen Etui. Ein weiteres Signal mit einer Flasche, in der dieselben Namen aufbewahrt sind, steht an dem Punkt, an dem man den Grat erreicht, wenige Meter unterhalb des Gipfels; das ist der einzige Ort, an dem man halbwegs bequem verweilen kann.

Das Panorama muss dem des Cengalo ähnlich sein, aber ich konnte wegen des ungünstigen Wetters keine Vergleiche anstellen. Doch war ich über unseren Erfolg so begeistert, dass mich dieser kleine Zwischenfall nicht gross enttäuschte!

Als wir auf dem Abstieg am Ende des Kamins angelangt waren und uns genau umschauten, konnten wir endlich unter uns die Rinne erkennen, von der Minnigerode berichtet hatte. Sie befindet sich in der Südostseite des Gipfels und somit weiter östlich der von uns verfolgten Route. [. . .]

Die Kletterei an den Felsen des Badile gehört zu den markantesten Alpenfahrten, und der Cengalo muss wegen seines herrlichen Panoramas genannt werden. Beide verdienten von den Mitgliedern des italienischen Alpenvereins grössere Aufmerksamkeit, als das bisher der Fall war, denn man wird für die Mühen des Aufstiegs reich belohnt. Sollten meine Zeilen dazu beitragen, dass einige dies selbst ausprobieren, so hoffe ich, dass sie mir dafür dankbar sein werden!

---

aus: «Le montagne di Val Màsino», 1883

Francesco Lurani Cernuschi

Antonio Baroni

Graf ohne Allüren, Bergler mit Instinkt

Zu den herausragendsten Persönlichkeiten des italienischen Alpinismus am Ende des 19. Jahrhunderts gehört Graf Francesco Lurani Cernuschi, dem es gelang, wissenschaftliche Forschung und bergsteigerische Tätigkeit auf einem Niveau zu vereinen, das dem der besten englischen und deutschen Bergsteiger seiner Zeit in nichts nachstand. Er war gebildet, vielfältig begabt, liebte alles Schöne und die Musik. Schon sehr jung entdeckte er auch seine Leidenschaft für das Bergsteigen. Seine ersten Wanderungen und Bergtouren führte er in den Zentralalpen bei Bergamo und Como durch; sein Bergführer war der um einiges ältere Antonio Baroni, dem er sich in einer Art Vater-Sohn-Verhältnis verbunden fühlte.

Im Sommer 1877 unternahm der damals zwanzigjährige Francesco Lurani verschiedene Besteigungen, so auch die des Pizzo del Diavolo di Tenda und die des Monte Gleno. Vielleicht stand er auf einem dieser Gipfel der Zentralalpen, als er einen Blick auf die nahe liegenden und noch fast völlig unerforschten Berge werfen konnte, die sich auf der rechten Seite des Veltlins abzeichneten. Vielleicht war er dort oben auch sofort von der weiss vereisten Insel des Monte Disgrazia bezaubert, die sich über dem Dunst des Tals erhob und als Vorposten einer Welt erschien, die es noch zu entdecken galt. So ist es vielleicht kein Zufall, dass die erste bedeutende Unternehmung des Duos Baroni/Lurani 1878 die Besteigung des Disgrazia war. Die zum Grossteil neue Route sollte später «Via Baroni» genannt werden.

Mit dieser Begehung bewies der damals 45-jährige Bergführer Antonio Baroni di Sussia aus San Pellegrino Terme bei Bergamo seine alpinistische Begabung und sein aussergewöhnliches Gefühl für die Wahl der logischsten Linie. Sein Kunde selbst schrieb: «Baroni hat wirklich Instinkt für den Berg, im Bruchteil eines Augenblicks kann er die Machbarkeit einer Passage beurteilen.» Der Disgrazia eröffnete Lurani den Blick auf das Val Masino. Dieses wilde Berggebiet liebte und erkundete er mit Hingabe. Am Disgrazia reifte auch seine Entscheidung heran, sich der Kartierung dieser noch kaum bekannten Berge zu widmen. Innerhalb von vier Jahren bestieg Lurani mit Baroni und den ersten lokalen Bergführern wie Giovanni Fiorelli und Pietro Scetti alle grösseren Gipfel des Massivs, kartierte das Gebiet und berechnete die Gipfelhöhen mit so genauen Messungen, dass diese fünfzig Jahre lang die Grundlage für nachfolgende Arbeiten darstellten.

1882 bildete die Erstbesteigung des westlichen Pizzo Torrone den Abschluss seiner Erkundungen, und noch im selben Jahr ordnete er seine Aufzeichnungen für eine Monografie, die in der Zeitschrift des italienischen Alpenvereins CAI erscheinen sollte. Die Mailänder CAI-Sektion hielt sein Werk jedoch für so bedeutend, dass sie die Herausgabe eines eigenen Buches mit dem Titel «Le Montagne di Val Màsino – appunti topografici ed alpinistici» übernahm. Als fortschrittlich denkender Freigeist und seiner Zeit weit voraus hatte Lurani den touristischen Wert der Berge vorhergesehen und sich in diesem Sinne für ihre Erschliessung eingesetzt. Er gehörte zu den Ersten, die sich um Wegmarkierungen kümmerten, und förderte die Errichtung von drei Berghütten finanziell. Da der Disgrazia immer mehr Bergsteiger anlockte, dachte er, dass eine Hütte im oberen Valle Preda Rossa eine grosse Hilfe sein könnte. Als er sich an die Verwirklichung des Vorhabens machte, leistete Pietro Scetti tatkräftige Hilfestellung. Es war ein sehr einfaches Hüttchen, das er liebevoll nach seiner Frau Cecilia benannte. Die Reste davon sind heute noch wenige Meter unterhalb des Rifugio Cesare Ponti zu sehen. Mit derselben Weitsicht hatte Francesco Lurani erkannt, dass Badile und Cengalo Bergsteiger zuhauf anziehen würden. Daher setzte er sich für den Bau einer Hütte im Valle Porcellizzo ein, die Rifugio Badile genannt wurde. Dieses Gebäude steht heute noch: Es handelt sich um die Neben- und Winterhütte der Capanna Gianetti. Die dritte Unterkunft, die auf seine Initiative zurückgeht, ist das Rifugio Marinelli in der Ostwand des Monte Rosa.

Giuseppe Miotti, geboren 1954, Agrarwissenschaftler und Bergführer mit zahlreichen Erstbegehungen rund um die Welt (darunter die «Via Chiara» am Badile), gehörte in den Siebzigerjahren zu den treibenden Kräften des Sassismo, der legendären Freikletterrevolution des Val di Mello. Er hat zahlreiche Führer und Sachbücher verfasst, ist Mitarbeiter vieler renommierter Alpinzeitschriften und leitet die Website www.huetten-biwaks.com. Er lebt in Sondrio.

Bergeller Sprachverwirrung

Die Namen des Badile

Scheuchzer 1708: Blick von Soglio nach Südosten. Wo ist der Badile?

Aus heutiger Sicht erscheint die Sache völlig klar: Badile heisst Spaten (und nicht etwa Schaufel), und bloss einer der Gipfel im Val Bondasca verdient diesen Namen. Dennoch können wenige Gipfel auf eine derart wechselvolle, widersprüchliche Namensgeschichte zurückblicken.

Scheuchzers berühmter Band «Itinera Alpina» aus dem Jahr 1708 zeigt eine Aussicht von Soglio. Darin werden die Gipfel im hinteren Bondasca, vornehmlich der Badile, mit Piz delle undeci bezeichnet – weil die Sonne angeblich um 11 Uhr über dem Berg steht.

In der «Carta del Regno Lombardo-Veneto» aus der Zeit 1833–1838 wird das Badile-Cengalo-Massiv zusammenfassend als Cima Ligoncio bezeichnet. Der Gipfel mit diesem Namen befindet sich heute 7 Kilometer weiter südlich.

1852 folgt die Dufourkarte mit dem Namen Cima di Tschingel. Das wird Coolidge später vielleicht gefreut haben, hiess doch seine Hündin und treue Begleiterin auf vielen Bergtouren Tschingel (allerdings nach dem Berner Oberländer Tschingelhorn). Der Bergeller Begriff «Cénghel» ist mit dem italienischen «cengia» verwandt und bezeichnet ein grasiges oder bewaldetes Band in einer Felswand.

In Gottfried Ludwig Theobalds «Naturbilder» aus dem Jahr 1860 taucht erstmals der Name Piz Padill auf, während der Autor bemerkt, die Talbewohner würden Tschingel dagegen für den höheren Nachbarn, den heutigen Cengalo, verwenden (die Dufourkarte bezeichnet diesen als Piz Trubinesca). Damit kommt er der heutigen Wahrheit schon sehr nahe.

1873 publiziert J. M. Ziegler seine topografische Karte, in welcher der Name Piz Turbinesca verwendet wird. Badile oder Larg heisst dafür neu der Cengalo.

Die erste Ausgabe der Siegfriedkarte (1877) entscheidet sich schliesslich für die heute noch gültige Nomenklatur, die vom Masino-Erforscher und Kartografen Graf Lurani ein paar Jahre später diskussionslos übernommen wird – nicht zuletzt, weil die Südseite wenig zum Durcheinander beitragen kann: «Wir müssen froh sein, dass dank der Gleichgültigkeit der Bergler auf der Veltliner Seite gegenüber allem, was weiter als ihre Weiden liegt, nicht ein einziger lombardischer Name jenes Chaos vergrösserte. Bei der Alpe di Porcellizzo kennt man keinen anderen Namen als den der Alp selbst, und er wird unterschiedslos auf alle umgebenden Gipfel angewendet; und dies ist allgemein der Fall im Val Masino.»

Ob die Bergeller zu dieser Zeit wirklich weniger gleichgültig sind? Der Flurnamenforscher A. Wäber hält 1880 fest: «Beide [Badile und Cengalo] richten sich im Hintergrunde des Thales mit jähen, glatten Granitwänden, schaufelartig zugeschärft, mächtig empor, und zwar lässt sich der scharfkantige Badile am besten mit einem Spaten, der abgerundete Cengalo mit einer Rundschaufel vergleichen. Nach Weilenmann werden auch beide öfters unter dem Namen Badile

		Badile	**Cengalo**
1708	Scheuchzer	Piz delle undeci	Piz delle undeci
1833–38	Carta del Regno Lombardo-Veneto	Cima Ligoncio	Cima Ligoncio
1852	1. Dufourkarte	Cima di Tschingel	Piz Trubinesca
1860	Theobald	Piz Padill	Tschingel
1873	Ziegler	Piz Turbinesca	Piz Badile / Piz Larg
1877	1. Siegfriedkarte	Piz(zo) Badile	Piz(zo) Cengalo
1883	Lurani	Pizzo Badile	Pizzo Cengalo

zusammengefasst und vielleicht ist dieser früher der Gesamtname für alle Gipfel zwischen dem Joch 2746 Meter [Passo della Trubinasca] und dem Passo di Bondo gewesen. Darauf deutet auch [...] eine Äusserung des Gemsjägers Piccenoni hin, welcher beim Uebergang über den Passo di Bondo den Cengalo als Badile bezeichnete und dann, von Herrn Ganzoni auf die auffallende Schaufelform des Badile aufmerksam gemacht, kurzweg erwiderte: ‹Veramente si chiama tutto Badile.›»

Gleichwohl lässt auch die erste Siegfriedkarte, trotz richtigem Badile und richtigem Cengalo, noch Wünsche offen. Und zwar keine unwesentlichen: Sie ist topografisch falsch, da sie den Badile als Berührungspunkt der drei Täler Bondasca, Porcellizzo und Codera darstellt – eine Ehre, die dem vorgelagerten, 3171 Meter hohen Berg gebührt. Der Fehler bereitet manchem Bergsteiger Kopfzerbrechen und wird in mehreren Führerbüchern aufs Schärfste bemängelt; verschwinden wird er allerdings erst anlässlich der vierten Ausgabe 1924.

Damit findet alles zu seiner Richtigkeit. Oder zumindest fast: Bis heute sind sich Schweizer und Italiener nicht einig über die Bezeichnung des besagten, 3171 Meter hohen Berührungspunktes. Während der Berg von Norden wie eine kleine Kopie des Badile wirkt und Badilet genannt wird, gilt er von Süden als Punta S. Anna, weil sie Graf Francesco Lurani am Annatag (26. Juli) 1893 erstbestieg (dann müsste der Badile, am 26. Juli 1867 bestiegen, ebenso Punta S. Anna heissen). Badilet verwendet man im Süden hingegen häufig für den Zacken zwischen Badile und Badilet/Punta S. Anna, der auch Torrione del Badile heisst und von Norden keinen Namen hat ...

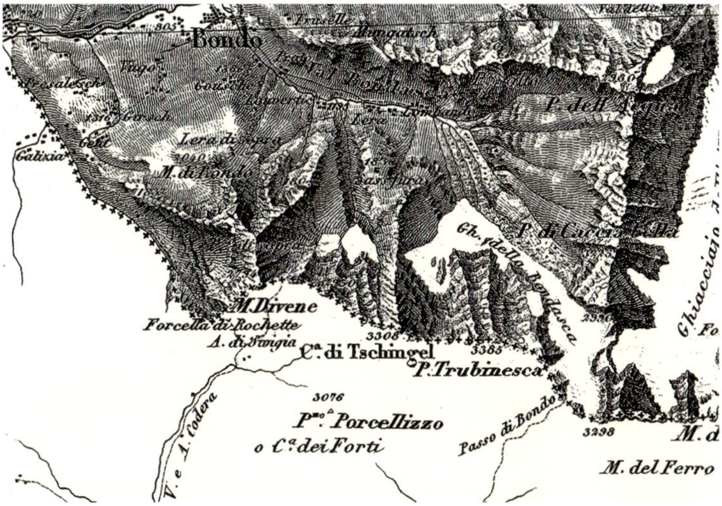

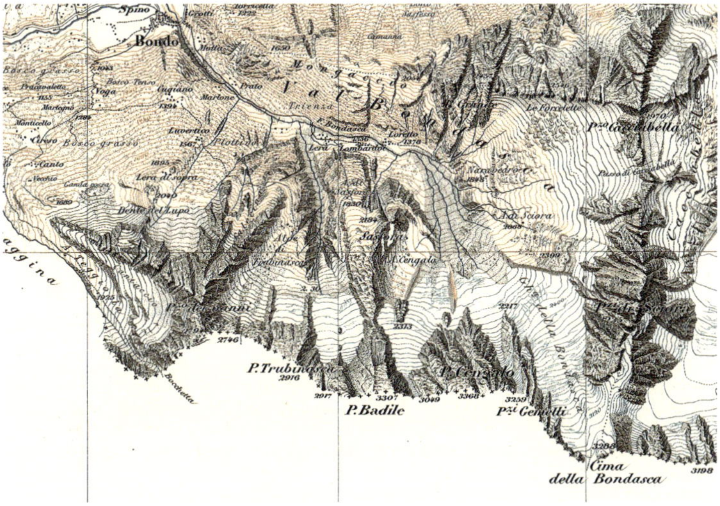

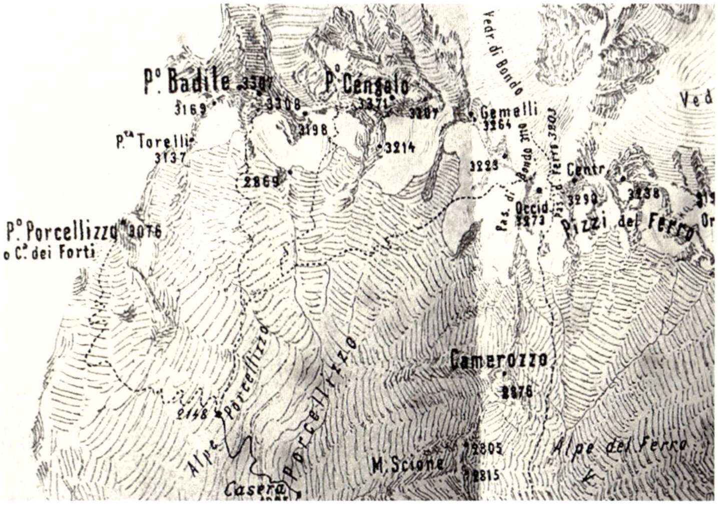

Dufour 1852 (oben): Cima di Tschingel?
Siegfried 1877 (Mitte): Val Codera?
Lurani 1883 (unten): So stimmt's.

GRATE UND COULOIRS
1892–1906

Grate und Couloirs

«Bis zum Jahre 1893, in welchem ich von der Schweizer Seite aus den Badile über seinen Ostgrat traversierte, schlugen alle Ersteiger […] mit einzelnen Varianten die südliche Route ein.»

Anton von Rydzewski, «Erstbesteigung des Piz Badile über den Westgrat», 1898

Alter Weg: Der Badile, zwischen Punta Torelli (links) und Sertori, wird 25 Jahre lang immer nur von Süden erklettert (vorangehende Doppelseite). 1892 tauchen drei neue Namen auf: Christian Klucker, mit heller Joppe, Anton von Rydzewski, zugeknöpft, und im zweiten Glied, wie meist, der sanfte Hilfsführer Mansueto Barbaria, in einem Bild von 1898. Die drei erforschen den Badile erstmals von Norden, wie ihn bereits Johann Müller-Wegmann 1879 gesehen und gezeichnet hatte (unten).

Vom Mont Blanc bis zum Bernina hat sich längst ein neuer alpinistischer Grundsatz etabliert: Der Weg ist das Ziel. Die ehrgeizigen und neugierigen unter den Bergsteigern begnügen sich nicht mehr damit, einen Gipfel auf der einfachsten Route zu erreichen, die Herausforderung liegt in schwierigeren Anstiegen. Oder, besser noch, im Erstbegehen neuer Routen; den Gewinnern bei diesem Gesellschaftsspiel winkt schliesslich der Eintrag in die Annalen des Alpinismus. Das Matterhorn, ein prominentes Beispiel unter vielen, zählt bereits 1879 vier völlig eigenständige Routen plus Varianten. Dagegen wird am Badile seit 25 Jahren stets über die Normalroute geklettert, manchmal mit kleinen Abweichungen unfreiwilliger Art.

1892 Mit Christian Klucker ändert sich das gründlich. Der Fexer Bergführer, stets auf der Suche nach Neuland, gilt mit Recht als der grosse Erschliesser der südlichen Bergeller Alpen. Einen ersten Anfang am Badile macht er 1892, im Rahmen einer erfolgreichen Bergeller Kampagne mit seinem Herrn Anton von Rydzewski und dem Hilfsführer Mansueto Barbaria aus Cortina d'Ampezzo. Am 9. Juli durchsteigt die Dreierpartie den Canalone del Cengalo, das steile Firn- und Eiscouloir, das sich am Fuss der Badile-Ostwand emporzieht. Anschliessend erreichen sie den Gipfel des Cengalo. Das ist vorderhand noch keine neue Route auf den Badile – sie wird ein Jahr später folgen –, aber am Massiv der erste Aufstieg von Norden.
Zwei Tage später, am 11. Juli, steht Klucker am Einstieg der Nordkante – mit dem einzigen Ziel, die Chancen einer Begehung mit seinem Gast von Rydzewski zu ermitteln. Er klettert in Socken beziehungsweise barfuss, alleine, ohne Seil, Haken und sonstige Sicherungsmittel bis zu einer Höhe von

Neue Linien: Zwischen 1892 und 1897 gelingen Klucker 4 2/3 neue Routen am Badile, alle auf der Flugaufnahme (vorangehende Seite) zu sehen: Canalone del Cengalo, Ostgrat, Westgrat und Kluckercouloir, dazu zwei Drittel der Nordkante. Rydzewski fotografiert 1896 den Canalone del Cengalo (rechts) und schreibt: «Der Aufstieg zwischen Cengalo und Badile erforderte von der Randkluft an 1 1/2 Stunden und 2060 Tritte. Der Böschungswinkel im Durchschnitt 47 Grad. Die steileren Strecken nach dem Klinometer: 51, 53 und selbst 57 Grad (dicht unterhalb des Colle).» Die beiden Couloirs sind längst ausgeapert.

etwa 3140 Metern, schafft also zwei Drittel der Route. Und klettert auf dieselbe Art wieder hinunter. Was er damit vollbringt, ist eine verblüffende Meisterleistung: mehr als 500 Klettermeter mit Schwierigkeiten bis IV+ nach heutiger Bewertung. Und dies zu einer Zeit, als es den V. Grad im Gebirge vermutlich noch gar nicht gibt. Obwohl derartige Vergleiche stets mit Vorsicht zu geniessen sind, hier einige Meilensteine aus der damaligen Zeit:

1893 Die erste wirklich neue Route auf den Gipfel gelingt Christian Klucker und seinem Kollegen Emile Rey wiederum mit Anton von Rydzewski im Schlepptau am 19. Juni 1893. Nach der zweiten Durchsteigung des Canalone del Cengalo klettern sie, die noch unbestiegene Punta Sertori umgehend, über den einfachen, an einer Stelle allerdings sehr ausgesetzten Ostgrat auf den Badile. Mit dem Abstieg über die Normalroute vollenden sie damit auch die erste Überschreitung.

1895 Dritte Durchsteigung und anschliessend erster Abstieg – 1700 getretene Stufen rückwärts – des Canalone del Cengalo durch Christian Klucker, Mansueto Barbaria und Anton von Rydzewski am 22. Juni 1895. Solche Touren sind, wie die meisten geführten Touren im Firn und Eis, wesentlich heikler als Solobegehungen: Der Führer klettert nicht nur ungesichert, er riskiert auch dauernd, vom Gast im Falle eines Ausrutschers mitgerissen zu werden. Dennoch mag interessieren, dass der Canalone, soweit bekannt, erst über 70 Jahre später im Alleingang wiederholt wird: von Riccardo Soresini am 24. August 1966.

1881	A. F. Mummery, B. Venetz, A. Burgener	Grépon, Mummery-Riss und Venetz-Riss	IV+, ohne Haken geklettert
1882	J.-J., B. und D. Maquignaz	Dent du Géant, Normalroute	wäre V, wurde jedoch nach 3 Tagen Vorarbeit mit Stangen und Fixseilen geklettert
1887	G. Winkler	Winkler-Turm, Normalroute	IV, solo und seilfrei geklettert (Abstieg mit Seil)
1892	C. Klucker	Badile, 2/3 Nordkante	IV+, solo und seilfrei geklettert (im Auf und Abstieg)
1900	T. Piaz	Punta Emma, Nordostwand	V–/V, solo geklettert
1906	F. und J. Lochmatter, V. J. E. Ryan	Nordend, Santa-Caterina-Grat	V, ohne Haken geklettert
1906	F. und J. Lochmatter, V. J. E. Ryan, J. Knubel, G.W. Young	Täschhorn, Südwand	V, ohne Haken geklettert
1911	P. Preuss	Campanile Basso, Via Preuss	V, solo und seilfrei geklettert
1911	J. Knubel, G. W. Young	Grépon, Knubel-Riss	V+, wurde mit Hilfe des eingeklemmten Pickels geklettert

Aus den südlichen Bergeller Alpen (I)

[. . .] Am 9. Juni* 1892, nach einer Cengalobesteigung durch das Cengalocouloir im Aufstieg und nach der Rückkehr über den Passo di Bondo, trennte ich mich auf der Moräne des Bondascagletschers von meinen Gefährten Rydzewski und Barbaria, welche nach Promontogno hinunterzogen, und wanderte allein mit dem Frieden im Herzen über den Cengalogletscher und Viale nach Saßfura zu unseren dort zurückgelassenen Gegenständen.

Der 10. Juni*, ein Sonntag, war wirklich «Ein Tag des Herrn» für mich. Da unsere Vereinbarung vom 9. abends dahin lautete, daß die beiden erst übermorgen im Laufe des Nachmittags nach Saßfura heraufsteigen würden, so entschloß ich mich am 11. in der Früh das schöne Wetter auszunützen und eine Rekognoszierung an der Badile-Nordkante, welche unmittelbar auf das Felsgerüst des Saßfura stößt, zu unternehmen.

Bereits um 5.00 morgens war ich bei dem Einstieg am Grat und ließ kurz nachher Rock und Schuhe zurück. Hurtig ging es empor. Stellenweise schwierig, bald über die Kante selber und dann wieder in der rechten Flanke. Etwas vor 8.00 erreichte ich eine kleine vorspringende Nase am Grat. Ein weiteres Vorrücken über den Grat und auch rechts davon an der Flanke erschien mir als ausgeschlossen. Links vom Grat und über die plattige Wand wieder zum Grat empor schien mir möglich, jedenfalls aber äußerst schwierig und sehr gewagt. Die Stelle an der Kante, wo ich an jenem Morgen stand, überhöhte etwas den nahen Badiletto, 3169 m. Der Zweck meiner Erkundung war erreicht und ich beschloß wieder abzusteigen. Der Abstieg ohne Sicherungsseil und mit zerfetzten Strümpfen an den Füßen war kein Spaß, aber in jenen Jahren packten wir die Felsen sehr leicht.

Felsige Höhe: Wo kehrt Klucker (rechts) bei seiner Erkundung der Kante um? 1943 skizziert Topograf Walter Häberlin sein Fazit ins Sciora-Hüttenbuch: vermutlich auf 3140 Metern.

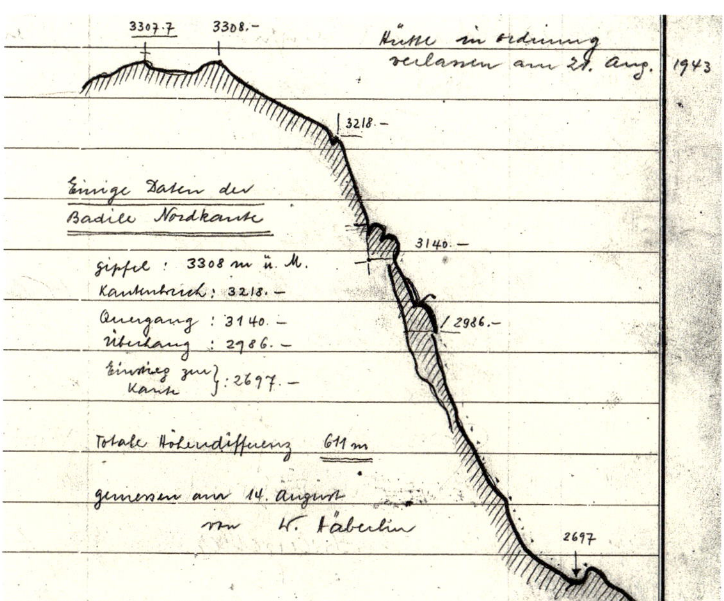

Die Schlußfolgerung meiner Erkundung vom 11. Juni* 1892 lautete für mich: «Mit dem alten und auf schwierigem Fels unselbständigen Rydzewski wird unter meiner Führung an der Badile-Nordkante nicht gepröbelt, denn dort oben ist nicht die Stelle, um mit ihm Mehlsacktechnik zu treiben.» Ihm gegenüber wurde später dieser herbe Satz etwas milder umschrieben und lautete dahin, daß das, was oberhalb meiner Umkehrstelle folge, sehr glatt, grifflos und äußerst exponiert und nach meiner Überzeugung ohne künstliche Hilfsmittel kaum begehbar sei. [. . .]

* sollte überall Juli statt Juni heissen [A. d. Hrsg.]

aus: «Erinnerungen eines Bergführers», 1930

Dem Bergell verfallen

Christian Klucker kam 1853 in Fex bei Sils-Maria zur Welt, wohin seine Eltern, Annetta Baltresca aus Bondo und Agostino Klucker aus dem walserischen Avers, drei Jahre zuvor übergesiedelt waren. Zu Hause wurde meist Bergeller Dialekt oder Oberengadiner Romanisch gesprochen; die deutsche Sprache lag dem kleinen Christian anfänglich gar nicht, ebenso wenig die lästige Schule. Zwei Schulwinter lang musste er sich abquälen, um mit rechts schreiben zu lernen: «Ich war damals auch beim Schreiben links.» Bloss Gesang und Geografie sagten ihm zu, Turnen gab's damals noch nicht. Glücklichere Tage verbrachte er draussen: Im Alter von sechs Jahren wurde ihm der Posten des Familienhirten anvertraut, was ihm erlaubte, fast zehn Sommer auf den Weideplätzen in freier Natur zu verbringen. Nach einer Lehre und kurzer Tätigkeit als Wagner ergriff er 1874 den Bergführerberuf und wurde später auch Ausbildner an den Führerkursen – noch ohne offizielles Führerpatent, das ihm erst 1908 ausgestellt wurde. Der Armeedienst verschlug ihn ins Berner Oberland, wo er nicht nur für die Berge Augen hatte. In seinen Memoiren verrät er uns, «dass ich in den Jahren 1879 und 1880 im Begriffe stand, mich mit einem ehrbaren Bürgermädchen aus Thun zu verloben! Mangel an Geld meinerseits bildete den plausiblen Grund, dass diese zarte Angelegenheit einen negativen Abschluss fand. An jene Thuner Dienstjahre und an das sanftmütige Thuner Anneli denke ich stets gerne, obschon nicht ohne Wehmut, zurück.» Klucker verzichtete nach dieser Enttäuschung zeitlebens auf eine eigene Familie: «Seit jener Zeit beobachte ich als Junggeselle eine ausgesprochene Reserve gegenüber Damen, obschon ich eine nette, hübsche Frauenerscheinung heute noch gern betrachte.» Dafür sorgte er lange für seine Mutter und für kranke Geschwister, so wie er in seinen letzten Jahren viel Zeit für die Pflege seiner nervenkranken Nichte aufwendete – «die einzige Angehörige, die ich noch habe». Besonders im Alter beschlichen ihn immer wieder Zeiten der Einsamkeit und der Depression.

Klucker führte von 1880 bis 1918 die Poststelle in Sils-Fex. Während seiner Zeit als Gemeindepräsident von Sils konnte er ein Wasserkraftprojekt am Silsersee verhindern. Lange dauerte sein Engagement für die Schule: Während 20 Jahren amtete er als Mitglied und Präsident des Schulrats, wo er sich für eine gute Schulbildung der Bergbauernkinder einsetzte.

Die Berge faszinierten ihn schon als Kind: «Meine Lieblingsbetätigung während der Viehhut war schon dazumal das Klettern. Kein Felsblock, und war er noch so hoch und glatt, blieb unversucht.» Noch vor seinem neunten Geburtstag unternahm Klucker die erste Gletschertour. Und als sein Vater 1865 zwei englische Herren – D. W. Freshfield und F. F. Tuckett – und einen Führer – François Dévouassoud – auf eine Tour begleitete, dachte sich der noch nicht Zwölfjährige: «Wenn du älter und stark wirst, schaffst du dir auch Gletscherseil und Pickel an.» Der Bubentraum verwirklichte sich, mehr noch: «Christian Klucker, der letzte Pionier der Alpen», beginnt das ihm gewidmete Kapitel im Standardwerk «Les alpinistes célèbres». Der Erschliesser des Bergells war intelligent, gebildet, interessiert an Biologie und Naturkunde (und, anders als viele seiner Berufskollegen, nie Jäger). Claude Wilson, ehemals Präsident des Alpine Clubs, beschrieb ihn als «mein bester Führer aller Zeiten – der perfekte Bergsteiger – der perfekte Bergführer – sich selbst genauso schützend wie seine Begleiter, keine Risiken eingehend, mit raschen und flinken Bewegungen, mit einer Seilführung im Fels, wie ich sie bei keinem anderen gesehen habe, ein perfekter Kamerad, ein perfekter Koch und Hüttenwart – and one of nature's gentlemen». Eher herrische Kunden schätzten seine Aufrichtigkeit, seinen Stolz und seine Selbstsicherheit hingegen weniger. Zu Kluckers Kundschaft gehörten im Wesentlichen zwei Kategorien: Freunde und andere – was er auch nicht zu verheimlichen versuchte. Zu den Freunden zählten Theodor Curtius («an ihn [Curtius] werde ich stets und bis an mein Lebensende mit hoher Verehrung und Liebe denken»), Ludwig Norman-Neruda («mit goldlauterem Charakter und Herzensgüte ausgestattet, besass er eiserne Willenskraft mit Ruhe gepaart») oder John Percy Farrar («... überflüssig zu betonen, dass Sie in meinen Erinnerungen den Ehrenplatz einnehmen»); zu den anderen gehörten dagegen Paul Güssfeldt («an den nunmehr verstorbenen Dr. P. Güssfeldt war einzig seine unbeugsame Energie von damals bewundernswert»), von Rydzewski («das Allerschlimmste bei diesem Manne waren seine stark entwickelte Nervosität und seine schrankenlose Ränkesucht») oder Edward Whymper («Misstrauen und Schrullen und schädliche Lebensweise»). Besonders mit den Freunden unterhielt er eine lebhafte Korrespondenz: Allein zwischen 1911 und 1928 schrieb er 2500 Briefe – je nach Empfänger auf Deutsch, Romanisch oder Italienisch.

Die Erstbegehungen und schwierigen Touren, die er mit seinen willigen Kunden unternahm, gehen fast alle auf seine eigene Initiative zurück, was damals eine Ausnahme darstellte. Kluckers Technik im Eis und im kombinierten Gelände war legendär, und heute noch beeindrucken seine Erstbegehungen – aber auch die Art und Weise, wie er sie durchführte. Berühmte Beispiele sind der Peutereygrat am Mont Blanc (1893 mit Paul Güssfeldt und Emile Rey), die Nordostwand des Bernina oder die Nordwände von Roseg und Liskamm (alle 1890 mit Ludwig Norman-Neruda) – nota bene immer ohne Steigeisen. Die Routen wurden zum Teil erst viel später wiederholt, bei der Roseg-Nordwand beispielsweise vergingen 34 Jahre. Zur Technik gesellte sich Intuition, wie am Obergabelhorn, wo er 1890, ebenfalls mit Norman-Neruda, die logischste und heute übliche Aufstiegsroute entdeckte – obwohl sich seit der Erstbesteigung des Gipfels 1865 unzählige (einheimische) Führer am Berg getummelt hatten.

Im Bergell beging er so gut wie alle Couloirs, und hier entstanden auch seine revolutionärsten Eiskunststücke: der Canalone del Badile (1896) und das Nordwestcouloir der Punta S. Anna (1899), beide mit Schlüsselstellen von über 60 Grad. Damit war er seiner Zeit um mehrere Generationen voraus, denn die «offizielle» Ära solcher Couloirs begann erst um 1970 mit den Frontzacken und Ankerpickeln. Klucker war auch hier – für ihn selbstverständlich – ohne Steigeisen unterwegs!

Ausserhalb des Bergells weniger bekannt ist, dass er sich im Fels mit ebenso grosser Leichtigkeit bewegte. Anlässlich der Erstbesteigung der Punta Rasica meisterte er den Gipfelblock, eine sehr ausgesetzte und später mit IV+ bewertete Stelle, ohne jegliche Sicherung, was ihm bis in die 1940er-Jahre hinein kaum ein Kletterer nachmachte: Die meisten Wiederholer behalfen sich mit einem Seilwurf, um die berühmt-berüchtigte Passage von oben zu sichern. Zu Kluckers grossen Touren gehören auch die Erstbesteigung des Ago di Sciora, der Cima del Largo, des Dente del Lupo sowie zahlreiche Anstiege in der Torrone- und Scioragruppe. Ausserhalb des Bergells sticht die Ost-West-Überschreitung der Meije mit J. P. Farrar hervor, in 22 Stunden von La Grave nach La Bérarde. Obwohl im Granit zu Hause, eröffnete Klucker gleich beim ersten Besuch im Kalk der Dolomiten an der Fünffingerspitze eine neue Route.

Ausser bei seinem Alleingang an der Badilekante, bei dem er die Schuhe unten liess, war Klucker meist mit schweren Nagelschuhen unterwegs; Kletterfinken benutzte er sehr selten. Niemals hingegen verwendete er Seilringe oder Mauerhaken, weder zur Fortbewegung noch zur Sicherung – es entsprach nicht seiner Auffassung von Bergsteigen. Sein Grundsatz war, «nie irgendwo hochzuklettern, wo ich nicht hinabklettern könnte». Wie Paul Preuss, aber 20 Jahre früher.

Eine seltene, durch Überempfindlichkeit gegenüber der UV-Strahlung gekennzeichnete Hautkrankheit zwang ihn ab 1905, der Bergsteigerei den Rücken zu kehren. Erst 1917 kam die Heilung und mit ihr ein zweiter Frühling. Noch mit 68 Jahren eröffnete er am Torrione del Ferro ein bis 60 Grad steiles Couloir, mit 72 Jahren ging er – begleitet vom 67-jährigen Freund Farrar – gemütlich auf den Badile und den Ago di Sciora, seine letzte bekannte Erstbegehung gelang ihm 1927 erneut am Torrione del Ferro, als 74-Jährigem.

Im Laufe seiner Karriere kamen so über 3000 Gipfel zusammen, 34 Erstbesteigungen (davon 23 im Bergell), über 60 Erstbegehungen und ein Dutzend Wintererstbesteigungen – alle ohne einen nennenswerten Zwischenfall, nicht zuletzt dank seinem ausgeprägten Verständnis der Rhythmen der Bergwelt und dem Gespür für den richtigen Zeitpunkt einer Tour.

Er, der den vermeintlich gefährlichen Beruf gewählt hatte, hielt im dritten Abschnitt seiner «Erinnerungen eines Bergführers» etwas traurig fest: «Von der zehnköpfigen Familie bin ich heute, wo ich dies schreibe, der einzig Überlebende. – Meine Abberufung wird wohl nicht mehr lange auf sich warten lassen.» Tatsächlich. Die «Erinnerungen» erschienen 1930, aber unvollendet: Am 21. Dezember 1928 starb Christian Klucker an Herzversagen, auf dem Weg zu einer Weihnachtsfeier für «seine» Schulkinder.

Die Beerdigung, «eine solenne, von vielen Menschen besuchte Trauerfeier», fand auf dem Friedhof von Fex statt. Das Grab wurde später aufgehoben, der Grabstein jedoch in einen Gedenkstein umgewandelt. Die Schrift ist verwittert, man kann sie aber noch lesen: «In Memoria da nos CHRISTIAN KLUCKER Guida 1852–1928 da Secziun Bernina dal C. A. S. ed Amihs dal A. C. d'Inghilterra». Damit hofften seine untröstlichen Freunde des SAC und des Alpine Club bestimmt, ihm ein weiteres Lebensjahr Jugend spendieren zu können. Denn Christian Klucker kam 1853 zur Welt.

Marco Volken

Ein Russe auf dem Badile

Anton von Rydzewski

Am 19. Juni 1893 erreichte eine Dreierseilschaft den Piz Badile erstmals über den Ostgrat: die Bergführer Christian Klucker und Emile Rey mit dem «Herrn» in der Mitte, dem Russen Anton von Rydzewski. Vier Jahre später gelang dem Duo Klucker und Rydzewski auch die Erstbegehung des Badile-Westgrats, nun zusammen mit Mansueto Barbaria. Dazwischen, 1896, lag Rydzewskis grösste Enttäuschung: Das endgültige Njet seiner Führer zur Badile-Nordkante.

Rydzewski, 1836 als Sohn eines russischen Generals in Warschau geboren und später Finanzbeamter in St. Petersburg, begann um 1885 in Dresden ein zweites Leben als «Privatus». Mit 50 Jahren bestieg er den Mont Blanc und verfiel den Bergen. 1891 kam er ins Bergell, wo noch Erstbesteigungslorbeeren zu holen waren. Zuoberst auf seiner Wunschliste stand die dominierende Kante. «Mit dem alten und auf schwierigem Fels unselbständigen Rydzewski wird unter meiner Führung an der Badile-Nordkante nicht gepröbelt, denn dort oben ist nicht die Stelle, um mit ihm Mehlsacktechnik zu treiben», resümierte Christian Klucker in seinen «Erinnerungen eines Bergführers» kurz und bündig. Rydzewski sah dies anders. «Ich hätte den Versuch machen sollen», warf er sich im Rückblick in nicht ganz untypischer Selbstüberschätzung vor, «und Klucker hätte mich nicht wie Moses die Juden in der Wüste im Bondascathal herumwandern lassen.»

Die Chemie zwischen Führer und Herr stimmte vom ersten Moment an nicht. Dennoch waren sie zehn Sommer lang, 1891 bis 1900, im Bergell zusammen unterwegs und reihten Erstbesteigung an Erstbesteigung. Ob Klucker seinen Herrn, wie weiland Moses, im Bondascatal herumwandern liess, damit Couloir um Couloir und Gipfel um Gipfel bezwungen wurden, immer die Nordkante vage als Köder vorne dran, ob Rydzewski wirklich jeden Frühsommer von neuem glaubte, das Kantenwunder zu vollbringen? Gewiss ist eines: Die beiden waren aufeinander angewiesen. Klucker war es nicht gelungen, seine Lieblingskunden für die Erschliessung des geliebten «Granitlandes» zu gewinnen; ihm blieb nur «der Russ». Der seinerseits wusste: «Ohne Führer bin ich nichts.»

Der Generalssohn Rydzewski war ein schwieriger Kunde, ehrgeizig, aber mit zunehmendem Alter auch ängstlich, gesellschaftspolitisch und alpinistisch ein Auslaufmodell des 19. Jahrhunderts. Er liess sich von Klucker in den Eiscouloirs von Cengalo, Badile und Badilet Tausende von Stufen schlagen. Er sah sich als Kapo seiner Kampagnen, die er in militärischer Zucht und Ordnung durchzuführen wünschte (und dabei immer wieder an seinen eigenen Ansprüchen verzweifelte), er rieb sich an Kluckers mangelnder Unterordnung und verabscheute schweizerische Republikaner und Engländer gleichermassen. Der vermögende Baron verstand sich auch als Forschungsreisender. Er publizierte in der alpinistischen Fachpresse Deutschlands, Italiens und der Schweiz. Weil diese auch Bilder wünschten, begann Rydzewski 1894 zu fotografieren – widerwillig zuerst, dann mit Begeisterung und ästhetischen Ansprüchen. Niemand sonst hat im Bergell so früh und so breit fotografiert wie er. Doch blieb es ein privates Hobby, gerade ein Dutzend seiner Aufnahmen wurden publiziert. Sein Monumentalwerk über das Bergell, das reich bebildert werden sollte, blieb ein Traum.

1908 ernannte ihn die SAC-Sektion Bregaglia zum Ehrenmitglied, 2 Jahre nach Klucker. Zum Dank vermachte der Geehrte seine Fotografien, um die 2000, der Sektion. 1913 starb Rydzewski, die Sammlung blieb jedoch in Dresden. In einem späteren Testament hatte er seine Frau als Alleinerbin eingesetzt. Dank glücklicher Zufälle sind in den letzten Jahren gut 400 Aufnahmen wiederentdeckt worden. Von der Badile-Nordkante ist keine dabei.

Ursula Bauer und Jürg Frischknecht, beide 1947 geboren, haben das Wanderbuch «Grenzland Bergell» geschrieben (www.wanderweb.ch) sowie die Fotoausstellung «Ein Russ im Bergell» initiiert und mitgestaltet (www.rydzewski.ch).

1896 Da Anton von Rydzewski trotz deutlicher Absage von Klucker immer noch mit der Nordkante des Badile liebäugelt, schlägt ihm sein Führer eine Alternative vor: «Die Anwesenheit Schochers soll man nützen und den Aufstieg auf den Piz Badile durch das Couloir und über den Westgrat durchführen, als nicht zu unterschätzenden Ersatz für die abenteuerliche Nordkante.» «Der Russ» willigt ein, und am 6. Juli stimmt auch das Wetter: Die beiden Führer Christian Klucker und Johann Martin Schocher machen sich auf, das Couloir für ihren Gast mit Stufen vorzubereiten. Ohne Steigeisen – Klucker verachtet solche Hilfsmittel für sich selbst, wie die meisten damaligen Schweizer Führer, schnallt sie aber manchmal seinen Gästen an – arbeiten sich die beiden, Stufen schlagend, Meter um Meter empor. Die durchschnittliche Neigung der Eisrinne, die heute Kluckercouloir heisst, beträgt 56, einzelne Stellen gar über 60 Grad. Vom Colle del Badile kehren die beiden, ohne den Gipfel zu betreten, über die Pässe Porcellizzo und Trubinasca zu ihrem Lager auf Sasc Furä zurück, wo sie von Rydzewski vergeblich suchen. Er hat es sich inzwischen anders überlegt und ist ins Tal abgestiegen.

1897 Ein Jahr später entschliesst sich Anton von Rydzewski doch noch, den Canalone del Badile zu begehen. Diesmal ist statt Schocher wieder der Ampezzaner Mansueto Barbaria mit von der Partie. Ganze 850 Stufen schlägt Klucker an diesem 14. Juni für sich und seine zwei Begleiter. Auf der Scharte angelangt, klettern sie weiter über den noch unbestiegenen Westgrat auf den Badile und steigen über die Lurani-Route ab, womit sie gleichzeitig die zweite Überschreitung des Gipfels vollbringen.

1900 Die bedeutenden Gipfel des Bergells und Val Masino sind so gut wie alle bestiegen. Was noch fehlt, wird im nullten Jahr des neuen Jahrhunderts erledigt. Klucker und Barbaria winken als Erste von der Punta Trubinasca, Bortolo Sertori mit Hans Ellensohn und Angelo Perotti vom Torrione del Ferro. Damit stehen nur noch einzelne Türme und Nebengipfel aus, die allerdings noch eine Weile warten müssen, so der Gallo (1909), die Vergine (1913), der Ago del Torrone (1923), die Lokomotive (1936) und die Fiamma (1936).
Und dann gibt es noch den P. 3198 der Luranikarte, den markanten Nebengipfel

Eisige Rinne: Bloss zwei Partien wiederholen das Kluckercouloir: 1962 Ian Clough und Geoff Grandison und im März 1973 Elio Scarabelli und Graziano Bianchi. Beide Partien benötigen ein Biwak. Scarabelli/Bianchi: «forti difficoltà di ghiaccio»; Clough: «impressed by the difficulty of the ascent».

Aus den südlichen Bergeller Alpen (II)

Kluckers Eigenbau: Der 30,5 Zentimeter lange Steileispickel wurde ihm ins Grab gelegt. Er steht heute im Museum Alpin Pontresina.

[...] Erst am 6. Juli erlaubte uns der Himmel, für unser Unternehmen auszurücken. Es wurde nun vereinbart, daß der Ampezzaner [Mansueto Barbaria] mit Herrn v. Rydzewski volle zwei Stunden später als wir zwei Engadiner Saßfura verlasse, damit Schocher und ich während dieses Zeitvorsprungs die Stufen im unteren Teil des Couloirs vorbereiten könnten.

Am 6. Julimorgen um 4.00 standen wir beide am Bergschrund bei der Ausmündung des Couloirs. Das Wetter war schön, die Lufttemperatur sehr niedrig. Was uns für unser Vorhaben einigermaßen beunruhigte, war der starke Fallwind, welcher stoßweise durch die steile Eisschlucht herunterfuhr. Nachdem wir unsere Rucksäcke, welche wir später beim Eintreffen unserer Gefährten holen wollten, fatalerweise an geschützter Stelle niedergelegt hatten, gingen wir trotz Fallwind unverzagt an die Arbeit. Ich erhielt den Vortritt.

Schwere Stufenarbeit in blankem Eise stand uns bevor! Und überdies wurde diese durch die heftigen Windstöße von oben erschwert, was uns jedesmal zwang, an die steile Couloirwand anzulehnen, um nicht aus den Stufen herausgerissen zu werden.

Etwas vor 7.00 erschien unterhalb des Bergschrundes am Couloireingang Herr v. Rydzewski mit Barbaria. Wir rieten oben, ob wir absteigen sollten, um die Untenstehenden heraufzuholen. Und unsere Rucksäcke? Da ich für einen Abstieg keine große Bedenken hatte, obschon wir bereits 200 m hoch gestiegen waren, und wohl auch, um spätere unliebsame Auseinandersetzungen mit unserem Herrn zu vermeiden, riet ich meinem Kollegen doch zum Abstieg. Schocher weigerte sich ganz entschieden dagegen. Er mache einen solchen Gang in den mit Eissplittern gefüllten Stufen hinunter nicht mit. Das Fehlen des Rucksackes spiele bei ihm nur eine nebensächliche Rolle. Es blieb mir nichts anderes übrig, als die zwei Untenstehenden zu verständigen, und zwar dahingehend, daß sie wieder nach Saßferra absteigen möchten, während wir den Aufstieg zur Badilescharte durchführen und so den Weg für den nächsten Tag vorbereiten wollten.

Die zwei Gestalten unten verschwanden daraufhin und wir hackten weiter. Der ersehnte Firnschnee – wir stiegen links der tiefen Lavinenrinne empor – wollte sich leider nicht einstellen. Kein Wunder bei einer Neigung von mehr als 56°. Nach fünf Stunden Hackarbeit machten wir um 9.00 eine kleine Pause. Durch das unausgesetzte Anspritzen von Eisstaub beim Stufenhauen waren meine Kleider und, weil ich bei solcher Arbeit stets offene Weste trage, auch mein Hemd vorne steif gefroren. Wir standen bei kaltem Wind immer noch tief im Schatten der Badilewestwand.

Während dieses Haltes wurde abermals die Frage einer Umkehr angetönt. Schocher lehnte noch entschiedener ab. «Nun gut, mein Freund, dann lasse ich dir den Vortritt!» Sofort erklärte er sich bereit, mir die Hackarbeit abnehmen zu wollen, und trat an die Spitze. Kaum nach einer halben Stunde gewahrten wir, daß die Felsen zu unserer Linken kletterbar seien, und steuerten auf dieselben zu.

Die nun folgende Kletterei war keine leichte, brachte uns aber viel rascher in die Höhe. Um 10.00 herum schien mir die Färbung im nahen Couloir Schneeauflagerung anzudeuten. Ich verständigte meinen Kameraden, und da von meinem Standort das Couloir in wenigen Schritten und bequem zu erreichen war, so stieg ich sofort vom Felsen auf den Firn der Schlucht hinüber. Es lag gerade so viel Schnee auf dem Eis, um sichere Tritte herstellen zu können. Rasch kamen wir in die Höhe.

Die letzte schwere Stelle, ein 5 bis 6 m hoher, senkrechter Absatz im Couloir, welcher nicht zu umgehen war und uns zwanzig Minuten schwere Arbeit verursachte, begingen wir 11.25. Was nun folgte, war nicht schwer und 12.30 mittags standen wir in der Scharte im Westen des Piz Badile, welche später den Namen Colle del Badile erhielt und etwa 3100 m hoch sein mag.

Der ganze Aufstieg hatte 11 Stunden verlangt, davon entfielen 8 Stunden 45 Minuten auf die Überwindung des Couloirs. [...]

aus: «Erinnerungen eines Bergführers», 1930

des Badile. Am 19. September 1900 machen sich Bortolo Sertori, Ugo Monti und Giuseppe Gugelloni auf, die noch unbestiegene Nadel als Ziel. Zur Rekognoszierung geht Sertori schon mal ein Stück voraus – so weit, dass er plötzlich allein auf dem First steht. Dann kehrt er zurück, holt Gugelloni und Monti nach und führt sie ebenfalls auf den Gipfel. Gugelloni: «Dort oben, alle drei auf einem Quadratmeter Fläche vereint, mit baumelnden Beinen, betrachten wir das ausserordentlich schöne Panorama, das sich um uns ausbreitet. [...] Sertori hat bereits ein Gipfelmännchen gebaut; wir begiessen es mit dem verbliebenen Rum und taufen den bis anhin namenlosen Gipfel auf den Namen Punta Sertori.»
Der Gipfel der Punta Sertori besteht streng genommen aus zwei Zähnen, von denen die Partie Sertori, wie alle ihr folgenden Seilschaften, bloss den westlichen, geringfügig niedrigeren Zahn erklimmt. Der höchste Punkt wird vermutlich erst am 20. Juli 1913, dem Tag der Einweihung des neuen Rifugio Gianetti, durch zwei würdige Nachfolger von Sertori betreten: Aldo Bonacossa und Carlo Prochownick.

1902 Bergführer dominierten bisher die Szene. Sie sind die Profis, ohne die man zu keiner ernsthaften Unternehmung aufbricht. Ab etwa 1885 setzt sich jedoch eine neue Tendenz durch, vornehmlich in Österreich und Deutschland: das führerlose Bergsteigen. Es ist ein Kind der Moderne, der Aufbruchstimmung und des Autonomiebestrebens um die Jahrhundertwende. Während viele Engländer diese Mode verpönen, unter ihnen W. A. B. Coolidge,

Bortolos Berge: Die schlanke Punta Sertori, der Badile (dahinter) und der Cengalo (nicht im Bild). Nebst seiner Punta besteigt er als Erster Badile und Cengalo an einem Tag (1895), traversiert als Erster von der Punta Sertori zum Badile (1903), schafft am Badile die zweite Begehung des Westgrats und den ersten Abstieg über den Ostgrat (1905).

Früher mal Schnee: Sertoris linke Südwestwandrinne, im Bild von 1899 noch «schneesicher», ist heute so ausgeapert wie gefährlich. Kompakten Fels und zuweilen Firn bietet dagegen Giacomo Fiorellis Normalroute auf die Sertori (rechte Seite); wer da auf Schwierigkeiten stösst, hat sich verstiegen.

findet sie in der österreichisch geprägten Lombardei rasch Anklang.
Mitglieder von Clubs wie dem GLASG, dem Gruppo Lombardo Alpinisti senza Guide – manche spötteln: senza Giudizio, ohne Vernunft – tummeln sich bald auch am Badile. Ein erster Höhepunkt ist die Leistung der starken Amateure Giovanni Ellensohn und Teodoro Dietz, die am 13. Juli 1902 in Ardenno starten und zu Fuss den Gipfel erreichen, das sind gute 3000 Höhenmeter an einem Tag. Im Laufe eines Jahrzehnts sammeln sich weitere schöne Erfolge. Zu den erwähnenswerten gehören 1908 die erste führerlose Begehung des Westgrats durch Teodoro Dietz und seine Gemahlin (28. Juli) sowie die erste führerlose Besteigung der Punta Sertori (gleich auf einer neuen Variante) mit anschliessender Traversierung zum Badile durch Aldo Bonacossa und Alfredo Corti (4. Juli). Aber allmählich verliert die Bewegung an Schwung, sie wird Opfer ihres eigenen Erfolgs: Nach dem Ersten Weltkrieg entwickelt sich das führerlose Bergsteigen zum kaum mehr erwähnenswerten Normalfall.

1904 Der umtriebige Lokalmatador Bortolo Sertori ist wieder auf Neulandsuche. Von den Graten am Badile ist nur noch die Nordkante frei, die sich aber nicht in seinem Revier befindet (er wird sie trotzdem versuchen). So bleiben die Wände übrig, insbesondere die Südwestflanke, die von mehreren Rinnen durchfurcht ist. Sertori schätzt die westlichste der Schluchten als begehbar ein und tritt am 30. Juli den Beweis an: Mit Alfredo Redaelli – dem Stifter des 66 Jahre später eingeweihten Gipfelbiwaks – durchsteigt er die «Via della Gola occidentale». Eine hoch reichende Firnzunge, einige Platten und Risse vermitteln den Zugang zum oberen, weniger steilen Teil der Rinne. Schwierigkeit: vermutlich IV. Vermutlich, weil die steinschlägige Route kaum wiederholt wird – der Führer von Brasca aus dem Jahr 1911 attestiert ihr zwar einige interessante Passagen, kommt aber zu einem lakonischen Schluss: «Questa via è sconsigliabile», von dieser Führe sei abzuraten.

1906 Sechs Jahre nach Sertoris Alleingang findet Giacomo Fiorelli mit Alfredo Redaelli eine direktere und logischere Route zur Punta Sertori, die heute übliche Normalroute durch die Südwestwand. Am Gipfelzahn hatte er bereits ein Jahr zuvor mit Emilio Castelli eine Variante durch das Nordwändchen eröffnet.

Giuseppe Gugelloni

Punta Sertori 3198 m – Erste Besteigung

Frühes Bild: Der 24-jährige Giuseppe Gugelloni fotografiert in der Badile-Südwand anlässlich der Erstbesteigung der Sertori – vielleicht die erste Aufnahme aus heikler Lage am Berg.

Als wir sie von den zerklüfteten Felsen des Badile zum ersten Mal sahen, schien es uns wirklich so, als sei die Bezeichnung «unerreichbar», mit der sie unser Bergführer Sertori charakterisiert hatte, vollkommen gerechtfertigt. Der Gedanke, dass ein so guter Bergsteiger wie er mehrmals von verschiedenen Stellen aus vergeblich den Aufstieg versucht hatte, musste sogar uns davon abbringen, den letzten jungfräulichen Gipfel im Val Masino, wie er behauptete, zu erobern.

Der Berg war vom Badile aus gesehen schön, beeindruckend. Eine Reihe von Felsplatten war so übereinander geschichtet, dass sie an jeder Seite an seinem Fusse eine aufgerichtete Wand von ernsthafter Steilheit bildeten. Eine Wand, die im Badile weiterverlaufend ein grosses Amphitheater zu bilden schien, das sich aus dem darunter liegenden Gletscher erhob; schliesslich bildete auf diesem Podest ein Felszacken den Abschluss, geschätzte 30 Meter hoch, ein richtiger Turm mit senkrechten Kanten.

Trotz der Worte unseres Bergführers studierte doch jeder von uns schweigend mit den Blicken die seltsam geneigten Felsplatten, nach einem Weg suchend, und mir schien es sogar, den Grund für die vorangegangenen Misserfolge zu erkennen, und zwar in der Tatsache, dass der Gletscher des Badile, der in den letzten Jahren stark zurückgegangen war, einen durch die Gletscherbewegung glatt geschliffenen Felsbereich freigelegt hat und dass diese von Natur aus steilen und glatten Felsen die Besteigungsversuche abgewehrt haben, die alle von diesem Punkt am Fusse des Berges gestartet worden waren.

Ich erläuterte also meine Idee, den Grat zwischen unserem Gipfel und dem Badile mittels einer Traversierung der ganzen Wand genau am Fusse des Gipfelturms zu erreichen. Es drehte sich darum, den geeigneten Punkt für den Einstieg zu wählen. Sertori verstand die Idee, wollte aber weiter hinabsteigen, um von einem geeigneteren Punkt aus die mögliche Route zu studieren. Dort angekommen, gab er uns rasch alles, was ihn behindern könnte, und stieg ein: Er war vom Entdeckerfieber gepackt, aufgeregt, er spürte, dass er das so lange ersehnte Ziel erreichen könnte; ihn trieb ein Eroberungswille an, der nur im Kopf eines Bergführers entstehen kann, der als Erster die schwierigsten Gipfel der Berge, in denen er geboren wurde und lebt, erreicht hat.

Er sollte nur feststellen, ob die Wand vor unseren Augen gequert werden kann, aber es war unsinnig zu meinen, er käme zurück, ohne den Gipfel erreicht zu haben, wenn er auch nur irgendeine Möglichkeit dazu sah. Mit nackten Füssen querte er flink die stark geneigten Platten. Wir sahen ihn entlang der Wand hinauf- und hinunterklettern, feuerten ihn laut an und riefen ihm zu, wenn er unserer Ansicht nach weiter oben oder unten bleiben sollte. Endlich war er auf dem Grat, am Fusse des Gipfelturms.

Ich beschreibe jetzt nicht die zahllosen Versuche, die zum Erreichen des Gipfels notwendig waren, aber ich kann versichern, dass er Wunder vollbrachte. Auch wenn er recht weit entfernt war, verfolgten wir gespannt seine Bewegungen. Manchmal schien es uns seltsam, dass ein Mensch an so senkrechten Kanten kleben kann. Schliesslich sahen wir ihn oben auf dem Gipfel, und der Freudenschrei, der aus unseren Kehlen drang, war gleichzeitig eine Hommage an seine bergsteigerische Leistung und der Ausdruck der Erleichterung, denn wir hatten um ihn gebangt.

aus: «Rivista Mensile del CAI», 1900

Füsse wie Saugnäpfe

Die ersten britischen Bergsteiger erkundeten das südliche Bergell mit ausländischen Bergführern. Gegen Ende des 19. Jahrhunderts jedoch brachte die steigende Anzahl italienischer Touristen die erste Generation von italienischen Bergführern hervor. Es waren Jäger und Bauern aus den Dörfern, die ihre Erfahrungen bei der Gamsjagd gesammelt hatten, auf der Suche nach versprengten Herdentieren oder während sie an den Hängen und Felsbändern nach mageren Wiesen suchten, die noch etwas zum Mähen hergaben. Die Bergführerfamilie Fiorelli wurde so im Val Masino bekannt, gleichzeitig machte sich auch Bortolo Sertori aus Filorera einen Namen.

Er wurde 1858 geboren und arbeitete lange Zeit als Träger, nahezu unbeachtet im grossen Kreis der bekannteren Bergsteiger. Trotzdem gelangen ihm bereits in dieser Zeit einige sehr schöne Unternehmungen, beispielsweise am 2. August 1890 die Erstbesteigung des Pizzo di Zocca zusammen mit seinem Freund und Rivalen Giulio Fiorelli und den Herren Aldo Noseda und Gilberto Melzi.

Giuseppe Gugelloni jedoch, der die Arbeit von Lurani fortführte, war es zu verdanken, dass es Bortolo Sertori, nachdem er sich rund 10 Jahre lang seine Sporen hart verdient hatte, endlich gelang, den qualitativen Sprung nach vorn zu machen, der ihn in den Kreis der besten Bergsteiger seiner Zeit brachte. Graf Aldo Bonacossa, der mit ihm zusammen mehrere Unternehmungen durchgeführt hat, zeichnet ein sehr treffendes Porträt dieses aussergewöhnlichen Bergführers: «Wenige Male nur war er aus dem Val Masino herausgekommen. Einige Tage am Mont Blanc, am Pizzo d'Andolla, in der Bernina, am Segantinigrat, nicht weiter. Seine Berge hatten ihn gefesselt, aber auch zu seiner Grösse geführt. Ausserhalb jedoch war er unbekannt geblieben, und nie hat er den Wohlstand und den Bekanntheitsgrad erreicht, den er eigentlich verdient hätte. Er ist immer der Archetyp des lokalen Bergführers geblieben. Bis zu seinem Tod. Fehlende Gelegenheiten wahrscheinlich. Vielleicht aber auch, weil dieses kleine Männlein mit seinem grossen, struppigen Schnauzbart, ärmlich gekleidet in seinen bäuerlichen Barchenthosen, die weder gegen Regen noch gegen Kälte schützen, nichts, aber auch gar nichts von einem ‹Beherrscher der Berge› hatte. ‹Seine› Berge kannte er nicht einmal alle mit Namen. Weder hatte er die Rasica noch zwei von den Torroni bestiegen. Lesen und Schreiben waren seine Stärke nicht, er sprach Italienisch wie Ferravilla [ein Mailänder Dialektkomiker]. Er hielt sich für den besten Bergführer in seinem Tal, das konnte er, das wollte er sein, und er duldete keine Rivalen neben sich. Das waren seine schönsten Jahre, die Jahre der Erstbegehungen am Pizzo Badile, am Monte Disgrazia, am Ago di Sciora, und insbesondere ‹seines› Gipfels, der Punta Sertori. Das war sein eigener Gipfel, und den konnte ihm keiner je wieder wegnehmen. Dieser Gipfel soll für immer im Tal an seinen Namen erinnern! Damals war er am Fels der beste Bergführer der Lombardei. [...] Seine nackten Füsse waren wie Saugnäpfe [...] So hatte er die höchste Kunstfertigkeit des Bergsteigers erreicht: mit seinen eigenen Mitteln da wieder abzusteigen, wo er aufgestiegen war ...»

Bortolo Sertori

Um sich beruflich weiterzuentwickeln, nahm er – im Gegensatz zu seinen Rivalen, den Fiorelli – als einer von dreizehn Teilnehmern am ersten Bergführerkurs des CAI Milano teil. Wenn auch sein Aktionsradius begrenzt war und sein Wesen immer das des einfachen Berglers geblieben ist, so war Bortolo Sertori doch wirklich in den Felsen zu Hause, und darin war er Giacomo Fiorelli nicht einmal unähnlich: Sie waren keine Bergführer, die ihre Kunden nur bereitwillig auf einen Tagesausflug begleiteten, sondern sie waren immer auch von einem starken Sportsgeist beseelt, der sie zu ihren grössten Unternehmungen beflügelte. Die unheilvolle Spanische Grippe, die Millionen Menschen in der ganzen Welt das Leben kostete, machte auch vor dem weit abgelegenen Val Masino nicht Halt, und eines ihrer Opfer war der kleine, zähe Bergführer aus Filorera.

Giuseppe Miotti

Vier Dächer über dem Kopf

Berghütten am Badile

Rifugio Gianetti (Capanna Badile/Rifugio Piacco)

Jüngling Coolidge, Professor Minnigerode, Frau Doktor Tauscher, Graf Lurani, Prinz Molfetta, Ingenieur Curò, Doktor Schulz – welche Variante sie mit ihren Führern auch wählen, eines haben sie alle gemeinsam: 2150 Höhenmeter Aufstieg. Der Start erfolgt stets bei den Bagni del Masino unweit San Martino, eine Unterkunft oben am Berg existiert zu ihrer Zeit nicht.

Im Jahr 1882 lässt Graf Lurani, der unermüdliche Erforscher und Vermesser der Masino-Berge, eine Hütte am Disgrazia errichten. Die nach seiner Ehefrau benannte Capanna Cecilia findet Anklang bei den Alpinisten, weshalb sich der Privatier fünf Jahre später entschliesst, eine weitere Schutzunterkunft im Val Masino zu finanzieren: die Capanna Badile. Der Bau, auf 2537 Metern am Südfuss des Badile gelegen, wird sogleich der Sektion Milano des CAI vermacht und am 3. August 1887 eingeweiht. Das erste Dach am Badile hält zwar nicht lange, wird es doch bereits 1888 von einem Windsturm beschädigt; Lurani legt aber zu Beginn der Saison 1889 selbst Hand an und sorgt dafür, dass die Hütte wieder ihren Dienst tut.

Das tut sie bis 1901. Wie es das Schicksal will, fallen unzählige Hütten früher oder später einer Lawine oder einem Brand zum Opfer. Bei der Capanna Badile ist es eine Lawine. Der Wiederaufbau verzögert sich etwas, die neue Unterkunft ist erst 1904 bezugsbereit. Sie bietet Platz für 6 Personen. Viel zu wenig, wie sich bald herausstellt: Ein Legat des Mailänder Bergsteigers Luigi Gianetti kommt da gelegen und ermöglicht der Sektion, einen Neubau wenige Meter südlich der alten Hütte zu errichten. Paolo Ferrario – an den 1916 im Krieg gefallenen Genieoffizier erinnern die Cuspidi Ferrario, drei markante Türme im Südgrat der Punta Sertori – besorgt die Projektierung und Bauleitung der ungewöhnlichen, modernen Flachdachkonstruktion mit annähernd quadratischem Grundriss. Die feierliche Eröffnung des Rifugio Gianetti findet am 20. Juli 1913 vor zahlreichem Volk statt. Nach der Lawine ist das Feuer an der Reihe.

Capanna Badile, um 1897: Klucker (in heller Kleidung) und ein Begleiter posieren vor der alten, schlichten Hütte. Dahinter der markante Granitzahn «La Vecchia» (oben).

Rifugio Gianetti, 1934: In der Zwischenkriegszeit beherbergt der moderne Bau Spitzenkletterer aus der ganzen (alten) Welt (unten).

Im Rahmen einer militärischen Säuberungsaktion stecken Armeeeinheiten 1944 die als Partisanennest verdächtigte Hütte in Brand. Der Wiederaufbau beansprucht die Jahre 1948 und 1949; steigende Besucherzahlen und Komfortansprüche machen weitere Ausbauten in den Jahren 1954, 1977 und 1994 nötig. Als Winterraum dient das Rifugio Piacco, eine 1961 auf dem Fundament der alten Capanna Badile erbaute, einfache Schutzhütte. Sie ist Attilio Piacco, der 3 Jahre zuvor an der Punta Torelli abstürzte, gewidmet.

Capanna Sciora

Abgesehen von Klucker und seinen Gästen verirren sich bis etwa 1900 nur ganz wenige Alpinisten ins Val Bondasca. Ihre Stützpunkte sind in der Regel die sehr einfachen Alphütten von Naravedar, Sciora und Sasc Furä, manchmal auch ein Zeltbiwak. Ab der Jahrhundertwende nimmt das Interesse für Gipfel und Passübergänge um den Cacciabella, die Scioragruppe und die Gemelli allerdings stetig zu, was die Frage nach einer Unterkunft aufwirft. Von Rydzewski regt 1903 die Errichtung je einer Hütte im Bondasca- und im Albignakessel an. Die Untersektion Bregaglia des SAC nimmt die Idee auf, zieht Klucker zu Rate und beschliesst

Rifugio Gianetti, 2005: Seit 20 Jahren ist Mimmo Fiorelli Hüttenwart (links). Seine Vorgänger hiessen ebenfalls Fiorelli: 1913 bis 1944 war's Grossvater Giacomo, 1949 bis 1985 Vater Giulio. Unverändert – bis auf die geschrumpften Gletscher – auch der Hintergrund mit dem wuchtigen Badile.

noch im gleichen Jahr den Bau einer ersten Hütte auf Sciora. Finanzielle Schwierigkeiten verzögern die Realisierung, der Bauauftrag kann erst 2 Jahre später erteilt werden – zum Preis von 6200 Franken. Am 21. August 1906 ist es so weit: Zu «roastbeef, polenta, pane, vino e caffè nero» wird die neue, für 16 Personen ausgelegte Hütte im Beisein von Klucker und von viel Prominenz eingeweiht.
In den ersten 3 Betriebsjahren 1906 bis 1908 nächtigen insgesamt 357 Personen, darunter 84 Frauen, auf den harten Stroh-

Capanna Sciora, 1906: Bauarbeiten auf 2120 Metern. Die Einweihung steht vor der Tür, Cengalo und Badile dahinter.

Capanna Sciora, 2005: Bruno und Ruth Hofmeister in einer Ruheminute (unten). 1939 und 1945 bis 1947 diente hier Claudio Capadrutt als Hüttenwart, 1949 bis 1954 Uoli Gantenbein, 1955 bis 1961 Andreina und Hermann Hofmeister, 1961 bis 1965 Andreina mit Tochter Lucia Hofmeister, 1965 bis 1978 Lucia Hofmeister mit Ehemann Marcello Marazzi, seit 1978 Lucias Bruder Bruno Hofmeister mit Ehefrau Ruth. Die Hütte befindet sich am Fuss der eleganten Scioragruppe (rechte Seite oben).

Capanna Sasc Furä, 2005: Rechts der Fahnenstange Badile, Badilet, Punta und Pizzo Trubinasca (rechte Seite unten).

pritschen. Ihre Tourenziele heissen zumeist Passo di Cacciabella, Passo di Bondo, Cima della Bondasca, Cengalo, selten ein Sciora-Gipfel, während der Badile von dieser Seite in 3 Jahren nur einmal angegangen wird. 1910 brechen die Besucherzahlen ein und betragen fortan nur noch gegen 20 Personen pro Jahr. Die kleine, finanzschwache Untersektion Bregaglia – sie wird die Unabhängigkeit von ihrer Muttersektion Bernina erst 1927 nach einem langen Kampf erlangen – sieht sich unter diesen Umständen genötigt, die Hütte 1921 der zürcherischen Sektion Hoher Rohn zu verkaufen. Der ausgehandelte Preis beträgt 2200 Franken in bar.

Besonders dank der Nordkante ziehen die Frequenzen wieder an – gemäss dem «Alpine Journal» von 1938 ist die Kletterei «so popular that the Sciora hut is now often overcrowded and climbers compelled to bivouac at Sassfurà» –, was 1939 zur versuchsweisen Anstellung eines Hüttenwarts führt. Während der Kriegsjahre gehen die Übernachtungen zurück, dafür bietet die Hütte ab dem Herbst 1943 vielen Flüchtlingen, die über den Passo di Bondo in die Schweiz fliehen, ein willkommenes erstes Obdach.

Am 8. November 1947 versuchen zwei junge, von der Polizei gesuchte Deutschschweizer die Flucht in die entgegengesetzte Richtung, über den Passo di Bondo nach Italien. Unterwegs kehren sie in der Capanna Sciora ein und brennen ein Loch in die abgeschlossene Türe, um an den Innenraum zu kommen, was ihnen nur bedingt gelingt: Die Hütte geht in Flammen auf. Der Wiederaufbau erfolgt rasch, am 24. Oktober 1948 steigt schon das Einweihungsfest für den Steinbau, der 30 Personen Platz bietet und einen für 8 Personen ausgelegten Winterraum erhält. Fast 40 Jahre später ist der Ruf nach einem abgetrennten Hüttenwartsbereich, einer grösseren Küche, Indoor-Toiletten und etwas mehr Platz nicht mehr zu überhören: Der Ausbau 1985/86 bringt das Fassungsvermögen auf die heutigen 42 Plätze und den Winterraum auf 10 Personen.

Capanna Sasc Furä

Klucker übernachtet im Laufe seiner Expeditionen mehrmals auf Sasc Furä. Zu seiner Zeit ist die Alphütte noch intakt, aber bereits aufgelassen, denn nach einem Alpfrevel und dem anschliessenden «Racheakt» der Natur getraut sich niemand mehr, den steilen Bergweg zur Hütte mit dem Heuschlitten zu befahren – obwohl die Alp das beste Heu der Bondasca liefern soll. So verfällt die Hütte allmählich, nicht zuletzt, weil es für durchschnittliche Alpinisten dort oben, mit Ausnahme des Passo della Trubinasca, nichts zu holen gibt. Das ändert sich ab den 1930er-Jahren, als sich das Hüttlein auf 1900 Metern als Ausgangspunkt für die Modetour über die Nordkante geradezu anbietet. Bergführer Walter Risch, Erstbegeher der Kante, rettet die Hütte vor dem endgültigen Zerfall und baut «aus den Trümmern einen bescheidenen Bergsteigerunterstand für drei, höchstens vier Personen». Herbert Burggasser, einer der besten Kletterer unter den damaligen Bondasca-Habitués, schreibt

Capanna Sasc Furä: Seit der Einweihung 1960 (rechts) haben sich mehrere Hüttenwarte abgewechselt: 1961 bis 1965 Reto Giovanoli, 1966 Ida Giovanoli, 1967 Pino Riva, 1968 Bruno Ferrario, 1969 bis 1970 Nicolin Gianotti, 1971 Urs Wiget, 1972 bis 1973 Roman Guidon, 1974 bis 1984 Renata Pool (1974 bis 1976 mit Renata Rossi), 1985 bis 1989 Annamaria Borrello, 1990 bis 1997 Gian Lorenzo Borrello, seit 1998 Barbara und Reto Salis-Hofmeister (links). Als Kind verbrachte Barbara ihre Sommerferien meist bei den Eltern auf der Capanna Sciora.

1935 dazu: «Wo der Wald endet, duckt sich ein verwunschenes Steinhüttchen in einem Meer riesiger Huflattichscheiben. Über der Türöffnung stehen auf verrusstem Balken die stolzen Worte: ‹Hotel Risch›. Die letzten Buchstaben sind aber schlecht zu entziffern, und wer etwas Phantasie hat, wird lesen ‹Hotel Ritz› – und hat damit so ziemlich das Richtige getroffen.»

Die stets treffsichere Ursula Corning, die 1936 als dritte Frau über die Kante steigt, schreibt im gleichen Jahr: «Zweifellos hält die Zukunft viel für die Nordkante des Badile bereit. Irgendwann wird zwischen den Disteln der Alp Sassfurà eine grosse Badilehütte entstehen, so dass sich an schönen Tagen zahlreiche Karawanen auf der Kante vergnügen werden.» Ab 1941 tauchen die ersten konkreten Pläne der Sektion Bregaglia für eine offizielle SAC-Hütte auf. Vorerst begnügt sich die Sektion jedoch mit dem Instandstellen der bestehenden Alphütte. Nach dem Krieg folgen weitere Anläufe, bis 1960 endlich gebaut werden kann. Das Material wird von Helikoptern der Schweizer Armee auf den Bauplatz geflogen, die Erstellungskosten belaufen sich auf 17 322 Franken, am 2. Oktober wird die 18 Schlafplätze bietende Capanna Sasc Furä eingeweiht. Im ersten Betriebsjahr 1961 übernachten bereits 482 Personen in der neuen Hütte, 1969 sind es erstmals über 1000; 1983 und 1991 (die beiden Spitzenjahre) gar über 2000 – wenig im Vergleich zu den Viertausenderhütten, aber viel, wenn man bedenkt, dass die Hauptsaison am Badile in der Regel kaum mehr als zwei Monate dauert. Die dazu erforderlichen Ausbauten stammen aus den Jahren 1965 (auf 40 Plätze), 1978 und 1996.

Bivacco Redaelli

Bedingt durch die Wetterexposition und den bei schlechten Verhältnissen so schwierigen wie komplizierten Abstieg sehen sich Bergsteiger immer wieder gezwungen, unvorbereitet eine Nacht am Badile zu verbringen. Die Literatur ist voll von Schilderungen frostiger, patschnasser oder blitzerhellter Notbiwaks auf dem einzigen einigermassen ebenen Fleck am ganzen Berg, dem Gipfel selbst. In den allermeisten Fällen sind die Betroffenen ein paar Stunden nach Sonnenaufgang und spätestens in der Gianetti wieder aufgetaut und lachen über das Erlebnis; es gibt aber auch Fälle, bei denen es am Schluss nichts mehr zu lachen gibt.

1966 beschliessen die Ragni di Lecco, die weltberühmte Kletterbrigade der CAI-Sektion Lecco, die zwei wichtigsten Berge ihrer Vereinsgeschichte mit je einem Fixbiwak zu versehen: ihren Hausberg Grigna und ihren Lieblingsberg Badile. Die unwegsame Lage und weitere Klippen verzögern letzteres Vorhaben, mehrere Anläufe sind nötig. Erst 1970 kann Monsignor Luigi Gandini, selbst Mitglied der Ragni, die Schutzhütte segnen und den Kletterern aus aller Welt übergeben: eine mit gelbem Blech verschalte Holzkonstruktion, 2 mal 2 Meter im Grundriss, 4 Schlafplätze, eine Schaufel für den Winter und eine Tafel: Bivacco Alfredo Redaelli. Dem Namen Alfredo Redaelli begegnen wir am Badile bereits 1904, als er mit Bortolo Sertori die erste Route durch die Südwestwand legt, und anschliessend immer wieder. Nach seiner letzten Besteigung, die ihm mit 88

Jahren glückt, regt er den Bau des Biwaks an und finanziert die Umsetzung gleich selbst. Seit der Einweihung hat die gelbe Büchse unzähligen Bergsteigern aus der Patsche geholfen. Nicht zuletzt auch als Faraday'scher Käfig: Die Aussenhaut aus stromleitendem Metall neutralisiert die elektrischen Felder, die sich in Gewittern aufbauen, und schützt vor Blitzeinschlägen, da der Stromstoss ungehindert in den Boden abfliessen kann. Nichtsdestotrotz ist der Aufenthalt in der Blechschachtel bei Gewitter eine eher unheimliche denn heimelige Erfahrung.

Im Jahr 1987 erfährt das Biwak ein kleines Lifting, neuerdings finden 6 Personen darin Platz – in einer Notlage auch ein paar mehr. Es befindet sich übrigens nur wenige Meter von der kleinen Metallpyramide entfernt, die an den Tod von Molteni und Valsecchi 1937 erinnert. Hätte die Schutzhütte schon damals gestanden, würde daneben vielleicht keine Pyramide stehen.

Bivacco Redaelli, 1970: Drei Ragni di Lecco mit offiziellem Pullover, einer ohne (Claudio Corti), und Dino Fiorelli (im Overall) am Werk. 2005: Die Biwakschachtel gewährt Schutz – und Aussicht auf Cengalo und Disgrazia.

NORDKANTE
1911–1936

Nordkante

«Die Bezwingung der Badile-Nordkante ist, wenn überhaupt möglich, eine alpine Leistung allerersten Ranges.»

Hans Rütter, «Clubführer Südliche Bergellerberge», 1922

Modetour: Kletterer im mittleren Drittel der Nordkante (vorangehende Doppelseite).

Grenzgang: Für die Partie Calegari/Scotti – hier am Vorabend beim Zeltlager oberhalb Sasc Furä – ist die etappenweise Erstbegehung der Kante 1911 der wohl grösste Erfolg.

Sternstunde: Eine Seilschaft auf dem schattigen Weg zum Kanteneinstieg. Am Berg ist der Tag schon angebrochen (rechte Seite).

Die Nordkante ist das derzeit grösste ungelöste Problem des Bergells und steht auf mancher Wunschliste. Nach der Erkundung von Klucker 1892 versuchen sich mehrere Kletterer wie Gino Carugati mit Bortolo Sertori oder Antonio Castelnuovo daran, alle ohne Erfolg.

1911 Am 30. Juli 1911 steigen Gaetano Scotti sowie Angelo und Romano Calegari zum Kantenfuss auf. Angeseilt und in «Katzenschuhen», wie sie ihre Kletterfinken nennen, arbeiten sie sich langsam empor, häufig hart an ihrer Leistungsgrenze. Der Bericht von Angelo Calegari in der «Rivista mensile del CAI» von 1912 erwähnt manche böse Kletterstelle und viel Haken- und Seileinsatz. Auffallend ist, dass kaum ein Name erwähnt wird: Der Einzelne ist unwichtig, im Vordergrund steht die Seilschaft, das Team. Nach über 10 Stunden erreichen sie den vermutlich gleichen Punkt wie Klucker 1892, wo sie ebenfalls abgewiesen und zum Rückzug gezwungen werden. Während des Abstiegs entlädt sich zu vorgerückter Tageszeit ein Gewitter mit Blitz und Hagel, um ein Haar kommt es zu einem Absturz, die Dunkelheit bricht ein. Ohne jegliches Biwakmaterial richten sich die drei auf einem schmalen Sims zu einer ungemütlichen Nacht – zum vielleicht ersten «Wandbiwak» in der Geschichte des Badile – ein. Um 21 Uhr hört der Dauerregen auf, dafür setzt eisiger Nordwind ein, der sie bis auf die Knochen frieren lässt: «Oh! die Langsamkeit jener Stunden!» Eine wie durch ein Wunder trocken gebliebene Zigarettenschachtel spendet ihnen den einzigen Trost in der nicht enden wollenden Nacht. Mit der irgendwann dann doch aufgehenden Sonne kehren die Lebensgeister zurück, am frühen Nachmittag ist das Lager auf Sasc Furä erreicht. Drei Tage später, am 3. August, verlassen die drei Kameraden die Capanna Badile, steigen auf der Normalroute über die Südflanke zum Gipfel auf und entlang der Nordkante so weit ab, dass einer der drei – wer, wird nicht verraten – bis zum Umkehrpunkt abgelassen werden kann, um die abweisende Stelle von oben gesichert zu meistern. «Das Rätsel des Badile ist gelüftet.»
Angelo Calegari ist sich der Unvollständigkeit des Unternehmens wohl bewusst, wenn er seinen Erlebnisbericht mit dem Untertitel «Primo percorso dello spigolo Nord» veröffentlicht und nicht etwa mit «prima salita», wie eine Erstbegehung üblicher-

Eine familiäre Seilschaft

Angelo und Carla Calegari

Die Geschwister Calegari, Angelo, Romano und Carla, bildeten eins der aktivsten und vitalsten Bergsteigerteams zu Beginn des 20. Jahrhunderts. Die treibende Kraft der Gruppe war Angelo, ein Mitglied des CAAI (Club Alpino Accademico Italiano, die 1904 gegründete nationale Elitesektion des CAI). Mit seiner empfindsamen Persönlichkeit liebte er die Berge in allen ihren Aspekten. Wie andere lombardische Bergsteiger seiner Zeit beschränkte sich seine Aktivität nicht nur auf das Bergsteigen selbst, sondern er widmete sich auch anderen Disziplinen wie der Malerei und der Bildhauerei. Auch blieb er von den modernen Errungenschaften seiner Zeit nicht unberührt und wurde so zum leidenschaftlichen Mechaniker und Autofahrer. Zusammen mit anderen herausragenden Vertretern des lombardischen Alpinismus wie den Brüdern Romano und Antonio Balabio sowie Gaetano Scotti gehörte er zu den Gründern der SUCAI (Sezione Universitaria del Club Alpino Italiano) und organisierte zahlreiche Bergaufenthalte für Studenten, was die Entdeckung vieler neuer Bergsteigertalente förderte.

Die Calegari-Geschwister fanden wie alle anderen lombardischen Kletterer im Granit des südlichen Bergells das ideale Terrain für neue Begehungen. 1911 und 1912 erkundeten die drei mit anderen Kameraden und häufig mit der Hilfe lokaler Bergführer die entferntesten Winkel des Massivs der Albigna-Forno-Gruppe und der Wasserscheide zwischen dem Valle dei Bagni und dem Valle dei Ratti. Das Ergebnis dieser Unternehmungen war ein Führer, den Romano Balabio schrieb und der nach dessen Tod im Rahmen einer grösseren Veröffentlichung erschien, die Brasca für den italienischen Alpenverein unter dem Titel «Alpi Retiche occidentali» herausgab.

Im Laufe seiner langen Aktivität gelangen Angelo Calegari mehr als achtzig Neutouren und einige aufsehenerregende Winterbegehungen. Die wichtigste Unternehmung der Seilschaft aus den Calegari-Geschwistern und Scotti bleibt aber die Nordkante des Badile im Sommer 1911, eine bedeutende Besteigung, die – vielleicht wegen der Art, wie sie durchgeführt wurde – nicht die Anerkennung fand, die sie eigentlich verdient hätte. Ein weiterer nennenswerter Erfolg dieses Trios war 1913 die erste Winterbesteigung des Fletschhorns, des letzten im Winter noch unbezwungenen Viertausenders der Alpen.

1911 versuchten Angelo und Romano Calegari mit Scotti und dem Bergführer Giacomo Morè aus San Martino im Val Masino die erste Winterbegehung des Badile, aber die verheerenden Wetterbedingungen zwangen sie zum Rückzug. Viele Jahre später, 1938, kehrte Angelo Calegari zum Pizzo Badile zurück, und diesmal gelang ihm die Winterbegehung zusammen mit den Führern Virgilio und Giacomo Fiorelli. Er war zwar schon zu alt, um zum Zweiten Weltkrieg eingezogen zu werden, setzte aber, wenn auch nicht ohne Schwierigkeiten, seine alpinistischen Aktivitäten fort, im Rahmen deren er sich jetzt stark dem Skibergsteigen und der Erkundung neuer Routen widmete. Im Winter 1940 erregte er im Val Masino Aufsehen: Zusammen mit dem Bergführer Virgilio Fiorelli gelangen ihm viele Erstbegehungen mit Ski, wie die des Pizzo Ligoncio und des Pizzo Porcellizzo. Diesen beiden Alpinisten gelang auch die erste Skidurchquerung vom Rifugio Omio zur Capanna Gianetti über den Ostsüdostgrat der Cima del Barbacan.

Romano Calegari war ebenfalls CAAI-Mitglied und ein ausgezeichneter Bergsteiger, der die meisten seiner Unternehmungen mit seinem Bruder ausführte. Ihre Schwester Carla stand den Brüdern in nichts nach; als hochbegabte Bergsteigerin war sie 1936 die erste Italienerin (die vierte Frau überhaupt), die den Badile über die Nordkante bestieg. Carla beherrschte alle Geländearten meisterhaft, sogar das spröde, tückische Gestein der riesigen Kalkwände der Punta degli Spiriti im Ortler-Cevedale-Massiv, wo sie mit Virgilio Fiorelli und ihrem Bruder Angelo eine neue Route eröffnete.

Giuseppe Miotti

weise heisst. Die meisten damaligen Experten sind sich einig, dass das Kantenproblem damit nicht gelöst ist. Edward Lisle Strutt, selbst ein guter Kenner des Badile, kommentiert im «Alpine Journal» die angewandte Methode moralinsauer als äusserst fragwürdig – vielleicht auch, weil er wie viele Engländer das führerlose Bergsteigen verachtet – und bricht den Stab über die drei aufrichtigen Amateure: «[...] die Nordwand des Piz Badile wird allezeit zu den furchterregendsten und abweisendsten Gebilden der Alpen zählen; ein Blick auf seine 1200 Meter entsetzlichen Abgrunds wird die Hoffnungslosigkeit der vollbrachten Leistung bestätigen; man kann sich über ihre unfallfreie Durchführung nur wundern; Glück muss den unerschrockenen Italienern tatsächlich beigestanden haben.»
Strutts Gebrauch des Begriffs «Nordwand» beweist nebenbei, dass die augenfällige Kante noch nicht von allen als solche – und damit als erstrebenswerte Aufstiegsroute – erkannt wird. Das Jahrbuch des SAC von 1913 bezeichnet sie umständlich als «Nordost- und Nordwestflanke und das dazwischen liegende Bollwerk». Auch sprachlich wartet die Kante also noch auf ihre endgültige Befreiung.

1923 Während des Ersten Weltkriegs und der Wiederaufbaujahre findet kaum jemand Mittel, Zeit und Bewilligungen, um in einem Grenzgebiet bergsteigen zu gehen. Erst 1923 macht der Badile wieder Schlagzeilen, und zwar in ganz fetten Lettern. Walter Risch und sein Kunde Alfred Zürcher schaffen am 4. August die Durchsteigung der Nordkante.
Zu den zahlreichen Gratulanten gehört auch Klucker. Am 14. Oktober 1923 schreibt er an Zürcher: «Ihre Bezwingung der Badile-Nordkante im Aufstieg bleibt eine aussergewöhnliche Leistung – eine heroische Tat», und beglückwünscht ihn und seinen Freund Risch zur Leistung, die «nicht sobald Nachahmer finden wird». Dem Führerautor Hans Rütter gegenüber wird er die Tour dagegen kritischer einschätzen: «12 Stunden gewagte und wohl auch verrückte Kletterarbeit! [...] Möge ein guter Stern über Kollege Risch walten. Nach meiner Ansicht wagt er wohl eher zu viel.»
Und in einem Brief an Risch: «[...] daß Du im Fels nach meiner Auffassung vielleicht zu viel wagst [...]. Also sei bei allen Deinen Unternehmungen vorsichtig [...].»
Die epische Schilderung Zürchers in der SAC-Zeitschrift lässt die von Klucker erwähnten Gefahren nicht zu kurz kommen und trägt zum Nimbus einer Route bei, die im Standardwerk «Der Bergsteiger von heute» von Schmitt aus dem Jahr 1937 sogar als einzige bedeutende neue Felsfahrt der ganzen Westalpen zwischen 1921 und 1927 aufgeführt wird.

Himmelsleiter: Zwischen Einstieg und Gipfelgrat liegen über 800 Höhenmeter, was eine Kletterstrecke von gegen 1,2 Kilometer ergibt. Bei Calegari/Scotti und Risch/Zürcher sogar noch einige Meter mehr: Beide Seilschaften traversieren mehrmals in die Flanken hinaus, wo sie auf unnötige Schwierigkeiten stossen. Erst André Roch und Fortunato L'Orsa finden 1926 die Ideallinie: immer geradeaus.

Alfred Zürcher

Piz Badile – Erste Besteigung über die Nordkante

Als wir an einem Septembertage nach Soglio hinauf wanderten, zerriss für wenige Minuten die Sonne das düstere Gewölk. Vor uns stand, von treibenden Wolken eingerahmt, die furchtbar steile Nordkante des Badile. Der Entschluss zum Angriff übte einen solchen Einfluss auf uns aus, dass wir während eines ganzen Jahres alles taten, um unserm Vorhaben Erfolg zu sichern. Man mag uns vorwerfen, dass wir in leichtsinniger Weise unser Leben auf das Spiel setzten. Man wird uns vielleicht auch entgegenhalten, dass es unverantwortlich sei, sich in ein solches Wagnis einzulassen. Aber Leuten, die den gewaltigen Drang nicht begreifen noch unsere wilde Bergleidenschaft verstehen können, würden tausend Gründe und Erklärungen nicht über ihr Vorurteil hinweghelfen.

Als Risch und ich miteinander im Herbst 1922 durch die Boulevards von Paris wanderten, miteinander Londons undurchdringlichen Nebel schluckten, war all das Geflimmer, all der Glanz, all das Hasten und Treiben nichts für uns, sondern immer wieder dachten, sprachen und träumten wir von unserm Berge. In Briefen selbst war nur von ihm die Rede. Während voller zehn Monate entsagte ich dem Rauchen, trank drei Monate vor dieser Bergfahrt keinen Tropfen Alkohol, übte regelrecht und regelmässig jeden Abend vorgeschriebene Turnübungen und unternahm in keiner Beziehung etwas, was die physischen Kräfte in irgendeiner Art und Weise nachteilig beeinflussen konnte. ... Durch unsere vielen, gemeinschaftlich ausgeführten Klettereien waren Risch und ich so aneinander gewöhnt, wie es nur möglich sein kann. Wir kletterten unter schwierigsten Verhältnissen, ohne auch nur einen Stein unbedachter- oder ungewollterweise ins Rollen zu bringen. Dadurch waren unsere Muskeln wie zu Stahldrähten geworden. Selbst die Nerven hatten wir unter solcher Kontrolle, dass auch unvermeidliche seelische Eindrücke uns kaum in Gefahr bringen konnten. Kurz und gut, wir beide standen in der Vollkraft unserer Jahre und hatten durch ganz gewissenhafte Vorbereitung an Körper und Seele das Höchste zu erreichen versucht.

Von Mitte Juli bis August 1923 gelangen uns im Bergell einige neue, sehr schwere Erstbesteigungen. Noch am 2. August führten wir die erstmalige Überschreitung der ganzen Scioragruppe in einem Tage aus. Nach all diesem konnten wir uns wohl zutrauen, die Erkletterung des Badile über die Nordkante versuchen zu dürfen.

Am 4. August 1923 verliessen wir 4 Uhr 45 morgens die Sciorahütte, eilten über steile Halden zum untersten Teil des Bondascagletschers hinab, standen bald auf dem Cengalogletscher und strebten in den von Risch am Vortage geschlagenen Eistritten dem Orte zu, wo wir mit dem eigentlichen Klettern beginnen wollten. Wir erreichten denselben um 6 Uhr 35, nahmen einen kleinen Imbiss ein und legten unsere Schuhe und Eispickel unter einen Stein. Dem Träger Rizoli gaben wir die nötigen Wegweisungen, wie er zu der Sass Fora-Hütte abzusteigen und von dort aus wieder die Sciorahütte zu erreichen habe. Sollten wir bis spätestens Sonntag nachmittags 3 Uhr nicht in der Sciorahütte sein, so müsste er nach Promontogno hinunter und von dort aus eine Hilfsexpedition zu den Abstürzen links oder rechts der Kante veranlassen.

Wir packten unsere Rucksäcke so, dass Risch als erster zwölf Stifte, das Beil und Notproviant trug, während ich den gewöhnlichen Lebensmittelbedarf, das zweite Seil und die andern Eisenhaken und -spiralen mir aufbürdete. Gleich im Anfang querten wir in die Nordostflanke hinaus, die sich zwischen der nördlichen Eisrinne des Cengalo und dem gewaltigen Nordgrat befindet. ... Im Sommer 1920 waren von einer italienischen Filmgesellschaft nervenkitzelnde Aufnahmen an dieser Wand gemacht worden. Man hatte zu unserm grossen Nutzen ein doppelt genommenes Seil von 25 Metern in unserer Flanke hängen lassen. Wir zogen uns teilweise daran empor und gewannen den Grat. Wir verfolgten die Kante längere Zeit, sahen aber ein, dass wir unser 35-Meter-Seil durch das 25 Meter lange verlängern mussten, um so eine Seillänge von 60 Metern, die in diesem äusserst schweren, luftigen Gelände nicht zu lang ist, zu erhalten.

Wir wurden rechts in eine teilweise mit schwarzem Eis gefüllte, morsche Rinne gedrängt. Dieselbe ist wohl 100 Meter lang und endet an einer glatten Platte, die zur Kante selbst hinaufzieht. Krachend schlug das Beil den ersten Stift in die harte Wand. Ein heller Ton erklang. Wir wussten, dass derselbe seine Pflicht tun werde. Risch stand mit dem rechten Bein darauf, das linke presste er fest an den glasigen Granit und wieder schlug er Eisen auf Eisen, während ich ihm unten voll Hoffnung zusah, wie er sich endlich zur Kante hinaufzog. Die eingeschlagenen Meissel als einzige Tritte und Griffe benützend, folgte ich ihm rasch nach. Wir fanden da oben eine verwitterte Abseilschlinge, die unzweifelhaft vom ersten Aufstiegsversuch Anno 1892 durch Christian Klucker herstammte [Klucker hatte bei seinem Versuch kein Material verwendet, die Schlinge stammt wohl eher vom Versuch 1911; A. d. Hrsg.]. Eine kurze Zeit blieben wir, schwerste Arbeit verrichtend, auf der Kante, bis wir rechts in die schauerliche Westwand hineingedrängt wurden. Über lose Trümmer gelangten wir nur äusserst sorgfältig wieder zurück auf die Kante. Dort entdeckten wir einen kleinen Steinmann, wo wir die Karten der drei Italiener Gaetano Scotti, Angelo und Romano Calegari vorfanden, die im Jahre 1911 die Kante bis in Zweidrittelhöhe erreicht und dann den Versuch aufgegeben hatten.

Wir verfolgten die Kante nur wenige Meter, um abermals links vom Grat in eine eisdurchsetzte Rinne abgedrängt zu werden. Hier schlug Risch mit der Haue des Beiles kleine Stufen für unsere Kletterschuhe. Meter um Meter wurde in schwerster Kletterei erobert. So landeten wir in einer schief anstrebenden Ritze, die nur für das linke Bein und beide Arme Platz bot, während das rechte Bein über dem Abgrund baumelte. ... Mächtige Blöcke wurden überklettert, glatte Platten umgangen. Durch eine zehn Meter lange Spalte, die jeden Augenblick zusammenstürzen konnte, krochen wir in die Westwand hinaus, die hier senkrecht abfällt. Krampfhaft zogen wir uns durch eine steile Rinne wieder zur Kante hinauf. Nach ununterbrochen schwerster Kletterei erreichten wir um 1 Uhr 30 nachmittags eine ganz kleine Kanzel, wo wir zum ersten Male sitzen und nun die erste wohlverdiente Rast von einer halben Stunde halten konnten.

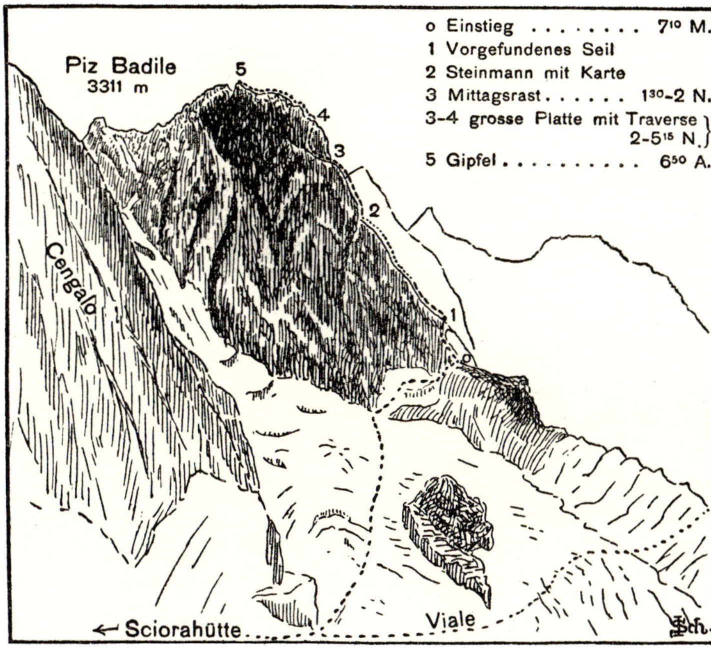

Vabanquespiel: Mit seinem Zustieg über das heikle, nur unsicher auf Felsplatten aufliegende Schneefeld am Wandfuss (statt über den sicheren Viäl) handelt sich Risch die Schelte von Klucker ein, dazu gesittete Kritik von Bramani, Bonacossa und Strutt.

Um 2 Uhr mittags machen wir uns zum schwersten Gange unseres Lebens auf. Ein Erosionsband führt direkt in den grausigen Nordostabsturz hinaus. Manchmal ist es halbmeterbreit, manchmal nur wenige Zentimeter, dann zieht es sich nur als kleiner Riss in dieser Wand fort. Wir kletterten, das Gesicht der Wand zugekehrt, langsam, aber stetig vorwärts. Eine beidseitige Sicherung war vollständig ausgeschlossen. Im Spreizschritt tasteten die Fussspitzen nach kleinen Halten in winzigen Rissen, während wir, mit Ärmeln und flachen Händen Reibung suchten – denn Griffe gibt es keine –, der Wand entlang schlichen, ja manchmal sogar das Kinn an kleine Unebenheiten pressten, um jede Art von Adhäsion möglichst auszunützen. Stiess ich den Oberkörper nur wenige Zoll von der Wand weg, so sah ich 800 Meter unter mir den leuchtenden, zerrissenen Cengalogletscher. Es war furchtbar. Eine ungeheure Granitplatte schiesst steil ohne Unterbruch, ohne Band hinunter und verliert sich am Ende im Überhang. Selbst Risch ertrug den steten Tiefblick nicht. Wir bohrten unsern Blick starr in die Felsen und gelangten auf diesem Quergang, der unzweifelhaft zu den bedenklichsten gehört, in eine ganz schwach ausgeprägte Rinne. Von dieser aus führt das Band weiter. Risch war der Überzeugung, dass wir über dieses Band vielleicht zum Gipfel gelangen könnten. Wohl 150 Meter waren wir auf diese Weise vorwärtsgekommen, als zu unserer grössten Besorgnis das Band aufhörte und sich im glattpolierten Granit verlor. Welchen niederschmetternden seelischen Eindruck diese Tatsache auf unser Gemüt ausübte, kann ich nicht sagen. Den gleichen unheimlichen Weg also wieder zurück? ... Nach ungefähr fünfzig Metern gelangten wir in die vorhin erwähnte Rinne zurück. Vielleicht darf ich es mir zuschreiben, Risch auf eine Variante aufmerksam gemacht zu haben, die unbedingt den Schlüssel zur Vollführung des Aufstieges bildete. Acht Meter beinahe senkrecht über mir zog ein ganz enger Kamin herunter. Gelang es uns, in diesen Kamin zu gelangen, so war eine Erreichung des eigentlichen Grates vielleicht denkbar. Risch kam zu mir herüber, studierte genau meinen Vorschlag und entnahm bedächtig seinen Taschen die nötigen Stifte. Kräftig schlug er einen Stift nach dem andern in harte, winzige Granitrisslein. Ich selbst band mich an eingeschlagenen Ringen fest und liess ihm alle denkbare Unterstützung zukommen. In dieser entsetzlichen Wand standen wir jetzt nur noch auf eingetriebenen Stiften. Wir kamen nach Aufwendung aller geistigen und physischen Kräfte ernst und wortlos ins kleine Kamin hinein, drückten uns, Rücken an die eine, Füsse an die andere Seite, das Stemmkamin hinauf, bis wir an eine kleine Anstufung in dieser Rinne selbst gelangten. Zwei Meter über uns versperrten drei aufeinandergetürmte, grosse Klötze den Weiterweg ... Wir trauten diesen losen Blöcken nicht. Fest stand ich da und fasste Posten, langsam kletterte Risch ohne Rucksack auf die rechte Flanke hinaus und stellte sich vorsichtig auf meine Schultern. Es reichte noch nicht. Mit dem linken Bein stiess er sich langsam von meinem eingezogenen Kopf ab und hing an winzigen, allerkleinsten Dachziegelgriffen an furchtbarer Platte.

Die Worte: «Es geht nicht», waren eine grenzenlose Enttäuschung für mich. Das erstemal, dass ich von Risch dergleichen hörte. Ruhig Blut! ... Langsam, Zentimeter um Zentimeter kam er zurück. Die linke Hand presste ich in eine kleine Spalte und ballte in derselben zur Sicherung eine Faust, mit der rechten Hand hielt ich hoch oben den linken Fuss von Risch und führte ihn langsam auf meinen Kopf zurück. Er stieg zu mir nieder und stand keuchend und angegriffen und todernst neben mir ... Es gibt keine andere Wahl, als entweder den Aufstieg abzubrechen oder über die drei schief aufgestellten, drohenden Blöcke hinwegzuklettern ... Wir wagten den Angriff. Nochmals Schulterstand. Klopfend prüft die schwere Faust den Ton der losen Steine. Risch fasst an, und siehe da, sie halten. Verankert steht er droben. Er zieht mich selbst am Seil hinauf. Weiter oben nochmals ein Schulterstand, und um 5 Uhr 15 stehen wir tiefergriffen wieder auf der Kante.

Mehr als drei Stunden hatten wir für die ungefähr 110 Meter hohe Platte gebraucht. Es war meiner Ansicht nach unzweifelhaft das Schwerste, was Risch unter Hingabe aller seiner Kräfte ausgeführt hat, um diese unheimliche Stelle zu überwinden. Nur das gegenseitige, volle Vertrauen und das aufmerksamste Zusammenwirken auch bei den kleinsten Bewegungen liess uns das Schauderhafte glücklich überwinden. Aber noch war das Spiel nicht ganz gewonnen. Noch drohten wilde Zacken mit Abstürzen links und rechts. Jeder musste mit froher Kraft und hoffnungsvoller Zuversicht überwunden werden. Durch Schulterstand wurde noch manche böse Stelle erledigt. Oftmals sind die in das Leere hängenden Granitblöcke mit ausgetrocknetem Moose überwachsen. Es mussten also zuerst Griffe geschabt werden, um weiterklettern zu können. Über einen zwei Meter hohen Absatz sprangen wir lachend hinunter. Rittlings sass ich auf messerscharfem Grat. Risch erschwang über meinem Rücken den nächsten Gratabsatz und stand auf einem hohen Turme. Wir grüssten den im bläulichen Dunst liegenden Comersee im Süden. Als wir uns allmählich dem Ziele näherten, flogen drei Adler in wunderbaren, ruhigen Kreisen, in Sonne gebadet, durch den Äther dem Badile zu. Wie das uns freute und rührte! Wir klommen weiter, Zug um Zug, Ruck um Ruck. Ein mächtiges Siegesgefühl schwellte die Brust.

Um 6 Uhr 50 abends stand Risch neben dem zusammengefallenen Steinmann des Piz Badile. Sein Gesicht war gegen den Cengalo hin gerichtet. Aufrecht stand er da: ein Mann, ein Fels, mein Ideal, mein Freund ... Langsam nahm ich Schlaufe um Schlaufe vom lockern Seil in meine Rechte und schritt bewegtesten Herzens zu Risch hinüber. Unsere blutenden Finger fassten sich in ernstem Griff und klammerten gerade so stark ineinander, wie drunten an der Platte, wo es um Tod und Leben ging. «Ich danke Ihnen, Risch» – «Ich danke Ihnen, Herr Zürcher», war das einzige, was wir in unserer Ergriffenheit auf goldbestrahltem Gipfel mit zitternder Stimme uns sagen konnten. Das Hoffen und Bangen eines ganzen Jahres hatte in diesem Moment seine Erlösung gefunden. Der eine grosse Plan war ausgeführt. Man wird deshalb die grosse seelische Erschütterung verstehen können, die uns beide dort oben mit Gewalt überkam. – 11 Stunden und 40 Minuten dauerte vom Einstieg an der ununterbrochen schwerste, erstmalige direkte Aufstieg über die Nordkante des Badile, dreiviertel Stunden dürfen als Rast abgerechnet werden.

Wir wollten etwas essen, aber es gärte und kochte viel zu stark in unserm Innern, wir brachten nur wenige Bissen hinunter ... Um 7 Uhr 15 abends begannen wir mit dem Südabstieg zur Badilehütte. Ich voran, Risch als Sichernder hinterdrein. Wir kletterten selbstverständlich zur gleichen Zeit, bis wir uns um halb neun regelrecht verrannt hatten. Bei einbrechender Nacht

standen wir oberhalb einer dunklen Rinne. All die Monate lange aufgespeicherte Energie schien hier ihr Ende genommen zu haben. «Wir biwakieren in der Wand», sagte ich zu Risch, «was nützt es, in dieser Dunkelheit abzusteigen!» ... Aber mit bewunderungswürdiger Energie reizte er mein Ehrgefühl: «Wie können Sie nach all dem, was Sie geleistet, plötzlich so zusammenklappen!» ... Ich bekenne, er ist mir über, er ist mein Meister.

Also seilten wir uns im dunklen Couloir etwa 80 Meter auf eine jähe Eiszunge ab, kratzten dort mit Beil und Eisenstiften winzige Stufen, standen bald drunten am ebenen Gletscher, durchmassen ihn leichten Fusses, gelangten auf grobe Klötze, turnten über sie hinweg, sahen von tiefunten her einen leuchtenden Punkt und stürmten dem Lichtschein in dunkler Nacht unentwegt entgegen ... Um 10 Uhr 30 erreichten wir die Badilehütte. Wir waren also im ganzen 17 Stunden 45 Minuten, wovon 1 Stunde und 35 Minuten als Rast abgehen, ununterbrochen geklettert und hatten unser Allerbestes beiderseits zum Gelingen dieser kecken Bergfahrt hergegeben. Als wir unsere Tat bekannten, wurde uns in der bewirtschafteten Hütte aufgetischt, was der Hüttenwart um diese Abendstunde noch hervorzaubern konnte. Nach einem Stündlein legten wir uns zur Ruhe. Aber der Schmerz in allen Muskeln, besonders im Rist, war bei uns so gross, dass wir nur schlechte Ruhe fanden und schon morgens 4 Uhr wieder beim Frühstück sassen. Dann flickten wir unsere durchgelaufenen Kletterschuhe und eilten im Sturmschritt dem Val Masino zu, mieteten dort einen Wagen und fuhren in brennender italienischer Sonne durch ein wahres Paradies der Bahnstation Arbenno-Masino zu, die wir gegen 10 Uhr vormittags erreichten. Der elektrische Zug trug uns durch ein Zauberland Collico entgegen. Hier rasteten wir unter schattenden Kastanienbäumen und fuhren hernach Chiavenna zu. Dort mieteten wir einen Zweispanner und gelangten verwildert,

Künstlerpech: «Ein Erosionsband führt direkt in den grausigen Nordostabsturz hinaus» und beschert den beiden bange Stunden. Risch wird bei seinen späteren Begehungen wohlweislich Finger und Schuhe vom Erosionsband lassen – und sich ebenfalls an die Kante halten.

zerrissen, zerschunden, zerlumpt, aber freudestrahlend um die fünfte Nachmittagsstunde des 5. August vor das Hotel Bregaglia in Promontogno. Hier wurden wir vom besorgten Träger Rizoli mit Tränen, vom Herrn Direktor mit grossen Bücklingen empfangen. Als Risch und ich nach Tisch Arm in Arm vor der Treppe des Gasthofes standen, da flogen unsere Blicke dem Süden zu. Aus dunklen, düstern Tannengipfeln ragte ein mondbeschienener silbergrauer Grat in die sternbesäte Unendlichkeit hinein:
Es ist die Nordkante des Piz Badile.

---

aus: «Die Alpen», 1925

Gemeinsam weitergehen, wo Klucker umkehrte

Alfred Zürcher

Walter Risch

Zwei Namen tauchen in den Jahren 1922 und 1923 in den Bergeller Hüttenbüchern immer wieder auf. Den beiden Ostschweizern Walter Risch und Alfred Zürcher – einem eingespielten Team aus Führer und Geführtem – gelingen zahlreiche Routen, darunter auch Erstbegehungen wie der Nordostgrat des Piz Cacciabella Nord, der östliche Nordwestgrat des Pizzo di Zocca und der Ostgrat des Piz Frachiccio, vor allem aber am 2. August 1923 die erste Überschreitung der gesamten Scioragruppe in gut 16 Stunden und nur 2 Tage danach die Nordkante des Badile, eine der letzten grossen Erstbegehungen, die als klassische Führerpartie unternommen wurden.

In Walter Risch hatte Zürcher den idealen Führer für seine Touren im Bergell gefunden. Risch stammte aus Waltensburg in der Surselva und wuchs in Buchs im Kanton St. Gallen auf, wo er im Holzgeschäft seines Vaters eine Schreinerlehre absolvierte. Schon früh begeisterte er sich für das Klettern. Vor allem in den nahen Kreuzbergen machte er viele Touren und Erstbesteigungen, meist im Alleingang; so war er der Erste, der alle Kreuzberge in einem Tag traversierte. Doch dann zog es ihn in die weite Welt: Im schlesischen Riesengebirge fertigte er Ski, in einer Hamburger Werft reparierte er Unterseeboote. Nach dem Ersten Weltkrieg kehrte er in die Schweiz zurück und siedelte sich in Champfèr an, um als Bergführer und Skilehrer zu arbeiten; in seinen späteren Jahren war er dort Revierförster.

Kein Wunder, dass vom Oberengadin aus die Bergeller Berge zu seinem bevorzugten Klettergebiet wurden. 1921 war Risch erstmals mit Christian Klucker unterwegs, woraus eine herzliche Freundschaft entstand – für das Lehrer-Schüler-Verhältnis, das ihnen nachgesagt wird, unternahmen sie jedoch zu wenig gemeinsame Touren. Erstbegehungen wie den Südgrat des Piz Balzet (der heute zu den meistbegangenen Routen von der Albignahütte aus gehört) oder den Ostgrat des Piz Casnile machte Risch 1922 im Alleingang, ebenso am 1. Juli 1923 den Westgrat des Ago di Sciora. In Zürchers Bericht über die Erstbegehung der Badile-Nordkante fällt auf, dass Risch die im Kalk entwickelten modernen Techniken auf den Granit übertrug; hier unterschied er sich von Klucker, der den Einsatz von Haken strikt ablehnte.

Sein Gast Alfred Zürcher, Kaufmann aus St. Gallen, war selbst ein ausgezeichneter Alpinist, der seinen Führern schnelle Begehungszeiten ermöglichte und deren Leistungen immer anerkannte. Er gilt als einer der letzten Vertreter des Führeralpinismus und machte allein mit dem Walliser Führer Joseph Knubel mehr als 250 Besteigungen von Viertausendern. Seine beeindruckende Leistungsstärke hinterliess Eindruck: Er wurde zum Vizepräsidenten des britischen Alpine Club ernannt, bei dessen Hundertjahrfeier empfing ihn die englische Königin, und 1963 wurde er Ehrenmitglied. Am 20. August 1932 hatte er mit Hans Lauper sowie den Führern Joseph Knubel und Alexander Graven die 1700 Meter hohe Nordostwand des Eigers erklettert, die erste Linie durch die berüchtigte Nordseite. Doch auch wenn diese als Lauperroute berühmt gewordene Tour anspruchsvoller war – die Nordkante des Badile blieb für Zürcher «die Tour seines Lebens».

Karin Steinbach Tarnutzer, geboren 1966, Literatur- und Kommunikationswissenschaftlerin, hat in 15 Verlagsjahren in München und Zürich mit zahlreichen Alpinisten und Bergbuchautoren zusammengearbeitet. Heute ist sie freie Lektorin und Autorin im Bereich Alpinismus. Den Badile kennt sie auf drei verschiedenen Wegen. Sie lebt in St. Gallen.

1923 Acht Tage nach dem Erfolg an der Nordkante klirren in der Gianettihütte wieder die Gläser, wieder ist es spätabends, und wieder wird auf einen angehenden Klassiker angestossen – Pompeo Marimonti und Dauro Contini haben an diesem 12. August 1923 den Südgrat der Punta Sertori geschafft. Ihre Kletterei findet, wie jene von Zürcher und Risch, zuallererst im Kopf statt: Im oberen Teil des Grates scheint eine 40 Meter hohe, sehr steile, absolut grifflose Platte jegliches Durchkommen zu verunmöglichen, eine Einschätzung von Hüttenwart Giacomo Fiorelli, die bisher sämtliche Kletterer von einem Versuch abgehalten hat. Sogar Marimonti und Contini teilen am Vorabend diese Ansicht, wagen sich im Morgengrauen dennoch zum Einstieg vor. Als sie endlich zur Platte gelangen und die Stelle mustern, «öffnet sich uns das Herz einer Hoffnung». Und siehe da: Die Platte lässt sich wider Erwarten problemlos rechts umgehen. Die Marimonti gehört heute mit ihren etwa 15 Seillängen und ein paar Stellen im vierten Schwierigkeitsgrad mit einigem Recht zu den häufig besuchten Routen der Region, insbesondere in Verbindung mit einer Überschreitung zum Badile.

1926 Die jungen Studenten André Roch und Fortunato L'Orsa verbringen einen Teil ihrer Semesterferien im Bergell. Der Engadiner L'Orsa kennt das Gebiet und weiss um die Geschichte der Nordkante, erzählt seinem ortsunkundigen Freund Roch aber nichts von den zu erwartenden Schwierigkeiten und davon, dass es sich um eine noch nicht wiederholte Tour handelt.
Am 18. Juli starten sie um 3.30 Uhr von der Capanna Sciora, sind 2 Stunden später am Einstieg und erreichen um 12.30 Uhr ohne grössere Schwierigkeiten den Gipfel: Roch durchgehend mit Nagelschuhen, L'Orsa mit

Kletterglück: Es geht nicht? Marimonti und Contini wollen es nicht glauben. Sie bekommen Recht, es geht doch. Der heutige Kletterer am Einstieg zum Südgrat der Sertori weiss, dass es geht, und kann sorgenfrei die nahe Punta Enrichetta bestaunen. Es geht aber nicht immer: Gleichzeitig wird vom Passo di Bondo, keine 2 Kilometer entfernt, eine Alpinistin ins Tal geflogen. Sie hat die Kälte und den Sturm der letzten Stunden nicht überlebt.

Ansichtssache: «Bezeichnend ist, dass von den Kantenfahrern keine Sportaufnahmen aufzutreiben sind. Keiner hat sich bis jetzt entschliessen können, auf der Kante, die keine leichte Seillänge hat, zu knipsen», wird Herbert Burggasser 1934 in der «Österreichischen Alpenzeitung» zitiert. Sein Seilgefährte Helmut Hoffmann entgegnet ihm im selben Blatt 1935, die Schwierigkeit spiele keine Rolle, der Grund liege darin, «dass es kaum Stellen gibt, an denen wirkungsvolle Bilder gemacht werden könnten. In der gleichen Zeitung veröffentlicht Willy Mierisch, ebenfalls 1935, «Die gefürchtete Verschneidung II an der Badile-Nordkante», das vermutlich erste Action-Bild am Badile – aufgenommen 1934.

Kletterfinken. Im Gegensatz zu Risch halten sie sich viel stärker an die eigentliche Kante und finden damit die – mit kleinen Ausnahmen – auch heute noch übliche Routenführung. Ihr Bericht in der SAC-Zeitschrift ist nüchtern gehalten, für Zürcher und Risch wohl auch ernüchternd: «Der Artikel Zürchers wirkt eher etwas abschreckend; der grosse Aufwand von Zeit, Mauerhaken und Seelenkräften ist nicht gerade einladend. Wir möchten aber die Nordkante als den schönsten Aufstieg auf den Badile für den Kletterer empfehlen.» Weiter charakterisieren sie die Route als «eine sehr genussreiche und befriedigende Kletterei» und schliessen mit den Zeilen: «Mauerhaken sind absolut unnötig. Gute Sicherung alle 20–40 m (an einer Stelle 60 m). Ein Frisch-auf unsern Kletterfreunden zu dieser grossartigen Bergfahrt im schönen Bergell!» Ein aus der Feder von zwei Studenten (Roch ist bei dieser Tour unerfahrene 19 Jahre alt) bestimmt harsches Urteil. Hatte Zürcher in seinem Bericht womöglich etwas gar dick aufgetragen? Oder hatte Risch die Ideallinie nicht gefunden? Das konnten nur die weiteren Wiederholungen zeigen.

1932 Mario Pinardi, Giacomo Molinatto und Camillo Riva versuchen sich am 31. Juli erfolgreich am letzten noch unbegangenen Abschnitt im Grenzgrat am Badile, der Ostnordostkante der Punta Sertori. Für ihre neue Route, die heute mit einer Stelle V bewertet wird und etwa 115 Meter misst, benötigen sie ganze 6 Stunden.

		Begehung	Land	Kletterzeit
4.8.1923	1.	Walter Risch, Alfred Zürcher	CH	12h
18.7.1926	2.	André Roch, Fortunato L'Orsa	CH	7h
25.7.1927	3.	Peter Castricum, Werner Weckert	CH	8h15
22.8.1930	4.	Herbert Kunigk, Karl Wien	D	5h30
27.8.1932	10.	Hans Frei, Hans Graf (auch 1. Abstieg)	CH	5h
23.9.1932	12.	Walter Risch, Ludwig Bär	CH	4h30
28.7.1934	22.	Josef Imseng, A. Fruins	CH/NL	4h10
17.8.1934	24.	Walter Risch, Carl Nater jr.	CH/GB	3h50

1935 Torre Re Alberto, Gemellikante, Nordwand der Punta Trubinasca: Der obere fünfte, vielleicht gar sechste Grad hat im Bergell und im Masino da und dort Einzug gehalten. Abseits der Kante beginnen sich starke Kletterer für die grossen offenen Fragen zu interessieren, denn die drei kompaktesten Wände des Badile sind noch unbestiegen. Besonders aktiv ist der 22-jährige Mario Molteni. Was die Südostwand betrifft, kommt er nach eingehendem Studium zum Schluss, dass sich im linken Wandbereich ein Weg finden lassen sollte. Den Beweis tritt er am 16. August mit dem Gefährten Mario Camporini an. Als Krux der stellenweise recht steilen Route erweist sich ein heikler Quergang in der oberen Wandhälfte, der heute mit V+ bewertet und durch ein fragwürdiges Fixseil entschärft ist. Nach einem Biwak knapp unterhalb des Gipfels erreichen die beiden Erstbegeher den First am folgenden Morgen. Die Zeitschrift «Lo Scarpone» vermeldet die Nachricht am 1. September 1935 mit der Bemerkung, dass die Durchkletterung der «äusserst hohen Wand» 14 Stunden erforderte und «extrem schwierige Stellen» zu überwinden waren. Auf der anderen Seite des Bergs warten zwar doppelt so hohe und noch schwierigere Wände auf Besuch, aber Mario Molteni hat damit das Eis gebrochen – und Zuversicht für sein anstehendes grosses Projekt geschöpft.

1935 Im Norden geht derweil der Ansturm auf die Kante ungebremst weiter. Der Allgäuer Hermann Schertel durchsteigt sie als Erster im Alleingang am 16. August 1935. Zwei Tage später findet dort gar die erste Vereinstour statt, organisiert von den «Naturfreunden Zürich» unter der Leitung von Hans Frei. Zu den sechs Teilnehmern gehört auch Clärli Wyss, die erste Frau, die über die Kante steigt. Anschliessend überschreiten sie den Passo di Bondo und gelangen gleichentags nach Promontogno.

1936 Mindestens fünf weitere Frauen begehen die Kante, die inzwischen ein grosser Klassiker ist, im Laufe des August 1936: am 2. Hermione Blandy mit Walter Risch und Carl Nater, am 22. Ursula Corning mit Alexander Graven und Simon Rähmi, am 25. Carla Calegari mit Virgilio und Guglielmo Fiorelli und am 29. Rola Turnau mit Leo Grazer. Damit ist die Kante, wie Ursula Corning augenzwinkernd – und Mummery zitierend – formuliert, innert 13 Jahren «vom Rang der schwierigsten Kletterroute der Alpen auf einen lockeren Tagesausflug für eine Frau zurückgefallen».

Schicksalsberg: Moltenis erster Streich am Badile ist die Südostwand (im Bild der berühmte Quergang mit dem später angebrachten Fixseil). Im gleichen Sommer legt er ebenso eine neue Route durch die Südwestwand und deren zwei durch den Torrione del Badile. Sein letztes Kapitel am Badile – und im Leben – ab Seite 76.

Ein Berg und sein Innenleben

Geologie am Badile

Der Alpinist und vor allem Kletterer entwickelt naturgemäss eine sehr selektive Liebe zu den Gesteinen. Weiche, brüchige Sorten interessieren ihn nicht. Nein, hart und gut strukturiert müssen sie sein. Die Zuneigung ist umso grösser, je höher und kühner sie in den Himmel ragen – eben so wie am Badile.

Dem Kletterer könnte es, aus rein klettertechnischer Sicht, egal sein, wie es unter der Oberfläche aussieht. Für ihn zählt allein die Fassade, das, was sich in seiner Reichweite befindet, wo er Griffe und Tritte findet. Risse und Verschneidungen sind deshalb interessant, weil sie den Aufstieg durch kompakte Wandpartien erlauben, und weniger weil sie Ausdruck von Gebirgsspannungen sind, die dort den Fels bersten liessen. Aber ein Berg ist mehr als eine leere Hülle, als eine künstliche Kletterwand. Er hat ein Innenleben, das seinen Charakter prägt. Sein Äusseres ist nur Abbild der inneren Strukturen des Gesteins, das ihn aufbaut. Und dem wollen diese Zeilen hier auf den Grund gehen, der Besonderheit des Bergeller Granits am Pizzo Badile. Manch einer, der sich für eine Kletterwoche an ihm vergriffen hat, spürt ihn noch lange an seinen geschwollenen und bis auf ein dünnes Häutchen abgewetzten Fingerkuppen. Feldspat, Quarz und Glimmer, das vergisst der Kletterer nimmer. Ein Fels, buchstäblich wie aus einem Guss entstanden, der sprichwörtlich unter die Haut geht. In ihm ist das Geheimnis zu finden, weshalb der Badile heute mit riesigen Plattenfluchten und dieser einzigartigen Nordkante aufwarten kann, die nicht nur für das Bergell einmalig sind.

Das verflixte Alter

Mit seinen rund 30 Millionen Jahren ist der Bergeller Granit ein geologisch gesehen sehr junges Gestein. Trotzdem übersteigt sein Alter jedes menschliche Vorstellungsvermögen. Auch Geologen haben nur ein relatives Gespür, was eine solche Zahl aussagt, und können sie nur einordnen, indem sie Vergleichswerte haben (siehe Tabelle). Bevor man mittels Isotopenanalysen in radioaktiven Mineralien ab Mitte des 20. Jahrhunderts das absolute Alter in Jahren bestimmen konnte, war man allein auf Fossilien in Sedimentgesteinen angewiesen. Mit diesen war es möglich, ein relatives Alter anzugeben. In nicht sedimentären Gesteinen hatte man, da es in diesen keine Fossilien gibt, nur eine vage Ahnung über deren Alter, und man nahm an, dass die Gesteine sehr alt waren, weil sie in der Regel tiefer unten lagen. Dies führte dazu, dass sich der (leider auch heute noch gebräuchliche) Begriff «Urgestein» als Bezeichnung für kristalline Gesteine (Tiefengesteine/metamorphe Gesteine) einbürgerte, zu denen auch der Bergeller Granit zählt. Bedenkt man jedoch, dass dieser jünger als alle Sedimentgesteine ist, die an der Alpenfaltung beteiligt waren, so erschliesst sich, wie unglücklich dieser Begriff aus heutiger Sicht gewählt wurde.

Häufig ist das Alter eines Gesteins gar nicht klar definiert. Im Falle des Bergeller Granits wird man sich zwar nicht gross streiten können, da er mit dem Erstarren des Magmas eine eindeutige «Geburtsstunde» besitzt. Ähnlich sieht es bei Sedimenten aus, bei denen man ein Ablagerungsalter bestimmen kann. Metamorphen Gesteinen jedoch, die durch kontinuierliche Umwandlung von anderen Gesteinen in der Tiefe der Erde entstanden sind, können oftmals verschiedene Alter zugeordnet werden. Diese entsprechen verschiedenen Stadien der Entstehung, etwa der Zeit, als sie die höchsten Überlagerungsdrücke oder die höchsten Temperaturen zu spüren bekamen, die jeweils zur Bildung neuer Mineralien und Strukturen führten.

Wie jung ist der Bergeller Granit?

Meilensteine der Erdgeschichte in einer kurzen Zeittafel, die hilft, sein «junges» Alter einzuordnen.

13000	Mio. Jahre	Weltall
4600	Mio. Jahre	Erde
3825	Mio. Jahre	Ältestes datiertes Gestein
3400	Mio. Jahre	Erstes Leben, wenn auch umstritten
570	Mio. Jahre	Erste Fossilien (höheres Leben)
440	Mio. Jahre	Erste Landpflanzen
400	Mio. Jahre	Erste Landtiere
300	Mio. Jahre	Alle Kontinente in Pangäa vereint. Mont-Blanc- und Aare-Granit
65	Mio. Jahre	Beginn der Alpenfaltung (Kontinent-Kontinent-Kollision)
30	Mio. Jahre	Bergeller Granit
5	Mio. Jahre	Erste Menschen
2	Mio. Jahre	Eiszeit beginnt
0.005	Mio. Jahre	Älteste Wandmalereien

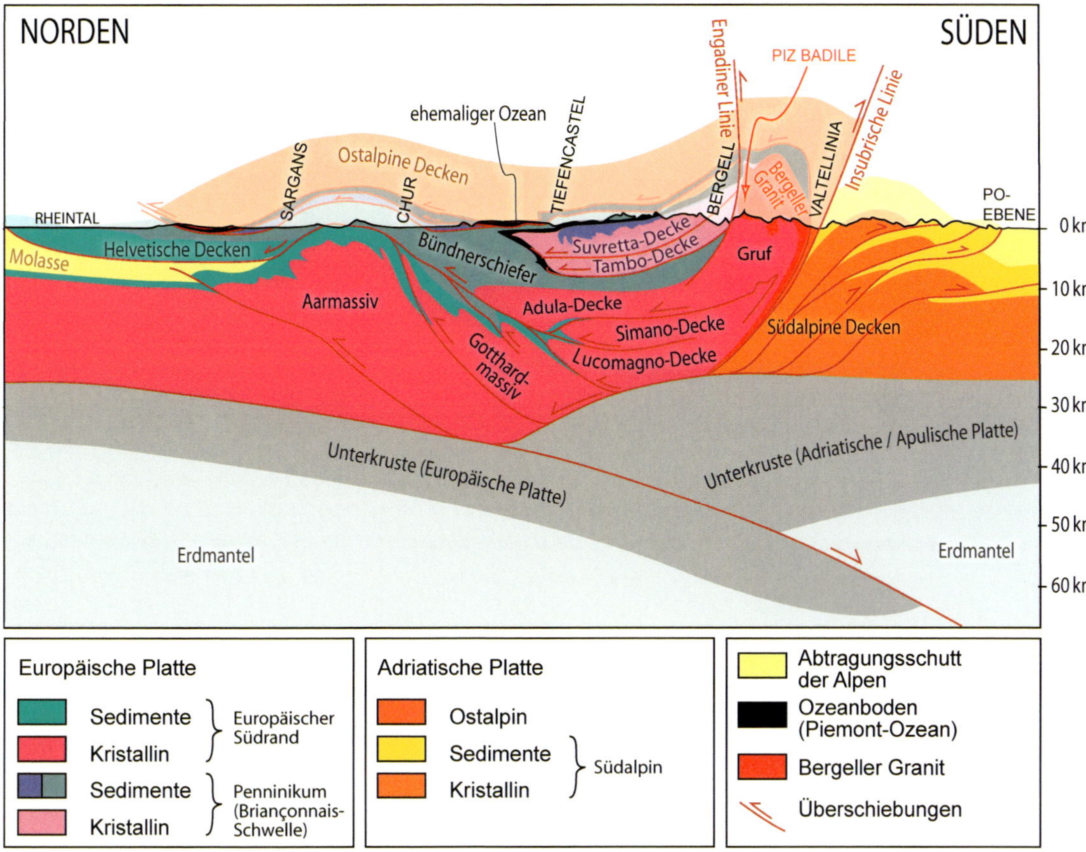

Erst einmal einiges verpasst

Bevor Mutter Natur mittels Schnee, Wasser und Eis den Piz Badile aus dem Bergeller Granit herausmodellieren konnte, musste rund 20 Kilometer über ihm liegendes Gestein emporgehoben und wegerodiert werden, Material, das sich heute als Abtragungsschutt in der Poebene, aber auch in der Molasse des Alpennordrandes befinden muss. Verantwortlich hierfür war die Alpenbildung. Und die war nicht nur für die Freilegung, auch für die Bildung des Bergeller Granits war allein sie verantwortlich. Das ist, zumindest für die Schweizer Alpen, einmalig, auch wenn beispielsweise die granitischen Gesteine des nahe gelegenen Adamellomassivs eine ähnliche Entstehungsgeschichte erlebt haben. Praktisch alle anderen Gesteine im Alpenraum sind älter als der Bergeller Granit, und daher kann ihm zu Recht nachgesagt werden, er sei, jedenfalls aus geologischer Sicht, sehr jung, das Schweizer Alpen-Nesthäkchen sozusagen. Er ist so jung, dass der Bergeller Granit bei seiner Geburt bereits die Hälfte der Alpenbildung verpasst hatte. Er hat nicht mitbekommen, wie vor rund 60 Millionen Jahren die nach Norden driftende adriatische Platte begonnen hatte, sich in den europäischen Kontinent zu bohren. Er hat auch nicht erlebt, wie die Gesteine, die heute als Penninikum bezeichnet werden und in denen er später seine Bleibe finden sollte, ins Erdinnere hinuntergedrückt und dabei in Decken gelegt wurden (das heisst, sie wurden übereinander geschoben – Gesteinspakete, die zuvor nebeneinander gelegen hatten, lagen nun übereinander, weshalb man auch vom alpinen Deckenstapel spricht).

Die Geburtsstunde des Bergeller Granits

Es war vor etwa 35 Millionen Jahren, als sich die Adriatische und die Europäische Platte vollständig ineinander verkeilt hatten und der zuvor dazwischen liegende Piemont-Ozean vom Erdinnern verschluckt worden war. Das war ein Wendepunkt in der Entstehung der Alpen und die Geburtsstunde des Bergeller Granits. Die Geschwindigkeit, mit der sich die beiden Platten aufeinander zubewegten, verringerte sich markant, und durch Wärmezufuhr aus der Tiefe begannen in rund 50 Kilometer Tiefe ein paar wenige Prozent des Gesteins zu schmelzen. Durch den Auftrieb aufgrund geringerer Dichte sammelte sich diese Schmelze und drang langsam in höher gelegene Bereiche vor. Dabei vermischte sie sich mit Umgebungsgestein, das teilweise

Kalifeldspat: Häufig trifft man ihn als so genannten Karlsbader Zwilling an, mit einem in der Mitte die Orientierung wechselnden Kristallgitter – besonders schön zu sehen, wenn das Sonnenlicht auf einer der Spaltflächen reflektiert wird.

Pegmatit: Die grobkörnigen Einschlüsse, die den Fels in langen, hellen Bändern durchziehen, entstanden aus wasserreicher, ganz zuletzt erstarrter Gesteinsschmelze. Dazu im Bild: Biotit (dunkler Glimmer), heller Feldspat und Quarz.

Migmatit: Durch die Nähe zur Magmakammer des Bergeller Granits wurden die Gesteine der Grufdecke derart aufgeheizt, dass sich Teilschmelzen bildeten. Das Gestein wurde dabei weich und konnte sich in Fliessstrukturen verfalten.

ebenfalls aufgeschmolzen wurde. Der Aufstieg geschah in zwei Hauptphasen, wobei in einer ersten Phase vor etwa 32 Millionen Jahren der so genannte Tonalit in die penninischen Decken eindrang (intrudierte) und erstarrte. Erst rund 2 Millionen Jahre später folgte der Hauptkörper des Bergeller Granits als so genannter Granodiorit. Das Aufsteigen der Gesteinsschmelzen wurde dabei durch eine Bruchzone erleichtert, die sich zur selben Zeit ausbildete: die Insubrische Linie. Diese wichtigste tektonische Störung der Alpen zieht heute unmittelbar im Süden des Bergells durch das Veltlin weiter in Richtung Locarno von Ost nach West. Man schätzt, dass sich das Gestein entlang dieser Linie um bis zu 20 Kilometer vertikal und wohl über 100 Kilometer horizontal verschoben hat. Die Insubrische Linie war auch aktiv, als die Schmelze des Bergeller Granits ihren Aufstieg stoppte und in einer grossen Magmakammer (Pluton) in rund 20 Kilometer Tiefe abzukühlen und auszukristallisieren begann. Durch diese primär bis vor 19 Millionen Jahren aktive Störzone wurde der Bergeller Granit zwar bis an die Oberfläche gebracht, aber er erlitt während und nach der Abkühlung auch gewisse Deformationen, die noch heute sichtbar sind. So wurde in erster Linie der etwas ältere Tonalit, der gleichsam wie eine äussere Hülle den massigeren Granodiorit umgibt, durch die tektonische Beeinflussung zu einem ge-

Was ist Granit?

Granit gehört zu den so genannten Plutoniten (Tiefengesteinen), also zu Gesteinen, die aus Magma (Gesteinsschmelzen) in der Tiefe der Erde erstarrt sind. Während im Handel verbreitet alle Natursteine, die eine hohe Abriebfestigkeit aufweisen, unter dem Begriff «Granit» zusammengefasst werden, verstehen Alpinisten und Kletterer unter Granit oftmals all diejenigen Gesteine, die nicht sedimentär, aber doch kletterbar sind – und schliessen damit auch andere kristalline Gesteine wie Gneise mit ein. Letztere gehören jedoch zu den Metamorphiten, wurden also durch Gesteinsumwandlung infolge hoher Temperaturen und Drücke erzeugt. Gneis unterscheidet sich von Granit durch sein planares Gefüge. Er hat also ausgeprägte Schieferungsebenen, entlang denen er sich in Platten spalten lässt, wie man sie so gut aus dem Tessin kennt, die man aber auch unten im Tal des Bergells antrifft. Unbeanspruchter Granit besitzt jedoch in der Regel keine bevorzugte Ausrichtung seiner Mineralien.

Plutonite werden gemäss den Gewichtsanteilen ihrer Hauptbestandteile, den Mineralien Quarz, Plagioklas und Kalifeldspat, klassifiziert. Andere wesentliche Bestandteile, wie die dunklen Mineralien oder der Glimmer, werden bei der Namensgebung nicht berücksichtigt. Dabei ist jedoch selbst der Geologe nicht immer konsequent. So ist der Begriff «Bergeller Granit» nur ein allgemein verständlicher, zusammenfassender Begriff für das, was eigentlich ein Tonalit respektive Granodiorit ist, Bezeichnungen für Tiefengesteine mit leicht anderer Zusammensetzung als «echter» Granit. Aber für den Bergsteiger darf das ruhig ein unwichtiges Detail bleiben.

wissen Teil vergneist: Die Mineralien, die ihn aufbauten, richteten sich der Gebirgsspannung entsprechend aus, was zu einem leicht plattigen Gefüge geführt hat.

Die Form, in welcher der Körper des Bergeller Granits schlussendlich erstarrte, ist heute sehr schön ersichtlich. Der Grund liegt darin, dass der Granitkörper samt dem Umgebungsgestein schräg angehoben wurde – im Westen mehr als im Osten. So ist im Westen in Giubiasco bei Bellinzona der tiefste, nur mehr ganz schmale Teil durch die Erosion freigelegt worden, während im Osten, also beim Piz Badile, der Hauptkörper an die Oberfläche gelangte.

Genauer hingesehen

Gesteine bestehen bekanntlich aus Mineralien. Beim Bergeller Granit sind sie es, die ihm ein grobkörniges, gesprenkeltes Aussehen verleihen und ihm durch die dichte Verzahnung die sprichwörtliche Härte verleihen. Sein auffälligstes Mineral ist sicherlich der helle Kalifeldspat. Dieser bildet die grossen Einsprengsel, die verbreitet mehrere Zentimeter Länge erreichen. Oftmals wittern sie hervor, wodurch sie kleine Vorsprünge schaffen, an denen die Kletterschuhe den entscheidenden Halt finden können. Wie man an ihren oft klaren, geradlinigen Aussengrenzen erkennen kann, wurden diese Einsprengsel bei ihrem Wachstum kaum behindert. Dies verdanken sie der Tatsache, dass sich die verschiedenen Mineralien beim Erstarren des Magmas in der Regel nicht gleichzeitig bilden. Der Kalifeldspat profitierte davon, früher aus der Schmelze ausgefällt worden zu sein, während die anderen Minerale, also vor allem der Quarz und zu einem gewissen Teil auch der Plagioklas, praktisch gleichzeitig auskristallisierten. Auf diese Art behinderten sie sich

Aplit: Das aus Magma entstandene Ganggestein durchdringt den Bergeller Granit und dessen Umgebungsgestein mit hellen Streifen. Aufgrund seiner relativ raschen Abkühlung ist er sehr feinkörnig. Blick auf die Badile-Südseite.

gegenseitig beim Wachstum, so dass sie ihre Kristallaussenflächen nicht ihrem Kristallaufbau entsprechend (idiomorph) ausbilden konnten. Da diese Kristalle bereits bestanden, als der grosse Rest des Magmas noch flüssig war, konnten sie sich lokal anhäufen, andernorts fehlen sie dafür fast vollständig. Dies führte lokal zu Bänderungen im Granit.

Im sich abkühlenden Magma tummelten sich neben den Kalifeldspatkristallen noch andere Festkörper, so genannte Xenolithe oder «Fremdgesteine». Es handelt sich

dabei um auffällig dunkle Einschlüsse im Granit, die mehrere Meter Länge erreichen können. Sie sind nichts anderes als Nebengestein, das aus seinem ursprünglichen Verband herausgelöst wurde und vom flüssigen Magma nicht verdaut, sprich aufgeschmolzen werden konnte. Diese dunklen Einschlüsse, meist vor allem aus dem Mineral Amphibolit bestehend, kommen zum Teil gehäuft in so genannten Schwärmen vor.

Die Exhumierung

Während der Hebung des Granits gab es einen Wettlauf mit der Erosion. Dabei kann nur spekuliert werden, wie hoch die Alpen hier einmal gewesen sind, und es ist wahrscheinlich, dass sie zumindest zwischenzeitlich deutlich höher in den Himmel ragten. Aus geologischer Sicht sind Berggestalten kurzlebige Phänomene. Wie viele Badiles aus Bergeller Granit wohl als Momentaufnahmen der Zeit ihr Gastspiel gegeben haben?

Während die Erosion versuchte, die Hebung auszugleichen, und dafür sorgte, dass die Berge nicht in den Himmel wuchsen, bildeten sich wandelnde Talsysteme aus. Bevorzugt folgten die Flüsse Schwachstellen im geologischen Bau der Alpen. Das Inntal entstand entlang der Engadiner Linie, einer Störung, die im Bergell endet. Es muss eine Zeit gegeben haben, als das Engadin bis in die Region des Piz Badile (und weiter) gereicht hat. Ein starkes Gefälle, die Hebung der zentralen Alpenteile und die höheren Niederschläge auf der Alpensüdseite haben jedoch dafür gesorgt, dass heute das Bergell diesen Platz eingenommen hat. Die Maira hat sich in den Inntalboden hineingefressen und dadurch schlussendlich den Piz Badile in seiner heutigen Form freige-

Die Nachbarn des Bergeller Granits

Eigentlich ist es ein Glück, dass der Badile heute noch steht. Denn die Erosion hat ihm den harten Bergeller Granit nur im obersten Teil gelassen. Der ganze Sockel hingegen besteht aus penninischen Gneisen. Wer von Bondo aus durch das Val Bondasca zur Badilekante aufsteigt, der durchquert zuerst die Gneise der Tambo- und Grufdecke. Den Bergeller Granit erreicht man erst unmittelbar oberhalb der Sasc-Furä-Hütte, wenn man auf den gneisartigen Tonalit stösst. Hier nur rund 100 Meter mächtig, ist er rasch überstiegen, und man gelangt in eine Übergangszone, bevor der eigentliche Granodiorit beginnt, aus dem all die berühmten Kletterwände des Bergells bestehen. Wer nach Süden ins Val Masino absteigt, der kann bei den Bagni del Masino wiederum die Gesteine der Grufdecke betrachten, die hier in einem so genannten tektonischen Fenster aufgeschlossen sind: Rundum von Granit umgeben, bekommt man hier den Einblick in eine tiefere tektonische Einheit. Wer den Rückweg via Passo Porcellizzo und Passo della Trubinasca unter die Füsse nimmt, der überschreitet die Grenzen verschiedenartiger Gesteine nahe der Kontaktzone zum Bergeller Granit mehrmals. Besonders faszinierend sind die ultramafischen Brekzien (verfestigte Trümmergesteine aus grossen Tiefen) in der Gegend um das Bivacco Pedroni-Del Prà.

legt. Bei ihm ist der Höhenunterschied des Bergeller Granits hinunter ins Tal des Bergells am grössten – eine der Bedingungen, um grosse Wände entstehen zu lassen, war damit erfüllt. Für die Ausbildung der markanten Nordostwand war jedoch ein anderer Grund entscheidend: jüngere Brüche, die von östlich der Punta Sertori unter der Wand hindurchziehen. Sie schwächten den Bergeller Granit, machten ihn anfälliger für Erosion und erleichterten es dem Gletscher Vadrec dal Cengal, die Wand freizulegen, in der sich der Bergeller Granit bekanntlich von seiner stabilen und harten Seite zeigt. Die Platten deuten es jedoch an: Auch hier sind die gewaltigen Spannungen, welche die Alpen aufgefaltet haben, nicht völlig spurlos vorbeigegangen. So ist eine leichte Schieferung erkennbar, die parallel zur Nordostwand verläuft – ein weiterer Hinweis, wie sich die riesigen Plattenfluchten bilden konnten.

Ist damit das Geheimnis des Piz Badile gelüftet? Ein wenig hoffentlich schon. Was sicher bleibt, ist die Faszination eines Berges, vor dem jeder Ehrfurcht empfindet, der ihn einmal aus der Nähe gesehen hat. Hoffen wir, dass dem so bleibt. So kompakt der Fels auch aussehen mag, die Erosionskräfte arbeiten wie eh und je unentwegt an ihm. Und mit der sich anbahnenden Klimaerwärmung bekommen sie zusätzliche Angriffspunkte, denn ein Grossteil der Felswände befindet sich im sensiblen unteren Bereich des Permafrosts, der besonders empfindlich auf Temperaturveränderungen reagiert. Taut das in den Klüften fein verteilte Eis mehr und mehr auf, dürften sich Ereignisse wie die beiden Felsstürze von 1992 und 1998 häufen, wodurch die Routen in den Wänden mehr und mehr gefährdet wären. Wie rasch das Eis schmilzt und was dies für Auswirkungen hat, ist schwer vorauszusagen. Aber sicherlich ist es nicht zuletzt schade fürs Auge, wenn sich das sichtbare Eis im Vadrec da la Trubinasca und im Vadrec dal Cengal, welche die Nordkante wie zur Zierde umgeben, in beängstigender Geschwindigkeit zurückzieht. Für sie gilt in besonderem Masse, was auch für den Piz Badile selbst gilt: Geniessen wir sie, solange sie sich noch in heutiger Schönheit präsentieren, und seien wir uns bewusst, dass alles nur auf Zeit steht – selbst ein Piz Badile.

Res Blum, geboren 1976, in Langenthal aufgewachsen, ist seit jungen Jahren in den Bergen unterwegs. Dies hat ihn nicht nur in zahlreiche wunderbare Ecken der Alpen geführt, sondern auch zum Studium der Erdwissenschaften an der Universität Bern und zur Einsicht, dass der Mensch je länger, je mehr sich selbst zwingen muss, mehr Sorge zur Natur und zu Rohstoffen zu tragen.

Misskredit: In letzter Zeit ereigneten sich einige Felsstürze, die den Ruf des Bergeller Granits mit seinen kühnen Zinnen wie der Punta Enrichetta (linke Seite) etwas ramponierten. Tatsächlich macht das wärmere Klima auch kompaktem Gestein zu schaffen. Nicht zur Freude der Kletterer: Im Sommer 1993 konnte Luca Maspes vom Cengalo-Vorgipfel aus zuschauen, wie ein Felssturz über die Ostwand fegte – und seine eigene Route «Est ... Asi» zerstörte (oben).

NORDWÄNDE
1937–1952

Nordwände

«... Horden von jungen Desperados werden untereinander um die Ehre wetteifern, in der grossen, grauen, glatten Nordwand des Badile den Tod zu finden.»

Ursula Corning, «In the Shadow of Piz Badile», 1936

Pionier: Hans Frei macht die Kante in Rekordzeit, als Erster im Abstieg, mit der ersten Frau; die erste Nord-Süd-Überschreitung der Scioragruppe, die Traversierung Punta Rasica–Torrone Orientale, 1935 die Gemellikante, womöglich die erste grosse Reibungsroute der Alpen. Ende Mai 1937 stürzt er am Ruchen ab – ob er sich um die sonnige Badile-Nordostwand (vorangehende Doppelseite) beworben hätte?

Der Münchner Bergsteiger und Ingenieur Willo Welzenbach stellt 1926 eine neue Skala zur Bewertung von Bergtouren vor. Sie umfasst sechs Abstufungen, deren erster Grad die einfachste Form des Kletterns darstellt, während der sechste Grad («äusserst schwierig») die oberste Grenze des Menschenmöglichen bezeichnet. (Wohl unter dem Eindruck der epischen Schilderung Alfred Zürchers und etwas vorschnell gibt Welzenbach übrigens als Referenztour des sechsten Grades im Urgestein ausgerechnet die noch nicht wiederholte Nordkante des Badile an.) Die Skala setzt sich rasch durch, und in der Folge wird der Ausdruck «sechster Grad» über Generationen die besten Kletterer fesseln, das breite Publikum faszinieren, die Alpintheoretiker beschäftigen. Die ersten grossen Routen in diesem Schwierigkeitsbereich entstehen zwischen 1920 und 1925, also noch vor Welzenbachs Erfindung der Skala, in den Kalkwänden der Ostalpen und der Dolomiten.

In seinem Masino-Bregaglia-Disgrazia-Führer aus dem Jahr 1936 wendet Aldo Bonacossa, selbst ein guter Kletterer, die neue Skala erstmals konsequent auf ein Granitgebiet an. Nur zwei Anstiege erhalten darin das begehrte Prädikat «6° grado», der Nordsporn des Pizzo Trubinasca und die Gemellikante, beide ein Jahr zuvor erstbestiegen. Die Einleitung hält weiter fest: «Es wird davon ausgegangen, dass es derzeit in der Region keine Touren im oberen sechsten Grad gibt» – eine Feststellung, zugleich aber eine diskrete Aufforderung an die besten Dolomitenkletterer, ihr Können auch im Bergell zu zeigen. Für Bonacossa ist klar, dass ein grosser Durchbruch unmittelbar bevorsteht. Und er weiss auch, wie eine solche Herausforderung heissen könnte: Badile-Nordostwand.

Tatsächlich befindet sich die glatte Innenseite des Berges seit einigen Jahren im Visier mehrerer erstklassiger Alpinisten. Ab 1934 nehmen die Versuche deutlich zu: Der fast einheimische Österreicher Herbert Burggasser (Nordsporn des Pizzo Trubinasca, Nordwestwand der Sciora di Dentro, erste Gesamtüberschreitung der Scioragruppe) ist dabei, deutsche Alpinisten experimentieren mit den Rissen der späteren «Via del Fratello», der Tessiner Bruno Primi steigt 1936 ebenfalls in die Wand ein und soll weit hinauf gelangt sein. Mario Molteni – in jenen Jahren auch auf der Südseite ein eifriger Erforscher – lotet in mehreren Anläufen die rechte Wandhälfte aus, wo er etwa 200 Meter hoch kommt. Die ungelöste Aufgabe beschäftigt auch Alfonso Vinci.

1937 Anfang Sommer 1937 taucht ein neuer Kandidat auf: Riccardo Cassin. Der in den Dolomiten bereits sehr erfolgreiche Kletterer fühlt sich zu Hause im sechsten Grad, aber kaum im Granit. Mit seinen Partnern Vittorio Ratti und Gino Esposito besucht er deshalb zweimal die Sciorahütte, um die Wand zu inspizieren, zum

Teil von der Kante aus, um den Fels zu befühlen.
Am Abend des 13. Juli 1937 befinden sich mehrere Bewerber in der Hütte: Molteni mit Giuseppe Valsecchi; Cassin mit Ratti und Esposito; Fred Gaiser und Bertl Lehmann. Letztere verzichten auf einen Wettkampf und wenden sich dem ebenso schwierigen Cengalopfeiler zu – den sie am 15. tatsächlich erstbegehen.
Am 14. morgens steigen die beiden italienischen Seilschaften unabhängig voneinander ein. Am 15. schlägt Molteni bei Tagesanbruch vor, gemeinsame Sache zu machen, was eine einzige Fünferseilschaft ergäbe. Ein heikles Unterfangen; Cassin willigt dennoch ein, vielleicht aus Mitleid und Sorge um die beiden schwächeren Konkurrenten. Die Truppe kommt dennoch gut voran. Weiter oben schlitzen fallende Steine Molteni den Rucksack auf, wodurch die beiden Comaschi den Zweierschlafsack, Ersatzkleidung, die Handschuhe und das Hakenmaterial verlieren. Gegen Abend zeigen Molteni und Valsecchi deutliche Ermüdungserscheinungen. Dann ein heftiges Gewitter, das zweite Biwak zehrt stark an den Kräften. Am 16. bahnt sich Cassin, der «Bulldozer des sechsten Grads» (Yves Ballu), einen Weg durch Regen, Hagel, Schneefall und Sturzbäche und führt alle auf den Gipfel, den sie um 4 Uhr nachmittags betreten, nach 52 Stunden in der Wand, einer reinen Kletterzeit von 34 Stunden und 45 geschlagenen Haken – im Schnitt einer alle 20 Meter.
Der Abstieg durch den tobenden Sturm wird zum Überlebenskampf, den nicht alle gewinnen: Trotz enormem Einsatz der drei Lecchesi erliegen Molteni und Valsecchi unterwegs ihrer Erschöpfung. Ein weiteres Biwak in der Südflanke wird unumgänglich. Am 17. endlich erreichen Cassin, Esposito und Ratti völlig geschafft die Gianettihütte – nicht bevor sie die Leiche von Valsecchi zum Wandfuss getragen haben. Am 18. schliesslich kehren sie mit der Rettungsmannschaft zum Berg zurück, um die

Meister: 50 Jahre danach wiederholt Riccardo Cassin «seine» Route (zweimal, siehe Seite 199). Seine Erstbegehungen in den Dreissigerjahren sind längst Legende. Nebst der Torre-Trieste-Südostkante beeindruckt sein Triptychon 1937 und 1938: Westliche Zinne, Pizzo Badile, Grandes Jorasses.

Anführer: Cassin, 1987 wieder am Badile. Nach dem Zweiten Weltkrieg macht er sich einen Namen als Expeditionsleiter und Nachwuchsförderer. Unter seiner Leitung wird 1958 einer der schwierigsten Berge der Welt erstbestiegen, der Gasherbrum IV (mit Walter Bonatti und Carlo Mauri auf dem Gipfel); 1961 folgt die Südwand des Denali, 1962 der Jirishankar, 1975 eine erfolglose Expedition zur Lhotse-Südwand.

Leichname der Kameraden zu bergen.
Die Begehung löst in der ganzen Presse Reaktionen aus, selbst ausserhalb alpinistischer Kreise – zuerst wegen der Tragödie, dann immer mehr wegen der herausragenden Leistung. Noch 1950 wird der Alpinhistoriker Meciani schreiben: «Äusserst gross war das Echo in Italien und Europa: Die von den Kletterern angetroffenen Schwierigkeiten waren und sind heute noch das klassische Beispiel der äussersten Grenze des Menschenmöglichen [...]. Die Route war und ist wahrscheinlich heute noch von allen, die im Alpenraum begangen wurden, die technisch schwierigste.» Mussolini verleiht Cassin für diese Tat am 29. Juni 1938 eine Goldmedaille, den übrigen vier eine silberne.
Umso auffallender ist das Desinteresse der Schweizer Medien, schliesslich steht die Wand auf ihrem Territorium. Während der «Corriere della Sera» die Erstbegehung ausführlich schildert, vermeldet die «Neue Zürcher Zeitung» lediglich ein Bergunglück – in krassem Gegensatz zum Eiger, wo sie einen Korrespondenten vor Ort hat und fast täglich berichtet, selbst um zu berichten, dass es nichts zu berichten gibt. Die SAC-Zeitschrift «Die Alpen» veröffentlicht in den Jahren 1937 und 1938 munter nette Beiträge zur Badilekante, erwähnt aber mit keinem Wort die Nordostwand – ebenso wenig wie die zwei Wochen danach erstbegangene Nordwestwand. Die Geringschätzung widerspiegelt ein in der Vorkriegsphase verankertes Ressentiment politisch-ideologischer Art gegen das faschistische Italien, ist aber zugleich Ausdruck eines konservativen Alpinismusverständnisses. Was die Schweizer zwar nicht offen sagen, das britische «Alpine Journal» 1937 dafür umso unverblümter verdeutlicht: «Sobald eine bestimmte Rippe oder Kante erfolgreich bestiegen ist, verlangt der moderne ‹Fortschritt›, dass die Seitenwände oder die Flanken der besagten Rippen oder Kanten ebenfalls erklettert werden müssen. Nationalismus und politisches Gedankengut müssen dann die entsprechenden Routen als ‹neu› erklären, ungeachtet der Tatsache, dass sie allzu oft im Steinschlagbereich der ursprünglichen, vernünftigen Aufstiegslinien verlaufen. Von der Presse in einem grossen Hysterieanfall gelobt, musste der Piz Badile einmal mehr einen solchen Fall von Modernismus über sich ergehen lassen.» Es folgt eine knappe Erwähnung der neuen Routen in der Nordost- und Nordwestwand und schliesst mit den Worten: «Doch welchen relativen Wert solche Varianten auch besitzen mögen, ihre praktische Bedeutung ist kleiner als null.»
Rébuffat wird die Angelegenheit 17 Jahre später leicht anders einschätzen und die Variante ohne jegliche praktische Bedeutung zu einer der sechs bedeutendsten Routen des gesamten Alpenraums erklären.

George Livanos

Die Schlacht um den Badile

Die neue Arbeit, die Niederlassung seiner Familie in Lecco – ein Jahr lang musste sich Cassin mit der Grigna zufrieden geben, und aus Zeitmangel oftmals mit ihren kleineren Nadeln. Aber wer einmal die grosse Weite kennen gelernt hat, dem genügt ein Garten – und sei er noch so schön – nicht mehr. Die Energie staute sich in Cassin an, und zu Beginn des Jahres 1937 ist er zu allem und noch viel mehr bereit.

Zwischenzeitlich hat ihm jemand ins Ohr geflüstert: «Am Ende des Bondascatals, auf der Schweizer Seite des Piz Badile, gibt's was für dich: eine Granitwand, beinahe 900 Meter hoch. Nicht wenige Leute schleichen da herum, steigen manchmal ein wenig hoch, aber immer kommen sie zurück.» Cassins Augen beginnen zu glänzen. «Aber hüte dich vor dem Wetter in dieser Ecke; was die Höhe angeht, so ist es dort nicht höher als die Marmolada, aber das Klima ist anders. Wo du unter gleichen Bedingungen in den Dolomiten in Schwierigkeiten gerätst, lässt du am Badile dein Leben!» Cassin speichert all das in seiner typischen Genauigkeit, er weiss, dass er sich ganz anderen Schwierigkeiten gegenüber sehen wird als denen, über die er bislang stets triumphiert hat. Man braucht aber nicht zu meinen, er käme da von seiner Grigna an wie früher der Bauer auf seiner ersten Reise in die Hauptstadt. Er hat schon einige Touren im «Westalpenstil» gemacht. Ohne ein Eisgeher zu sein, überschreiten seine Kenntnisse vom Eis doch die «gelati» und die Neapolitanerschnitten. Er weiss, wie man mit einem Eispickel und einem Paar Steigeisen umgeht.

Anstifter: Aldo Bonacossa weist Kletterfreunde mehrmals auf die unbestiegene Wand hin. Die Skizze in seinem Führer hinterlässt den Eindruck, dass er bis zur Drucklegung mit einer Route durch die Bildmitte rechnet. Es reicht nicht ganz: Der Führer erscheint 1936.

Dieser Badile ist mit Sicherheit ein ganz schöner Brocken. Daher erfolgt auch eine strenge Prüfung und Auswahl des Materials, ebenso eine sorgfältige Zusammenstellung der Seilschaft. Zum unvergesslichen Vittorio Ratti von der Westlichen Zinne wird sich Gino Esposito gesellen, ein zäher Typ. Vittorio Ratti steht für die lächelnde, stürmische Jugend, voll intensiven, beginnenden Lebens. Der ältere Esposito ist die Kraft, er hat eine eiserne Moral und das Gesicht eines «condottiere», halb Tiger, halb Rhinozeros. Ein Feldherr, dem man besser nicht auf die Zehen steigt.

Zu dritt sind die Lasten besser verteilt, und was sie damit an Schnelligkeit verlieren, gewinnen sie an Sicherheit. Denn

das Problem ist hier nicht die Zeit, sondern ein ganz anderes: Man muss überhaupt durchkommen! Nach einem ausgesprochen harten Training in der Grigna beschliessen sie eine kleine Erkundungsreise am 27. Juni, um die Luft der Gegend zu schnuppern.
Sie steigen hinauf zur Sciorahütte. Keine Chance, alles ist bedeckt, es regnet. «Ritorniamo a casa!» Am folgenden Sonntag läuft die Sache schon etwas besser. Sie gelangen bis zum Wandfuss, können den Einstieg begutachten und 200 Meter die Nordkante hinaufklettern, um den Granit «in die Finger» zu bekommen, ein Gestein, das sie allesamt kaum kennen. Am Nachmittag ziehen neue Wolken auf: «Auf, zurück nach Lecco!»
In dem Augenblick, in dem sie die Hütte verlassen, tauchen zwei ihrer Freunde aus Como auf: Mario Molteni und Giuseppe Valsecchi, beide ebenfalls Stammgäste in der Grigna. Molteni hat an der Wand schon mehrere Versuche gestartet. Er ist natürlich eine Konkurrenz – die im Übrigen auf einer sehr freundschaftlichen Ebene bleibt. Er erklärt ihnen auch die von ihm probierte Route und seine Biwakplätze. Einmal sei er sogar vier Tage aufgrund des schlechten Wetters in der Wand festgesessen. Cassin bietet ihnen die Hüttenschlüssel an. Sie lehnen sie ab: Ihre bescheidenen Finanzen gestatten ihnen nur ein Biwak im wenig komfortablen Teil der Hütte, der offen und dem Wind ausgesetzt ist.
Eine Woche verstreicht. Der Countdown läuft, mit einer Langsamkeit, die weniger ruhige Menschen als Cassin zum Explodieren bringen könnte. Während seiner Arbeit denkt er an «die anderen». Haben sie angegriffen? Sind sie in ihren Versuchen weitergekommen?
Am Abend des 12. Juli kehren sie zur Hütte zurück. Dieses Mal soll es die Erstürmung des Badile sein. Sie sind zu fünft. Giuseppe Comi und Gianni Todeschini begleiten sie, gleichermassen als Träger und «logistische Stütze». Das Orchester spielt genauso gut wie seine erste Geige.
Für Molteni und Valsecchi ist das ein harter Schlag. Sie haben gerade eine ungemütliche Woche hinter sich – auf einfachen Brettern, in der offenen Hütte, in Kälte und Feuchtigkeit, mit schlechtem Essen, während da unten die gesamte Mannschaft Cassins unerbittlich vorrückt. Sie sind zwei abtreibende Barken gegenüber einem Geschwader, das ein Admiral kommandiert.
Die Nebel winden sich über die grasige Kuppe, auf der sich die fünf Silhouetten abzeichnen. Für Augenblicke verschwinden sie, um gleich darauf wieder aufzutauchen, jedes Mal ein Stück näher, getragen von ihren unaufhaltsamen Schritten. Die Sonne geht unter, setzt ein paar der Gipfel in Flammen, die so noch höher, noch unerreichbarer scheinen ... Die Musik dazu ist von Ennio Morricone.
Der Abend in der Hütte ist sehr lebhaft. Eine Gruppe Deutscher ist da, Bergführer, und die Lecchesi sind nicht rund um die Uhr auf den Badile fixiert. Todeschini hat mit Granitplatten draussen etwas konstruiert, was er den «Kühlschrank» nennt, um darin den Proviant aufzubewahren. Die Felsplatten sind gross, denn ein riesiger Ziegenbock streift um die Hütte herum, und seine gastronomischen Überlegungen scheinen ihn mehr zu beschäftigen als die Aufgaben innerhalb seiner Herde. Die beiden Comaschi haben ihn «Gigiat» getauft, zur Erinnerung an eine eher pikante Geschichte. Gigiat wird der Star des Tages.
Am nächsten Tag kehrt die Truppe aus Lecco bei immer noch tristem Wetter zur Nordkante des Badile zurück, um ihre Granitkenntnisse zu vervollkommnen. Die Kletterer erklimmen die Kante an die 600 Meter und klettern sie frei wieder ab. Kein Problem, so gewöhnt wie sie an die Senkrechten des Kalks und die Überhänge in den Dolomiten sind. Diese sanft geneigten Felsen rühren sie wenig. (Das Gegenteil hätte bei solchen Männern auch erstaunt.) Sie fühlen sich in Bestform und schicken sich an, zur Hütte zurückzukehren, als einer von ihnen auf dem Cengalogletscher drei merkwürdige Punkte bemerkt. Ein kurzer Hindernislauf zwischen den Spalten und – sie entdecken drei Gämsen, die eine Lawine mitgerissen hat. Die Hörner werden sogleich als Souvenir mitgenommen. Da kommt Cassin der Gedanke an ein Mahl, das aus der klassischen Speisekarte eines Kletterers herausfällt: Warum nicht einen Schenkel mitnehmen? Ratti und Esposito schreien auf, erklären ihn für verrückt: «Die Viecher sind seit mehreren Tagen tot, sie haben schon ganz aufgeblähte, grünliche Bäuche! Siehst du nicht, dass sie schon verdorben sind?» – «Aber nein, aber nein, das Eis hat die Beine konserviert, das Fleisch ist gerade richtig ‹abgehangen›!» Ein paar Schläge mit dem Eispickel, und schon ist ein Schenkel abgelöst. «Geh weg, du Sargträger! Heute Nacht schläfst du vor der Hütte, du Kadaverfresser!» Sie machen ihn zum Seilschaftsletzten und lassen ihn seinen Schenkel an einem Seil hinter sich herziehen.
In der Hütte geht die Spöttelei weiter. Seelenruhig bereitet Cassin unter den sarkastischen Sprüchen seiner Freunde und der anderen sein Abendessen zu, als drei Schmuggler eintreffen. Sie interessieren sich sehr für die Herkunft dieses Gämsenfleisches. «Oh, sie liegen nur ein paar Schritte von hier entfernt», erklärt Esposito durchtrieben. «Auf dem Gletscher; ihr erkennt sie leicht, zwei sind ganz und die dritte hat nur

drei Beine.» Die Schmuggler kehren in der Nacht mit den Tieren zurück. Sie sind erschöpft und sehen ebenfalls grünlich aus – aber vor Schreck, nachdem sie beinahe in alle Spalten in diesem Eck gefallen wären, und davon gibt es ein paar.

Während dieser Zeit mimt Cassin den Feinschmecker, schnuppert hingebungsvoll an seiner Bouillon, gibt eine Prise Salz dazu, um das Publikum in Atem zu halten. Ratti, ein Schleckermaul, knickt als Erster ein. «Lässt du mich probieren?» – «Ich glaube nicht, es scheint, gut abgehangenes Fleisch könnte dir schaden!» Comi tritt buchstäblich ins Fettnäpfchen: «Ich glaube, unsere Gämse ist gar.» – «Hoppla, ‹unsere›? Du willst sagen ‹meine›?» Dieser Abend wird noch lustiger als der vorangegangene. Um es kurz zu machen: Alle bekommen etwas von dieser vorzüglichen Gämse ab!

Molteni und Valsecchi feiern mit, auch wenn sie spüren, wie die auffallende Ungezwungenheit der Mannschaft aus Lecco sie niederdrückt. Sie sind unruhig. Morgen? Wie wird es morgen sein? Unterdessen reissen Cassins Leute Witze und beschäftigen sich ausschliesslich mit ihren kulinarischen Problemen. Der Badile? Von dem ist nicht einmal die Rede. Würde man sie fragen: «Aber jetzt mal zu dieser Wand, wollt ihr sie also versuchen?», dann würden sie langsam die Augen von dem rauchenden Topf heben und antworten: «Sie versuchen? Nein, sie besteigen. Und wenn schon – das hindert uns nicht daran, eine Gämse zu essen, oder?»

Am Mittwoch, den 14. Juli, klingelt um 2 Uhr morgens der Wecker: Es regnet. Esposito geht nach draussen; kommt zurück, brummelt: «Vielleicht in einer Stunde ...» Jede Viertelstunde geht der eine oder andere nachsehen. «Da tut sich nichts ...» Gegen 3 Uhr bricht der Tag langsam an. Die kleinen, beschlagenen Fenster hellen auf, die Unterwasserstimmung verzieht sich langsam. Die Nebel heben sich. Kommt Wind auf? «Das wäre gut!»

Gegen 4 Uhr sieht es nach einer leichten Verbesserung aus oder zumindest nach einer optimistisch gedeuteten «Nichtverschlimmerung». Der Wind weht immer noch. Molteni und Valsecchi essen in aller Stille etwas und gehen gegen 5 Uhr los. Sie gehen, weil sie nicht mehr anders können.

Für alle Fälle macht sich die Cassin-Mannschaft fertig. Das Frühstück fällt für den gesunden Appetit von Ratti ein wenig zu leicht aus. «Gib mir noch mal die Butter!» – «Dann geht sie uns später aus», wendet Todeschini ein. «Du bist dir wohl nicht im Klaren darüber, dass ich vielleicht das letzte Mal Butter esse!», gibt Ratti zurück und wirft sich in eine theatralische Pose. «Oh ja, ich hab euch beide schon durchschaut! Aber wenn ihr glaubt, dass ihr euch vollfuttern könnt, während wir uns da oben abmühen, habt ihr euch getäuscht. Gigiat wird sich schon um euren Proviant kümmern!» Ein prophetischer Witz:

Wiederholer: «Aber unter all meinen Unternehmungen liegt mir die Erstbegehung der Nordostwand des Pizzo Badile vielleicht am meisten am Herzen.» Am 13. August 1956 besucht Cassin mit Roberto Osio, Carlo Mauri und Riccardo Aldé erstmals nach 1937 seine Route, die er in wenig mehr als 10 Stunden klettert.

Als sich zwei Tage später die Unterstützungstruppe zum Wandfuss begibt, um Neues von der Seilschaft zu erfahren, gelingt es dem cleveren Gigiat, den «Kühlschrank» zu knacken – und ihn zur Gänze zu leeren.

Gegen 7 Uhr wird den Lecchesi klar, dass Molteni und Valsecchi nicht hinausgegangen sind, um Sightseeing zu machen. Sie haben angegriffen. «Also, gehen wir?» Die Scherze sind vorbei, die Augen hart geworden. «Gehen wir!» Und das Geschwader aus Lecco geht zum Angriff über. Um 10 Uhr stehen sie am Wandfuss. Erstaunt bemerken sie, dass die Comaschi etwa 100 Meter weiter rechts vom natürlichsten Einstieg angefangen haben.

Um halb elf setzt Cassin über die kleine Randkluft: Der Badile beginnt. Die ersten Seillängen, noch leicht, erlauben ihnen, sich aufzuwärmen, während das Wetter vollends aufklart.

Weit entfernt arbeiten sich Molteni und Valsecchi mühsam voran. Nach einer Stunde überholt sie Cassin, obwohl sie 3 Stunden vor ihm begonnen haben. Dabei beeilt sich die Seilschaft aus Lecco nicht einmal. Ihr Ziel ist, an dem guten Biwakplatz Halt zu machen, den ihnen Molteni gezeigt hat, nach nur knapp einem Drittel der Wand. Nach einigen ziemlich schweren Seillängen erreichen sie ihn. Noch ein kleiner Vorstoss an die 50 Meter aufwärts, dann wieder zurück zur Terrasse, auf der sie es sich gemütlich machen.

Später haben sich einige Leute, darunter erfahrene und sehr gute Kletterer, über diesen Biwakplatz so weit unten lustig gemacht, sind in ihrer völligen Ahnungslosigkeit so weit gegangen zu sagen – ich habe es selbst gehört –, Cassin habe drei Tage in der Wand getrödelt! Alte Weisheiten haben eben ihre Gültigkeit. «Man soll seine Zunge siebenmal im Munde drehen, bevor man ihn aufmacht.» Das Gleiche war es ja bezüglich der «beiden» Biwaknächte von Carlesso an der Torre di Valgrande. Jeder weiss heute: Der Anfang der Valgrande besteht aus einem einfachen Sockel, gefolgt von einer Stelle im IV. Grad und einer Länge im V. und oberen V. Grad. Kaum zu glauben, dass solche Kleinigkeiten den ungestümen Carlesso einen ganzen Tag lang beschäftigt haben! Urteilt nicht voreilig, hat Kardinal Richelieu gesagt. Carlesso hat ganz einfach dort biwakiert, weil es weiter oben nicht viele Alternativen gibt. Zugleich blockierte er damit den Weg für die Konkurrenz, deren Auftauchen er fürchtete. Das nenne ich einen «strategischen Biwakplatz».

Ich sehe die kleinen Schlauberger schon – ich sehe sie schon von weitem, obwohl sie wirklich sehr klein sind –, die es sich nicht verkneifen können zu schreien: «Meine Güte, der Grieche hält da ein Plädoyer, weil er selbst ein notorischer Biwakierer ist, der Kerl!» Viele kennen von früher mein «Civetta-System»: Ich habe mir nie darüber Gedanken gemacht, wie lange ich brauche oder wie oft ich biwakiere, vor allem nicht bei Erstbegehungen. Mit ein bisschen Ausrüstung und einer guten Gesundheit ist das Biwakieren weniger gefährlich als die Hetze. Für mich lauteten die «Regeln» vielmehr stets wie folgt. Erstens: Den Gipfel erreichen. Zweitens: In gutem Zustand wieder zur Hütte zurückkehren. Drittens: Alles andere interessiert mich nicht.

Kehren wir zu jenem ersten Cassin-Biwak am Badile zurück, wo gegen Abend ihrerseits auch Molteni und Valsecchi ankommen. Ich habe es bereits erwähnt, die beiden Seilschaften waren Konkurrenten, die sich ausgezeichnet verstanden. Auch die Nacht verbringen sie bestens miteinander.

Am folgenden Tag, gegen fünf, heisst es: Fertig machen zum Gefecht! Die Lecchesi nehmen ein anständiges Frühstück ein, schnüren ihre Rucksäcke und starten – als hätten sie die Nacht in kuscheligen Betten verbracht – mit einer Leichtigkeit, die den Comaschi den Rest gibt. Cassin macht eine kurze Seillänge, Esposito steigt nach. Ratti schickt sich an, es ihm gleichzutun, als Molteni Cassin ruft und ihn fragt, ob sie eine einzige Seilschaft bilden könnten. Als starker Kletterer wünscht sich Molteni aus vollstem Herzen diese Begehung. Aber schon jetzt müde, fühlt er, dass er nicht in der Lage dazu ist. Seine Bitte bringt Cassin mehr als nur in Verlegenheit: Zwei Drittel der Wand stehen ihnen noch bevor, es sind die schwersten, und eine Fünferseilschaft, dazu noch in so einem Gelände, ist alles andere als die Ideallösung. Es ist nicht nur eine Frage des raschen Vorwärtskommens. Eine so lange Formation blockiert auch mehr Haken und Karabiner. Und falls der Erste Steine lostritt, können vier anstelle von zwei Köpfen diese abbekommen.

Wenn man einer Maxime Mummerys glaubt, weicht in einem solchen Fall der Zweite dem Stein aus, der den Dritten verletzt und den Vierten tötet. (Ein Fünfter wird gar nicht in Erwägung gezogen, es sei denn, er ist vor Angst schon gestorben.) Man kann die Sache auch anders sehen: Der Zweite, der keine Zeit mehr hat, in Deckung zu gehen, kriegt den Stein ab, der Dritte weicht ihm knapp aus, und was die anderen angeht: Sie befinden sich sozusagen in sicheren Gewässern, die keine Welle kräuselt, und haben alle Zeit, die richtige Entscheidung zu treffen.

Cassin steckt ganz schön in der Klemme. Das Beunruhigendste ist, dass eine solche Bitte bereits nach nur einem kurzen Klettertag kommt, ein Zeichen dafür, dass ihren Freunden aus Como vollkommen die Form fehlt. Cassin ist zu gutmütig, um abzulehnen: Er weiss, wie viel

Molteni an dieser Route liegt. Valsecchi bindet sich hinter Ratti ein; Molteni geht als Letzter, eine Ehre, die ihm als Chef seiner Seilschaft zusteht.

Der «Badile-Zug» setzt sich in Bewegung. Die Schwierigkeiten nehmen zu. Dennoch kommen sie zügig voran, eigentlich ist ihr Tempo ganz in Ordnung – bis zu dem Moment, in dem Cassin unterhalb eines Überhangs nach rechts quert, ihn beinahe bewältigt, schon einen Haken setzt. Er will gerade den Karabiner einklinken, als er – weit oben – eine Art Explosion hört, gefolgt von einem Pfeifen. Den Bruchteil einer Sekunde später schaut er hinauf: Ein riesiger Block hat sich von der Nordkante gelöst und stürzt wie eine Bombe auf sie zu. Keine Zeit, um den Verwaltungsrat einzuberufen – Cassin packt mit den Händen beide Seile und springt ins Leere. «Halt mich!», ruft er Esposito zu. In dem Augenblick, in dem der Haken unterhalb des Überhangs seinen Sturz abfängt, explodiert eine Etage höher der Felsblock mit dem Getöse eines Bombardements, als sei das Ende der Welt gekommen. Die Wand zittert förmlich, Splitter fliegen in alle Richtungen; dicker Staub und Schwefelgeruch umhüllen sie. Sie rufen sich gegenseitig beim Namen, um zu sehen, ob alle noch da sind. Nur Molteni hat etwas abbekommen: Ein Splitter hat den Rucksack aufgeschlitzt, den er auf dem Rücken trug, und seine ganze Ausrüstung, Kleidung, Verpflegung, Haken, alles ist mit in die Tiefe gestürzt.

Überflüssig zu sagen, dass diese Art von Zwischenfall nicht gerade zur Stärkung der Moral der Comaschi beiträgt. Einige Augenblicke lang bewegt sich keiner; fast flüstern sie. Sie können nicht wissen, ob dieser Block nur «ein Unfall ohne Tötungsabsicht» oder der Auftakt zu einem grösseren Bergsturz war. Cassin lässt vorsichtshalber noch eine gute Weile verstreichen, ehe er wieder ansetzt und aufs Neue den Überhang überwindet. Genau an dem Ort, den er kurz vor der «Bombe» erreicht hatte, ist alles zerkleinert, zermalmt, pulverisiert; sogar der Haken ist verschwunden. Es steht ausser Diskussion, hier zu trödeln. Beim weiteren Aufstieg nutzen sie, so weit möglich, geschützte Bereiche und vor allem geschützte Standplätze. Darunter leidet die Geschwindigkeit, umso mehr, als das Gelände weiterhin sehr schwierig ist. Die Comaschi werden immer langsamer, der Himmel wird grau, bleiern, Nebel beginnt verdächtig um die Felsmauer zu streichen, der Abend naht; durch die Wolken wird es früher dunkel werden, und immer noch ist kein Biwakplatz in Sicht. Während vorne die unaufhaltsame Maschine weiterklettert, wechseln Ratti und Esposito an den Standplätzen kein Wort, aus Angst, die anderen könnten sie hören. Aber ihre Blicke sagen alles: Das wird uns teuer zu stehen kommen.

Gegen 9 Uhr abends erreichen sie die Andeutung eines Absatzes, auf dem sie sich niederlassen können, einer direkt neben dem anderen. Molteni und Valsecchi sind erschöpft, schrecklich erschöpft, wie benommen; sie sprechen fast nicht mehr, versuchen das letzte bisschen Kraft, das ihnen noch bleibt, zu sparen. Sie sind nicht gut ausgerüstet, obendrein haben sie in dem «Bombardement» ihre ganze Verpflegung verloren. Cassin und die anderen versorgen sie und stimmen dann ein Lied an, um die Angst zu vertreiben, die sie in ihren Kameraden aufsteigen spüren. Die Wand ist immer noch lang. Das Wetter verschlechtert sich zusehends. Wer weiss, wie viele Stunden oder vielleicht Tage es noch zu kämpfen gilt?

Sie beginnen, ihr Biwak einzurichten, als ein gewaltiges Gewitter über der Wand niedergeht. In wenigen Sekunden sind sie so durchnässt, als seien sie in einen Bach gefallen, in einen Eisbach. Um sie herum entfesseln sich die Elemente: Blitze, Donnerschläge, Wolkenbrüche, Kaskaden, die wuchtig niederprasseln und alles überströmen, Windstösse, gefolgt von einer Stille, die noch beängstigender ist als der Krach des Unwetters. Ist der Kampf schon hart

Rückkehrer: «Seit jenem fernen Jahr, in dem wir sie durchkletterten, nehmen diese Wand und der Badile selbst einen besonderen Platz in meinem Leben ein.» Am 31. Juli 1971 ist Cassin erneut in der Wand. Diesmal ist Sohn Pierantonio «Tono» dabei (oben), dazu Pino Negri und Mario Conti.

für die Lecchesi, so ist er für die Comaschi unmenschlich. Dann beginnt die Sintflut plötzlich wieder von vorne: Es heult und kracht und schlägt, als wolle das Universum einstürzen ... Esposito singt, Cassin und Ratti begleiten ihn. Ich glaube, dem gibt es nichts mehr hinzuzufügen. Um diese drei kleinzukriegen, müsste schon der Allmächtige selbst alles daran setzen.

Gegen Mitternacht hebt ein stürmischer Wind an, die Sterne tauchen wieder auf. Naht schönes Wetter? Im Augenblick lässt sie eine wahre Polarkälte in ihren vollgesogenen, kartonsteifen Kleidern zittern. Jede Minute dauert Stunden. Endlich zeichnet sich die Dämmerung ab, und, oh Wunder, die Sonne taucht auf. Sie schafft nicht viel Wärme, dennoch: Sie ist ein Trost. Eine Stunde verstreicht, in der sie versuchen, ein paar der schwachen Wärmestrahlen zu erhaschen, welche die zaghafte Sonne mit sich bringt. Die Reihenfolge in der Seilschaft wird geändert. Ratti macht den Letzten, Molteni ist zu erschöpft.

Die Kamine, durch die eiskaltes Wasser fliesst, sind mit Eis überzogen, Hagelkörner bedecken die Bänder. Die «Lokomotive» startet wieder. Sobald sie die Hände an den Fels legen, über den das Wasser in Schleiern läuft, rinnt es zu den Ärmeln hinein und unten aus den Hosenbeinen wieder heraus. Zwei, drei Seillängen lang weichen sie der Rinne über die Platten rechts davon aus. Aber das bedeutet nur eine kurze Kampfpause. Das Couloir zwingt sich als einzig mögliche Route auf, und am Horizont bedeckt sich der Himmel schon wieder.

Jetzt muss man den Comaschi wirklich unter die Arme greifen, nicht nur moralisch, sondern auch mit Seilzug. Unbeugsam, schweigsam und stark packen Cassin und Esposito mit an.

Weiter oben mündet das Couloir in die Nordkante. Cassin könnte diese weiterverfolgen und so schneller aussteigen als auf der Linie, die er sich vorgenommen hat. Ja, aber der Ausstieg wäre ziemlich fern und unterhalb des Gipfels. So bleibt er – trotz der Hölle, die sich entfesselt, trotz seiner Müdigkeit, für die er sich schämen würde, würde er sie denn bemerken, trotz derjenigen seiner Kameraden, die ihm gar nicht in den Sinn kommt (ein Kamerad von Cassin hat ein zweiter Cassin zu sein), trotz der dramatischen Lage der Comaschi, von deren Ausmass er keine Vorstellung hat (man ist niemals wirklich tot) –, so bleibt er also der einzigen Regel treu, die er kennt: Das Ziel ist der Gipfel!

Um direkter aufzusteigen, verlassen sie die Rinne über einige ausgesetzte Querungen mit einer Abseilstrecke dazwischen. Molteni und Valsecchi über diese Passagen zu bringen bedarf eines riesigen Kraftaufwands. Es ist schon Mittag, der Regen setzt wieder ein. Die Temperatur sinkt, Schnee fällt, von Windböen getrieben gefriert er am Fels. Bald ist alles wie eingegipst. Dunkler Nebel hüllt sie ein, einen Meter weit können sie noch sehen. Der Schnee rutscht mit einem gedämpften Rauschen an ihnen vorbei, die Steine pfeifen. Cassin arbeitet sich immer noch vorwärts, langsam und ohne Unterlass. Er weiss: Wenn er aufhört, bedeutet das den Tod für die Comaschi. Also macht er weiter, der eiserne Mann, der unzerstörbare Bulldozer, haut Stufen, schlägt Felshaken, sichert ... der eiserne Mann wird nicht innehalten.

Verloren im Nebel, existieren Molteni und Valsecchi beinahe nicht mehr. Sie fühlen die Nähe des Todes; sie fühlen sie instinktiv, so wie Tiere es tun. Ihre Freunde geben ihnen die letzten Bissen an Essbarem, die sie in der Tiefe des Rucksacks noch finden, hieven sie in manchen Passagen wie Lasten hinauf ... Cassin steigt weiter.

Auf eine Seillänge folgt die nächste, und noch eine, und wieder eine. Er macht sie, er macht sie alle. Diese Höllenmaschine kennt weder Angst noch Müdigkeit, noch Kälte. Seine Devise ist wohl: «Weiter! Immer weiter!» Ihr sagt, es geht nicht mehr? Genau das ist der Moment, in dem man weitermachen muss! Am 16. Juli um 16 Uhr steht Cassin am Gipfel. Eine Böe reisst ihn beinahe fort. Hier oben ist es nicht mehr wie in der Wand. Hier oben muss man das Wort «Sturm» durch «Hurrikan» ersetzen. Langsam, sehr langsam treffen seine vier Freunde ein. Der Wind schüttelt sie, drückt sie gegen den Fels, der Schnee wirbelt. Sie sehen nichts. Sie finden den Normalweg dank eines letzten Geistesblitzes von Molteni. Der Abstieg beginnt mit entmutigender Langsamkeit; das kleinste Manöver erfordert oftmals eine Stunde.

Cassin geht jetzt am Schluss – er ist der allerletzte Halt, die kaiserliche Garde –, sichert alle, und manchmal muss er vier halten. Glücklicherweise haben sie ein Paar Steigeisen und einen Eispickel mitgenommen. In jeder Seillänge das gleiche Spiel. Man rammt einen mehr oder minder sicheren Haken ein, so gut es eben geht. Ihre Rufe trägt der Wind fort; nur der rutschende Schnee und das lockere Seil, das ihnen entgegengleitet, verrät, dass der Seilschaftsletzte absteigt. Was für ein Abstieg, wenn man nicht weiter als bis zu seinen Schuhspitzen sieht!

Der Wind heult ohne Unterlass, und der Schnee geht in Paketen ab. Aber wenn sie alle wieder mal in einer Nische beisammen sind, schneebedeckt, die Bärte weiss, schauen da unter den gefrorenen Augenbrauen immer noch diese Augen hervor, hart wie Metall, der Blick von Männern, die kämpfen, die ihre Zähne zusammenbeissen und weiterkämpfen werden. Durchboxen müssen wir uns? Dann boxen wir uns eben durch.

Molteni und Valsecchi bewegen sich noch, manchmal lassen sie sich rutschen, sich stützen; sie sind beinahe leblos. Geschüttelte Wracks, erschöpfte Traumwandler, nur noch von mechanischem Selbsterhaltungstrieb beseelt. In einer Passage bricht Molteni erneut zusammen; Cassin leert in seinen Mund die letzten Tropfen Kognak, nimmt ihn in die Arme, versucht, ihm etwas von seiner unerschöpflichen Energie einzuflössen. Molteni fällt wieder hin; er wird nicht mehr aufstehen.

In einem Wutanfall lädt sich Cassin Moltenis Körper auf die Schulter und geht wieder los. Das hier, das ist nicht mehr Cassin, das ist mehr als Cassin. «Furchteinflössend», «unbesiegbar» – all die Superlative sind lächerlich angesichts dieser Geste Riccardos, des grossen Riccardos. Sein Mut, seine Energie, seine Kraft, sein Grossmut kennen keine Grenzen ... Esposito hält ihn auf. «Da ist noch Valsecchi.» Als sie Ratti und Valsecchi einholen, sucht Letzterer mit den Augen nach dem Freund und begreift: Aufrecht steht er im Sturm und weint.

Ratti geht weiter. Am Fuss einer Rinne versperrt ihm eine glatte Platte den Weg. Sie müssen ihm ein Seil hinabwerfen. Es gelingt ihm, zurückzusteigen, aber eine weitere Stunde ist verstrichen. Valsecchi kniet im Schnee, halb begraben, bewusstlos, die anderen umringen ihn, schütteln ihn ... Sein Kopf sinkt nach vorn, er stirbt in ihren Armen.

Für ihn und für Molteni hat die Nacht vielleicht begonnen. Für die anderen rückt sie näher, und der Sturm legt sich nicht; ein drittes Biwak ist unvermeidbar, und nach dem, was soeben geschehen ist, wird es das Schlimmste sein, an der Grenze zum Unmöglichen, körperlich und seelisch.

Verlierer: Die Leichen von Molteni und Valsecchi werden ins Tal getragen. Vor der Gianettihütte kann Cassin das Geschehene nicht fassen. Freund Ratti bietet ihm die Schulter, Esposito wirkt nicht minder niedergeschlagen. Alle haben etwas verloren.

Das Wunder geschieht. Während der Nacht verbessert sich das Wetter nach und nach, am Morgen ist es schön. Alles ist mit Schnee bedeckt, auch sie. Sie schütteln sich und beenden den Abstieg, finden dabei sogar noch die Kraft, die sterbliche Hülle Valsecchis bis an den Einstieg des Normalwegs zu tragen. Am folgenden Tag kehren sie mit einer Rettungstruppe an den Badile zurück, um die Leichname ihrer Freunde zu bergen. Was Sir Francis Younghusband über die berühmten Engländer und ihre Versuche am Everest gesagt hat, ist ja bekannt: «Um diese Männer da zu erschlagen, bräuchte es mindestens eine Tonne Ziegelsteine. 950 Kilo würden nicht genügen.» Für Cassins Gruppe hätte man wohl 10 Tonnen benötigt. Man wird sagen, Gott war mit Cassin. Aber wenn Gott den Badile hätte «machen» wollen, hätte wohl eher Er von Glück reden können, Cassin an seiner Seite zu haben.

---

aus: «Cassin – Il était une fois le sixième degré», 1983

Der Meister und seine Helfer

Vittorio Ratti, Riccardo Cassin und Gino Esposito (von links) vor der Sciorahütte.

Die Seilschaft Cassin/Ratti/Esposito war um 1937 eine der stärksten und entschlossensten Europas. Sie bestand aus echten Könnern, die jedem Gelände gewachsen waren und sich unter fast allen Umständen sicher fortbewegten.

Riccardo Cassin war die treibende Kraft. Er gab dem Alpinismus, der bis dahin fast immer aufgeteilt war in Westalpenstil (Granit, Eis, Schnee und kombiniertes Gelände) und Ostalpenstil (Kalk und Dolomit, senkrechte Wände, extremes technisches Klettern), eine neue Richtung. Einer der ganz grossen Meister des Alpinismus wie Cassin lässt sich nicht in wenigen Zeilen beschreiben. Zwar sprechen seine Unternehmungen für ihn, aber um ihn als Mensch zu erfassen, sollte man an seinen immer offenen und vitalen Geist erinnern. Cassin hat neuere Tendenzen im Alpinsport nie verurteilt, er beschränkte sich intelligenterweise darauf, sie als Phänomene zu begreifen, die, wenn sie keinen authentischen Wert hatten, von selbst wieder abklingen würden. Mit beinahe britischem Understatement hat er sich selbst nie als unnachahmliches Beispiel dargestellt, sondern mit echter Anteilnahme und grossem Interesse auch jugendlichere Ausdrucksformen des Bergsteigens verfolgt. Wie nur wenige der ganz Grossen, die oft zu sehr von sich und ihrer Selbstdarstellung eingenommen sind, war Cassin in der Lage, den Fortschritt zuzulassen, der dem Bergsport neue und andere Räume eröffnete. Mit Weitsicht und väterlichem Langmut überraschte er alle, als er sogar Kletterwettkämpfe begrüsste. Solange es ihm möglich war, bestieg er seine Berge mit Leidenschaft und echter Freude. Cassin hatte eine ganz besondere Beziehung zum Badile und dessen Nordostwand entwickelt. Vielleicht hat er deswegen diese Besteigung noch weitere vier Male wiederholt. Die erste Wiederholung fand 1957 statt, die nächste 1971, und 1987 machte er sie im «zarten» Alter von 78 Jahren gleich zweimal.

Vittorio Ratti war 7 Jahre jünger als Cassin und lange Zeit dessen Kletterpartner. Seine Lehrzeit absolvierte er als Seilzweiter von Cassin bei denkwürdigen Erstbegehungen wie denjenigen der Südostkante der Torre Trieste, der Nordwand der Westlichen Zinne und der Badile-Nordostwand. Seine hervorragenden athletischen Qualitäten machten ihn zum Allroundsportler, zum ausgezeichneten Skifahrer ebenso wie zum italienischen Meister im Rudern. Von frohem und ausgeglichenem Gemüt, war er ein Seilzweiter von unschätzbarem Wert, dem der Voraussteigende blind vertrauen konnte. 1939, nachdem er sich auch geistig von der Seilschaft mit Cassin gelöst hatte, vollbrachte Ratti mit Gigi Vitali seine beiden Meisterstücke: die Nordwestwand der Cima Su Alto in der Civetta und die Direkte Westwand der Aiguille Noire de Peuterey im Mont-Blanc-Gebiet, sein vielleicht grösster Erfolg. 1940 bis 1945 wurde er in das Kriegsgeschehen verwickelt und schlug sich auf die Seite des Widerstandes. Am 26. April 1945, das Land war schon befreit, verlor der begabteste der Bergsportler aus Lecco sein Leben in einer der letzten Schiessereien mit den deutschen Truppen.

Immer etwas im Schatten blieb Luigi «Gino» Esposito, auch wenn er in zwei der grössten Unternehmungen von Cassin eine wichtige Rolle gespielt hatte. Er wurde bei Mailand geboren und kam noch sehr jung nach Lecco, wo er in der Grignetta dem Bergsport verfiel. Esposito hat nicht sehr viele grosse Unternehmungen ausgeführt, aber schliesslich kann sich ja auch nicht jeder rühmen, an historischen Erstbegehungen wie an jener der Badile-Nordostwand oder des Walkerpfeilers an den Grandes Jorasses teilgenommen zu haben. Vielleicht war auch das der Grund dafür, dass er, zufrieden mit dem, was er erreicht hatte, bald schon dem extremen Bergsport den Rücken zuwandte, wenn auch nicht den Bergen an sich.

Giuseppe Miotti

Die Tragödie des Erfolgs

In den Jahren vor dem Zweiten Weltkrieg war Mario Molteni einer der wichtigsten Bergsteiger aus Como. Sehr jung schon zum Bergsteigen gekommen, erzielte Molteni dank intensivem Training in der nahen Grignetta rasch erste Erfolge. Aber seine beschränkten finanziellen Mittel und sein junges Alter hatten ihm nicht erlaubt, die Erfahrung zu sammeln, die er im dramatischsten Moment seines kurzen Lebens benötigt hätte. Sehr früh schon freundete er sich mit Giuseppe Valsecchi an, und die beiden wurden zu den treibenden Kräften der Arbeitersektion des CAI Como.

In seiner Karriere kann Molteni einige wichtige Besteigungen und Erstbegehungen verzeichnen, aber es fehlen Erfahrungen an den grossen Dolomitenwänden und viel mehr noch in Eis und Schnee. Er war ein reiner Kletterer, der von den grossen Felswänden angezogen wurde und – auch weil er es sich nicht leisten konnte, weiter wegzufahren – den Granit des südlichen Bergells liebte. In den drei Jahren vor seinem Tod hatte Molteni einige Erstbegehungen in der südlichen Grigna gemacht, im Misox (im Glauben, eine Neutour auszuführen) die Nordostkante des Pizzo Campanile bestiegen. Im südlichen Bergell gelangen ihm ebenfalls mehrere Erstbegehungen: Südwand des Pizzo Porcellizzo, Westwand der Cima del Passo, Südwand und Ostgrat des Torrione del Badile, Südost- und Südwestwand des Pizzo Badile, mit Valsecchi die Ostwand der Östlichen Cima dell'Averta und der Südgrat der Punta Ratti. Von einigen Ausnahmen abgesehen, handelte es sich hauptsächlich um kleinere Erstbegehungen.

Mario Molteni (links) und Giuseppe Valsecchi auf ihrem Grabmal bei Camerlata.

Seit einiger Zeit schon hatten die beiden Bergsteiger aus Como ein Auge auf die bis dahin noch unbestiegene grosse Badilewand geworfen. Die Zeit war reif, und man musste sich beeilen, denn mehrere bekannte internationale Seilschaften bereiteten sich auf die grosse Unternehmung vor. Mit der ihm eigenen Verbissenheit hatte Molteni bereits mehrfach und mit wechselnden Gefährten die Wand in Angriff genommen; einmal gelang es ihm, mit Rinaldo Borzatta ziemlich weit zu kommen, das schlechte Wetter zwang sie aber zur Umkehr. Später wurde geschrieben: «Es ist hauptsächlich der Hartnäckigkeit Moltenis zu verdanken, dass dieses enorme Problem immer wieder in Angriff genommen wurde … Molteni ist es auch, der in wiederholten Versuchen, wobei er jedes Mal ein paar Meter höher hinaufgelangte, und trotz einiger fürchterlicher Abenteuer die Überzeugung verbreitet hatte, dass die Begehung möglich war, und er hat den Weg aufgezeigt.»

Die Tragödie, die Molteni und Valsecchi das Leben kostete, lässt sich weitgehend auf diese Aspekte zurückführen. Technisch waren sie den Schwierigkeiten sicherlich gewachsen, aber sie hatten weder ihre unzureichende Erfahrung noch die abweisenden Verhältnisse richtig eingeschätzt. Ausserdem hatte Molteni sich in die Idee verrannt, die Wand in einer direkten Route zu durchsteigen. Und so kam es, dass Cassin, der eine logischere und natürlichere Route gewählt hatte, sich schon am ersten Tag oberhalb der Kletterer aus Como befand, die sich auf einer vielleicht schöneren, aber auch schwierigeren Strecke verausgabt hatten. Hinzu kommt, dass die beiden durch die vielen Nächte auf den harten Pritschen der Sciorahütte schon körperlich geschwächt waren – sie hatten nicht einmal eine Decke, um sich gegen die Kälte zu schützen.

Auf dem Friedhof von Camerlata bei Como erinnert ein Gedenkstein in der Form des Badile an die beiden glücklosen Bergsteiger.

Giuseppe Miotti

Höhepunkt: Anlässlich der Badile-Nordwestwand (rechte Seite) befinden sich Bramani und Castiglioni in Topform – und im Zenit ihrer Karriere. Die zwei Kletterer, im Granit wie im Kalk zu Hause, staunen über die «Dolomitenreflexe» der Wand und fühlen sich an «klassische Klettertouren im Kaisergebirge» erinnert. Auch Bergmaler Heinz Leuzinger zeichnet die Wand – in Bildmitte – mit einer auffallenden «Kalktextur» (unten).

Ausgangspunkt: In «Le mie montagne» (oben) schildert Bonatti seine grossen Bergtouren. Die Badile-Nordwestwand ist seine erste.

1937 Vitale Bramani, in den Dreissigerjahren einer der aktivsten Erschliesser der Region, interessiert sich seit einigen Jahren – und nicht zuletzt, weil die Nordostwand von Mario Molteni fast permanent belagert wird – für die ebenfalls noch unbestiegene Nordwestwand, die etwas weniger hoch und kompakt ist, dafür aber einen alpineren Charakter aufweist. Der Erfolg von Cassin ermuntert ihn, den Plan aus der Schublade zu nehmen und bald umzusetzen, ehe es andere tun.

Am 27. Juli 1937 begeben sich Bramani und sein sporadischer Seilpartner Ettore Castiglioni über den zerrissenen Trubinascagletscher Richtung Einstieg, spät dran und noch unschlüssig, ob sie auf dem Weg zu einer Probe oder zur Hauptaufführung sind. Irgendwann stehen sie am Wandfuss, wo es sich kaum mehr lohnt umzukehren: Um 13 Uhr beginnt die Kletterei. Sie kommen zügig voran, Bramani mit seinen eben erfundenen Gummiprofilsohlen – den Vibramsohlen –, die ihn noch berühmt machen sollten. 38 Haken, 15 Kletterstunden und ein Biwak später stehen sie am 28. Juli auf dem Gipfel. Die Begehung wirft kaum Wellen, zu verborgen und unbekannt ist diese Seite des Badile. Der «Corriere della Sera» titelt zwei Tage später dennoch triumphierend: «Un nuovo sesto grado sul Badile». Bramani und Castiglioni, dem Kult des «sesto grado» ebenso abhold wie den epischen Ausschmückungen, bewerten ihre Route mit V+ und schildern sie als «elegante, abwechslungsreiche und unterhaltsame Kletterei in grossartiger Umgebung». Zweifellos wäre der Nordwestwand ab nun eine grosse Zukunft beschieden – würde sie anderswo stehen. Die immerhin 700 Meter hohe, aus einem zerrissenen Gletscher emporschiessende Granitmauer von seltener Schönheit liegt aber im Schatten ihrer weltbekannten Nachbarin, was ihr eine «splendid isolation» beschert. Die ersten Wiederholer sind bezeichnenderweise junge Allrounder mit einer ausgesprochenen Vorliebe für Bergfahrten in wilder, abgeschiedener Umgebung: am 27./28. Juli 1947 – auf die Tage genau zehn Jahre nach der Erstbegehung – die starken Gian Battista Cesana und Enzo Monticelli und am 23./24. Juli 1949 zwei erst 19-jährige Kletterer aus Monza, die für den Walkerpfeiler zwei Wochen später trainieren (er wird ihnen gelingen). Die beiden heissen Walter Bonatti und Camillo Barzaghi.

Badile Nordwest

Das erste Morgenlicht überrascht uns, während wir die schmutzigen Ausläufer des Bondascagletschers überqueren, bevor wir den «Viäl»-Weg unter dem Badile emporsteigen. De Luca geniesst es sehr, zu sehen, über welche Spalten er im Winter mit Ski gefahren ist, und viele unserer Freunde würden sicher nicht zum Skifahren hierher kommen, wenn sie diese «Briefschlitze» sähen, die im Sommer weit aufklaffen. Nach ein paar Stunden haben wir die Hütten der Sass Furà erreicht und lassen einen Rucksack und anderes Überflüssiges zurück; startklar, schwärmen Ettore und ich unserem Freund vor, wie bequem es doch in der kleinen Hütte ist, wo wir ihn als Einsiedler zurücklassen. Wir erlauben ihm, am folgenden Tag mit all unserem Hab und Gut abzusteigen, wenn er uns nicht zurückkommen sieht, wir also nach der Durchsteigung irgendeiner «neuen» Wand nach Italien abgestiegen sind. Wir vermeiden jedoch, ihm unsere Absichten genauer zu erläutern.

In der dichten Vegetation über Sass Furà verlieren sich die Wegspuren, und wir verlieren viel Zeit damit, den Sockel des Badile zu umgehen in Richtung Trubinascagletscher, auf dem wir dann zuerst sorglos aufsteigen, dann immer mehr auf die vielen heimtückischen Spalten achtend. Wer von der Punta S. Anna oder von den Pizzi di Trubinasca aus diesen Gletscher betrachtet, der braucht nicht viel Phantasie, um ihn mit einem alten Sieb zu vergleichen, so durchlöchert ist er, eingeschlossen zwischen den zyklopischen Wänden der Punta S. Anna und des Badile. Das war für uns ein ziemlich kniffliger Zustieg, auch weil wir, um Gewicht zu sparen, zu zweit nur ein Paar Steigeisen und einen Pickel dabeihatten.

Beim Anstieg durch das steile Eisfeld biegen wir ein wenig in Richtung Punta S. Anna ab, um «unsere Wand» besser sehen zu können und auch um den Gesteinsbrocken auszuweichen, die uns beim Fall durch das enge Badilettocouloir nicht sehr vertrauenerweckend beschiessen. Aber jetzt sind wir zu dicht dran und können die Wand nicht mehr genau einsehen. Der erste Aufschwung scheint uns ziemlich dem «Bügeleisen» der Gemelli zu ähneln, bloss viel länger und steiler und leider auf dem ersten Abschnitt auch noch schneebedeckt. Die Zeit ist wie im Flug vergangen, wir haben 6 Stunden von der Capanna Sciora bis hierher gebraucht, und es ist schon 11 Uhr morgens.

Um ehrlich zu sein, vielleicht auch weil ich mich mit dem Pickel den Eisbruch hochgearbeitet habe, bin ich es schon Leid, bevor es überhaupt losgeht. Für eine reine Rekognoszierung sind wir zu weit gestiegen; weil uns vor den vielen Löchern im Gletscher immer noch graut, wollen wir nicht auf demselben Weg zurückkehren, und zum Schluss entscheiden wir, das letzte Steilstück zur Randkluft emporzusteigen, um endlich Hand an den Fels zu legen. Wir befinden uns aber in einem Kühlschrank, wo die Sonne sowieso nie hinkommt.

Wir steigen etliche Meter hinab und tasten den Spaltenrand ab, bis wir einen Übergang finden. Über splittrige und nasse Felsen, die stellenweise mit Schnee und Eis bedeckt sind, kommen wir einige Meter leicht voran; kurz darauf holen wir schon die Haken hervor. Es ist eine reine Freude, wie Ettore – der jetzt statt meiner voransteigt – vorsichtig, genau und geduldig arbeitet und den Fels vom Eis befreit, während ich mich noch der Steine erwehre, die das Couloir herabgeschossen kommen. Mit einer Seillänge Abstand steigen wir parallel zum Couloir, bis wir in einer eleganten Schleife nach links abbiegen, um ein schmales Felsband zu erreichen, dem wir folgen, bis uns eine Reihe kleiner Risse, die mit Blankeis und Schnee gefüllt und deshalb etwas unerquicklich sind, die Möglichkeit bietet, höher zu steigen. Diese Risse sollten den Charakter der Route bestimmen.

Sie sind mit mathematischer Genauigkeit angelegt. Nach jeweils 35 Metern Seillänge verlieren sie sich in der Wand, und die Schwierigkeiten, einen Weiterweg zu finden, nehmen zu. Mal mit Ettores Seilzug-Spielchen, mal mit einem meiner Pendel-Quergänge gelingt es immer, einen neuen Riss zu packen, der den Weiterweg ermöglicht. Eine angenehme oder zermürbende Tätigkeit, je nach persönlicher Vorliebe. Ich habe vor einiger Zeit gelesen, dass die Kletterei im Granit Kraft erfordert. Wer diese Route wiederholt, wird sich freuen, hier eine reine, klassische Klettertechnik anzuwenden, muss sich aber an eine Vielzahl von Passagen ohne Zwischensicherungen an griffarmen Platten gewöhnen, und der Seilletzte muss bereit sein, beim Queren die Haken hinter sich zu entfernen. Diese dünnen Risse, in die man kaum und nur unter Schmerzen die Fingerspitzen hineinzwängen kann, sind sehr griffig und verleihen der durchgehend sehr exponierten Kletterei einen aussergewöhnlich eleganten Charakter. Sie erinnert uns ein bisschen an einige klassische Klettertouren im Kaisergebirge, mit einer langen Folge von oberflächlichen Rissen, die von luftigen Querungen unterbrochen werden, durch die man von einem zum nächsten gelangt.

Wir befinden uns aber immer noch im Kühlschrank, und obwohl wir den Rucksack am Einstieg erleichtert und alles, was wir hatten, angezogen haben, so spüren wir doch die Sehnsucht nach ein wenig Wärme. Die Sonne ist immer eine Armlänge von uns entfernt, als wolle sie den beiden Männern, die ihren Strahlen hinterherjagen, einen Streich spielen. Manchmal scheinen wir eine Passage nach links gefunden zu haben, in die Richtung, die zu unserem ersehnten Ofen führt, aber wieder war es nichts, denn der gute Quergang führt in die Gegenrichtung. So steigen wir nach oben, während die Sonne sinkt und nur noch die Felsen über uns beleuchtet und erwärmt; wir laufen bis um 5 Uhr nachmittags der Sonne hinterher, bevor wir einen sonnenbeschienenen Vorsprung finden, auf dem wir uns ausruhen können.

Wir haben wenig Zeit zu verlieren, denn wehe, wenn uns die Nacht in dieser Riesenwand überrascht. Die Vorstellung, an Haken hängend zu biwakieren, treibt uns sofort an, im Wissen, dass die Tage lang sind und wir noch stundenlang Licht haben. Auch wenn die Wand sich nicht zurücklehnen will, so sollte doch wohl ein guter Platz zum Hinsetzen und für ein ordentliches Biwak zu finden sein.

Wir steigen über Risse nach links weiter. Jetzt sind wir fast auf der Höhe des Pizzo Trubinasca. Der Schnee ist von den Felsen verschwunden, die Sonne bleibt uns treu, und über kurze Abschnitte können wir auch gemeinsam am Seil gehen, über Stellen, die uns am Tag darauf von oben gesehen fast unmöglich scheinen werden. Bei den Quergängen, bei denen die harte Arbeit des Hakenschlagens den Körper aus dem Gleichgewicht bringt, schlägt Ettore vor, dass ich den Rucksack abnehme und die Stelle mit Seilunterstützung klettere, aber die Zeit ist zu kostbar, und ich versuche immer, es selbst zu schaffen, was mir mit Glück auch gelingt.

Es war sicher eine der schönsten Klettertouren, an die ich mich erinnere, weil wir beide einander voll vertrauen und die eigenen Fähigkeiten geniessen konnten. Ich dachte wieder einmal, wie viele wirklich bedeutende Unternehmungen gemacht werden könnten, wenn man gelegentlich auf den Chefposten verzichtete und zwei Menschen mit derselben Erfahrung und Fähigkeit sich zusammentäten, um zum Ziel zu gelangen.

Nun ist die Sonne endgültig untergegangen, und wir haben noch keinen geeigneten Biwakplatz gefunden. Manchmal kommt es uns so vor, wie wenn über uns ein Absatz wäre, aber dann stellt er sich als geneigte Platte heraus, und erst am späten Abend glauben wir nach einem Quergang nach rechts zwei kleine Absätze in einer Nische zu sehen. Nichts Ordentliches, leider. Aber jetzt ist Nacht, und wir brauchen einen Platz zum Ausruhen. Ettore wählt ein schnee- und eisbedecktes Sims und tobt sich mit dem Pickel aus, um sein Bett herzurichten. Ich finde zwar einen trockenen Ort, aber auch wenn das ein Vorteil ist, so laufe ich bei jeder Bewegung Gefahr, ins Tal hinunterzufliegen, weil meine Platte derart stark geneigt ist. Schliesslich schirre ich mich gut mit dem Seil an und befestige auch den Rucksack mit Haken, um meine Beine hineinzustrecken. So werde ich in der

Wendepunkt: Schon früh benutzt Hans Frei auf seinen Touren leichte, etwas aufgeraute und steife Gummisohlen. Bonacossa lässt sich im Winter 1934 bei Frei in Zürich das Prinzip erklären, um es umgehend mit Bramani – der in Mailand einen Kletterladen betreibt – zu besprechen. Bramani und Castiglioni entwerfen daraufhin die Idee einer ähnlichen, aber schwereren und mit aufgummierten Stollen versehenen Sohle – nicht zuletzt unter dem Eindruck eines tragischen Unfalls an der Punta Rasica 1935. Mit Hilfe des Pneuhaus Pirelli werden die mitgebrachten Frei-Schuhe untersucht und ein erster Prototyp angefertigt. Frau Bramani darf diese auf dem Passo di Bondo testen – eine einzige Rutschpartie, die Gummistollen erweisen sich als zu weich. Die Weiterentwicklung zeitigt Erfolg, bereits 1937 klettern Bramani und Castiglioni damit durch den Badile, Gervasutti und Devies durch andere grosse Wände. Innert Kürze revolutionieren die Profilsohlen die Bergsteigerei. Trotz vieler Nachahmer sind sie bis heute unter einem Namen bekannt: Vibram – abgekürzt aus Vitale Bramani.

Taille durch das Seil und vom gespannten Rucksack gehalten und kann mich endlich ausruhen.

Wir beeilen uns nicht bei unseren Vorbereitungen, denn je mehr Zeit vergeht, desto weniger Stunden müssen wir auf den Morgen warten. Der Mond beleuchtet die Wand, und die Nacht ist wunderschön. Wir essen etwas, denn seit 11 Uhr morgens haben wir nichts mehr zwischen die Zähne bekommen, und ich bitte Ettore um etwas Erfrischung, denn er ist der Herr über den Schnee, aber er geizt sehr damit. Ein Biwak bei gutem Wetter ist zwar unbequem, aber doch immer akzeptabel, und ab und zu gelingt es uns sogar einzunicken.

Die Nacht bleibt aber nicht so ruhig, weil gegen Morgengrauen ein starker Wind zu blasen beginnt und spielverderbende Wolken durchs Tal ziehen. Um 5 Uhr haben wir uns aus den Seilen befreit und sind zum Aufbruch bereit. Wir wollen oben sein, bevor das Wetter uns zur Wiederholung des Abenteuers zwingt, das die Besteiger der Nordostwand bestehen mussten.

Wir verlassen ohne Bedauern unsere «Bettstatt», um weiterzusteigen. Aber – grosser Gott – wo sind nur die Risse geblieben, die gespaltenen Felsen, die wir letzte Nacht gesehen hatten? Im noch trüben Licht und mit unseren benebelten Köpfen sehen wir nicht viel. Die ersten Seillängen nach einem Biwak sind immer die langsamsten, bis der Körper wieder beweglich ist und so sicher reagiert wie am Vortag. Wir klettern unlustig, eher kraftbetont, bis wir merken, dass wir mehr Haken als nötig setzen, vielleicht weil der Fels kalt ist. Wir stellen aber fest, dass unser Nachtlager ganz gut gewählt war, denn wir hätten noch viele Seillängen klettern müssen, bis wir einen besseren Platz gefunden hätten.

Nun ist die Wand etwas weniger steil, dafür treffen wir aber öfter auf offene, grifflose Verschneidungen. Wir sind nun unter dem letzten grossen Aufschwung vor dem Gipfel und folgen Rissen, die nach rechts ziehen. Wir sind auf der Höhe des Badiletto. Das Wetter wird schlechter, aber wir haben auch diesmal Glück, weil wir nur das Heulen des Windes hören, der auf der entgegengesetzten Seite bläst; wir sehen die Nebelschwaden über den Gipfelgrat schiessen und schnell über unsere Köpfe hinwegziehen. Aber jetzt sind wir wieder warm geworden, ein paar heiklere Quergänge und einige Haken, die sich nicht wieder entfernen lassen wollten, haben uns geweckt, und wir klettern wieder mit dem gleichen Rhythmus wie am Vortag.

Beim Queren einer grossen Platte stellen wir uns etwas an, denn es ist unmöglich, dort einen Haken zu setzen, und wir verlieren eine halbe Stunde, bevor wir uns endlich entschliessen, es an einem so hoch wie möglich gesetzten Haken zu versuchen: Von oben ein wenig gehalten, packe ich den Quergang, diesmal aber ohne Rucksack. Ich klettere nur auf Reibung, die Hände flach am Fels, und verlasse mich auf diesem kompakten Granit vielleicht noch mehr auf die Haftung meiner Bergschuhe mit Gummistollen, die auch diesmal wunderbar funktionieren. Aber vielleicht hat auch Ettore Recht, der sagt, Plattenkletterei sei meine Stärke! Nachdem ich mich also im Schweisse meines Angesichts abgemüht habe, befinde ich mich endlich auf der anderen Seite in einen kleinen Riss verkeilt. Mit ein paar Haken arbeite ich mich weiter nach oben, um meinen Partner bei der Querung zu sichern, und dann geht es weiter, Riss für Riss, bis wir uns auf der Höhe der Punta S. Anna befinden.

Kurze Felsbänder von einem Aufschwung zum nächsten und dann wieder lange, oberflächliche Risse und grosse Platten bringen uns in Richtung Südwestgrat. Wir sind jetzt sicher, dass wir aus dieser Wand wieder hinauskommen. Wir steigen parallel zum Grat ein langes Band hinauf und umgehen einen grossen weissen Fleck, der irgendwann einmal durch den Ausbruch einer riesigen Felsplatte entstand, und dann sind wir auf dem Grat. Wir folgen ihm einige Seillängen und wechseln dann nochmals in die Wand. Wir umgehen den Schweizer Gipfel und erreichen mit einem Quergang – mittlerweile auf dem Westsüdwestgrat – die Scharte zwischen den beiden Gipfeln, und gegen 11 Uhr schütteln wir uns auf dem italienischen Gipfel die Hand. Auch die Nordwestwand des Badile ist gemacht.

Ist das der sechste Grad? Nach unserem Urteil eher nicht, aber sicher ist die Schwierigkeit höher als bei vielen angeblichen «sechsten Graden», und insbesondere von jenen, die wir im Bergell wiederholt haben. [...]

Der Wind ist zu stark, um eine gar nicht unverdiente Pause zu geniessen, und wir beschliessen abzusteigen. Wir wursteln die Seile zusammen, und 40 Minuten später sind wir im Rifugio Gianetti. Wir müssen wirklich schlimm ausgesehen haben, denn der gute Fiorelli meinte gleich, als er uns kommen sah, wir hätten bestimmt «etwas Grosses» gemacht.

---

aus: «Rivista Mensile del CAI», 1939

Fluchtpunkt: Bergmaler meiden oft den versteckten und kniffligen, weil kaum gegliederten Badile. Anders Willy F. Burger, der ihn als Monolith mit abweisender Nordwestwand sieht.

W. F. Burger.

Klettern auf leisen Sohlen

Vitale Bramani

Vitale Bramani war eine der wichtigsten Persönlichkeiten des italienischen Alpinismus zwischen 1930 und 1950. Der Sohn eines Schreiners aus Mailand entdeckte schon sehr jung seine Leidenschaft für die Berge, und er liess sich von Freunden überzeugen, die seine Begeisterung für Sportausrüstung und -geräte erkannt hatten, in Mailand ein Fachgeschäft zu eröffnen. Sehr bald wurde sein kleiner Laden zum Treffpunkt der Mailänder Bergsteiger. Bramani vereinte in sich die Seele des klugen Geschäftsmannes und die des Bergsteigers, der viele neue Routen eröffnete und jeden Winkel der Alpen kannte. In einem gewissen Sinne könnte man sagen, dass Bramani das Werk vieler seiner Vorgänger fortsetzte, das einst Graf Lurani begonnen hatte. Er behielt immer die Berge im Blick, verlor gleichzeitig aber auch nie aus den Augen, was das Leben der Alpinisten leichter und angenehmer machen könnte; er hatte also auch jenen gewissen Geschäftssinn, der für einen echten Sohn Mailands so typisch ist.

In der Tat ist Bramani allgemein bekannt als der Erfinder der berühmten Vibram-Gummisohlen (der Markenname Vibram ist aus seinen Initialen abgeleitet). Der Antrieb dazu kam ihm, nachdem er an einer tragisch verlaufenen Besteigung der Punta Rasica beteiligt war, bei der sechs Bergsteiger ums Leben kamen. Ein Schneesturm hatte sie mit völlig ungeeigneter Ausrüstung überrascht. Dem begnadeten Bergsteiger kam es daraufhin in den Sinn, die damals üblichen genagelten Sohlen durch Profilsohlen aus Gummi zu ersetzen, mit denen man auf Fels und auf jedem anderen Untergrund festen Halt fand und gleichzeitig gegen Kälte geschützt war. Diese Idee wurde ein Welterfolg.

Als Bergsteiger liebte Vitale Bramani vor allem das südliche Bergell. Mit Gefährten wie Elvezio Bozzoli Parasacchi, Carletto Negri, Ettore Castiglioni und Eugenio Fasana erklomm er die Granitfelsen des Val Masino in alle Himmelsrichtungen und schuf Routen, die sich zwar nicht durch extreme Schwierigkeit, wohl aber durch ihre Logik und Schönheit auszeichnen. Zu diesen gehören die Nordwestkante der Pioda di Sciora und der Südwestgrat der Punta Rasica. Seine grösste alpinistische Unternehmung war die Durchsteigung der noch unberührten Badile-Nordwestwand mit Ettore Castiglioni, zwei Wochen nach der Expedition von Cassin und seinen Gefährten an der Nordostwand. Aber es ist keineswegs auszuschliessen, dass auch die beiden Mailänder ursprünglich ein Auge auf diese so begehrte Route geworfen hatten.

So waren denn am 14. Juli auch Castiglioni und Bramani mit den Bergsteigern aus Lecco und Como auf der Capanna Sciora. Sie spielten sich nicht als Rivalen auf und sprachen eher gleichgültig über ihr Interesse an der unbezwungenen Westwand der Sciora di Fuori. Als die Nordostwand erstbegangen war, wandten sie aber ihre Aufmerksamkeit unverzüglich der gegenüberliegenden Wand zu, fest entschlossen, sich diese «Beute» nicht entgehen zu lassen.

Die Begehung der Nordwestwand des Pizzo Badile – der schönsten und wildesten Seite des Berges – gehörte seit Jahren zu Bramanis Projekten, denn sie versprach genau die Art Besteigung, die am meisten zu seinem Stil und zu seiner Technik passte: «[...] ich versuchte zu zeigen, dass dieses so ‹extrem schwierige› Klettern, bei dem man an die ‹Grenzen des Menschenmöglichen› stösst, meines Erachtens eigentlich eine Art kleines Trickspiel ist [...]. Einige so bequem wie diese zu erreichende Touren [die Westwand der Sciora di Fuori, Anm. d. Verf.] könnte man mit üppigem Hakeneinsatz und Seilakrobatik gut in zwei oder drei Sonntagen erzwingen [...]. So kehrten wir um und zur Sciorahütte zurück und versuchten uns die verrückte Idee aus dem Kopf zu schlagen, zur Nordwestwand des Badile zu wechseln [...], jene Wand, jene unendliche Mauer [...]. Nie liegt dort Schnee, und in der Sonne, auch gegen Abend zeichnen sich Dolomitenreflexe auf ihren Felsplatten ab, sie wurde langsam zu einer fixen Idee.»

Giuseppe Miotti

Ein Künstler der Berge

Ettore Castiglioni starb in den Bergen, als «in die Berge gehen» für eine gewisse Anzahl von Italienern bedeutete, sich gegen den Faschismus in Europa zu verteidigen. Es war der 12. März 1944, als Castiglioni über die Sella del Forno Richtung Italien floh, nach seinem Ausbruch aus dem Wachtposten von Maloja. Nach seiner Festnahme beim heimlichen Grenzübertritt in die Schweiz hatten ihm die Grenzwächter Kleider und Schuhe abgenommen, um eine Flucht zu verhindern, aber das hatte nichts genützt. Die Füsse mit Lumpen umwickelt und eine Decke um die Beine, so machte er sich auf zum Fornogletscher.

Castiglioni war 1908 in einer wohlhabenden Mailänder Familie zur Welt gekommen. In den Dreissigerjahren war er ein herausragender Vertreter der «Heldenzeit» um Gervasutti, Comici und Cassin. Eine vielfältige Persönlichkeit: grossartiger Bergsteiger, hochgebildet, vielsprachig, Liebhaber der Musik (im bombardierten Mailand gelang es ihm 1944 noch, ein Klavier in seine Wohnung zu schaffen) und der bildenden Künste, der zu Ausstellungsbesuchen durch ganz Europa reiste. Von Beruf Rechtsanwalt, zog er es vor, Kletterführer zu schreiben, Meisterwerke der Buchreihe des CAI-TCI.

Seine Wahlheimat waren die Dolomiten, wo ihm mindestens 150 neue Routen gelangen. Selbst viel im sechsten Grad unterwegs, verabscheute er die «Eitelkeit», die mit diesem Schwierigkeitsgrad oft einherging. 1934, nach einer sehr reichhaltigen alpinistischen Saison, wurde er vom faschistischen Regime «gezwungen», eine Goldmedaille für sportliche Verdienste anzunehmen. Das war fast eine Beleidigung für den Antifaschisten, aber auch für den Menschen Castiglioni, der sich in seinem Tagebuch vornahm, seine Besteigungen fortan geheim zu halten, um zu verhindern, dass diese «von Aussenstehenden mit Glückwünschen oder mit irgendwelchen Goldmedaillen beleidigt würden».

Mit Bergkameraden wie Bruno Detassis und Giovanbattista Vinatzer kreierte er Routen, die zu Recht in die Geschichte des Alpinismus eingegangen sind, von der Pala über die Brenta (33 neue Routen allein in dieser Berggruppe) bis zur Marmolada-Südwand. Dazu kam seine Liebe zum Detail bei der Erkundung der Massive, denen er sich widmete und in denen er auch einfachere Routen suchte, wenn sie nur «schön» waren.

1937, zurück von einem pionierhaften Versuch des Fitz Roy in Patagonien, gelang ihm die Badile-Nordwestwand mit Vitale Bramani. Im selben Jahr eröffnete er mit Gabriele Boccalatte die Nordwand des Mont Greuvetta in der Mont-Blanc-Gruppe, deren Schwierigkeiten mit jenen der Grandes-Jorasses-Nordwand vergleichbar sind.

Der Eintritt Italiens in den Zweiten Weltkrieg konnte Castiglionis Elan nur zum Teil bremsen, aber 1943 wurde er eingezogen und zunächst als Alpinausbilder am Passo Tre Croci in den Dolomiten eingesetzt, dann in Ollomont im Aostatal. Nach dem Waffenstillstand des 8. September 1943 bildete er mit einigen Soldaten eine Einheit, die hauptsächlich Flüchtlinge und Partisanen über die Schweizer Grenze begleitete (so auch den späteren Präsidenten der Republik Luigi Einaudi). Trotz einer ersten Festnahme und Ausweisung durch Schweizer Grenzposten blieb er im Widerstand tätig und schleuste nebst Flüchtlingen vielleicht auch geheime Unterlagen über die Grenze. Bis zu seiner letzten Reise.

Ettore Castiglioni

Als der Grenzwächter von Maloja im März 1944 zwei illegal Eingereiste zur Grenze zurückbrachte, sagte er: Haltet auf dem Rückweg die Augen auf, «neulich nachts ist uns ein junger Mann entwischt, weit kann er nicht gekommen sein». So war es. Sie fanden ihn am 5. Juni, im Schnee erfroren.

Erminio Ferrari, geboren 1959, ist Auslandschef einer Tessiner Tageszeitung, Schriftsteller (mehrere Erzählbände, Romane und Sachbücher) und regelmässiger Mitarbeiter von «Alp» und «Rivista della Montagna». An den Bergen interessieren ihn die Leute, die Orte, die Geschichten und vor allem die Stille. Er lebt in Cannobio.

Auf dem Gipfel: Für den 59-jährigen Giacomo Fiorelli ein besonderes Ereignis, nach 300 Badile-Besteigungen erstmals im Winter oben zu stehen. Der erhobene Finger ist ihm Markenzeichen: stets hinauf. Anderswo ist das Winterbergsteigen weiter: Fünf Tage später klettern Kasparek/Brunhuber die Nordwand der Grossen Zinne.

1938 Längst sind die wichtigsten Gipfel des Alpenraums im Winter bestiegen: der Mont Blanc erstmals 1876, der Bernina 1880 (der Biancograt 1929), das Matterhorn 1882, der Eiger 1890, der Roseg 1892, der Disgrazia 1896, der Cengalo um 1910, die Meije 1926.
So betrachtet, hält das kalte Vergnügen am Badile erst spät Einzug: Die erste Winterbesteigung des Gipfels gelingt der Partie Angelo Calegari, Giacomo und Virgilio Fiorelli am 16. März 1938 nach zwei erfolglosen Versuchen im gleichen Monat. Frühmorgens verlassen die drei die Gianettihütte und gleiten auf Ski bei minus 12 Grad Celsius zügig zum Einstieg, wo sie um 7.10 Uhr mit der Kletterei beginnen. Bei nachlassendem Nordwind und steigender Sonne, aber konstant tiefer Temperatur folgen sie mehr oder minder der Sommerroute. Da und dort hält sie eine kurze heikle Kletterei auf; weiter oben, im zentralen Couloir, liegt nicht gesetzter Pulverschnee auf einer Eisunterlage, was das Stufenschlagen mühsam gestaltet. Die Hauptschwierigkeit bereiten indes die allerletzten Meter, da die Gipfelfelsen mit Wassereis überzogen sind. Dann, die Uhr zeigt 11.50 Uhr, ist auch dieses letzte Hindernis bewältigt: Die Ergriffenheit ist so gross wie die Aussicht grandios.
Kurz vor Sonnenuntergang stehen die drei wieder bei ihren Ski. Während der Abfahrt blickt Calegari noch einmal zurück: «Hinter uns, dort oben, glühen die obersten Felsen des Badile in den letzten Sonnenstrahlen. Ich verlangsame die Fahrt, um das wundervolle Schauspiel zu geniessen.» Dann, nach einer Stunde Rast in der Gianetti, der Abstieg durch das fahle Mondlicht; um 23 Uhr schliesslich die Umrisse von San Martino.

1939 Alfonso Vinci gilt als einer der wichtigsten Erschliesser des Val Masino. Ausgerechnet am Badile hinterlässt er aber bloss eine bescheidene Spur. Am 14. August legt er mit Elia Bernasconi und Paolo Riva eine schwierige Route durch die noch unbestiegene Ostwand der Punta Sertori. Seine Bewertung: V+ mit Stellen VI. Zwei Tage später wird die gleiche Seilschaft noch den Südsüdostgrat des Cengalo begehen, mit ähnlichen Schwierigkeiten. Zwei völlig verschiedene Routen: Während diejenige an der Sertori mit ihren langen Traversen und heiklen Hakenpassagen kaum je wiederholt wird (es ist bloss eine weitere Begehung bekannt, im September 1954 durch Giancarlo Carrara und Pino Sacchi), zählt der Spigolo Vinci am Cengalo dank der bestechenden Linie, den eleganten Kletterstellen und dem rötlichen Fels seit Jahrzehnten zu den schönsten, berühmtesten und beliebtesten Granitrouten der Alpen.

1946 Ab Herbst 1939 kommt das Bergsteigen noch stärker zum Erliegen, als dies beim Ersten Weltkrieg der Fall war. Die kräftigsten Jahrgänge leisten Armeedienst (oder Widerstand), die wirtschaftlichen Schwierigkeiten und die konsequent geschlossenen Grenzen lassen keinen Spielraum zu. Selbst die gesellschaftlichen Eliten, aus denen traditionell viele Bergsteiger stammen, sind vom Kriegsleben und von den Einschränkungen betroffen. Rasch erholt sich das Bergsteigen nach Kriegsende in der vergleichsweise wenig versehrten Schweiz. Im Sommer 1946 stehen der Luganeser Bergführer Bruno Primi und Fräulein Gret Mittelholzer aus St. Gallen am Fuss der Nordostwand, steigen ein und kommen zügig voran. Aus der ersten Wiederholung der Cassin wird allerdings nichts: Nach Überwindung der Hauptschwierigkeiten geraten sie im oberen Drittel der Wand in ein Gewitter, das ihnen keine andere Wahl lässt, als unter Einsatz von 40 Haken äusserst heikel nach rechts zur Nordkante zu traversieren.

In der Wand: Raymond Monney 1948 auf der frechen Suche nach einer Linie links der Cassin (oben). Wenig später wird er mit Jean Fuchs aus der Wand gedrängt. Mehr Glück haben die beiden 1950 mit der Eiger-Nordwand.

1948 Die jungen Westschweizer Kletterer Jean Fuchs (19) und Raymond Monney (22) haben bereits einige grosse Touren hinter sich, darunter die erste Winterbegehung der Überhänge des Furggengrats am Matterhorn. Am 17. Juni 1948 versuchen sie sich an der Badile-Nordostwand, und zwar gleich auf einer neuer Route. Von ihrem Biwakplatz im Val Bondasca gestartet, gehen sie die Wand um 6 Uhr früh etwa 200 Meter links von der Cassin an, um über die steilen Platten des grossen Wandtrichters sehr schnell an Höhe zu gewinnen. Bereits um 12 Uhr sind sie auf der Höhe des zweiten Cassin-Biwaks, dann verwandelt das einsetzende Gewitter ihre Aufstiegslinie in einen Sturzbach und zwingt sie zu einer langen Traverse Richtung Nordkante,

Nicht mal Fussspuren hinterlassen

Bruno Primi

Gret Mittelholzer

Nach einer Kindheit in Lugano und in Frankreich, wo er eine Ausbildung zum Chocolatier machte, siedelte Bruno Primi mit der Familie nach Bern um. Mit dem dortigen SAC lernte er das Oberländer Hochgebirge kennen, später kehrte er ins Tessin zurück. 1932 erlangte «Stüa» in Meiringen als erster Tessiner das Bergführerpatent. Zu den Touren, die Primi mit Kollegen machte, gehört die fünfte Begehung der Bügeleisen-Gemellikante 1939 – er im Vorstieg mit neuen Vibramsohlen, die er unbedingt ausprobieren wollte, Aldo Magistri und Fritz Gansser mit Finken hinterdrein.

Bis auf wenige Beiträge im Fachblatt «Sci e piccozza» hinterliess er kaum Spuren. Auf seine Touren angesprochen, wich er meist aus, weshalb einige seiner Besteigungen angezweifelt wurden, wie die dritte (fünfte?) Durchsteigung der Matterhorn-Nordwand 1935 (1937?) mit dem Kanadier Edgar Wilson. Lange Jahre hatten sie die Besteigung für sich behalten; als sie doch ans Tageslicht kam, wurde Primi dazu befragt und verstrickte sich in Widersprüche. «An und für sich wäre die Partie für die Nordwand qualifiziert gewesen», urteilte von Tscharner in «Berge der Welt» 1950; die Nachforschungen ergaben, «dass Primi die Besteigung nicht beweisen kann und auch nicht beweisen will, dass aber anderseits auch nicht sicher gesagt werden kann, dass die Besteigung nicht stattgefunden hat – hauptsächlich deshalb, weil Primi als glänzender Kletterer und sehr stiller und bescheidener Mann galt».

Auch sein Versuch an der Badilewand 1936 blieb ungeklärt. Freunden zufolge soll er einen hohen Punkt erreicht haben, ehe ihn das Wetter zur Nordkante abdrängte.

Unter seinen geführten Touren finden wir alle Brenva-Routen, den Südgrat der Noire de Peuterey, die Arête des Hirondelles, die Triolet-Nordwand, mehrere Routen in der Monte-Rosa-Ostwand, die Direkte Nordwand des Disgrazia. Mit Wilson machte er auch die Meije-Überschreitung, 1935 eine Winterüberschreitung des Mont Blanc mit Ski, und er wiederholte 1938 den Ryangrat an der Aiguille du Plan in Rekordzeit.

Unter den Seilpartnern von Primi sticht Gret Mittelholzer hervor. In St. Gallen als jüngste von fünf Geschwistern geboren, studierte sie – gegen den Willen des Vaters – an der Handelshochschule St. Gallen als eine der ersten Frauen Ökonomie. Ihre Anstellung bei der Nationalbank führte sie nach Wien, Prag, Budapest, Istanbul und Ankara; später avancierte sie beim Verlag Orell Füssli zur Direktorin. Zu ihren Leidenschaften gehörten nebst Ausritten auf ihrem Araberhengst und ihrem geliebten Auto die Berge. Bloss leichte «Damentouren», vermutete man in ihrem Umfeld. Nicht ganz. Mit Bruno Primi gelang ihr 1936 eine der ersten Wiederholungen der Comici-Route an der Civetta, einer der damals schwierigsten Klettereien. Wie Primi hatte auch sie kein Interesse an Publizität, weshalb kaum jemand davon erfuhr – bis auf Comici selbst, der den beiden gratulierte. Die beiden waren auch im Mont-Blanc-Gebiet erfolgreich, wo sie die Aiguilles du Diable überschritten. Eine Spurensuche im Bergell ergab, dass sie 1937 die Nordwand des Cengalo durchstiegen, 1941 die Fuorikante und die Bügeleisen-Gemellikante. Ihr Versuch 1946 am Badile war die logische Fortsetzung. Vielleicht war es nicht ihr erster Anlauf: Indizien zufolge könnte der Seilpartner von Bruno Primi bei der fortgeschrittenen Erkundung der Wand 1936 Gret Mittelholzer geheissen haben.

Marco Volken

auf der sie zwei Haken finden, die wahrscheinlich vom Rückzug Primi/Mittelholzer herrühren. Um 15 Uhr erreichen Jean «Le gosse» Fuchs und Raymond «Monty» Monney die Kante, über welche sie unter einem «orage terrible» zu ihrem Biwak zurückfinden.

Gut zwei Monate nach Monney und Fuchs interessiert sich ein weiterer Frankophoner für die grosse Granitwand im fernen Osten. Sein Name ist Gaston Rébuffat; der schon damals bekannte Bergführer aus Chamonix reist mit seinem Gast Bernard Pierre an. Da die Sciorahütte im Vorjahr abgebrannt ist, nächtigen sie in der Pension Sciora in Promontogno. Am Morgen des 27. August um halb vier wünscht ihnen die Wirtin «buona fortuna» und schliesst die Tür, um halb neun stehen sie am Wandfuss. Anfänglich läuft alles nach Plan, ein erstes Biwak richten sie beim Firnfeld in halber Wandhöhe ein. Am zweiten Tag verschlechtert sich das Wetter ab den Mittagsstunden zunehmend, worauf bald Regen einsetzt. Als sie sich schon in den Ausstiegskaminen befinden, bricht ein heftiges Gewitter los. Es folgt eine zehrende und äusserst schauderhafte Biwaknacht. Schliesslich und endlich erreichen sie den Gipfel am Mittag des 29. August. «Da treffen wir zwei italienische Bergsteiger, die auf der Normalroute von Süden heraufgekommen sind. Nach so viel Kampf sind wir glücklich über diese menschliche Gesellschaft. Alles hat ein neues Gesicht. Der Fels, die Sonne, die Menschen, die Farben, der Tabak und eine Orange, die sie uns anbieten. Unsere Blicke schweifen über die Bergwelt des Bergell. Wieder ist das Wetter schön und die Berge sind freundlich.»

1949 Der Bericht von Gaston Rébuffat in «Alpinisme», der Revue des elitären Groupe de Haute Montagne, schlägt hohe Wellen. Mehrere starke Bergsteiger aus Frankreich machen sich auf den Weg ins Bergell, bass erstaunt, dass es ausserhalb des Mont-Blanc-Massivs und des Pelvoux noch weitere erwähnenswerte Granitwände geben soll. Im Jahr 1949 schaffen nur italienische und französische Seilschaften die Cassin: Luigi Castagna und Carlo Mauri am 10. und 11. Juli, René Ferlet, Maurice Herzog, Jacques Poincenot, Guy Poulet sowie Giulio Bartesaghi und Arnaldo Tizzoni am 31. Juli und 1. August (die vier Franzosen versuchen am Vortag die Fuchs/Monney-Route, werden aber nach 150 Metern von einer kompakten Plattenzone abgewiesen, die nur in langer, aufwendiger künstlicher Kletterei zu überwinden sein soll), Josve Aiazzi, Baldassarre Alini und Andrea Oggioni am 1. bis 4. August.

Elegant: Ein typischer Rébuffat in der Verschneidung, die heute seinen Namen trägt. «Jetzt habe ich meinen schönsten Lohn. Ich habe den Badile als Führer bezwungen, sicher; aber darüber hinaus – und das zählt in meinem Beruf am meisten – war das Vertrauen in meinen Seilgefährten berechtigt.»

Piz Badile

Erledigt: Ein untypischer Rébuffat, nach dem zweiten Biwak.

[...] Ringsum flammen die Blitze. Zwischendurch hagelt es. Bernard schaut auf seine Uhr: alle drei Minuten schlägt der Blitz ein und jedesmal haben wir Angst.

Gegen den Wind, der den Menschen zu Boden drückt und langsam einschläfert, gegen die Kälte, die das Blut stocken lässt, gegen den Schnee, der beisst und den Tod sät – gegen Schnee, Kälte und Wind kann der Bergsteiger kämpfen, sein Leben verteidigen. Aber der Blitz streckt mit einem Schlage nieder. Und wenn er sekundenlang die Nacht erhellt, pressen wir uns an den Fels, jämmerliche Schatten des Lebens. [...]

Die Kälte durchdringt uns immer mehr. Um nicht ganz tatenlos zu sein, beschliessen wir, Tee zu kochen. Wir holen den Kocher heraus, stellen ihn, so gut es geht, zwischen uns auf, legen Meta in den Brenner und füllen Schnee in den Topf. Aber all das ist nur ein kindliches Spiel. Kaum angestrichen werden die Zündhölzer vom Wind ausgeblasen, und wenn schliesslich eins das Meta in Brand setzt, dann erlischt es sofort wieder. Als es aus ist mit den Zündhölzern, sitzen wir blöde vor unserm unnützen Kocher.

Um uns die Zeit zu vertreiben, holt Bernard die Zigaretten heraus, aber wir haben keine Streichhölzer mehr und so bleibt es bei unserer Lust aufs Rauchen. Die Pausen zwischen den Blitzen werden länger. Wir haben den Eindruck, dass das Gewitter sich gegen die Bernina-Gruppe hin verzieht, seltsam beleuchtet es den See von Silvaplana.

Wir bewegen unsere Beine, strecken sie langsam, lassen sie in die Tiefe hinunterhängen. [...]

Da sich das Gewitter entfernt, fangen wir an, Pläne zu machen. Morgen ... Es regnet noch, wir schlottern, aber schon denken wir an morgen. Wenn der Fels nicht allzu nass ist ... wenn etwas Sonnenschein ... Wir müssen noch die sehr exponierte Traverse machen, die Cassin in seiner Routenbeschreibung hervorhebt. Wir müssen einige Vorsichtsmassregeln anwenden, um nicht allzu sehr behindert zu sein, wenn es endlich soweit sein wird, dass wir wieder klettern können: die Füsse in den Schuhen bewegen, uns etwas massieren. Aber wir sind durchnässt bis aufs Hemd. Das Regenwasser war am Körper etwas lau geworden, doch seit wir still sitzen, hat der Wind einen Eispanzer daraus gemacht. Nachdem Blitz und Donner sich entfernt haben, hören wir die Steinschläge gegenüber in der Wand des Piz Cengalo. Aber wir sehen nicht das Feuerwerk wie in der vorigen Nacht; der Funkenregen im Dunkeln war so hübsch.

Unwillkürlich haben wir den Kopf ganz tief in die Schultern eingezogen, die Knie gegen die Brust gepresst, die Atmung gedrosselt.

Aufs neue blitzt es; der Fels rundum ist hell erleuchtet.

Ich sehe den Regen weiss wie Milch, den gekrümmten Rücken von Bernard, seinen glänzenden Anorak. Nun höre ich das peinliche Geräusch, als wenn man dünnes Papier zerknittert, und schon folgt der betäubende Schlag. Das ganze Rund der Berge wird davon erschüttert, das Echo rollt von Wand zu Wand.

Es war also nur eine kleine Ruhepause. Ich habe Furcht, mir ist elend zu Mute. Der Blitz schlägt ein, kracht und umhüllt uns mit Licht und Donner. Bernard sagt mir die Zeit: noch nicht ganz Mitternacht. Das geht nun schon sechs Stunden so. Sobald es wieder dunkel wird und die Augen sich etwas ausruhen, sobald der Krampf des zusammengekrümmten Körpers sich etwas gelockert hat, sobald die angstvolle Spannung ein wenig nachlässt, gibt es einen neuen Feuerschein, der den Fels erhellt.

Wie oft schon hat uns früher ein Gewitter auf die Probe gestellt, durchgeschüttelt und angeschlagen, aber immer hatten wir Aussicht, entfliehen zu können. Von Fels zu Fels zu springen, durch Schneeflocken rennen, sich abseilen auf jede Weise, nur schnell hinab, genaueste Bewegungen in kürzester Zeit – all das ist fast wie ein Rausch. Aber heute nacht sind wir nicht unterwegs; wir müssen uns damit abfinden, hier zu bleiben, auf diesem Platz angenagelt zu sein. Wird diese Nacht denn niemals enden? [...]

aus: «Sterne und Stürme», 1955

Die sechs grossen Nordwände der Alpen

Der Österreicher Fritz Kasparek, Erstdurchsteiger der Eiger-Nordwand, sprach im Buch «Um die Eigernordwand» von 1938 als Erster von den «drei grossen Wandproblemen»: die Nordwände von Matterhorn (1931 erstmals durchstiegen), Grandes Jorasses (Crozpfeiler 1935, Walkerpfeiler 1938) und Eiger (1938). Im Jahr 1949 nahm sein deutscher Eiger-Kollege Anderl Heckmair das Thema im bekannten Buchtitel «Die drei letzten Probleme der Alpen» wieder auf. Damals hatte noch kein Alpinist alle drei gelöst. Gaston Rébuffat war der Erste.

1921 in Marseille geboren, entdeckte er in den Calanques das Klettern. Schon früh zog es Rébuffat nach Chamonix, wo er 1942 als einer der ersten Nichteinheimischen in die altehrwürdige Compagnie des Guides aufgenommen wurde. Die alpinistische Karriere des selbständigen Bergführers verlief ebenso steil: 1945 die erste Wiederholung des Walkerpfeilers, Rébuffat als Führer mit Edouard Frendo als Begleiter. 1946 die Nordwand des Petit Dru, mit René Mallieux am Seil. 1948 die zweite Begehung der Nordostwand des Badile, wie am Walkerpfeiler auf den Spuren des Erstbegehers Riccardo Cassin und wie immer als Führer. 1949 folgten zwei weitere berühmte Nordwände: Matterhorn (mit Raymond Simon) und Grosse Zinne (mit Gino Soldà). Da blieb nur noch eine übrig, die höchste und gefährlichste, aber wie alle andern auch in der heroischen Epoche der Dreissigerjahre erstmals begangen: die Eigerwand.

«Als diese Wände noch unberührt waren, war ich noch ein Kind. Als ich alt genug war, mich mit ihnen zu messen, wollte ich sie alle besteigen», schreibt Rébuffat in seinem dritten und berühmtesten Buch «Étoiles et tempêtes», 1954 erschienen, zwei Jahre nach der dramatischen Durchsteigung der Heckmair-Route. Ein neuer Ton in der Alpinliteratur. Nicht mehr um die nationale, egoistische Eroberung der Berge geht es wie zum Beispiel in Maurice Herzogs Annapurna-Buch über die erste Besteigung eines Achttausenders – an dieser Expedition nahm übrigens auch Rébuffat teil. Der Mensch und der Berg, als Kameraden statt als Gegner, die Schönheit der Biwaknächte, der Gewitter auch: Davon schreibt Rébuffat. «Deux hommes habitent les dalles du Badile» – so einen Satz hätten Herzog und Kasparek nie geschrieben, Camus und Sartre schon eher. «Sterne und Stürme» wird ein Grosserfolg und 1955 verfilmt. Und Gaston Rébuffat setzt seinen Aufstieg fort, wird der Bergführer und Bergschriftsteller schlechthin, weit über die Alpinistengemeinde und Frankreich hinaus. So schön wie er klettert keiner, so schöne Orte für Fotos und Filme findet nur er, einen so schönen Pullover Marke Jacquard trägt nur Rébuffat. 1985 besiegte ihn der Krebs.

In diesem Jahr rückten die grossen Nordwände wieder ins Rampenlicht. Dass die Genferin Yvette Vaucher von 1964 (Walkerpfeiler) bis 1975 (Eiger) die sechs grossen Nordwände durchstiegen hatte, diejenige des Matterhorns als erste Frau, wurde nicht zur Kenntnis genommen. Zudem hatten Badile, Dru und Zinne nicht den gleichen alpinistischen und touristischen Nimbus wie Jorasses,

Gaston Rébuffat

Eiger und Matterhorn und ihre Talorte Chamonix, Grindelwald und Zermatt. Der Österreicher Leo Schlömmer schaffte als Erster die drei grossen Nordwände in einem Jahr, der Franzose Christoph Profit am 25. Juli 1985 in 22 ½ Stunden. 1987 wiederholte er seinen von den Medien gross beobachteten Exploit, diesmal im Winter und in 42 Stunden.

Was tun, um als Alpinist(in) bekannt zu werden und zu bleiben? Alison Hargreaves fand die Lösung im «solo climbing a route on each of the six great classic north faces of the Alps». Die Vorgabe gelang 1993; an den Jorasses und am Eiger folgte sie zwar nicht den klassischen Routen, höchst eindrücklich ist ihre Leistung trotzdem. Das Buch dazu erschien ein Jahr später. Darin erwähnt sie ein paar Mal Gaston Rébuffat, auch seinen Klassiker «Étoiles et tempêtes». Aber dass er es war, der die «Big six» kreierte und als Erster meisterte, ist nirgends erwähnt.

Daniel Anker

Höher, schneller, weiter: «Les Tigres» Lachenal und Terray, hier während der Annapurna-Expedition 1950, erlangen Berühmtheit auf hohen und fernen Gipfeln, aber auch durch eine einmalige Schnelligkeit am Berg. Die Kunde ihrer Wiederholung der Cassin ohne Biwak schlägt in Alpinistenkreisen wie eine Bombe ein. Heute schaffen das selbst mittelmässige Kletterer (rechte Seite).

Am 9. August schliesslich packt die legendäre Seilschaft Louis Lachenal und Lionel Terray die Route gemütlich um 9.30 Uhr an, mit dem Plan, beim ersten Cassin-Biwak zu übernachten und am nächsten Tag weiterzusteigen. Sie kommen jedoch viel zügiger voran als vermutet, obwohl sie sich beim Klettern «noch nie so viel Zeit gelassen hatten». Um 12 Uhr realisieren sie beim ersten Cassin-Biwak, wie schnell sie unterwegs sind. Terray: «Bei dieser Entdeckung begann Lachenal zu strahlen, und aus seinen Augen schoss jene Flamme der Leidenschaft, die ich nur bei ihm kenne. «Aber», rief er, «das ist ja idiotisch! Einen Tag bis hier herauf? Die müssen ja Karten gespielt haben! Wenn das so weitergeht, sind wir in vier Stunden oben. Bis dahin hält das Wetter. Also keine Geschichten! Vorwärts!» Ohne zu warten, schnellte er wie ein Pfeil von der Sehne. Das Raubtier war wieder los. Was sollte ich tun, als ihm folgen? Da war er wieder, der grosse Rhythmus ...» Zuletzt rennt Lachenal wie ein Eichhörnchen die Wand hoch, dass Terray kaum mehr folgen kann. Das Turbo-Gespann schafft die Wand – inklusive Pausen und zeitraubendem Verhauer – in damals sensationellen 7 Stunden und 30 Minuten, erstmals ohne Biwak. Um 17 Uhr ist der Gipfel erreicht. Berauscht vom Erfolg, will Lachenal noch mehr, er will am gleichen Tag möglichst weit absteigen, der Umweg über die Südseite bedeutet ihm einen unnötigen Zeitverlust. In einem wahnwitzigen Wettrennen klettern, springen, hasten und rutschen sie – mal angeseilt, mal seilfrei – über die Nordkante hinab. Beim Eindunkeln stehen sie am Kanteneinstieg. Terray legt sich hin und fällt gleich in den Schlaf, Lachenal huscht davon und rennt bis Promontogno weiter. Als Terray am nächsten Morgen um 11 Uhr ins Dorf spaziert, läuft ihm sein vergnügter, strahlender Gefährte über den Weg: «Beeilen wir uns, Lionel. Das Auto fährt gleich, ich habe mich erkundigt. Komm, rasch, rasch. Folge mir.» – «Rasch, rasch! Immer rasch!» – «Grosse Dinge erwarten mich in Chamonix. Meine Frau! Meine Kinder! Rasch, rasch!»

1950 Drei weitere Seilschaften wiederholen die Route: Francis Aubert und Guido Magnone, Richard Hechtel und Helmut Martini, Lucien George und Victor Russenberger. Es sind ausschliesslich Spitzenkletterer: Aubert ist mit 23 bereits Mitglied des Groupe de Haute Montagne und klettert die Cassin durchgehend als Seilerster (genau zwei Monate später wird er am Col de l'Innominata umkommen); Magnone wird zwei Jahre später mit Terray den Fitz Roy erstbesteigen; Hechtel kann auf die erste Solobegehung des Peutereygrats 1937 zurückblicken, 1953 wird er noch die erste vollständige Begehung des Peuterey-Südgrats anhängen; George und Russenberger gelingt zwei Wochen nach dem Badile die Nordwand des Pic Sans Nom ...

Schöner, schwieriger: Die angesehene Zeitschrift «Alpinisme» schreibt 1948/49: «Die Nordostwand ist auf dem besten Weg, zur Modetour der besten Kletterer zu werden. [...] Auf der ganzen französischen Seite des Mont-Blanc-Massivs gibt es keine derart schöne und anhaltende Kletterei wie diejenige der Nordostwand des Piz Badile.» Auch Hermann Buhl fühlt sich angezogen. Um ja kein Aufsehen zu erregen, trägt er im Hüttenbuch auf Sciora die Nordkante als Ziel ein. Heute noch ist die in der Sonne leuchtende Nordostwand ein beliebtes Ziel für Solokletterer.

1952 «Immer wieder kam mir der Name ‹Badile-Nordostwand› zu Ohren, und es ist nicht verwunderlich, wenn mein Wunsch, diese Tour einmal zu machen, immer brennender wurde. Doch es wollte nicht sein. Immer wieder kam etwas dazwischen. Weil ich aber nicht mehr länger zuwarten wollte, faßte ich Anfang Juli 1952 den festen Entschluß, nun ernsthaft daranzugehen. Durch verschiedene Zwischenfälle und Absagen gewitzigt, wollte ich eben allein losfahren. Bedingt durch die finanzielle Lage, sollte mein Fahrrad mir die Tour ermöglichen.» Am Freitag, den 4. Juli, fährt Hermann Buhl mit dem Abendschnellzug nach Landeck, steigt aufs Fahrrad um, radelt zur Schweizer Grenze und legt sich am Strassenrand ein paar Stunden hin, noch müde von einer Suchaktion im Karwendel in der vorigen Nacht. Morgens um vier geht's weiter, 120 Kilometer und 800 Höhenmeter hinauf zum Malojapass und hinunter nach Promontogno, wo das Rad bei der Pension Sciora deponiert wird. Um 19 Uhr endlich die Sciorahütte. Buhl stellt den Wecker auf 2 Uhr. «Beim Erwachen stelle ich mit Schrecken fest, daß es bereits hell ist. Ein Blick auf die Uhr: vier Uhr! Wahrscheinlich den Wecker überhört. In aller Eile bin ich abmarschbereit. Das Frühstück wird im Gehen eingenommen.»

Angesichts des stabilen Wetters bleibt der Biwaksack am Einstieg, es kommen bloss eine 30-Meter-Perlon-Reepschnur, Seilschlingen, Karabiner und Haken, Kletterhammer, Proviant und Fotoapparat mit. Nur gerade 4 1/2 Stunden dauert die Kletterei, dann steht Buhl schon auf dem Gipfel, wo er von den zufällig Anwesenden begrüsst wird, darunter Carlo Mauri, Emilio Ratti und Giulio Fiorelli: «Mit südlichem Temperament geben sie ihrer Anerkennung Ausdruck. Unsere Unterhaltung ist von sehr freundschaftlicher, warmer Art, und es zeigt sich hier wieder, daß es für Bergsteiger weder Grenzen noch Nationen gibt. Jeder ist vom gleichen Ideal beseelt, der Sehnsucht nach den Höhen, dem Drang nach oben. Eine Stunde währt unser kameradschaftliches Beisammensein, währenddessen ich kaum Zeit finde, einen Blick der Runde zu gönnen. Meine neugewonnenen Bergfreunde wollen mich nach Lecco mitnehmen, doch ich erkläre ihnen, daß ich [...] morgen früh wieder in Innsbruck sein müsse.»

Seilfrei steigt Buhl über die Kante nach Promontogno ab, dann folgt eine weitere Schinderei: 1000 Höhenmeter hinauf zum Malojapass und durch die Nacht das ganze Engadin hinab. 15 Kilometer vor Landeck kracht es plötzlich: «Im Bruchteil von Sekunden fliege ich auch schon in hohem Bogen wie ein Hecht durch die Luft, lande mit dem Kopf an etwas Hartem, überschlage mich, und plötzlich spüre ich eine feuchte, kalte Umgebung. Noch schlaftrunken, reiße ich die Augen auf. Eine weite Wasserfläche breitet sich vor mir aus. Bist in einen See hineingefallen, denke ich mir. Doch bald verspüre ich die Kälte des Wassers, den Wellengang, sehe das jenseitige Ufer, nun weiß ich, wo ich gelandet bin – im Inn.» Das grosse Abenteuer endet mit einem pudelnassen, frierenden und seinen Drahtesel schulternden Buhl.

Der Streich am Badile bringt dem bereits 27-jährigen, ausserhalb Österreichs aber noch wenig bekannten Innsbrucker über Nacht ungeahnte Popularität und katapultiert ihn an die Weltspitze des Bergsteigens. Sein Badile setzt einen Meilenstein in der Entwicklung des Sololetterns, in einer Linie mit Emilio Comicis Grosser Zinne 1937, Cesare Maestris Marmolada 1953, Walter Bonattis Dru 1955 und Michel Darbellays Eiger 1963.

Allein durch die Badile-Nordostwand

Ist es nicht vermessene Herausforderung, allein dieser Wand die Stirn zu bieten? [...] Beim Anblick dieser riesigen haltlosen Plattenschüsse, an denen das Auge kaum einen Halt findet, bekomme ich doch etwas Bedenken. An der Nordkante höre ich Stimmen, eine Dreierseilschaft ist dort bereits tätig.
Um sechs Uhr früh lege ich Hand an den Fels (der Übergang vom Schnee war leicht). Über gutgriffiges, gestuftes Gelände geht es anfangs leicht nach rechts, ein steil erscheinender Aufschwung wird durch Kamine erklettert – auch dies noch leicht. So bringe ich die ersten 200 m der Wand gut hinter mich. Wenn es so weiterginge, wäre es ja schön! Aber es kommt ja wohl noch ...
Bald stehe ich am Beginn der 30-m-Verschneidung. Beinahe hätte ich sie übersehen! Ich bin schon einige Meter droben, als ich mir erst bewußt werde, daß ja hier die Schwierigkeiten beginnen. Da wäre es doch ganz gut, einige Karabiner bei der Hand zu haben. So steige ich wieder die erklommenen Meter zurück zum Standplatz. Alles Brauchbare wird aus dem Rucksack genommen, das Seil umgebunden, Seilschlingen und Photoapparat sowie Schlosserei umgehängt, und nun: Auf geht's!
Ich erinnere mich gut an die Bilder im «Alpinisme», doch wo sind alle die Haken in dieser Verschneidung? Rechts ist eine glatte, geneigte Platte mit nur kleinen Rauhigkeiten für die Füße, während die linke Wand überhängend nach rechts hereinhängt, im Grund zieht ein feiner Riß empor. Die Fingerspitzen verkrallen sich im Riß, während die Füße rechts nach Reibung suchen. Hier macht sich bereits der Bergsturz vorigen Jahres unangenehm bemerkbar. Auf den Platten liegt millimeterdick feinster Staub, welcher jede Ritze ausfüllt und die Reibung der Kletterpatschen fast aufhebt. Bald bin ich unter dem Abschlußüberhang. Ein Karabiner schnappt in die rostige Öse dieses altehrwürdigen Stiftes. Eine kurze Probe, er hält. Ich verschnaufe ein wenig, benütze noch für kurze Zeit den Haken als Griff – er hat seine Pflicht getan –, dann geht's wieder weiter. Der Überhang ist bald überklettert, er bietet gute Griffe. Geneigtere Platten, von Rissen durchzogen, öffnen den Weg nach links. Es scheint leichteres Gelände zu sein, doch sind hier die Risse ganz mit Sand gefüllt und erschweren das Klettern erheblich. Vorsichtig schiebe ich mich weiter. Langsam komme ich dem Eisfeld näher, das hier auf den Platten aufliegt und den Weiterweg versperrt. Es ist noch ein Überbleibsel des Winterschnees. Dieses schien mir schon von unten sehr fraglich. Auf 20 m Breite verdeckt es den Weg. Eine halbmeterdicke Eisschicht liegt hohl auf glatter Unterlage. An ihrem oberen Rand muß ich queren. Vorsichtig schlage ich den oberen, scharfen Rand des Eises weg. Bei jedem Hammerschlag dröhnt das Eis verdächtig! Erleichtert verlasse ich das Eis und betrete wieder sicheren Fels, die Fortsetzung der Rißreihe. Der Fels wird wieder etwas schöner, ich komme aus der Sturzbahn des Steinschlages heraus. Hinter einer Kante bäumt sich die Wand neuerdings steil auf. Ich bin am Beginn der zweiten Verschneidung, welche als einwandfreier Sechser bezeichnet ist und schon eine der Hauptschwierigkeiten der Wand darstellt. Diese Verschneidung ist für mich entscheidend. Wenn sie mir leicht fällt, kann ich ruhigen Gewissens den Aufstieg fortsetzen, denn schwieriger wird es dann kaum mehr kommen. Andernfalls aber stünde mir der Rückzug hier noch offen, welcher dann allerdings vorzuziehen wäre.
Ein Überhang nimmt mich auf, er führt schräg links hinauf. Gute Griffe geben mir die nötige Sicherheit, wo diese aufhören, beginnt eine kurze Hakengalerie. Sie schauen sehr vertrauenswürdig her, wahrscheinlich sind sie noch von den Erstersteigern, ihre Edelpatina läßt darauf schließen. Dann setzt eine 30 m hohe, glatte Verschneidung ziemlich senkrecht in die Höhe. Der Fels ist aber außerordentlich rauh, so daß ich alles «auf Reibung» klettern kann, wobei ich mit besonderer Befriedigung die Vorteile der neuen Marwa-Sohle feststellen kann, die mir hier sehr zugute kommt. Welch ein Vorteil ist es doch heute für den Kletterer, mit der Reibung des Profilgummis leicht und spielerisch, wie eine Katze, höherzuturnen, wobei man volles Vertrauen zur Materie haben kann. Ein wahres Loblied singe ich auf die Gummisohle.
So winde, schiebe und spreize ich mich Meter um Meter empor, wobei das freie Seilende mir wie ein treuer Begleiter stets hinterdrein folgt. Es gibt wohl nichts Schöneres, als so unbeschwert, frei von jedem Kletterwerkzeug, leichten Fußes höherzuturnen, so wie früher ein Preuß oder Dülfer, nur auf sich selbst vertrauend, wachen Auges, mit dem Gefühl der Finger- und Zehenspitzen. Nur natürliches, stilreines Gehen, technisches Kön-

nen hilft hier weiter. Jauchzen könnte ich vor Freude. Heilige Ruhe umgibt mich, kein Laut durchbricht die feierliche Stille. Das Tal liegt noch im Dunst eines taufrischen, kühlen Morgens …

Doch weiter! Liegt doch noch ein schönes Stück Weg vor mir. Die Verschneidung wird von riesigen Dächern abgeschlossen, unter denen es nach links hinausgeht, an glatter Plattenwand, die aber mit kleinen Griffen versehen ist. Ich bin mir nun über den Weiterweg nicht recht im klaren. Die Beschreibung ist hier etwas ungenau. Überall dachziegelartig abfallende Plattenschüsse, von feinen Rissen durchzogen. Jeden dieser Risse suche ich nach Haken ab. In einiger Entfernung entdecke ich einen alten, verwitterten Stift. Nach einigem Hin und Her, wobei die Stellen böser aussehen, als sie sind, bin ich bei dem erwähnten Haken, der mir Richtungsweiser war, angelangt. Nach einer Reihe wunderbarer Kletterstellen erreiche ich um acht Uhr das Schneefeld in der Mitte der Wand. Ich lasse mich auf den warmen Fels nieder, verschnaufe für kurze Zeit und sammle frische Kraft für die kommenden schweren Stellen. Links des Schneefeldes setzt nun die große Verschneidung an, mit welcher die Hauptschwierigkeiten der Wand angekündigt werden. Die Neugierde läßt mich nicht lange ruhig verweilen, ich bin schon sehr auf sie gespannt. Hechtel vergleicht diese mit der Schüle-Diem-Verschneidung am Predigtstuhl, doch das liegt bei mir schon sehr lange zurück, so daß ich den Vergleich nicht selbst beurteilen kann. Sie ist wohl sehr glatt, aber mit viel Spreizen und einer guten Reibungstechnik läßt sie sich ganz gut frei erklettern. Die paar Haken, die hier stecken, helfen mir nur für einen Moment, um sie als Griff zu benützen. Ich gehe alles ohne Sicherung. Was hätte diese beim Alleingang auch für einen Wert? Ein umständliches Seilmanöver, das viel Zeit und Kraft erfordert, die ich lieber zum Klettern aufwende. Ich bin ungefähr 40 m hoch, da stellt sich ein brüchiger Überhang in den Weg. Ein Haken und ein Karabiner finden sich, französischer Herkunft, Marke «Allain».

Ich will den Überhang gleich nehmen, so wie er ist, doch bald hänge ich daran, wie die Fliege an der Wand. Ich bin eigentlich schon völlig darüber, doch oberhalb fehlen die Griffe! Noch einmal gehe ich zurück, raste mich ein wenig aus und beginne es dann von neuem. Dabei versuche ich gleich oberhalb einen Haken anzubringen, was gar nicht so leicht ist. Eine Trittschlinge hänge ich hinein, die einzige, die ich auf der Tour verwendete. Noch 10 m trennen mich vom abschließenden Dach. Doch möchte ich den Haken mitnehmen, daher

Einsamer: Als kleiner Punkt soll Buhl in dieser Aufnahme zu sehen sein. Als kleiner Punkt an grossen Bergen fühlt sich der Einzelgänger besonders wohl – nicht nur am Badile.

«Liebes Tagebuch … Die Klettertour über die Cassin in der Badile-Nordostwand ist bestens verlaufen. Aber ich könnte schwören, in der Nähe des Schneebands dem Gespenst von Hermann Buhl begegnet zu sein …» Abgründiges von Illustrator Roberto Grizzi.

schlage ich weiter oben noch einen, lasse mich am Seil zum Überhang hinab, ein paar heftige Schläge mit dem Hammer, und der Ringhaken gehört wieder mir. Dann steige ich mit Hilfe des Seiles den Überhang von neuem hinan. Im französischen Karabiner sind zwei Buchstaben eingraviert: «L. T.», das kann nur Lionel Terray heißen. Ich bin erfreut und gleichzeitig stolz über diesen Fund und gehe weiter. Unter dem Dach findet sich jedoch keine Spur von einem Quergangshaken, dabei muß man doch nach rechts hinüber, zur Parallelverschneidung hinab, und siehe da, 20 m tiefer verbindet eine Rampe beide Verschneidungen. Nun geht mir ein Licht auf. Eine Variante habe ich gemacht, eine Fleißaufgabe. Nun weiß ich auch, was der französische Karabiner zu bedeuten hatte. Ich will jedoch nicht mehr zurück und versuche von hier einen fallenden Quergang in die Parallelverschneidung. Wieder fährt ein Haken in den Fels. Vorsichtig schaue ich um die Ecke. Rechts eine glatte Plattenflucht, 10 m breit, nur 2 m tiefer eine schmale, fingerbreite Leiste, teils unterbrochen, die einzige Möglichkeit. Vorsichtig schiebe ich mich im Dülfersitz zentimeterweise nach rechts. Für die Hände habe ich gar nichts. Die Neigung der Platte ist so, daß ich gerade noch mit Hilfe des Seiles das Gleichgewicht halten kann. Nach kitzligen Minuten habe ich wieder Griffe in der Hand: ich bin in der Verschneidung. Das Seil läßt sich leicht abziehen. Etwas leichter geht es hier wieder höher, doch dauert dieses Honiglecken nicht allzulange. Wieder wölben sich kleinere Überhänge vor, aber sie sind sehr griffig. Senkrechte Rippen und Schuppen, hinter denen die besten Griffe verborgen sind, bereiten mir ein Willkommen. Die Füße haben es da wieder schlechter, die müssen sich mit den rauhen Platten zufrieden geben, für die sind keine Tritte bestellt. Ein Dach gebietet wieder Einhalt. Hier führt eine ziemlich ausgesetzte Querung, ein waagrechter Riß, nach links, an den Rand des großen Trichters. Die ersten 10 m sind ein leichter Nervenkitzel, nichts für nervenschwache Gemüter. Die Griffe sind zwar winzig, indes ich denke mir: Klein, aber mein …

Ich bin im Trichter! Vereinzelt surren Steine an mir vorbei. Das kann mich aber nicht aus der Ruhe bringen. Im Grund des Trichters nimmt ein lustig sprudelndes Bächlein seinen Weg zur Tiefe. Mir ist es eine köstliche Labung, denn die seit Stunden niederbrennende Sonne hat mich schon sehr ausgedörrt. Den zweiten Biwakplatz Cassins lasse ich links liegen. Ich verfolge eine lange Reihe von Rissen, die sich dann zu einem Kamin erweitern. In diesen engen Kaminreihen (die gar nicht gefährlich sind, da man sich wie ein Keil darin verklemmen kann) hört jede «Technik» auf. Ich schinde mich buchstäblich mit schlangenartigen Bewegungen höher. Die Kamine erweitern sich und bilden eine Art kleine Schlucht. Die ist zum Spreizen schon zu weit. Ihr Grund ist von zwei feinen Rissen durchzogen. Bald im rechten, bald im linken komme ich gut aufwärts. Einige Überhänge sorgen für die nötige Abwechslung.

Eine kühle Brise streicht schon vom Gipfel herab, es kann nicht mehr weit hinauf sein. Ober einem Überhang quere ich an die linke Begrenzungswand hinaus – da ist er auch schon sichtbar, der Gipfel. Im Trichter, der zum Grat hinaufführt, liegt noch reichlich Schnee. An ausgesetzter, kleingriffiger Wand quere ich eine Seillänge nach links. Wieder streift mein Blick nach oben – da ist ja eine ganze Schar von Leuten auf dem Gipfel versammelt! Nur die Köpfe kann ich sehen, die hinter der Wächte hervorschauen. Neugierig verfolgen sie jede meiner Bewegungen. Es ist ja auch eine Seltenheit, eine «Seilschaft» in der Wand beim Klettern zu beobachten. Mein Seil schlängelt sich sanft meinen Spuren entlang hinterher. Nach weiterem zweimaligem Abseilen stehe ich im Grunde des großen Trichters. Über eine Art Kante turne ich an lockerem Zeug, geschickt dem Schnee und Eis ausweichend, höher. Es ist noch ein schönes Stück, bis die Klettersohlen sich die letzten Meter der Wand hinauftasten.

---

aus: «Bergsteiger», 1953

Der Mann vom Nanga Parbat

Hermann Buhl

Der 3. Juli 1953 machte Hermann Buhl zu einer Bergsteigerlegende. Mit einem 41-stündigen Alleingang betrat er als erster Mensch den Gipfel des 8125 Meter hohen und lange «umkämpften» Nanga Parbat. Die Erstbesteigung eines Achttausenders allein und ohne künstlichen Sauerstoff ist eine Leistung, zu der es im Höhenbergsteigen keinen Vergleich gibt – und für die es einer unglaublichen Willensstärke bedurfte: «Ich hab' mich wirklich nur mit Willenskraft hinaufgearbeitet. Der ganze Gipfelaufstieg war wohl nur eine Willensleistung.»

Dass aus Hermann Buhl einmal der «weltbeste Allround-Bergsteiger» (Reinhold Messner) werden würde, hätte dem am 21. September 1924 in Innsbruck geborenen schmächtigen Jungen, der im Alter von vier Jahren seine Mutter verlor und einige Zeit im Waisenhaus verbrachte, bevor ihn Verwandte aufnahmen, niemand zugetraut. Vielleicht liegt aber in dieser frühen Erfahrung der Verlassenheit der Schlüssel für seinen enormen Ehrgeiz, für den Drang, zu konkurrieren und sich zu behaupten. Der Jugendliche, der als Zehnjähriger mit dem Vater seine erste Bergtour auf den Glungezer gemacht hatte, war bald voller Begeisterung mit seinen Jungmannschaftskameraden aus der Sektion Innsbruck auf Klettertouren im Karwendel, im Wetterstein, im Wilden Kaiser oder in den nahen Kalkkögeln unterwegs. Am 22. August 1943, während seiner Ausbildung zum Sanitätssoldaten, gelang ihm gemeinsam mit Wastl Weiss in der Westwand der Maukspitze im Wilden Kaiser die erste grosse Neutour, auf der er enormen Wagemut und exzellentes Kletterkönnen unter Beweis stellte. Der Kameramann der Nanga-Parbat-Expedition Hans Ertl bescheinigte ihm später einen «katzenartigen» Fortbewegungsstil und «nachtwandlerische Sicherheit».

Als Hermann Buhl 1945 nach Kriegsende und Gefangenschaft nach Innsbruck zurückkehrte und in seinem gelernten Beruf als Speditionskaufmann keine Arbeitsstelle fand, entschloss er sich zur Bergführerausbildung. In den Folgejahren finden sich in seiner Tourenliste – trotz finanzieller Nöte – immer mehr ausländische Ziele mit klingenden Namen. 1951 bedeuteten die Heirat mit Eugenie «Generl» Högerle aus der Ramsau in Berchtesgaden und die Geburt der ersten Tochter Kriemhild (der bald Silvia und Ingrid folgen) nur eine kurze Zäsur in Buhls rastlosem, fast besessenem Drang nach bergsteigerischen Erfolgen. Mit der ersten Alleinbegehung der Piz-Badile-Nordostwand und der ebenfalls 1952 erfolgten achten Begehung der Eiger-Nordwand unter widrigsten Bedingungen wurde Buhl international bekannt.

Ab Dezember 1952 war die junge Familie mit Buhls Anstellung als Verkäufer und Ausrüstungsberater im heute noch existierenden Münchner Sporthaus Schuster materiell abgesichert. Um sich auf die Nanga-Parbat-Expedition vorzubereiten, durchstieg Buhl Ende Februar 1953 nachts die Watzmann-Ostwand in dem ihm eigenen Stil: entschlossen, schnell, allein. Der Erfolg am Nanga Parbat war zweifellos der Höhepunkt in Buhls Leben und brachte ihm die Auszeichnung als österreichischer Sportler des Jahres ein, doch seine Dominanz sorgte nicht nur für Rummel um seine Person, sondern auch für böses Blut. Was ihn zu weiteren grossen Taten anspornte, auch zur Erstbesteigung eines zweiten Achttausenders: Am 9. Juni 1957 erreichten Marcus Schmuck, Fritz Wintersteller, Kurt Diemberger und Hermann Buhl den 8047 Meter hohen Gipfel des Broad Peak – in Zweierseilschaften, ohne Hochträger und ohne Sauerstoff, womit sie den «Alpinstil» vorwegnahmen. Der «Berg-Kamerad» vom 3. August 1957 schrieb: «Der Erfolg ist von unermeßlicher Einmaligkeit und mit Sicherheit der Beginn einer ganz neuen Art des Himalaya-Bergsteigens. [...] Hermann Buhl wird der bahnbrechende Pionier künftiger Himalaya-Unternehmungen sein und bleiben ...»

Dazu hatte Buhl keine Gelegenheit mehr. Nur 2 ½ Wochen später, am 27. Juni 1957, stürzte er wegen eines Wechtenbruchs an der 7654 Meter hohen Chogolisa tödlich ab.

Karin Steinbach Tarnutzer

Viele Male: Der Ausnahmebergsteiger Roberto Osio (rechts im Vordergrund) fühlt sich dem Badile besonders verbunden, klettert unzählige Male durch die Cassin und als Erster ohne Biwak durch die Nordwestwand. Seine Mutter hatte das Bergsteigen noch bei Klucker erlernt; Osio verdankt es mit einem feinen Vorwort zur italienischen Ausgabe von Kluckers Memoiren.

Keinmal: Häufige Felsstürze lassen 1951 keine Begehungen zu.

1952 Einen Tag nach Buhl stellt sich auch in der Nordwestwand ein neuer Rekord ein. Am 7. Juli durchsteigen Roberto Osio und Giovanni Ratti, Giulio Bartesaghi und Arnaldo Tizzoni die Bramani/Castiglioni erstmals in einem Tag ohne Biwak. Bartesaghi und Tizzoni – 1949 waren sie in der Cassin – schaffen somit als Erste die beiden Nordwände des Badile.
Das Jahr 1952 steht aber weiterhin im Zeichen der Nordostwand. Zahlreiche Kletterer können sie in ihr Tourenbuch eintragen. Dazu gehören Uli Wyss, der am 5. Juli 1947 mit René Gébus bereits die erste Wiederholung des Cengalopfeilers verbuchen konnte, Gian Battista Cesana und Franco Piccinini, 1951 schon erfolgreich mit der zweiten Begehung der Bonatti an der Punta S. Anna und der Vinci am Cengalo, Giovanni Riva und Felice Bottani aus Morbegno (Veltlin), die ersten «Einheimischen» durch die Wand, und Roberto Osio, dem die Route offensichtlich einen guten Eindruck hinterlässt, wird er sie doch bis 1959 noch weitere vier Mal wiederholen.
1952 verzeichnet die Cassin insgesamt 33 Kletterer – und eine Kletterin. Ihr Name: Betty Favre. Seit 1949 haben sie und ihre ständigen Begleiter Ernest (Jimmy) Favre und Louis-Maurice Henchoz bereits drei Anläufe unternommen, allesamt vom schlechten Wetter vereitelt. Am 5. und 6. August klappt es. Als grundsätzlich langsameres Dreierteam lassen sie die drei vor ihnen gestarteten Seilschaften ziehen und übernachten beim zweiten Cassin-Biwak – nicht etwa zum Leidwesen, sondern zur hellen Freude von Betty. Der nächste Morgen ist dem Frühstück gewidmet, dann werden die fehlenden Seillängen angepackt. Kein Kampf, keine Eile: «Heute sind wir in Vagabundenstimmung. Wir flanieren durch den Badile.»

Badile-Nordostwand 1937–1952				**Kletterzeit in Stunden**	**Land**
1937	1.	14.–16.7.	Riccardo Cassin, Gino Esposito, Vittorio Ratti, Mario Molteni, Giuseppe Valsecchi	34	I
1948	2.	27.–29.8.	Gaston Rébuffat, Bernard Pierre	28	I
1949	3.	10.–11.7.	Luigi Castagna, Carlo Mauri («Bigio»)	19	I
	4.	31.7.–1.8.	René Ferlet, Maurice Herzog, Jacques Poincenot, Guy Poulet Giulio Bartesaghi, Arnaldo Tizzoni («Ciuffetto»)	19	F/I
	5.	1.–4.8.	Josve Aiazzi, Baldassarre Alini, Andrea Oggioni	24	I
	6.	9.8.	Louis Lachenal, Lionel Terray	7,5	F
1950	7.	12.7.	Francis Aubert («La Joie»), Guido Magnone	15	F
	8.	6.8.	Richard Hechtel, Helmut Martini	14	D
	9.	6.–7.8.	Lucien George, Victor Russenberger	16,5	F/CH
1952	10.	6.7.	Hermann Buhl	4,5	Ö
	11.	19.7.	Toni Hiebeler, Uli Wyss		Ö/CH
	12.	20.7.	Gian Battista Cesana, Franco Piccinini		I
	13.	21.7.	Rudolf Bardodej, Marcus Schmuck, Martin Wörgötter	8	Ö
	14.	23.7.	Gaetano Maggioni, Elpidio (Pio) Longhi		I
	15.	25.–26.7.	Adolf Blach, Karl Lugmayer, Ludwig (Wick) Pfeiffer	10,5	Ö
	16.	5.8.	Karl Ambichl, Erich Waschak		Ö
	17.	5.8.	Seth Abderhalden, Hans Frommenwiler		CH
	18.	5.8.	Alois Hilber, Alois Strickler		CH
	19.	5.–6.8.	Betty Favre, Ernest Favre («Jimmy»), Louis-Maurice Henchoz		CH
	20.	8.8.	Jean Couzy, Jacques Oudot		F
	21.	8.8.	Lois Baier, Walther Frauenberger		Ö
	22.	10.–11.8.	Giovanni Riva, Felice Bottani		I
	23.	11.8.	Ugo Roncoroni, Vittorio Tettamanti		I
	24.	12.8.	Roberto Osio, Giovanni Ratti, Emilio Ratti («Topo»), Lino Lacedelli		I

Badile

[...] Die Stürme sind furchtbar, die Menschen klein, die Berge grandios und der Schnee da oben kann sich sehr schnell in ein dickes Leichentuch verwandeln. Das war nicht genug, um uns abzuhalten. Damals spukten mir diese Baudelaire-Zeilen im Kopf herum: «Ein Zeichen, Gott, das wir dir bringen wollen, / Vor deinen Herrlichkeiten zu bestehn, / Glühende Tränen, die durchs Weltall rollen / Und an der Ewigkeiten Rand vergehn.»
Sciorahütte – Seufzer der Dinge – alles ruht. Nervös wie ich bin, schlafe ich nicht; in wenigen Stunden werden wir neun Alpinisten in der Nordostwand sein, vorüber die ersten Überraschungen ... Verzichten? Dieses bedeutungsschwere Wort streift unsere Gedanken. – Nein. – Keiner will diese Gelegenheit verstreichen lassen, nicht einmal bei der Aussicht, von den losgetretenen Steinen voransteigender Seilschaften halbtot geschlagen zu werden. – Wir sind stur oder, unbewusst, sehr weise! Das schöne Wetter soll 48 Stunden dauern. – Jeden Tag gehen unvorhergesehene Gewitter nieder. Woher nur gekommen? Eine Wolke hat sich über dem Badile niedergelassen, innerhalb eines Augenblicks verdunkelt sie die Berge, erhellt sie dann, verjagt Sonne und Bergsteiger, und das ganze Rund der Sciora antwortet mit einem Echo auf dieses rollende und grollende Wüten. Krachen durchfährt die Hütte, in die sich alle geflüchtet haben. So geht das seit acht Tagen.
Im Augenblick schlafen die Kletterer der Nordostwand noch, aufgereiht auf ihren Matratzen wie kleine Welpen – alle mit demselben Traum. Sie drehen und wenden sich, lassen ein zufriedenes Brummen hören. Beute des Schlafs, sind sie ihrer selbst nicht mehr Herr.
Ein offenes Fenster in der Nacht weckt in mir die Sehnsucht nach der Weite. 23 Uhr. – Wahrnehmung einer aufgewühlten, chaotischen, aber begehrenswerten Welt. In mir der Tod, oder vielmehr die Verwandlung: sich nicht mehr gehören, mit den Dingen verbunden sein, alleine sein, die Augen nach aussen gerichtet. Den verlorenen Faden wieder finden. Dieses Bedürfnis nach Ewigkeit vergessen, das – wie ein Wind des Wahnsinns – Unordnung sät ...
Oh, Nacht vor diesem Tag. Eine lichtgesäumte Wolke, eine schwarze Wolke in der Sternennacht.
Von der Moräne her kommend, haben Stimmen die Stille durchbrochen; drei Seilschaften, vom Gewitter überrascht, kehren vom Ago di Sciora zurück. – Was haben sie von da oben gesehen? Das Wetter – war es schön in Richtung Italien?
Auf der Mauer rund um die Hütte schwatzen wir wie Vögel auf dem Nestrand, fröstelnd, die Lider schwer vom Schlaf, den wir nicht finden konnten. Wir sind verrückt, aber königlich verrückt. Einzigartige Leidenschaft; sie hat die Flügel der Weite, die Grösse entfesselter Furien, und sogar der Tod, der über die Genauigkeit jeder Geste wacht, gehört zum Spiel.
Am Morgen dann die merkwürdige Wirklichkeit: Der Badile ist aus Stein. Eine enorme Masse, die es zu besteigen gilt. Wir folgen Hermann, unserem Träger, auf einem Weg, den er gut zu kennen scheint. Auf den Graten brüchiger Moränen sollten wir mehr Akrobatik machen als in der Badilewand selber, immer mit der Angst, Hermann gleich verschwinden zu sehen und mit ihm unser Gepäck.
Anseilen, Material aufteilen und, endlich! – Den Sieg fühlen! Nichts wird uns mehr zum Weichen bringen. Die Füsse auf dünnem Eis, fein wie Klöppelspitze, die Hände am kalten Granit, der nass ist

Viele Bilder: Drei Begleiter hat Betty Favre stets auf Tour, zwei Männer und eine Leica. Am Badile kommt reichlich Filmmaterial zusammen: Ganze 55 Aufnahmen macht die künstlerisch Interessierte von ihrer «Bummelfahrt».

und sandig, sich freuen am Glück, welches das meine ist! Diese herbe und wilde Freude geniessen … 900 Meter sind zu klettern.

Die Erinnerung, die mir geblieben ist, ist wie ein Feuer, das wieder aufflackert. Den Badile stürmen, an Höhe gewinnen, jenen Teil des Aufstiegs noch einmal machen. Wir gehen in den Riss, stossen auf Überhänge, die schon von drei Seilschaften belagert werden. Warten. – Wir fallen über die länglichen Muskattrauben her, deren Beeren im Schatten der Mauer schimmern. Wir sind dran. Während Ernest und Louis beginnen, entdecke ich den mysteriösen Einwohner der Nordostwand. Alles hat mit einem verdächtigen, beunruhigenden Geräusch begonnen … Der Bewohner zupfte ein Papierstück zu sich, das in einen Schlitz gerutscht war. Ich nehme meinen Mut zusammen … ziehe den grauen Fetzen zu mir, an dem jemand anderes seinerseits zieht. Ein letzter Ruck an dem Stück Papier, und wir stehen uns gegenüber … von Angesicht zu Angesicht. Glänzende, hellgraue Haare, grosser, schwarzer Schnurrbart, neugieriger Blick, nicht im Geringsten verschreckt – der Bewohner des Schlitzes ist: eine hübsche Maus.

Überhänge, Quergänge, Verschneidungen, geneigte Platten, das erste Biwak von Rébuffat. In der grossen Verschneidung, die folgt, sind drei Seilschaften hintereinander gestaffelt; sechs Köpfe in einer Verschneidung, die zur Rechten hinaufzieht. Ein herzliches Grüssen geht hin und her am Badile; wir werden gebeten, wegen des Steinschlags etwas zu warten. Wir nutzen die Gelegenheit für einen Tee. Lassen dieses Vergnügen 2 Stunden dauern. Wie angenehm es ist in der Nordostwand; die Luft ist frisch, die Stimmung nimmt uns nach und nach wieder gefangen. Die Stimmen ebben ab und erreichen uns bald nicht mehr. Allein, endlich allein in der grossen Mauer, die sich aufrichtet, gewaltig, und wir drei – den Rücken zur Leere, über unseren Köpfen ein Himmelsdreieck – trinken unseren Tee und sind dabei auf der Hut vor möglichen Geschossen. Alles hat ein Ende. Wir müssen uns schütteln, uns zwingen weiterzumachen; doch mit der Verschneidung, die eine warme, braune Farbe hat, kommt das Verrücktsein nach dem Klettern wieder zurück.

Klettern und nochmals klettern; Verschneidungen, Risse, Bruchstellen; einen schwarzen Überhang anpacken, der sehr schwarz geworden ist, weil sich plötzlich der Himmel darüber auch verdunkelt hat. Es regnet! Der Regen verwandelt sich in einen grässlichen Graupel, hart und kalt. Ich beneide Louis und Ernest unter dem schmierig gewordenen Überhang.

Wohlbekannter Knall – ich schaudere. Die Lawine ist rechts vom Couloir abgegangen. Wir sollten nichts riskieren. Mit Entsetzen sehe ich dann, dass ein ferngesteuertes Geschoss genau auf mich zukommt. «Louis, was sollen wir machen?» Louis hält sich bereit, mich in die Wand pendeln zu lassen. Auch Ernest erkennt das Unausweichliche, das geschehen wird. Aber dann! – wir tauschen ein Lächeln aus. Das Geschoss, das mich treffen sollte, hat seine Flügel geöffnet. Ein Vogel!

5 Uhr. In der Wand eine Aushöhlung wie eine Muschel, das zweite Cassin-Biwak. Wir würden gern weitermachen … Wo werden wir in 2 Stunden sein? Nach dem Gewitter scheint das Wetter wieder schön werden zu wollen, und angesichts der Unsicherheit der kommenden Kletterei stellt sich die Frage, ob wir weiter oben einen anderen Biwakplatz finden. Wir bleiben.

Eine Nacht inmitten einer so grossartigen Wand ist wunderbar. Vielleicht hätten wir es bis zum Gipfel geschafft, doch was für ein Glück, dass wir geblieben sind …

Am nächsten Tag haben wir alle Zeit, um zu klettern, zu staunen, zu fotografieren. Es gilt zuerst, einen langen Kamin hinaufzukommen. Sein Einstieg ist ein Riss, aus welchem nahe dem Biwak Wasser fliesst. Es folgen der berühmte Quergang ganz oben in der Wand, die Abseilstellen, um ins Hauptcouloir zu gelangen – ein immenser Trichter, ein wahres Munitionslager an Projektilen –, heikle Kletterei in einer wackeligen Welt und – der Gipfel.

Gianetti … und vor allem, unvergesslich, die Architektur der Nordostwand.

Begehrlich lief der Traum, einmal den Badile zu besteigen, vor mir her. Jetzt, wo ich ihn verwirklicht habe, haftet die Sehnsucht nach diesem Verlangen an seiner Wand und verfolgt mich.

Die Gianettihütte. Werde ich denn niemals schlafen? Eine eindringliche Musik hebt an, steigt in mir empor, durchdringt mich, schwingend und harmonisch. Auf meinem Schlafplatz aufgerichtet, lausche ich diesem Tango, der mich durch die schwarze und regnerische Nacht trägt, an den Fuss des Badile. – «Caminito.» Der Nebel streicht um die Gianetti herum, heftet sich in langen, feuchten Fahnen an ihre Mauern. Es regnet, der Wind wird zum Sturm. – «Caminito.» Der Badile gehört bereits der Vergangenheit an; und auch von mir löst er sich.

Das Leben zieht mich weiter fort; möge sein Ende das wahre, das grosse Abenteuer sein.

---

aus: «Die Alpen», 1954

Leben auf der Überholspur

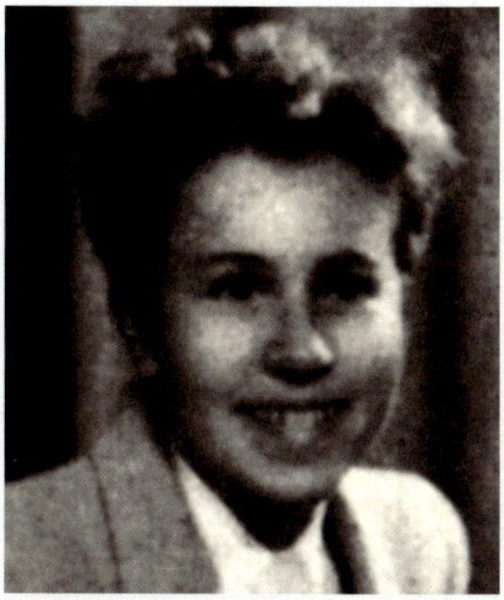

Betty Favre

Berthe Poschung, 1918 in Abländschen am Fuss der Gastlosen geboren und in Château-d'Oex in bescheidenen Verhältnissen aufgewachsen, ist schon als Kind ein Energiebündel. Bettys erste Leidenschaft gilt dem Fahrrad, auf dem sie mit Jugendfreund Ernest «Jimmy» Favre grosse Touren unternimmt. 1937 radeln sie beispielsweise in einer Woche von Château-d'Oex nach Paris zur Weltausstellung und zurück. Das frisch vermählte Paar verbringt auch die Flitterwochen im Sattel: von der Schweiz bis Marseille, dann mit dem Schiff nach Algerien, per Fahrrad durch die Sommerhitze über den Atlas und Oran, zurück nach Algier und wieder nach Hause, alles in einem Monat.

Während des Kriegs macht Betty allein eine Tour de Suisse: Jura, Mittelland, Graubünden, Tessin, Wallis, meist im Freien übernachtend. Die letzte Etappe vermittelt einen Eindruck der Kraft, die in dieser schmächtigen Frau steckt: an einem Tag von Airolo über den Nufenenpass und Aigle bis Château-d'Oex, 220 Kilometer und 2500 Höhenmeter. Auf Strassen und einem Drahtesel aus jener Zeit.

Ende der Dreissigerjahre ist Louis-Maurice Henchoz auf der Suche nach Kletterpartnern. Er wird auf den Spengler Jimmy aufmerksam, der während der Arbeit auf den Dächern herumtanzt und auf den Kaminen Handstand macht, um Kinder und Passanten zu amüsieren. Auf die Frage, ob ihn Bergtouren interessieren würden, antwortet der unkomplizierte Jimmy ohne zu zögern: «Sofort! Lass mich noch Betty holen.» Als er mit seiner Frau zurückkommt, kann Louis seine Skepsis kaum verhehlen: Die Masse der zierlichen Betty passen überhaupt nicht zum gewünschten Profil.

Seine Bedenken sind rasch widerlegt, worauf das Trio zu einer Symbiose findet, die Jahrzehnte überdauern sollte. Zu Beginn räumen sie in den Kalkwänden ihrer Umgebung ab: Zwischen Gummfluh und Gastlosen werden die bestehenden Routen wiederholt und unzählige neue hinzugefügt. Dann erobern sie die Alpen im Sturm und fürchten sich dabei vor keiner noch so langen Anreise, die sie mit ihren schweren Rucksäcken zu Fuss und per Fahrrad bewältigen, manchmal auch mit dem Auto des nichts ahnenden Papa Henchoz – sofern sie das Benzin auftreiben können.

Betty ist praktisch veranlagt, neugierig, völlig gleichberechtigt innerhalb der Seilschaft, verfügt über eine hervorragende Moral. Als ebenbürtige Kletterin steigt sie ebenso häufig vor wie die anderen, die fehlende Kraft und Körpergrösse durch Technik wettmachend. Den Salbit-Südgrat macht sie durchgehend an der Spitze; ohne es zu wissen oder gar zu beabsichtigen, realisiert sie unzählige erste Damenbegehungen. Um ja kein Aufheben zu machen, kehren die drei jeweils möglichst unauffällig von ihren Touren zurück, um sich sogleich an die tägliche Arbeit zu machen. Von ihrem Spass in den Bergen, der als unschicklich gilt, erzählen sie im Dorf kein Wort. Was würden die Leute von einer Frau halten, die mit zwei Männern in die Berge geht?

Ihre alpine Tätigkeit reicht vom Peutereý-Südgrat bis zum Dent-Blanche-Nordgrat. Nach dem Südgrat des Stockhorns möchte Betty gleich weiter über den noch unbestiegenen Verbindungsgrat zum Bietschhorn klettern, die beiden Männer können sie nur mit Mühe zurückhalten (eine Extremtour, die erst 1964 glücken wird – Erich Friedli und Ruedi Homberger).

Die Traumtour ihres Lebens verdanken die drei aber dem Badile. Anschliessend an eine Begehung der Kante begegnen sie in der Hütte dem bekannten Genfer Kletterer Jean Juge, der ihnen von einem geheimnisvollen, gar unwirklichen und seeeehr langen Grat über unzählige Türme erzählt, an einem Berg im Herzen der Schweiz namens Salbitschijen. Juge fügt noch an: «Er wird nie gelingen.» Wie er sich irrte: 1948 durchklettern Betty und ihre zwei Männer als Erste den Salbit-Westgrat – den schönsten Felsgrat der Schweiz.

Claude Rémy, geboren 1953, ist Alpinhistoriker und bildet mit seinem Bruder Yves eine der führenden Seilschaften unserer Zeit. Seit 1970 gelangen ihnen weltweit über 2000 Erstbegehungen; viele davon sind heute Kletterklassiker.

Hanfstrick, Stahlseil und Long Line

Bergrettung am Badile

Knapp oberhalb der Schlüsselstelle an der Normalroute zum Badile befindet sich ein Metallkreuz. Es ist – wie auch das Rifugio Carlo Emilio im Valle San Giacomo – den beiden Bergsteigern Emilio Castelli aus Menaggio und Carlo Piatti aus Como gewidmet, die am 1. August 1909 beim Abstieg etwa 50 Meter unterhalb des Gipfels auf dem Schnee ausrutschten und 200 Meter in die Tiefe stürzten. Castelli war auf der Stelle tot, Piatti erlag Stunden später seinen Kopf- und Wirbelsäulenverletzungen. Die Bergführer, die sich unverzüglich zur Unfallstelle aufmachten, konnten nur noch ihre Leichen bergen.

Verunfallt und gestorben wird am Badile seit langem. Es ist nicht bekannt, wem als Erstem die zweifelhafte Ehre zukommt; klar hingegen ist, dass in den Anfängen des Alpinismus eher still zu Tale getragen als gerettet wurde. Es begann bei der Alarmierung. Der Hilferuf erreichte nicht wie heute mit Lichtgeschwindigkeit eine rund um die Uhr besetzte Einsatzzentrale, sondern musste zu Fuss ins Tal gebracht werden – was nur möglich war, wenn mindestens eine Person oder gar eine ganze Seilschaft den Unfall unverletzt überstand und die Wetterverhältnisse einen Abstieg zuliessen. Falls sich jemand in Hördistanz befand und die Hilfeschreie hörte, erhöhte sich die Überlebenswahrscheinlichkeit markant. In der Regel bestanden die Rettungsmannschaften aus Bergführern und erfahrenen Bergsteigern, die sich zufällig in Unfallnähe befanden; nebst ihrem eigenen Bergmaterial hatten sie allenfalls ein paar Hanfseile des Hüttenwarts zur Verfügung. Der Transport der Patienten und Toten erfolgte zu Fuss, ohne irgendwelche Tragen. Manchmal rückte auch eine organisierte Rettungskolonne vom Tal aus.

Mit der rasanten Entwicklung des extremen Alpinismus in den Dreissigerjahren stellte sich allerdings bald das Problem, dass die örtlichen Bergführer den Schwierigkeiten der Elitebergsteiger nicht mehr gewachsen waren. Als sich 1937 das Drama der Erstbegehung der Badile-Nordostwand abspielte, war Cassin beim verzweifelten Versuch, alle lebend aus dem Inferno zu holen, auf sich allein gestellt: Kein einheimischer Bergretter wäre fähig gewesen, in die Wand abzusteigen und irgendwelche Hilfe zu leisten.

Von moderner, organisierter Bergrettung konnte erst nach dem Zweiten Weltkrieg gesprochen werden. Bayerische Bergwacht und österreichischer Bergrettungsdienst entwickelten die im Krieg eingesetzten Rettungsgeräte weiter, erfanden neue hinzu – Stahlseilwinde, Gebirgstrage, Grammingersitz – und perfektionierten deren Anwendung in den schwierigsten Wänden der Ostalpen. Ab den frühen Fünfzigerjahren begannen sich diese Techniken auch in der Schweiz und in Italien durchzusetzen.

Die zwei Schutzengel des Badile

An unserem Berg tauchten bald zwei zentrale Figuren auf, denen zahlreiche Alpinisten ihr Weiterleben verdanken: Vera Cenini und Dino Salis. Vera Cenini, Enkelin des Direktors der Bagni del Masino, lernte die Schattenseite des Bergsteigens früh kennen. Als 1935 an der Punta Rasica sechs Alpinisten das Leben verloren, war sie gerade 11 Jahre alt. 2 Jahre später zog die stille Kolonne mit den Leichen von Molteni und Valsecchi an ihrem Hotel vorbei. Während des Krieges diente sie als Rotkreuzschwester im Spital von Morbegno, bald folgten erste Klettertouren in Begleitung von Virgilio Fiorelli. Einen fürchterlichen Sturz an der Punta Sertori überlebte die 22-Jährige nur durch ein Wunder: Das Hanfseil riss, der Sturz endete auf einem Felsband in einer Blutlache. Nach der Genesung begann für

Abseilen: Das Kreuz Castelli/Piatti in der Südflanke erinnert an einen Seilschaftsabsturz – und dient den heutigen Kletterern als sichere Abseilstelle und als Orientierungshilfe im Nebel.

Vera Cenini die Ära der Bergrettung. Obwohl sie 1956 von ihrem Grossvater die Leitung des Hotels der Bagni übernommen hatte (und bis in die Neunzigerjahre behielt), engagierte sie sich an vorderster Front beim Aufbau des Rettungswesens im Val Masino und beschaffte in den Fünfzigerjahren Funkanlagen, die fortan eine rasche Verbindung zwischen den beiden Hütten Gianetti und Omio und der Rettungszentrale – ihrem Hotel – gewährleisteten, was die Alarmierungszeiten wesentlich verkürzte. Sie leitete Einsätze und Suchaktionen, führte das Materialdepot, wachte über alle Kletterer. Der CNSA, der Corpo Nazionale Soccorso Alpino, nahm sie 1965 offiziell auf, als erste Frau überhaupt. Zu den Bergsteigern, die ihr in Dankbarkeit und Freundschaft verbunden sind, gehör(t)en Namen wie Riccardo Cassin, Carlo Mauri oder Claudio Corti – der seine 1972 in der Südostwand eröffnete Route «Via Vera» taufte.

Das Pendant zu Vera Cenini auf der Schweizer Seite war Dino Salis. Jahrgang 1926, amtierte er zwischen 1962 und 1979 als Chef der Rettungsstation Bondo. Hüttenwarte meldeten ihm ihre Beobachtungen, mit Vera Cenini telefonierte oder funkte er im Sommer mindestens einmal pro Tag (Vera: «Mit Dino war es immer ein Wettrennen, wer den in Schwierigkeiten geratenen Bergsteigern als Erster zu Hilfe kam.»). Dies verschaffte ihm einen Überblick über die verschiedenen Seilschaften in den anspruchsvollen Routen am Badile, am Cengalo oder in der Sciora-gruppe. In besonderen Fällen, beispielsweise bei schwierigen Erst- oder Winterbesteigungen, vereinbarte er mit den Alpinisten oben am Berg regelmässige Kontakte per Signalraketen oder Funk, wie 1970 mit den Gebrüdern Rusconi bei der «Via del Fratello» oder 1973 bei den zahlreichen Versuchen am Ostpfeiler durch Nardella, Scarabelli, Martinelli und Chiappa (Letzterer wurde später seinerseits ein verdienter Retter). Auch im Ruhestand blieb Salis dem Rettungswesen eine wichtige Stütze: Mancher,

der im Val Bondasca Grosses vorhatte, schaute in seinem Wirtshaus vorbei und weihte ihn – manchmal als einzigen Vertrauten – in seine geheimen Pläne ein. Selbst als er im Alter, nicht mehr ganz fit, der Kundschaft in seinem Grotto kühle Getränke servierte, lag auf dem Tablett neben den Fläschchen und Gläsern immer «al func», sein orangefarbenes, allgegenwärtiges Funkgerät. Dino Salis ist seit 1998 Geschichte – und Legende. Wer ihn kennen lernen durfte, weiss, dass er jetzt von irgendwo da oben mit dem Feldstecher ständig auf den Badile schaut, eine Hand schon am Funkgerät.

Die Zeit der kombinierten Rettungen

Ab 1957 stand in Samedan ein kommerzieller Helikopter der Heliswiss, eine Bell 47, für Rettungsflüge zur Verfügung. Dessen Einsatz beschränkte sich jedoch auf den Transport der Rettungskolonnen und Gerätschaften bis zu einer für eine Landung oder einen schwebenden Ausstieg geeigneten Stelle. Von dort mussten die Retter kletternd den Unfallort erreichen, die Opfer bergen und – häufig mit Hilfe schwerer Stahlseilwinden – durch schwieriges Gelände bis zum wartenden Helikopter schaffen. Solche Einsätze, «kombinierte» Rettungen genannt, sind in der Regel organisatorisch wie logistisch sehr aufwendig.

Aufpassen: Wird Vera Cenini auch als «Angelo della Valmasino» bezeichnet, hat sich Dino Salis den Titel der Guten Seele der Bondasca verdient. Ihr Einsatz für die Bergrettung ist von beispielhafter Selbstlosigkeit.

Die kombinierte Rettung am Badile erlebte ihren Höhepunkt im Jahr 1964. Am 19. Juli stiegen je zwei Seilschaften aus Italien, Deutschland und der Schweiz in die Cassin-Route ein. Kurz vor 15 Uhr setzten starker Regen und Hagel ein. Plötzlich schlug oberhalb der Kletterer ein Blitz ein, die ausgelösten Steine trafen Franco Praderio tödlich. Hans Richard Peuker – seine Frau und sein 13-jähriger Sohn warteten in der Capanna Sciora – wurde von einer zweiten Salve erschlagen, Stefan Kellerbauer und Vincent Carrard schwer verletzt. Die zwei besten der unverletzten Kletterer stiegen zum Gipfel hoch, um Alarm zu schlagen, eine weitere Seilschaft seilte ab, während Danielle Carrard – Vincents Schwester – und die anderen bei den Verletzten biwakierten. Am nächsten Nachmittag zog ein weiteres Gewitter über die Wand, derweil im Tal die Vorbereitungen für eine grosse Aktion anliefen. Unter dem Kommando von Celso Ortelli, zwischen 1962 und 1989 Leiter der Rettungsstation Sondrio, stieg in der Nacht auf den 21. eine stattliche Kolonne mit 1000 (!) Meter Stahlseil

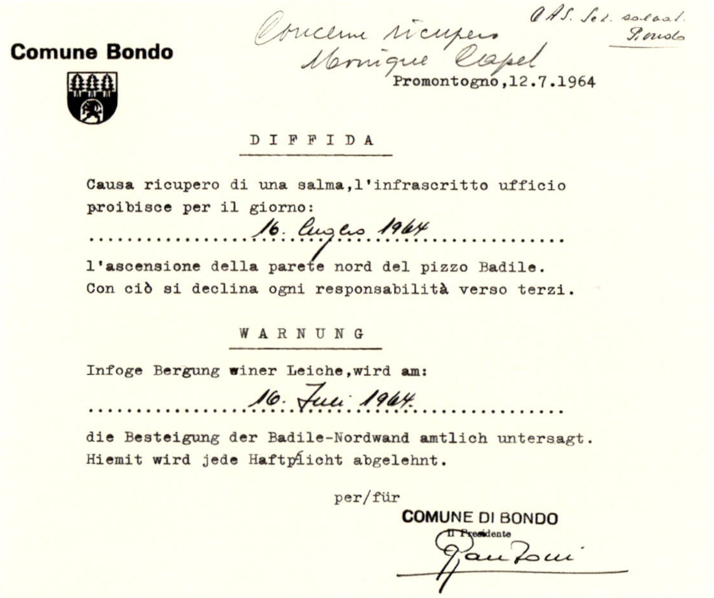
Comune Bondo

Concerne ricupero Monique Capel

Promontogno,12.7.1964

DIFFIDA

Causa ricupero di una salma,l'infrascritto ufficio
proibisce per il giorno:
.................16. Luglio 1964.....................
l'ascensione della parete nord del pizzo Badile.
Con ciò si declina ogni responsabilità verso terzi.

WARNUNG

Infoge Bergung winer Leiche,wird am:
.................16. Juli 1964.....................
die Besteigung der Badile-Nordwand amtlich untersagt.
Hiemit wird jede Haftpflicht abgelehnt.

per/für
COMUNE DI BONDO
Il Presidente

zum Rifugio Gianetti auf und erreichte den Badile im Laufe des Morgens – wo sie auf das Schweizer Team stiess, das von einem Helikopter auf dem Gipfel abgesetzt worden war, aber zu wenig Stahlseil dabeihatte. Nach kurzer Beratung übernahmen die Schweizer die Rettung aus der Wand, die Italiener den Abtransport über die Südflanke. Um die Mittagszeit gelang es, Vincent Carrard aus der Wand zu hissen, für Kellerbauer war es 3 Stunden später so weit. Im Abstieg dann erneut ein heftiges Gewitter, an den Einsatz des bereits vorbereiteten Stahlseils war wegen Blitzschlaggefahr nicht mehr zu denken. In aufwendigen Manövern mussten die Verletzten und das ganze Rettungsteam unter widrigen Bedingungen bis zum Wandfuss abgeseilt werden. Dass es dabei zu keinem weiteren Unfall kam, war eine Meisterleistung Celso Ortellis.
Nicht zuletzt unter dem Eindruck der Unfälle von 1963 und 1964 wurde die Capanna Sciora 1965 mit einer drahtlosen Telefonverbindung ausgerüstet, 1968 folgte die Capanna Sasc Furä.

Die Luftrettung wird flügge

Der Einsatz von 1964 war die letzte grosse kombinierte Rettung am Badile, denn schon tauchte am Horizont eine Maschine auf, die der Rettung Flügel verleihen sollte – der Helikopter. Die erste Heli-Rettung in den Schweizer Alpen geht auf das Jahr

Bergseile: Am 3. Juli 1964 entdecken zwei Kletterer in der Wand zufällig die Leiche der im Vorjahr mit ihrem Ehemann André abgestürzten Belgierin Monique Capel-Doutreloux. Am 16. und 17. Juli erfolgt die Bergung, dann wird die Wand freigegeben. Am 19. steigen sechs Seilschaften ein. Am 21. sind die Retter wieder am Berg, wo sie die Verletzten über die Südflanke abseilen (unten). Ihre wichtigsten Werkzeuge sind lange Berg- und Stahlseile.

Seilwinde: Ein Retter wird vom Helikopter aus in die Nordostwand abgelassen. Von nun an ist höchste Präzision und Konzentration von Seiten aller Beteiligten gefragt, besonders bei schwierigen Windverhältnissen. Aufschnaufen können die Retter meist erst, wenn der Patient im Horizontalnetz am Heli hängt: Dann sind die Ärzte gefordert.

1952 zurück, aber erst in den Sechzigerjahren wurden systematisch Methoden erprobt, um Retter in steilem Gelände abzusetzen und mit den Patienten wieder zu bergen. Wenn nicht gelandet, schwebend ausgestiegen oder aus geringer Höhe aus dem Heli gesprungen werden konnte, kamen verschiedene, aus heutiger Sicht sehr improvisierte Hilfsmittel zum Einsatz: das Rettungstau, ein am Lasthaken befestigtes Knotenseil mit einem Tellersitz, oder das für Warentransporte verwendete Lastennetz. Als einmal beim Schneefeld am Einstieg der Cassin-Route Ende der Sechzigerjahre ein Bergsteiger in Not geriet, flog Ueli Bärfuss, der Flugpionier des Engadins, seine Bell 47-G3 so nahe an die Wand heran, dass der Kollege des verunfallten Engländers, der die Rettung alarmiert hatte, aufs Schneefeld springen und sich dort halten konnte. Die Maschine drehte ab, ging auf den Fort da Cengal warten und holte den Patienten anschliessend mit dem Lastennetz aus der Wand. Funkgeräte fehlten damals noch, die Kommunikation erfolgte durch Pfiffe.

Am 13. Juli 1967 kam es in Zusammenhang mit einem Toten, der an der Nordkante hing, zur ersten Bergung aus der Luft. Mit der Bell 47-G3 setzte Pilot Ueli Bärfuss vier Retter am Fuss der Südflanke ab. Über die Normalroute stiegen diese auf den Gipfel und über die Kante zur Unglücksstelle hinab. Mit einem 15 Meter langen, am Lasthaken befestigten Seil schwebte Bärfuss anschliessend an die Kante, liess sich von den Rettern den Toten ans Seil klinken und flog ihn nach Bondo hinunter.

«Einfache» Windenrettungen waren zwar schon 1961 in der Watzmann-Ostwand und ab 1964 vereinzelt im Mont-Blanc-Gebiet gelungen. Doch an Direktrettungen aus Steilwänden im Hochgebirge war zu jener Zeit noch nicht zu denken. Dazu fehlten zwei wichtige Voraussetzungen: einerseits leistungsfähige Helikopter, die sich auf über 3000 Meter – und bei den in Wandnähe meist schwierigen Windverhältnissen – sicher im Schwebeflug halten liessen, und andererseits zuverlässige Winden, mit denen Retter präzis in steilem Gelände abgesetzt und anschliessend mit den Patienten wieder hinausgeflogen werden konnten. Erst gegen Ende der Sechzigerjahre kamen die dazu erforderlichen Maschinen auf den Markt. 1969 nahm die Air Zermatt den ersten mit Rettungswinde ausgerüsteten Helikopter der Schweiz in Betrieb, bald folgte auch die

Tradition: Heli-Pionier Ueli Bärfuss, dem manch ein Bergsteiger das Überleben verdankt, hat seine Erfahrung an zahlreiche Piloten weitergegeben – auch an seine Söhne und Rega-Piloten Thomas (links) und Hansueli (rechts).

Rettungsflugwacht. Langsam tasteten sich die Piloten und Flugretter an die Grenzen des Möglichen heran, bis 1971 Ueli Bärfuss am Badile – und Günther Amann wenige Wochen später an der Eiger-Nordwand – der grosse Durchbruch gelang. Was heute bei guten Verhältnissen schon fast Routine ist, war zu jener Zeit absolutes Neuland.

Am frühen Morgen des 31. Juli 1971 meldete Dino Salis einen Unfall in der Badilewand. Nach kurzer Vorbereitung startete Pilot Bärfuss um 4.20 Uhr die brandneue, für Windenoperationen ausgerüstete Alouette III SA316B und steuerte sie durch die Morgendämmerung Richtung Bergell. Mit an Bord befanden sich die Retter Mathis Roffler und Max Lamm sowie Windenmann Ueli Stocker. Trotz einiger bereits durchgeführter Windenrettungen liess der Gedanke an eine Direktrettung aus der Wand der ganzen Crew den Puls merklich ansteigen. Nach kurzem Suchen waren die zwei in Not geratenen Kletterer unweit des zweiten Cassin-Biwaks ausgemacht. «Nachdem wir die Situation aus der Nähe angeschaut hatten, waren wir überzeugt, dass eine Direktrettung mit der Winde möglich sein würde», erinnert sich heute Bärfuss. «Wir landeten dann bei der Sciorahütte, um den Einsatzablauf zu besprechen und um alles überflüssige Material auszuladen. Die nun von der Morgensonne hell beleuchtete Wand und der schwache Wind erleichterten den fliegerischen Teil des Anfluges und des Absetzens enorm. Weitaus schwieriger war es für Max und Mathis, die sich von einem Moment auf den andern in einer völlig neuen Umgebung auf kleinstem Raum zurechtzufinden hatten. Nach dem Absetzen warteten wir bei der Sciorahütte auf den Lagebericht von der Unfallstelle.» Die zwei in Steinschlag geratenen deutschen Alpinisten – einer der beiden hatte sich eine schwere Handverletzung zugezogen – wurden transportbereit gemacht, dann kam wieder die Flugmaschine zum Einsatz. «Die Bergung des Verletzten im Horizontalnetz und der Rücktransport aller übrigen Leute verliefen dank der guten Wetterverhältnisse problemlos. Die aufgewendete Flugzeit für das Absetzen der Retter und die eigentliche Bergung betrug wenig mehr als eine Stunde.» Rückblickend, meint Bärfuss, «war es einer meiner problemlosesten Badile-Einsätze. Über das Gelingen freuten wir uns alle riesig. Die Zeit der zeitaufwendigen, kombinierten und teuren Wandrettungen war damit vorbei.»

Vorbei ist mittlerweile auch die Zeit der damals eingesetzten Alouette. 1980 wurde sie ausgemustert; ihr letzter Flug ging nicht in die Berge, sondern ins Unterland. Die HB-XDF hängt seither an einer Decke des Verkehrshauses der Schweiz in Luzern und freut sich auf Besuch.

Die Weiterentwicklung

1975 kam es zu einer weiteren herausragenden Direktrettung. Am Sonntag, dem 24. August, hörten deutsche Alpinisten Hilferufe aus der frisch verschneiten Nordostwand. Renata Pool, die Hüttenwartin von Sasc Furä, leitete die Meldung unverzüglich an Rettungschef Dino Salis weiter. Umgehend wurde die Rettungsflugwacht alarmiert, doch die Maschine von Samedan steckte wegen Schlechtwetters in Arosa fest. Die Kolonne von Bondo wurde aufgeboten, um den Gipfel von Süden zu erreichen, am Montag in aller Frühe traf Verstärkung aus Pontresina ein. Um 6 Uhr früh schickte die Einsatzzentrale in Zürich den Heli der Tessiner Basis Magadino los, der jedoch über keine Winde verfügte. Um 7.30 Uhr traf endlich eine Maschine der Air Zermatt ein. Nebst Pilot Siegfried Stangier befanden sich an Bord Flughelfer Beat Perren und Arzt Jost Steiner. (Ein Arzt? Um die Mitte der Siebzigerjahre setzte sich eine wichtige Systemänderung durch, die Medikalisation der Flugrettung. Der Heli brachte nicht mehr den Patienten zum Arzt, sondern den Arzt zum Patienten. Es ging also nicht mehr um den möglichst raschen Transport ins Spital: Aufgabe des mitfliegenden, nach Möglichkeit in Notmedizin oder Anästhesie spezialisierten Arztes war, den Zustand des Patienten vor dem Flug zu stabilisieren und ihn transportfähig zu machen.)

Es folgte eine der wohl heikelsten je in der Schweiz durchgeführten Aktionen. Auf einem ersten Rekognoszierungsflug wurden die vom Wettersturz blockierten Bergführeraspiranten Philippe Héritier (23) und Philippe Berclaz (24) gesichtet. Sie standen etwa 200 Meter unter dem Gipfel auf einem schmalen Felsband am Fuss des Trichters der Cassin-Route, streckten beide Arme in die Luft und schienen unverletzt, befanden sich aber seit vier Tagen und zwei Wetterumstürzen in der Wand. Das Windenseil wurde mit einem 20 Meter langen Bergseil auf 45 Meter verlängert, ein von der Rettungskolonne vorbereiteter Rucksack mit Proviant, warmen Getränken, Kleidung und Biwakmaterial darangehängt. Stangier und Perren flogen um 10 Uhr wieder in die Wand. Unter dem Rucksack baumelte ein Funkgerät, das den Bergsteigern signalisieren sollte, dass es noch nicht um die Rettung, sondern erst um eine Kontaktaufnahme ging. Spränge einer der beiden den Rucksack an, würde die Maschine vermutlich abstürzen. Der starke Aufwind in der Wand bereitete Stangier grösste Mühe: «Fast ohne Leistung segeln wir an der Wand entlang. Eine plötzliche Windflaute würde uns durchsacken lassen. Könnte ich das rechtzeitig ausgleichen?» Das Manöver gelang. Für die eigentliche Rettung lud er dann 80 Kilogramm Steine in den Skikorb auf der rechten Seite, um die bergseitige Last am gegenüberliegenden Windenseil auszugleichen. Erst gegen 18.30 Uhr, nach einigen abgebrochenen Versuchen, konnte Stangier den ersten Philippe aus der Wand holen, der zweite folgte nach vier weiteren Versuchen.

Winde oder Long Line?

Die Rettungswinde hat in den letzten Jahren Konkurrenz erhalten – vom guten, alten Lasthaken. In besonders steilem oder senkrechtem Gelände kann der Helikopter (wegen des nötigen Abstands der Rotorblätter zum Fels) manchmal nicht nahe genug an die Wand fliegen, um einen Patienten mit dem verhältnismässig kurzen Windenseil zu erreichen. Andererseits lässt sich das Windenseil nur begrenzt verlängern. In solchen Fällen wird ein langes Seil in den Haken unter dem Helikopter geklinkt – mit dem zusätzlichen Vorteil, dass sich die Maschine ausserhalb der Steinschlaggefahr bewegt. Diese Technik ist im Wesentlichen nicht neu, da Transportlasten eigentlich seit Erfindung des Helikopters immer unter dem Schwerpunkt angehängt wurden, was ja auch stabiler ist als eine seitlich angebrachte Winde. Doch das Neue an der in den Neunzigerjahren entwickelten und unter dem Namen «Long Line» bekannten Technik ist die Länge des Seils von bis zu 220 Metern, was eine besondere Stabilisation erfordert und von Pilot und Rettern peinlich genau einzuhaltende Verfahren verlangt. Nach einer anfänglichen Probephase auf mehreren Basen sind nur noch die Rega-Standorte Samedan (GR) und Gsteigwiler (BE) – beschränkt auch Mollis (GL) – sowie die Air Zermatt und die Air Glaciers (VS) in der Lage, solche Long Lines durchzuführen. Schweizweit beherrschen keine fünfzig Rettungsspezialisten die aufwendige Technik.

Ein Beispiel? Am 8. August 2002 klettern zwei Tschechen über die Engländerroute durch die Ostnordostwand hoch, als der Vorsteiger unter dem grossen Dach auf 2950 Metern etwa 10 Meter ins Seil stürzt. Der Knöchel ist gebrochen, weiterklettern kommt nicht in Frage, aber sie können per Mobiltelefon die Einsatzzentrale in Zürich alarmieren. Pilot Marco Mehli fliegt die Agusta 109K2 zur Unfallstelle. Mit dabei sind Notarzt Urs Wiget, Rettungssanitäter Alberto Rogantini und die Rettungsspezialisten Dominik Hunziker, Marco Salis und Marcello Negrini. Ein Blick reicht: Mit der traditionellen Windentechnik keine Chance, zu steil ist die Wand dort, ganz klar ein Fall für die Long Line. Mit 20 Meter Gehänge und weiteren 200 Meter Statikseil kann der Heli, knapp über der oberen Wandkante schwebend, den Retter gerade noch bei den Kletterern absetzen und anschliessend alle Beteiligten ausfliegen. Der ganze Einsatz dauert keine 2 Stunden. Ohne Long-Line-

Sensation: US-Jugendbuchautor Roger Schachtel erzählt die Rettung aus dem Jahr 1975 nach, für die Siegfried Stangier und Beat Perren von der Air Zermatt – als erste europäische Crew – mit dem amerikanischen «Helicopter Heroism Award» ausgezeichnet werden. Trotz Matterhorn auf dem Cover geht's darin um den Badile.

Verfahren hätte sich eine ganze Equipe auf dem Gipfel absetzen und langwierig zu den Verunfallten abseilen müssen. Kaum sind die beiden Tschechen ausgeflogen, schlägt das Wetter um und bleibt über eine Woche lang schlecht.

Kurze Alarmwege

Wie das Beispiel der beiden Tschechen zeigt, haben sich die Alarmwege in den letzten Jahren dank moderner mobiler Kommunikation wesentlich verkürzt – sofern man sich im Funk- oder Telefon-Empfangsbereich befindet, was am Badile nicht immer und überall der Fall ist. 1972 war das noch anders. Von einem Wettersturz überrascht, gerieten die deutschen Alpinisten Karl Golikow und Otto Uhl im oberen Teil der Nordostwand in Bergnot, was aber niemand bemerkte: Die Wand war in dichte Wolken gehüllt, die weder Lichtsignale noch Hilfeschreie durchlies-

Nordwind: Blick aus der Helikopterkabine auf den verschneiten Badile – im oberen Teil der Kante befinden sich Kelsey und Colenso. Der böige Föhnwind sorgt für einen blauen Himmel, aber auch für frostige Temperaturen und eine besonders heikle Rettung.

sen. So konnte niemand ahnen, dass dort zwei Menschen um ihr Leben kämpften. Das Drama endete zu ihren Ungunsten – und die alpine Presse setzte ihnen posthum noch eins drauf, als sie geisselte, Uhl und Golikow hätten die Tour sträflich unterschätzt und seien trotz schlechten Wetterberichts («Schauer, besonders im Tessin, Nullgradgrenze auf 2500 Meter sinkend») ohne Biwakausrüstung eingestiegen.

Nur 30 Jahre später, am 4. Oktober 2003, stiegen Rachel Kelsey und ihr Freund Jeremy Colenso bei noch schlechterer Wettervorhersage in die Nordkante ein. Die beiden Engländer erreichten zwar problemlos den Gipfel; beim Abseilen über die Kante holte sie aber eine energische Kaltfront ein, die sie zu einem frostigen Notbiwak zwang. Um halb zwei nachts tippte Kelsey im tiefen Neuschnee eine SMS-Nachricht an fünf Freunde in London. Kletterkollege Avery Cunliffe las sie um 5 Uhr morgens, stellte umgehend die Vorwahl für die Schweiz ein und alarmierte von England aus die Rega. Da das Wetter keine sofortige Rettung zuliess, wurden die beiden Blockierten regelmässig per SMS über die Aussichten informiert und vertröstet. Um 17 Uhr glückte ein erster Überflug, aber noch keine Bergung, was die Crew ebenfalls sofort per SMS durchgab. Am frühen Montagmorgen gelang es dann schliesslich einer Besatzung der Heli-Bernina mit zwei SAC-Rettern, die beiden schlotternden Briten mit einer wendigen Lama SA315B aus der Kante zu fliegen – ein sehr heikles Unterfangen angesichts des äusserst böigen Nordwinds mit Spitzen von über 100 Stundenkilometern – und dem weiter unten wartenden Rega-Helikopter zu übergeben.

Nicht ungefährlich

Die Möglichkeit, aus jeder Situation per Mobiltelefon rasch Hilfe anzufordern, verleitet zunehmend Bergsteiger zum Einsteigen in eine (zu) schwierige Route, bei zweifelhaften Verhältnissen oder ohne ausreichende Sicherheitsreserven. Dabei wird rasch vergessen, dass eine Flugrettung nicht immer möglich ist. Fachleute stellen eine gefährliche Entwicklung fest: Der Helikopter wird in letzter Zeit gar von Bergsteigern angefordert, die zwar wohlauf sind, sich aber den mühsamen Abstieg vom Gipfel oder ein (an sich harmloses) Notbiwak schenken möchten. Oft können die Retter erst vor Ort feststellen, ob es sich um einen unnötigen «Taxi-Dienst» handelt. Das ist nicht zuletzt deshalb problematisch, weil die Maschine während dieser Zeit für echte Notfälle nicht zur Verfügung steht – und weil die Crew auch bei solchen Einsätzen immer gewisse Risiken eingeht.

Besonders tückisch für die Retter ist der Steinschlag. Auch noch Tage nach einem grösseren Felssturz liegen auf den vielen Bändern grosse Brocken, die sich durch kleine Zusatzbelastungen – zum Beispiel den Abwind des Rotors oder die Reibung eines Bergseils – in Bewegung setzen können. Entsprechend heikel sind solche Einsätze. Gefürchtet sind des Weiteren plötzliche Wetterstürze, bei denen die Retter unter Umständen von einer Minute auf die andere nicht mehr auf den Helikopter zählen können. Dann müssen sie und die Patienten sich allein durchschlagen – und unter Umständen auch in der Wand biwakieren. Ein Gewitter kann die ganze Wand mit Eis überziehen. Rettungsprofi Marco Salis kann sich noch gut an eine Aktion erinnern, bei der er aus dem Schlaf gerissen und wenig später in der Nordostwand auf einem schmalen Felsband abgesetzt wurde. Erst als er sich vom Windenhaken gelöst hatte und der Heli weggedreht war, realisierte er seine Lage: Er befand sich völlig ungesichert in der mit einem Eispanzer überzogenen Nordostwand, seine Füsse hatten die Eisschicht auf dem Felsband durchbrochen und standen in einer eiskalten Wasserlache. Um das Gleichgewicht zu halten, musste er zum Jackenärmel der Patientin greifen, die längst tot und mit einer Eisschicht überzogen war. Dabei steckte er noch keine Stunde früher unter einer warmen Daunendecke …

Wer macht was?

Obwohl die Zahlen stark schwanken, werden am Badile im Mittel etwa 3 bis 5 Einsätze pro Jahr geflogen. In den letzten 10 Jahren kamen auf der Schweizer Seite 3 Personen ums Leben.

Im Prinzip fällt die Südseite des Badile in den Zuständigkeitsbereich von 118 Sondrio, dem Veltliner Ableger der landesweiten 118-Rettungsorganisation (118 steht für die Notrufnummer); in Sondrio ist auch der regionale Rettungshelikopter stationiert, eine grosse Agusta-Bell 412EP. Für die Nordseite ist hingegen die Rega zuständig, die über ihre Einsatzzentrale in Zürich (Tel. 1414) je nach Verfügbarkeit die Agusta A 109K2 der Basis Samedan, weitere Maschinen der ebenfalls in Samedan beheimateten, kommerziellen Heli-Bernina oder allenfalls einen Helikopter der benachbarten Basen (Untervaz, Erstfeld, Locarno) einsetzt. Bei Bedarf wird allerdings auch mal über die Grenze geflogen. Dass die italienischen Helikopter gemäss derzeitigem Gesetz nachts nicht fliegen dürfen, macht die ganze Angelegenheit etwas komplizierter als nötig.

Auf der Nordseite des Badile wurde das Stahlseilgerät seit mindestens 30 Jahren nicht mehr eingesetzt – zumindest nicht im Ernstfall. Vor lauter Rotoren und Turbinen geht manchmal allerdings vergessen, dass die Bergretter immer noch eine zentrale Rolle spielen: Pilot und Flughelfer können ihre Maschine noch so gut im Griff haben, ohne einen bergsteigerisch und technisch kompetenten «Rettungsspezialisten Helikopter» (RSH), der sich in die Wand absetzen lässt und einen wesentlichen Teil der Arbeit leistet, könnten sie dem Patienten kaum mehr als zuwinken. In der Schweiz, mit Ausnahme des Kantons Wallis, ist die Bergrettung Sache des Schweizer Alpen-Clubs SAC. Die dem Badile am nächsten gelegene SAC-Rettungsstation ist diejenige von Bondo, die von Marcello Negrini und seinem Stellvertreter Mario Rogantini geleitet wird; sie wird häufig unterstützt durch die Oberengadiner Kollegen, die eine Station in unmittelbarer Nähe der Rega-Basis Samedan betreiben. Mit dem von der Kantonspolizei angestellten Bergeller Bergführer Marco Salis steht überdies auf dem Posten Samedan fast rund um die Uhr ein seit 1969 tätiger Rettungsspezialist zur Verfügung, der die Gegend wie seine Hosentaschen kennt. Das italienische Pendant heisst Corpo Nazionale Soccorso Alpino e Speleologico, untersteht dem Club Alpino Italiano CAI und unterhält Stationen unter anderem in Valmasino, Morbegno, Chiavenna, Valmalenco und Sondrio. Insgesamt stehen dem Leiter der Station Valmasino, Ezio Scetti, knapp 30 Retter zur Verfügung; für die gesamte Region Valtellina-Valchiavenna verfügt die CNSAS über fast 400 Retter, darunter mehr als 50 Bergführer und Aspiranten.

Operationen in schwierigem Gelände sind rasch einmal personal- und zeitaufwendig, was sich in den Kosten niederschlägt. Und das nicht erst seit heute. Anlässlich der Rettung des Ehepaars Peter und Barbara Ščetinin-Lipovšek aus Ljubljana, die im August 1968 sechs Tage in der Nordostwand blockiert waren, beliefen sich die Heli-Kosten auf 5424.90 Franken, diejenigen der Rettungskolonne (8 Bergführer) auf weitere 5350.70 Franken. Die Rettung war ein voller Erfolg: Kein Jahr später standen die Ščetinins wieder am Einstieg der Cassin.

Zürich, Montag, 12. August 1968 10. Jahrg. Nr. 188 Preis 30 Rp.
PREZZO IN ITALIA LIRE 60

Blick
UNABHÄNGIGE SCHWEIZER TAGESZEITUNG

Etwas erlebt? Etwas passiert?
BLICK-Leser telefonieren sofort
BLICK: Telefon (051) 25 67 04

In der Nordwand des Piz Badile, etwa 230 Meter unter dem Gipfel (Kreuz), hingen die beiden Jugoslawen. Sie waren von der Sciora-Hütte (Vordergrund) aufgestiegen.

Schon tot geglaubt!

Nach fünf Tagen in Eiswand:

Doch noch lebend gerettet!

BONDO – Das Unwahrscheinliche ist eingetreten: Die seit über 120 Stunden in der Nordwand des Piz Badile hängenden jugoslawischen Bergsteiger Lopiana (27) und Peter Scetenin (33) leben und sind gerettet!

BLICK berichtete, wie die zwei leblos in der Wand gesichtet und für tot gehalten worden waren.

Das jugoslawische Ehepaar gehört zu den erfahrenen Bergsteigern. Die beiden, Eltern eines Töchlerchens, haben schon Berge wie die Grosse Zinne in den Dolomiten bestiegen. Letzte Woche aber kam auch ihre gute Ausrüstung nicht mehr gegen tobendes Unwetter an.

Das Drama begann heute vor acht Tagen. Das Ehepaar war am Sonntag von Bondo (Bergell) zur Sciora-Hütte (2117 m ü. M.)

Salis (40), Bruno Hofmeister (27) und Robert Veisch (33) aus Bondo; Hermann Fischer (39) aus Samaden; Gottlieb Zryd (39) und Toni Spinas (51) aus St. Moritz und Konrad Meuli (45) aus dem Fex-Tal. Adolfo Salis' Bruder Dino (42) koordinierte von Bondo aus die Aktion.

Zuerst versuchte der Helikopter mit vier Mann und Material auf dem Gipfel des Piz Badile zu landen. Das Wetter war aber zu schlecht. So wurden die sieben Mann und das Material in zwei Flügen zur Gianetti-Hütte (2534 m) auf der Südseite des Piz Badile, auf italienischem Gebiet, geflogen. Zwei italienische Brigadiert schlossen sich den sieben an. Der Aufstieg war hart.

«Es hat irrsinnig geschneit», erzählte Adolfo Salis BLICK. «Es donnerte und blitzte und ein eisiger Wind ging.»

BLICK-Eigenbericht

Banken-Betrug: In Zürich geklappt

Hj. H. ZÜRICH – Beim Versuch, durch einen Bankenbetrug 600 000 Dollar (2,5 Millionen Franken) zu ergaunern, flog ein internationaler Gold- und Diamantenschmugglerring mit Sitz in Amsterdam auf. Zwei der Mitglieder wurden in Zürich verhaftet, zwei in Amsterdam und drei in Hongkong.

Mit einem raffinierten Trick wollten die Gauner in der Amsterdamer und der Zürcher Filiale der «Bank von Amerika» gleichzeitig je

Eiswand: Das tönt in den Ohren der «Blick»-Journalisten offensichtlich dramatischer als «nur» Felswand. Wenn auch bisweilen überspitzt formuliert, findet die Arbeit der Bergretter – wie 1968 am Badile – vor allem in der Boulevardpresse Aufmerksamkeit, während sie Qualitätszeitungen meist bloss eine vermischte Meldung wert ist.

Heute werden Rettung und medizinische Notversorgung in Italien vom Staat finanziert, sind also für alle italienischen Staatsbürger gratis; ausländische Patienten bezahlen einen verhältnismässig bescheidenen Kostenanteil. In der Schweiz dagegen empfiehlt sich für alle, Schweizer wie Ausländer, eine sichere Versicherung oder eine Mitgliedschaft bei der Rega. Wer weder noch hat, kann gehörig zur Kasse gebeten werden: Eine Flugminute kostet derzeit (Stand 2006) inklusive Crew und Arzt, aber ohne SAC-Bergretter, tagsüber 87 und nachts 100 Franken.

SCHWIERIGER, SCHNELLER UND SCHNEE
1953–1974

Schwieriger, schneller und Schnee

«In den Masino-Bergen gibt es nun praktisch nichts mehr zu tun. Die eifrigsten Besucher der Region lösen derzeit noch vereinzelte, zweitrangige Probleme.»

Piero Meciani, «Val Masino – note di storia alpinistica», 1954

Expeditionsberg: Zwischen 1965 und 1974 glücken die grossen Winterbesteigungen: Kante, Nordostwand, Nordwestwand. Weshalb zahlreiche Anläufe zuvor scheitern, zeigt die Ansicht der Nordseite im Spätwinter (vorangehende Doppelseite, rechts der Badilet).

Bigwall: Flugaufnahme der (Nord-)Ostwand im Hochsommer (rechte Seite). Die links sichtbare Ostwand, 500 Meter hoch, erhält ihre erste Route 1953 durch Claudio Corti und Felice Battaglia. Corti hinterlässt kaum Informationen zum Verlauf. Und Corti heisst auch der erste Wiederholer: 22 Jahre später, am 3. August 1975 mit Sergio Lanfranconi.

Wieso klettert man durch eine Wand? Wohl weil sie da ist. Alle Grate und alle Wände des Badile haben seit 1937 ihre Route – und zwar genau je eine. Die meisten Spitzenkletterer scheinen sich mit dem Angebot bis Ende der Sechzigerjahre vollauf zufrieden zu geben, ihre Ambitionen konzentrieren sich sowieso auf die Cassin. Wer es nicht bei einer normalen Wiederholung belassen kann oder will, versucht sich an Alleinbegehungen, Winterversuchen und möglichst kurzen Begehungszeiten. Bei näherem Hinschauen gibt es sie aber noch, die undurchstiegene Seite: Die Ostwand ist durchaus ein eigenständiges Gebilde. Weniger hoch zwar als die rechts anschliessende Nordostwand, dafür aber wesentlich steiler. Bis im Sommer 1953 scheitern alle Versuche – es sind deren nicht viele.

1953 Claudio Corti und Felice Battaglia lernen sich am 2. August anlässlich einer Bergungsaktion am Fuss der Nordostwand kennen. Der 25-jährige, visionäre Corti und der ein Jahr jüngere Battaglia verstehen sich auf Anhieb und kehren eine Woche später zurück. Ihr Ziel: ebendiese Ostwand. Auf Sasc Furä zwingt sie das schlechte Wetter zu einer langen Warterei. In der Nacht auf den 17. August klart es endlich auf. Um 5 Uhr morgens verlassen Corti und Battaglia ihr Quartier, traversieren den Gletscher und steigen 250 Meter den Canalone del Cengalo empor bis zum Einstieg. Zwei Risse bieten sich an. Ein erster Versuch nach rechts missglückt, der Riss links hingegen bietet ihnen eine zwar schwierige, aber praktikable Aufstiegslinie. In ausgesetzter freier wie künstlicher Risskletterei – der führende Corti stürzt an einer Stelle auch ins Seil – gewinnen sie Meter um Meter. Dann folgt eine knifflige Traverse nach links, wo sie von der einbrechenden Dunkelheit überrascht werden. Die Nacht verbringen sie in Trittleitern, füllen sie mit Gesprächen.
Der neue Tag bricht schön an und bringt gleich wieder anspruchsvolle Seillängen. Mit einem Pendelquergang wechseln sie nach links in ein weiteres Risssystem, dann folgt ein von Corti mit VI+ bewerteter Abschnitt. Vor lauter Anspannung merken sie erst spät, dass das Wetter umschlägt. Ein Quergang führt sie endlich zum Ostgrat und zum Ende der Schwierigkeiten. Freude über die neue Route – 600 Meter, VI+/A2, über 120 Haken und 6 Keile, 18 Stunden Kletterzeit, der bis anhin schwierigste Anstieg am Badile – kommt keine auf, denn unvermittelt entlädt und entleert sich ein Gewitter über ihren Köpfen. Der einzig mögliche Ausweg ist der Ausstieg über den Gipfel. Auf dem Weg dorthin wird Battaglia von einem Blitz erschlagen.
Corti widmet die Route seinem so rasch gewonnenen wie verlorenen Freund. Dessen ungeachtet spricht man heute in der Regel schlicht von «Corti-Route».

Es geschah vor 15 Jahren

Claudio Corti (rechts) und Claudio Girardi 1975, nach der Cassin.

[...] Jetzt haben wir die grössten Schwierigkeiten des Anstiegs hinter uns, aber wir müssen immer noch kämpfen. Das Wetter sieht sehr bedrohlich aus, und das Unwetter erreicht uns mit einer der Umgebung würdigen Intensität. Binnen kurzem sieht man nur noch ein paar Meter weit, und die luftige Kante, die jetzt im Nebel verschwimmt, scheint bei jedem Schritt im Nichts zu verschwinden und hört doch nie auf. Das düstere Grau der Umgebung erhellt sich nur, wenn ein Blitz über die Grate zuckt, der uns zusätzlich noch etwas Steinschlag beschert. Ein überhängender Felsen vermittelt uns den Eindruck, wir könnten darunter etwas Schutz suchen, aber Anhalten bedeutet auch fürchterliche Kälte, Zähneklappern und Zittern am ganzen Leib, deshalb scheint es uns nach etwa 20 Minuten besser, wieder loszugehen, Richtung Badile-Gipfel. Unter starker Spannung stehend, kommen wir auf dem nassen und bröseligen Fels nur langsam voran. Aber wir müssen wieder anhalten, weil das Wetter sich weiter verschlechtert und mit unermesslicher Gewalt auf uns einschlägt. Wir finden weit entfernt voneinander eher recht als schlecht Unterstand. Wir fühlen uns einsam, traurig und, das muss ich zugeben, verzweifelt.

Wir kauern uns gegen den Fels, während die Gewalt des Unwetters um uns tobt, das Leuchten der Blitze uns blendet, das Rollen des Donners uns vernichtend in den Ohren dröhnt. Das Gefühl, dass wir sterblichen Geschöpfe gegenüber diesen Naturgewalten ohnmächtig sind, ist schauerlich.

Als wir uns wieder aufmachen, schlägt in meiner Nähe ein Blitz ein. Ich spüre einen Schlag im Rücken und ziehe sofort am Seil. Es ist frei. Ich ahne die Tragödie und rufe vergebens und voller Verzweiflung meinen Seilpartner. Nach einiger Zeit hat meine Suche Erfolg. Ich höre ein Wimmern und folge dem Klagen. Etwa 50 Meter unterhalb unseres Standortes liegt Battaglia, zur italienischen Seite hin, sein Körper ist vom Blitz verbrannt.

Ich nehme an, Battaglia ist im Koma, während ich sehe, dass sein körperlicher Zustand erbärmlich ist. Ich kann nichts anderes tun, als ihm Mut zuzusprechen, auch wenn er mich nicht verstehen kann. Ich weine und bete: Nach einer Stunde Agonie schläft der gute Felice in meinen Armen ein.

Ich fixiere den Körper an der Wand und weiss nicht mehr, wie ich ins Rifugio Gianetti komme, um die Rettungsmannschaft zur Bergung des Leichnams zu rufen. Was geschehen ist, nachdem ich Felice gefunden hatte, wie ich auf den Gipfel des Badile kam und wie ich den Abstieg und das Rifugio gefunden habe, wie lange das Unwetter andauerte, an all das kann ich mich nicht mehr erinnern. Ich blieb mit meinem Drama allein. Mein Kopf war von dieser Tragödie benebelt, ich konnte keine Ruhe finden.

Und dieses Drama hatte ein Nachspiel, wie alle ein bestimmtes Aufsehen erregenden Dinge. Kleingeister beschuldigten mich, ich sei unbesonnen, würde die Gefahr suchen und das Leben verachten. Sie wissen nicht, dass der Bergsteiger hinaufmuss, klettern muss, in die Berge muss, eben weil er das Leben, das richtige Leben, intensiver liebt als sie.

Im reinen Herzen und im festen Willen eines Bergsteigers gibt es keine Möglichkeit, den Geist anzuklagen oder anzugreifen, weil er sich Vorgängen gefügt hat, deren Dimensionen ausserhalb und über allem Schicksal liegen. Ein Schicksal hat sich erfüllt, es hat dem lieben Felice das Leben genommen und hat mich mit einem Drama zurückgelassen, dessen Ausmass übermenschlich ist.

Jetzt gibt es die freundschaftliche Wärme Felices nicht mehr. Die Erinnerung an ihn bleibt mir und den Bergsteigern, die kühne Gipfel lieben, und ist auf der fatalen Route, die ich ihm gewidmet habe, konkret und real vorhanden. Alle, welche die Ostwand des Badile betrachten, helfen mir, wenn sie an ihn denken, ihn meinem Schmerz ein wenig näher zu bringen, meinem Leid, das die Zeit nicht lindern konnte.

aus: «Notiziario CAI Lecco», 1968

Am Eiger überlebt und fast zerbrochen

Claudio Corti war Arbeiter, Camionfahrer, Mitglied der Ragni di Lecco sowie des CAAI. In Kletterkreisen für seine Grosszügigkeit bekannt, war «Marno» seit frühester Jugend ein leidenschaftlicher Kletterer, körperlich extrem belastbar und bald schon in den höchsten Schwierigkeitsgraden zu Hause. Früh begann er, kühne, athletische Linien zu legen, die man heute modern nennen würde, die damals aber noch unüblich waren. 1953 eröffnete er mit Carlo Mauri und Giulio Fiorelli eine Route an den Gemelli, eine weitere mit Mauri am Cengalo und bald darauf sein Meisterstück in der Ostwand des Badile, das mit dem tragischen Tod von Felice Battaglia endete. 1955 folgten Routen am Picco Luigi Amedeo und am Pizzo Torrone Occidentale.

1957 versuchte er sich mit Stefano Longhi an der Eiger-Nordwand. Da sie kaum Informationen über die Route hatten, verstiegen sie sich, mussten umkehren und nochmals starten. Am 4. August wurden sie von den Deutschen Nothdurft und Mayer eingeholt, die selbst Schwierigkeiten hatten und baten, sich anschliessen zu dürfen. Die Viererseilschaft – mit Corti im Vorstieg – war zwangsläufig langsamer. Das Drama nahm seinen Lauf, als das Wetter umschlug. Am 9. August stürzte Longhi kurz vor der Spinne; beim Versuch, den Sturz abzufangen, verbrannte sich Corti die Hände. Vergeblich unternahm er alles, den Kameraden zu bergen, der sich nicht mehr bewegen konnte. Schweren Herzens stieg Corti weiter, um so bald wie möglich die Rettung zu alarmieren. Dabei wurde er im Vorstieg von einem Stein am Kopf getroffen, stürzte 30 Meter ab und konnte sich nicht mehr bewegen. Die Deutschen überliessen ihm ihr Zelt und stiegen weiter auf, das Tal erreichten sie aber nie.

In den nächsten Tagen starb Longhi an Erschöpfung. Corti delirierte und wurde am 11. August nach acht Nächten in der Wand von einem internationalen Rettungsteam geborgen. Noch im Krankenhaus wurde Corti offen wegen des Todes seines Kameraden und der beiden verschollenen Deutschen beschuldigt. Besonders die deutsche Presse fiel über ihn her, ebenso Heinrich Harrer, der ihn in seinem 1958 erschienenen Buch «Die weisse Spinne» wie einen Kriminellen behandelte, der «die beiden Deutschen möglicherweise abstürzen liess». Noch unter körperlichem und seelischem Schock stehend, konnte sich Corti mit seinem kantigen Dialekt nicht verteidigen, als sich die Journalisten auf ihn stürzten.

Sein Leben als Bergsteiger und Mensch war zerstört. Kameraden wie Cassin und Mauri wandten sich ab, was seine Situation noch verschlimmerte; der CAI schwieg. Die Kletterer aus Lecco, die Corti als ehrlichen und vielleicht zu naiven Mann kannten, hielten aber zu ihm und halfen ihm, wieder Selbstvertrauen zu schöpfen. 1961 wurden die Leichen von Nothdurft und Mayer auf der Abstiegsroute gefunden. Corti hatte sie also nicht abstürzen lassen, sondern die Wahrheit gesagt. Dennoch weigerte sich Harrer hartnäckig, ihn öffentlich freizusprechen, hetzte in seinem nächsten Buch «Nordwand» gar weiter.

Später nahm Corti das Klettern wieder auf. 1967 wiederholte er die schwierigste Route der Hohen Tatra und eröffnete eine Variante am Campanile Basso. 1968 gelang ihm die zweite Wiederholung der «Via Lecco» am Grand Capucin, später die erste der «Via Scarabelli» ebendort. Bis 1973 folgten viele weitere Neutouren, so auch am Badile («Via Vera», 1972) – extreme Routen, die Cortis Stil widerspiegeln, mit möglichst wenig Haken auszukommen. 1973, 45-jährig, nahm Corti an der Expedition der Ragni zum Cerro Torre teil, wo er mit seiner Erfahrung und Opferbereitschaft eine wichtige Rolle spielte. Ein Jahr später eröffnete er noch eine neue Route in der Grigna, was von seiner beneidenswerten körperlichen Verfassung zeugt – und von seiner Leidenschaft. Die ihn heute noch, mit fast 80 Jahren, zu jedem Treffen der Ragni di Lecco führt.

Claudio Corti

Giovanni Capra, geboren 1946, Englischlehrer und Bergsteiger, ist freier Mitarbeiter von Alpinzeitschriften und engagiert sich bei der UIAA. Sein Buch über die Italiener am Eiger erscheint 2006.

Bergführer: Giulio und Dino Fiorelli (unten) gelingt in den Fünfzigerjahren an den heimatlichen Bergen fast alles. Nur an der Badile-Nordostwand scheitern sie, beziehungsweise am listigen Widerstand der Ehefrauen. Hanspeter Kasper (oben), um eine Generation jünger, misst sich dagegen an den Bergen der Welt: Kaukasus, Yosemite, Fitz Roy. Trotzdem zieht es ihn immer wieder zu Sciora, Cengalo – und Badile, wo er eine neue Rekordzeit aufstellt. Sein Stern verglüht an Weihnachten 1974, als er am Pilier d'Angle in den Armen von Ruedi Homberger an Lungenödem stirbt.

1956 Dass praktizierende Bergführer die Initiative zu einer grossen Tour ergreifen, ist in diesen Jahren noch nicht sehr üblich. Eine Ausnahme stellt die erste Winterbegehung der Molteni-Route in der Südostwand durch Dino und Giulio Fiorelli im Winter 1956 dar. Ihre Schnelligkeit und Effizienz am Berg beweist, dass es sich um routinierte Profis handelt. Am 14. März starten sie in den Morgenstunden in San Martino, um 12 Uhr sind sie am Rifugio Gianetti, eine halbe Stunde später verlassen sie die Hütte und gehen zum Einstieg, um die verbleibende Zeit zu nutzen. Sie steigen zügig weiter, um 18 Uhr ist die Hälfte der Wand geschafft. Beim Abseilen hinterlassen sie zwei Fixseile sowie einige Haken und übernachten in der Gianetti. Anderntags erfolgt der Start um 6.15 Uhr, um 14 Uhr stehen die beiden bereits auf dem Gipfel. Zur Ausrüstung gehören zwei 60 Meter lange, 10 Millimeter dünne Seile – eine erstaunlich modern anmutende Wahl. «Vinta la sud est del Pizzo Badile», titelt die zweiwöchentliche Bergzeitung «Lo Scarpone» am 1. April 1956. Damit läuten die Fiorelli die Ära der Winterbegehungen am Badile ein. Drei Tage später, am

18. März, gelingt Mario Bisaccia, Enrico Peyronel und Paolo Pozzi die erste Begehung der «Marimonti» an der Punta Sertori in der kalten Jahreszeit. Trotz Schnee auf den Platten gehen auch sie zügig ans Werk: Nur gerade 4 Stunden fordert ihnen die Route mitsamt dem Ostgrat zum Badile ab.

Im September 1956 weilt der 21-jährige Günter Nothdurft bei einem Freund in Chur, wo er sich von einem Zahnarzteingriff erholt und sich bald langweilt. Beim Durchblättern eines Fotoalbums fällt sein Blick plötzlich auf eine Abbildung des Badile. Kurz entschlossen packt er sein Zeug, hinterlässt eine Notiz, springt aufs Motorrad und fährt durch den späten Nachmittag über den Malojapass ins Bergell. Kurz vor Einbruch der Dunkelheit steht er am Fuss der Nordostwand, klettert noch zum Einstiegsband hoch und legt sich nieder. In der Nacht regnet es in Strömen, dann fällt die Temperatur unter den Gefrierpunkt, am frühen Morgen ist die Wand stark vereist. Mit den ersten Sonnenstrahlen taut das Eis ein wenig auf, was Nothdurft dazu bewegt, seine Alleinbegehung der Cassin dennoch zu versuchen. Bald schlägt das Wetter wieder um: Regen, Schneefall und – im oberen Wandteil – ein heftiger Schneesturm begleiten seinen Wahnsinnsgang, bei dem er sich nur im oberen Wandteil stellenweise sichert. Bei einem Quergang hält er sich an einige vorhandene Haken, «den letzten davon belaste ich etwas zu stark und gleich habe ich ihn in den Händen. Blitzschnell verkrallen sich meine Hände in einem Spalt; als ich im schmalen Riss drüben bin, geht ein scheuer Blick nach unten. 500 m tiefer ist der Gletscher mit seinen gähnenden Spalten.» Im Gipfelcouloir muss er sich mit dem Kletterhammer Tritte in den Eispanzer schlagen. Unter diesen Umständen ist seine Begehungszeit noch

sensationeller: nur 3 Stunden vom Einstiegsband zum Gipfel. Nach dem Abstieg über die Nordkante ist er um 15 Uhr wieder in St. Moritz …

Es liegt bestimmt am Ruhm der Wand, aber auch an der Struktur des Granits und an der weitgehend freien Kletterei, dass sich die Cassin-Route im Laufe der Zeit zu einem beliebten Ziel für Solobegehungen entwickelt. Bis heute wurde sie jedenfalls mehrere Dutzend Mal auf diese Art wiederholt. Einige herausragende Beispiele finden sich in der untenstehenden Tabelle.

Manchmal herrscht gar Massen-Alleinbetrieb. Als Giuseppe Caneva am 4. August 1973 den Gipfel von Süden erreicht, um über die Kante abzusteigen und tags darauf die Cassin solo zu machen, stösst er auf Eric Jones, der soeben allein aus der Nordostwand aussteigt.

Bergrund: Der riesige Kessel am Südfuss des Badile – und der gelben Biwakschachtel – ist zugleich das Revier der Fiorelli. Viele Routen werden von ihnen eröffnet, andere nach ihnen benannt. Knapp vom Nebel verschluckt ist das Rifugio Gianetti (siehe Seite 49), wo die Fiorelli ebenfalls seit jeher das Sagen haben.

			Land	**Kletterzeit**	
1952	6.7.	Hermann Buhl	Ö	4 Std. 30 Min.	1. Alleinbegehung
1956	?.9.	Günter Nothdurft	D	3 Std.	2. Alleinbegehung
1961	15.9.	Elio Scarabelli	I	3 Std. 30 Min.	3. Alleinbegehung
1962	?.8.	Dietmar Geyer	Ö	?	zwischen 31.7. und 9.8. solo: Badile-Nordkante, Bügeleisen-Gemellikante, Cassin/Badile, Innominata, Bramani/Pioda di Sciora
1964	27.7.	Aldo Anghileri	I	4 Std. 30 Min.	17-jährig
1969	3.8.	Cliff Phillips	GB	2 Std. 55 Min.	1971 nochmals allein durch die Cassin
1970	3.9.	Hanspeter Kasper	CH	2 Std. 10 Min.	
1993	10.8.	Alison Hargreaves	GB	2 Std. 30 Min.	alle 6 Rébuffat-Wände solo in einer Saison
1994	21.8.	Anacleto Cendali	I	1 Std. 30 Min.	

Ein Name, ein Beruf

«Die einzigen Bergführer aus dem Val Masino, die ich kenne, sind die Brüder Giulio und Giovanni Fiorelli aus San Martino und der Gastwirt Pietro Scetti aus Cataeggio. Giulio hat mich als Träger auf vielen meiner Expeditionen begleitet, und ich war sehr zufrieden mit ihm. Er trägt schwere Lasten, ist bescheiden und ziemlich nüchtern ...» Diese Beschreibung durch den Grafen Lurani Cernuschi ist wahrscheinlich die erste historische Erwähnung der Bergführer Fiorelli, die in der Erkundung der Berge des Val Masino eine so wichtige Rolle spielen sollten. Giulio war der Stammvater des Clans, und seine Unternehmungen sind kennzeichnend für die Anfangsjahre des Alpinismus in jener Gegend. Der Weg, den der Patriarch Giulio aufzeigte, wurde mit noch mehr Begeisterung und Erfolg auch von dessen Sohn Giacomo beschritten, der sich mit echtem Unternehmergeist sofort die Bewirtschaftung der Capanna Gianetti sicherte, die 1912 neben der alten Badile-Notunterkunft errichtet wurde. Giacomo war gleichzeitig aber auch einer der ganz grossen Felskletterer, und im Laufe der Jahre wurde er zur Symbolfigur des Alpinismus auf der Südseite des Massivs. Einen grossen Teil seines Rufs verdankte er seinem entschiedenen und selbstsicheren Charakter, den er mit den einfachen Mitteln zum Ausdruck brachte, die ihm eigen waren: Was er im Fels zu leisten imstande war, erzählt mehr über ihn als tausend Worte.

Giacomo erklomm den Pizzo Badile 516, den Pizzo Cengalo 300, den Monte Disgrazia 170 Mal, aber er unternahm auch erwähnenswerte Begehungen in den Dolomiten, im Berner Oberland und im Mont-Blanc-Gebiet. Er benutzte keine Steigeisen, die er für gefährliche Behinderungen hielt; er war ein Kletterpurist. Nur als Beispiel sei die Anekdote erwähnt, derzufolge er, als er einmal eine Gruppe auf die Dent du Géant begleitete, die damals bereits mit Fixseilen versehen war, seinen Kunden drohte, sich aus der Seilschaft loszubinden, wenn sie es gewagt hätten, die Seile zu verwenden, um sich den Aufstieg zu erleichtern. Natürlich hatte er seinen eigenen Stil im Aufstieg, denselben wie Bortolo Sertori: barfuss. Zeit seines Lebens wollte der grossartige Bergführer nichts von Schwierigkeitsgraden hören – für ihn gab es nur leicht oder schwer. Natürlich verachtete er auch die Haken; er war der Meinung, dass man «alla naturale», also «by fair means» aufsteigen muss und nichts weiter als «il spirit», den Geist, braucht, um Gipfel zu erklimmen. Er verstand den aufkommenden Bergsport nicht und nannte ihn in seinem Dialekt «dei tudesch», Kram für Deutsche. Er sagte, er steige auf die Berge wegen der Höhe, «l'altessa», und zeigte mit dem ausgestreckten Zeigefinger auf den Gipfel. Diese Geste wurde bald zu seinem unverwechselbaren Markenzeichen: hausgemachtes, aber sehr erfolgreiches Marketing. Man kann sich leicht vorstellen, wie belebend diese Geste in den schwierigsten Momenten eines Aufstiegs auf die ermatteten Kunden wirkte, vor allem wenn sie von seinem Ruf «Su, su ... sempre alegri e mai pasiù» begleitet wurde – auf, auf, immer frohen Muts und ohne Furcht! Das war sein Motto, das nicht nur einem erschöpften Weggefährten Mut zusprechen sollte, sondern seine ganze Lebensphilosophie darstellte.

Seine Leidenschaft für die Höhe verliess Giacomo Fiorelli nie, er liebte die Berge wirklich. Noch mit 59 Jahren liess er es sich nicht nehmen, Virgilio Fiorelli und Angelo Calegari zu folgen, um die erste Winterbesteigung seines Berges, des Pizzo Badile, nicht zu verpassen. Schrittweise nahm dann sein Sohn Giulio den Platz des Vaters ein, er übernahm auch die Bewirtschaftung der Capanna Gianetti am Fuss des Pizzo Badile. Auch Giulio, der leider schon sehr früh, mit nur 57 Jahren, starb, schuf sich den Ruf eines Originals, vielleicht war er unter gewissen Aspekten noch aussergewöhnlicher als sein Vater. Zu all dem trugen sicher Eigenschaften bei, die wohl ein Quäntchen Wahrheit enthielten, aber auch von Freunden und Besuchern der Hütte stark übertrieben wurden. So war er für seine Knauserigkeit und Strenge als Wirt der Capanna Gianetti berühmt. Zahlreich waren die Anekdoten, denen zufolge das Datum oder Telefonnummern «aus Versehen» zur Rechnung hinzuaddiert worden waren. Genauso berüchtigt war das knapp bemessene Essen. Wer auf der Capanna Gianetti eintraf, fand Giulio immer scheinbar übel gelaunt und verärgert vor, ständig die brennende Zigarette im Mundwinkel und den gefürchteten Rotstift zum Rechnungenschreiben hinterm Ohr. Hinter der harten Maske allerdings, mit der er sich seinem Publikum präsentierte, versteckte sich eine ganz andere Persönlichkeit: ein angenehmer Gesprächspartner, der gewitzt und klug zu

diskutieren verstand und häufig mit trockenem, treffendem Humor sein Gegenüber zum Schweigen zu bringen wusste. Er war eine Art Alpenphilosoph, der seine eigene Theorie über das Leben und die menschlichen Beziehungen hatte, aber auch ein sehr gefühlvoller Mensch sein konnte, der immer sofort da aushalf, wo Not am Mann war.
1949, mit erst 22 Jahren, wurde Giulio jüngster italienischer Bergführer, und zwar auch dank einer Aufsehen erregenden Rettungsaktion, die er zwei Jahre zuvor ausgeführt hatte, als er im Juli 1947 den Alpinisten Luigi Tartaglione rettete, der am Grat zwischen der Punta Torelli und der Punta S. Anna verunglückt war. In den folgenden Jahren erzielte er zusammen mit anderen berühmten Bergsteigern wie Carlo Mauri, Claudio Corti und Romano Merendi wichtige Erfolge im Massiv des Badile und der Pizzi Gemelli, darunter auch die Erstdurchsteigung der Südwestwand des Badile. Wieder am Badile, diesmal mit seinem Neffen Dino, Bergführer wie er, gelang ihm die erste Winterbegehung der Molteni-Route.
Neben dem Hauptzweig der Familie waren auch andere Bergführer mit dem Namen Fiorelli bergsteigerisch talentiert und in jedem Gelände unterwegs.

Bergler: Giacomo Fiorelli auf dem Gipfel des Badile mit Sohn Giulio. Der Kleine tritt alsbald in die Fussstapfen des berühmten Vaters und wird jüngster Bergführer Italiens. Zusammen haben sie vier Generationen von Kunden auf ihre Berge geführt – auch auf die Punta Sertori (unten, hinter Giulios Rücken der Badile).

Hier sei an die Besten erinnert.
Anselmo Fiorelli war ein echter Profi im Granit. 1907 war er an der Erstbesteigung des Hauptgipfels der damals noch unbestiegenen Dames Anglaises beteiligt, der dann den Namen Punta Castelnuovo erhielt, nach dem Kunden, den er begleitet hatte. Eine der ersten Überschreitungen der Drus ist ihm zuzuschreiben, von den zahlreichen Routen in den Dolomiten und der Durchsteigung der grossen Eiswände im Berner Oberland und im Wallis ganz zu schweigen.
Virgilio Fiorelli verdankte seine Bekanntheit vor allem dem Zeitraum zwischen den Hauptaktivitäten von Giacomo Fiorelli und dessen Sohn Giulio. Er war ein hochgeschätzter Allround-Bergführer und oft genug das entscheidende Element bei vielen der Besteigungen und Erkundungen der Calegari-Brüder (siehe Seite 58).
Dino Fiorelli war klein von Statur, aber beweglich wie ein Eichhörnchen und gleichzeitig mit Giulio Fiorelli junior aktiv. Häufig bildete er mit seinem Onkel eine Seilschaft, wie bei der ersten Winterbegehung der Molteni-Route in der Badile-Südostwand. Er führte einige Erstbegehungen durch, so zum Beispiel diejenige der Ostwand des südlichen Vorgipfels des Pizzo Cengalo.
Wenig älter war Attilio Fiorelli, der unvergessliche Wirt des Rifugio Omio, in dessen Fussstapfen Dino trat. Er war der einzige Fiorelli, der die Badile-Nordostwand wiederholte. Denn als Dino und Giulio einen Versuch starten wollten, liessen ihre Ehefrauen in der Nacht vor dem Aufbruch das gesamte Material verschwinden.
Heute hat ein weiterer Fiorelli die Tätigkeit seiner Vorfahren aufgenommen: Daniele, ein hervorragender Bergsteiger und ausgezeichneter Kletterer.

Giuseppe Miotti

Berglinien: Mehrere Pfeiler durchziehen die Südwestwand (oben). Am rechten, südlichen Pfeiler sucht und findet Giulio Fiorelli am 13. September 1957 mit Hilfe von Emilio Frisia, Romano Merendi, 20 Haken und einem Holzkeil eine neue Linie: 300 Meter bis V+ und A2. Nicht lange nach der Linie suchen dagegen Ferrari, Negri und Anghileri im Februar 1965: Da sich die Cassin als unbegehbar entpuppt, folgen sie der Kante (rechte Seite).

1957 Dank besserer Ausrüstung, insbesondere isolierender Kleidung und neuer Nylon- und Perlonseile, wagen sich immer mehr Bergsteiger während der kalten Jahreszeit in technisch anspruchsvolle Kletterrouten. Die Zeiten sind zwar offensichtlich noch nicht reif für die grossen Nordwände, es wird aber eifrig dafür trainiert.
Am 18. März, gegen Ende des Winters, herrscht buntes Treiben im Val Porcellizzo: Während Giulio und Dino Fiorelli den Südsüdostgrat des Cengalo (Bonacossa-Route) und Roberto Compagnoni und Pietro Gilardoni die Südkante der Punta Torelli («Via Mauri») wintererstbegehen, gelingt Pierluigi Bernasconi, Fabio Masciadri und Vittorio Meroni die erste winterliche Durchsteigung des Canalone del Cengalo (in 4 Stunden). Ganz in der Nähe sind auch noch Elio Scarabelli und Enrico Galante unterwegs zur zweiten Winterbegehung der «Marimonti» an der Punta Sertori.

1965 Nach diesen und anderen Erfolgen liegt die erste Winterbegehung der Kante in der Luft. Im Februar und März 1964 erhält die Capanna Sasc Furä mehrmals Besuch, Giorgio Brianzi und Franco Gastaldelli inspizieren die Kante aus der Nähe, der Winter entpuppt sich jedoch als allzu schneereich für ein solches Unternehmen. Casimiro Ferrari, Pino Negri und Aldo Anghileri stehen am 19. Februar 1965 am Wandfuss, mit einem ambitionierteren Ziel, der Wintererstbegehung der Cassin. Aus der Nähe entpuppen sich die Verhältnisse aber alles andere als erfolgversprechend, zudem taucht eine andere Seilschaft aus dem Nichts auf und macht sich ohne zu zögern gleich an die Wand (sie wird später umkehren). Die drei Ragni wenden sich der Kante zu. Am 20. Februar steigen sie ein, kommen flott voran und verbringen den Samstagabend auf etwa drei Viertel der Höhe. Während der Nacht fällt etwas Schnee, aber am Morgen strahlt wieder die

Rastlos unterwegs: Als junger Bergsteiger hinterlässt Casimiro Ferrari 1965 Spuren am Badile. Bald jedoch folgt er dem Ruf der Weltberge, von den Anden bis zum Himalaja (das Bild zeigt ihn 1985 nach der Nordostkante der Ama Dablam). Seine grosse Leidenschaft ist allerdings – wie bei vielen anderen, die am Badile anfangen – das Granitgebirge Patagoniens: Cerro Torre, Fitz Roy, Cerro Murallón, Aguja Mermoz und weitere kühne Gipfel, alle sind sie mit seinem Namen verknüpft.

Sonne. Wie schon am Vortag führt Ferrari, der Gipfel ist abends um fünf erreicht. Gross ist die Freude, auch wenn ein zweites Biwak fällig wird. Ferrari schläft schon mal ein, die anderen beiden wollen sich noch eine warme Mahlzeit zubereiten, da geschieht fast ein Unglück: Der Spritkocher explodiert, trotz minus 30 Grad Celsius fehlt wenig, dass das ganze Zelt in Flammen aufgeht. Am 22. Februar steigen die drei über die Normalroute ab, wo ihre Freunde aus Lecco warten und gratulieren. Auch Cassin ist dabei.

1967/68 Die erste Winterbegehung der Cassin steht seit Jahren auf der Wunschliste der besten Alpinisten. Pierre Kohlmann – er kam einige Monate später am Freneypfeiler auf dramatische Weise um –, Pierre Mazeaud und Marcel Zerf, genannt Habib, versuchten sich im Februar 1961 an ihr. Da die unteren Felsplatten im Winter schneebedeckt sind, beginnt die eigentliche Kletterei mit der berühmten Rébuffat-Verschneidung. Allein diese erste, eisbedeckte Seillänge forderte ihnen einen ganzen Klettertag ab. Ernüchtert kehrten sie um und scheiterten anschliessend auch an der Kante. Zwischen 1963 und 1964 wurden auch Alessandro Locatelli und Felice Anghileri abgewiesen, von der Rébuffat-Verschneidung, vom schlechten Wetter. Von Ferrari, Negri und Anghileri im Jahr 1965 war schon die Rede, im selben Jahr sollen es drei Tiroler immerhin bis zum grossen Schneefeld geschafft haben.

Zu Beginn des Winters 1967/68 verzeichnen so gut wie alle grossen Wände mindestens eine Winterdurchsteigung, auch fünf der sechs berühmten Rébuffat-Nordwände: die Grosse Zinne (1953, Bonatti, Mauri), der Eiger (1961, Hiebeler, Mannhardt, Kinshofer, Almberger), das Matterhorn (1962, Etter, von Allmen), der Walkerpfeiler (1963, Bonatti, Zappelli), die Drus (1964, Payot, Masino, Devouassoux). Es fehlt nur noch der Badile, der als besonders tückisch gilt. Ein kompakter Panzer aus Schnee und Eis überzieht im Winter die Reibungsplatten, verstopft die Risse. Neuschnee kann sich auf den mässig geneigten Platten ansammeln und in regelmässigen Abständen als pulvrige Lawine über die Wand fegen. Hinzu kommt, dass die Wand – im Gegensatz zu anderen Nordwänden – im Winter keinen einzigen Sonnenstrahl sieht.

Der Herbst 1967 ist warm und weitgehend trocken, die Verhältnisse scheinen relativ günstig. So stehen am Vorabend des offiziellen Winteranfangs drei Walliser Bergführer in den Startlöchern, um am 21. Dezember einzusteigen. Bald darauf betreten drei Italiener die Szene, mit derselben Absicht (ein vierter Italiener, Alberto Risso, ist anfänglich auch mit dabei, gibt aber am 23. auf). Es sind: Michel Darbellay (33), Camille Bournissen (29), Paolo Armando (25), Gianni Calcagno (24), Daniel Troillet (22), Alessandro Gogna (21). Der einzige berühmte Alpinist ist Darbellay, der 1963 die erste Alleinbegehung der Eiger-Nordwand schaffte und der bereits über Expeditionserfahrung verfügt; die übrigen sind, obwohl starke Kletterer, (noch) kaum über ihre Kreise bekannt. Nach kurzem Beschnuppern schliessen sich die sechs zu einem länderübergreifenden Team zusammen, Darbellay fällt die Rolle des faktischen Leiters zu.

Der Aufstieg vollzieht sich im Expeditionsstil. Insgesamt werden 700 Meter Fixseile installiert, etwa 200 Haken geschlagen, in der ersten Phase wird jeden Tag ins Basislager am Wandfuss abgestiegen. Während eines zweitägigen Schlechtwettereinbruchs fahren die Schweizer kurz nach Hause, die Italiener ziehen sich in die Capanna Sasc Furä zurück. Am 27. steigen Armando & Co. erneut ein, am 28. stossen die drei Walliser per Helikopter wieder hinzu. Eine Biwakhöhle wird im zentralen Schneefeld eingerichtet, von dort aus der obere Wandteil ausgerüstet. Später steigen Bournissen und Gogna einmal ins Tal ab, um Lebensmittel zu holen. Trotz zusehends schlechter Wetter- und Wandverhältnisse erreichen die sechs am 2. Januar 1968 in gemischten Seilschaften im Schneesturm den Gipfel, wo sie ein letztes Mal biwakieren.
Mit Ausnahme weniger Reporter interessiert sich die Presse für das Treiben am Berg erst, als sich der Erfolg abzeichnet. Dann dafür umso intensiver. In der Schlussphase verfolgen zahlreiche Presseleute (und Schaulustige) das Geschehen, italienische und schweizerische Fernsehteams drehen aus dem Helikopter. Tageszeitungen bringen ganzseitige Berichte, in denen die ausserordentliche Leistung und das kollegiale Verhältnis der «europäischen Seilschaft» gefeiert werden.
Bald jedoch mischen sich kritische Stimmen in die Diskussion. Der Expeditionsstil wird angeprangert (Fixseile, Arbeitsteilung in Spitzen- und Nachschubseilschaften), die mangelnde Kontinuität (Abstiege ins Tal, in die Hütte), die eingesetzten Mittel (Hubschrauber). Einzelne Journalisten gehen noch weiter: Die «Stampa» ortet bei den sechs Alpinisten mangelnde Qualifikation, der «Tempo» wirft ihnen vor, «Vorläufer des Fahrstuhl-Kletterns» zu sein und «billigen Alpinismus erfunden zu haben». Starke Winterbergsteiger hingegen finden anerkennende Worte für das Vollbrachte und verteidigen die Mittel, die angesichts der Besonderheit der Wand «wesentlich gerechtfertigter waren» (Toni Hiebeler) als beispielsweise bei der John-Harlin-Direttissima am Eiger 1966.
Auch Cassin wird um seine Meinung gebeten. Er gratuliert zur grossartigen Tat. Und fügt hinzu: «Ich glaube, dass für eine Viererseilschaft die Wand auch in traditionellem Stil zu schaffen wäre.» Die Geschichte wird Cassin auch diesmal Recht geben – 13 Jahre später.

Endlich angekommen: Camille Bournissen (vorne) und Paolo Armando haben gut lächeln. Die erste Winterbegehung der Cassin ist vollzogen. Schwierigkeiten, Strapazen und Stürme sind vorbei, die Sonne scheint – Zeit für Gipfelfotos.

Im Winter durch die Badilewand – Erfolg einer europäischen Seilschaft

Ein vier Jahre alter Plan

Nach den grossen Winterunternehmungen in den Alpen – Eigerwand 1961, Matterhorn-Nordwand 1962, Walkerpfeiler und Civetta-Nordwestwand 1963 – lag es auf der Hand, dass nun auch die 900 m hohe Nordostwand des Piz Badile (3308 m) im Bergell für eine winterliche Bezwingung «reif» geworden war. Schon vor dem (bekannten) ersten Winterversuch 1961 durch die Franzosen Pierre Mazeaud, Pierre Kohlmann und Gefährten, wussten Wandkenner, dass der riesige, kompakte Granitplattenschuss der Badilewand ganz aussergewöhnliche Probleme und Schwierigkeiten stellen wird, weil die Wand zu wenig steil ist, als dass sich kein Schnee halten könnte.

Die Piz-Badile-Nordostwand war nach ihrer ersten Bezwingung durch die Italiener Riccardo Cassin, Vittorio Ratti, Gino Esposito, Mario Molteni und Giuseppe Valsecchi (1937) von einem starken Nimbus belegt; sie zählte bis in die fünfziger Jahre zu den grossen Nordwandzielen der Alpen. Heute gehört die Badilewand zu den begehrtesten Felsunternehmungen des Schwierigkeitsbereiches IV bis VI.

Meine Gedanken kreisten vier Jahre lang um die Winterbezwingung der Badilewand. Im Winter 1966/67 wollte ich den Plan verwirklichen, das Badile-Winterabenteuer, das so sehr mein Denken erfüllt hatte. Mit zwei Kameraden, deren Namen zwar noch nicht im goldenen Buch des internationalen Alpinismus standen, aber in der engeren Heimat einen guten Klang als leistungsfähige Bergsteiger hatten: Camille Bournissen, 30 Jahre alt, aus Hérémence, und Daniel Troillet, dreiundzwanzigjährig, aus Orsières; beide sind wie ich Bergführer. Mit Camille und Daniel kann man in den Bergen jedes Abenteuer wagen, das wusste ich.

Im Februar 1967 begaben wir uns an den Fuss der Nordostwand. Wer vom Sommer her den Zugang von Bondo durch das Bondascatal, über die Steilstufe zur Sass-Furà-Hütte und zum Wandfuss kennt, kann sich vorstellen, dass er im Winter ein Unternehmen für sich darstellt. Aber alle Mühe hatte sich im Februar 1967 als Schneidergang erwiesen: die obere Wandhälfte war von einer beängstigenden Schneedecke überzogen, es herrschte grosse Lawinengefahr, ein Begehungsversuch wäre nicht zu verantworten gewesen.

Schon im November (1967) sah uns die Wand wieder an ihrer Basis. Sie zeigte sich mit sehr schlechten Verhältnissen, auch wenn keine Lawinengefahr zu befürchten war. Drei Tage verbrachten wir im Bereich des Ziels unserer Wünsche; Wandbeobachtungen, Training, herrliches Beisammensein in der Einsamkeit des vorwinterlichen Hochgebirges.

Bald folgten dann die Tage härtesten Einsatzes in der Wand, Tage und Nächte der Entbehrung, Tage der zeitweisen Entmutigung, aber vor allem Tage rührender Kameradschaft.

20. Dezember 1967, Entscheidung für den «Expeditionsstil»

Wir erreichen mit den drückenden Gepäcklasten die bereits vertraute Umgebung des Einstiegs. Ich kenne die Wand vom Sommer her und weiss, dass es bis zum Centralschneefeld – ein breites, abwärtsgeneigtes Schrofenband, etwas unterhalb der Wandmitte, auf dem sich auch im Sommer ein markanter Firnfleck befindet – so gut wie keine vernünftige Biwakmöglichkeit gibt. Bis dorthin ist die Wand von einem gestuf-

ten Vorbau, zwei markanten Verschneidungen (35 und 50 m) und ausgesetzten Plattenzonen geprägt. Biwaks in diesem Gelände würden, weil sie improvisierten Charakter hätten, gefährlichen Kraftverschleiss zur Folge haben. Also kommen wir zu dem Entschluss, am Einstieg eine Art «Basislager» zu errichten, zu dem immer wieder abgestiegen werden soll, um im Zelt gut schlafen zu können – bis wir auf dem Schneefeld ein Wandlager errichten können.

21. Dezember, Italiener kommen!

Wir steigen ein. Harte Arbeit. Überall haftet Schnee, der abgeräumt werden muss. Klettern in bitterer Kälte, grösstenteils ohne Handschuhe, mit denen man sich in Schwierigkeiten des fünften Grades nicht mehr sicher bewegen könnte. Die 35-Meter-Verschneidung, im Sommer eine wahre Freude, gibt uns einen Vorgeschmack für die Schwierigkeiten, die uns weiter oben erwarten.
Plötzlich sehen wir unten eine Dreierseilschaft nachsteigen, ziemlich rasch, denn die Route ist mit Seilen präpariert. Überraschung. Es sind drei Italiener: Paolo Armando aus Turin, Gianni Calcagno und Alessandro Gogna, beide aus Genua, entschlossene und sympathische Burschen. Inmitten der Wildnis aus Granit und Schnee erfolgt eine kurze, aber freundliche Begrüssung. Sechs Männer aus zwei Ländern, alle mit dem gleichen Ziel. Nichts spricht gegen einen Zusammenschluss. Bald sind wir eine verschworene Sechsergruppe. Eine Verbrüderung knapp dreihundert Meter über dem Wandfuss, den wir am Abend wieder erreichen.

22. Dezember, erstes Cassin-Biwak

Die 50-Meter-Verschneidung ist heute an der Reihe. Unerhört kraftraubend und heikel. Jede Bewegung erfordert äusserste Konzentration, immer wieder erleben wir ernste Augenblicke; schlechtsitzende Haken, verschneiter und vereister Fels, der das Klettern zu einem gefährlichen Eiertanz macht. Ende der heutigen Tagesleistung beim ersten Cassin-Biwak, am oberen Ende der 50-Meter-Verschneidung.

23. Dezember, Stunden für einen Haken

Das Gelände des unteren Wandteils ist uns nun schon wohlvertraut. Jeder Tag beginnt mit dem Aufsteigen an den fixierten Seilen, mit Hilfe der Jumar-Steigbügel; eine mehr oder weniger sichere Sache zwar, aber dennoch mit beachtlichen Kraftanstrengungen verbunden.
Ab dem ersten Cassin-Biwak schaut der Fels trostlos, das Weiterkommen fraglich aus. Die Plattenzone, die schräg nach links aufwärts überklettert werden muss, weist nicht nur vereiste Stellen

Annäherung: In der ersten Verschneidung (links) und in der darauf folgenden, tief verschneiten Wandpartie (oben). Schweizer und Italiener finden rasch zusammen, wenn auch die ursprünglichen Seilschaften vorerst noch beibehalten werden.

Zusammenarbeit: Im mittleren Schneefeld. Die sechs klettern nun in gemischten Seilschaften, trotz grosser Sprachbarrieren. Armando kann beispielsweise kein Wort Französisch, sein zeitweiliger Seilpartner Troillet nur zwei italienische: «tira» und «molla», also «zieh» und «lass los». Mehr braucht es kaum, und der Windsturm würde unnötige Worte so oder so fortwehen.

auf, sondern ist von einer dünnen Eisschicht vollkommen überzogen. Oft brauchen wir Stunden, um einen sicheren Haken anzubringen. Das Unternehmen scheint sich mit jedem Tag an Härte zu steigern. Nur zwei Seillängen kommen wir an diesem Tag weiter.

24. Dezember, Centralschneefeld

Ab heute klettern wir mit den Italienern in drei Zweierseilschaften vereint; jeweils ein Italiener mit einem Schweizer, eine wunderbare Geste des gegenseitigen Vertrauens, der Freundschaft.
Gegen Spätnachmittag erreicht eine unserer Seilschaften den unteren Rand des Centralschneefeldes. Vertrauen und neue Begeisterung. Aber wir steigen erneut zum Wandfuss ab, weil das letzte Stück bis zum Firnfeld erst noch richtig mit Fixseilen präpariert werden muss, denn wir sind uns darüber einig, dass auf eine sichere Rückzugsmöglichkeit nicht verzichtet werden darf.

25. Dezember, Wettersturz

Es schneit. Vielleicht nur vorübergehend, denken und hoffen wir und versuchen einzusteigen. Aber es schneit immer stärker, es wäre ein hoffnungsloses Unterfangen. Kleine Schneerutsche stäuben über die Wand herab. Wir müssen aufgeben, wenigstens zunächst, eine andere Möglichkeit gibt es nicht. Die Italiener gehen am Nachmittag zur Sass-Furà-Hütte, wir steigen ins Tal ab und fahren nach Hause. Enttäuschung.

28. Dezember, neuer Aufbruch

Die zwei Tage zuhause haben wir nicht mit trostlosem Warten verbracht, sondern mit Vorbereitungen für die Fortsetzung des Unternehmens. Endlich kommt südlich des Alpenhauptkammes schönes Wetter auf. Um so wenig als möglich Zeit zu verlieren, lassen wir uns mit dem ganzen Nachschubmaterial am Wandfuss per Hubschrauber absetzen.

Bergsteigerisch mag man darüber vielleicht geteilter Meinung sein, gewiss, aber unser Ziel ist die winterliche Badilewand, nicht der strapaziöse Zugang zum Einstieg.
Bei Einbruch der Nacht erreichen wir mit Hilfe der Fixseile das Centralschneefeld; das Materialschleppen hat uns arg mitgenommen. Aber die körperliche Niedergeschlagenheit wird aufgewogen durch die Freude des Wiedersehens mit unseren italienischen Kameraden, die heute ebenfalls bis zum Centralschneefeld aufgestiegen sind. Unsere Schlafsäcke mussten wir zuhause lassen; die Rucksäcke wären mit ihnen zu gross und zu schwer gewesen. Jetzt könnten wir sie freilich gut brauchen.

29. Dezember, Schneefall

Wieder hat das Wetter umgeschlagen. Es schneit. Aber wir versuchen dennoch weiterzukommen. Im Staub kleiner Schneerutsche, die pausenlos über die Wand in den Abgrund sausen, plagen wir uns Meter für Meter höher. Bis 14 Uhr haben wir zwei Seillängen hinter uns, dann müssen wir für heute aufgeben; der Schneefall setzt uns bedenklich zu. Aber die Moral unter den sechs Männern ist gut. Es gibt kein Gejammer, keine Augenblicke des Gereiztseins, kein nervöses Wort.
Den Rest des Tages verbringen wir mit dem Ausbau der Biwakhöhle im Centralschneefeld.

30. Dezember, Klettern im Schneegestöber

Es schneit immer noch. So schön die Badilewand im Sommer ist, so trostlos mutet sie im winterlichen Schneegestöber an. Wir klettern weiter, schaffen aber nur zwei Seillängen.
Wenn das mit unserem Tempo so weitergeht, denken wir, sind die Tage bis zum Gipfel nicht abzusehen. Und der

Proviant droht auch schon wieder zur Neige zu gehen.

31. Dezember, zweites Cassin-Biwak

Die Nächte in der Biwakhöhle des Centralschneefeldes werden immer unangenehmer. Proviant haben wir höchstens noch für zwei Tage. Camille Bournissen und Alessandro Gogna erklären sich bereit, ins Tal abzusteigen und welchen zu holen. Sie sind nicht zu beneiden. Wir Zurückgebliebenen stossen weiter in der Wand vor, erreichen das zweite Cassin-Biwak am unteren Auslauf der grossen Kaminschluchtreihe, bleiben für die Silvesternacht aber nicht hier, sondern steigen wieder zur Biwakhöhle im Centralschneefeld ab. Silvester feiern wir im Geiste. Ab und zu ist eine witzige oder selbstironische Bemerkung zu hören.

Mit dem Erreichen des zweiten Cassin-Biwaks haben wir viel gewonnen, das ist unser Silvestergeschenk.

1. Januar 1968, «eine scheussliche Biwaknacht»

Das Wandlager auf dem Centralschneefeld wird endgültig verlassen, denn wir hoffen, heute den Gipfel zu erreichen oder schlimmstenfalls noch ein Biwak in der oberen Wand auf uns nehmen zu müssen. Doch es kommt anders: Die Kaminschlucht erweist sich als unerwartet problematisch, schwierig und gefährlich.

Dann kommen noch Sturm und bittere Kälte dazu. Ein harter Tag, der eine Seillänge oberhalb der Kaminschlucht sein Ende findet. Von Schneestaub eingehüllt und immer wieder von kleinen Lawinen bedroht, erkennen wir hier die Sinnlosigkeit, auf dem Platz, der gar kein Platz ist, zu biwakieren. Dramatisches Abseilen zum zweiten Cassin-Biwak.

Gemeinschaft: Zwei Dreierseilschaften stehen unabhängig voneinander zur gleichen Zeit mit dem gleichen Ziel am gleichen Wandfuss. Die Alpingeschichte weiss von vielen solchen Konstellationen zu berichten, die unschön enden. Nicht so am Badile, wo alle an den gleichen Stricken ziehen, sich an der Spitze abwechseln und in gemischten Seilschaften den Gipfel erreichen. Von links: Alessandro Gogna, Camille Bournissen, Paolo Armando, Daniel Troillet, Gianni Calcagno und Michel Darbellay, nach getaner Arbeit beim Rifugio Gianetti.

Einige hundert Meter weiter unten treffen Bournissen und Gogna mit dem Proviantnachschub beim Centralschneefeld ein – ihre Leistung verdient Bewunderung.

Eine scheussliche Biwaknacht, die uns in eine bedenkliche Verfassung bringt.

2. Januar, im 100-km/h-Sturm und bei 30° minus auf den Gipfel

Durch die elendige Nacht sind wir stark angeschlagen. Gogna und Bournissen tauchen bei uns wie Lebensretter auf. Freude und Erleichterung, Dankbarkeit. Denn nicht nur der rasende Sturm mit seiner 100-Stundenkilometer-Geschwindigkeit und die klirrende Kälte von 30° minus setzen uns zu, sondern auch der furchtbare Hunger, von dem wir nun durch Bournissen und Gogna erlöst werden. Aber wir sind, unserer Leistung nach, noch lange nicht am Ende. Um 10 Uhr erreichen wir den Umkehrpunkt von gestern. Nun ist das Schlimmste hinter uns, denken wir. Bald aber zeigt es sich, dass wir zu positiv gedacht haben. Der Sturm und die Kälte lassen nicht nach. Wir sind keine Männer mehr, sondern Eisgespenster. Die letzten Seillängen fordern unentwegte Pickel- und Hakenarbeit.

Aber wir glauben, die Müdigkeit nicht mehr zu spüren. Auf den Standplätzen legen wir nicht einmal mehr die Rucksäcke ab – unsere Augen blicken stets in Richtung Gipfel.

Um 16 Uhr ist die erste Seilschaft – immer ein Italiener und ein Schweizer – auf dem Gipfel, eine Stunde später sind wir es alle.

Aus: «Alpinismus», 1968

Am Beginn steiler Karrieren

Die italienische Seilschaft, die sich 1968 an der ersten Winterbegehung der Cassin an der Nordostwand des Pizzo Badile versuchte, bestand aus drei der besten Alpinisten jener Zeit: Paolo Armando, Gianni Calcagno und Alessandro Gogna. Paolo Armando gehörte zur alpinistischen Elite Turins, er war «Accademico» im CAAI, und ihm wurden charismatische Führungsqualitäten zugesprochen, auch wenn er diesen Titel, der ihm da verliehen worden war, wahrscheinlich nicht besonders schätzte. Armando war einer der grössten Kletterer seiner Zeit und hatte eine beneidenswerte Bergsteigerkarriere hinter sich, Routen von den Dolomiten bis zum Mont Blanc sowie einige bedeutende Erstbegehungen wie die Langkofel-Nordostwand. Er bewegte sich sicher und intelligent in jedem Gestein, und nach der Winterbegehung der Badile-Nordostwand begann für ihn eine neue – reifere und ruhigere – Phase seiner bergsteigerischen Tätigkeit. Dass es ihn in die Berge trieb, begründete er selbst mit der Kameradschaft, dem Abenteuergeist und der Kontemplation. Ein Bergsteiger alten Schlages also, der um die grossen Neuerungen, welche die europäische Welt des Klettersports verändern sollten, zwar noch nicht wissen konnte, sie wohl aber irgendwie vorausgeahnt haben muss. Im Sommer 1970, während eines Besteigungsversuchs der bis dahin noch unbezwungenen Nordwand des Mont Gruetta, löste sich sein Doppelseil aus der Verankerung, und Paolo Armando und sein Kamerad Andrea Cenerini stürzten tödlich auf den darunter liegenden Gletscher ab.

Auch Gianni Calcagno war «Accademico». Mager und bärtig, ähnelte dieser schweigsame Mann eigentlich eher dem, was man sich unter einem Asketen vorstellt, als einem berühmten Bergsteiger. Er sprach nicht gern über seine Erfolge an den verschiedensten Bergen der Welt, von denen einige einen neuen Stil prägten. Wie alle ganz Grossen war auch Gianni Calcagno mit jedem Gelände vertraut und vom Geiste unbeirrbarer Entschlossenheit beseelt. Nachdem er die wichtigsten klassischen Routen in den Alpen durchstiegen hatte und stark zur Entwicklung des Klettersports in den Felsen von Finale Ligure beigetragen hatte, wo er eine grosse Anzahl neuer Routen eröffnete, begann Calcagno sich immer mehr für die Berge ausserhalb Europas und für das Höhenbergsteigen zu interessieren. Einer seiner schönsten Erfolge ist die im Alpinstil ausgeführte Besteigung des Tirich Mir 1975 zusammen mit Guido Machetto: Während die anderen Expeditionen alle noch Fixseile und Zwischenlager einsetzten, bestiegen sie den Fast-Achttausender wie einen Alpengipfel. Calcagno starb 1992 während einer Besteigung des Mount McKinley.

Alessandro Gogna hat von Anfang an einen anderen Weg eingeschlagen als seine beiden Bergkameraden. Er hat die Berge zu seinem Beruf gemacht, als Journalist, Verleger, Fotograf und Bergführer. Auch er hat die Veränderungen miterlebt, die den italienischen Alpinismus um die Mitte der Siebzigerjahre gekennzeichnet haben, und wurde zu einem begeisterten Förderer dieser neuen Tendenzen im Klettersport.

Ausser durch die Winterbegehung der Badile-Nordostwand wurde Gogna noch durch andere grosse Unternehmungen berühmt, etwa durch Alleingänge am Walkerpfeiler an den Grandes Jorasses und am Franzosenpfeiler in der Monte-Rosa-Ostwand oder durch die Route, die er mit Leo Cerruti über die Zmuttnase am Matterhorn eröffnete. Er ist ein Allround-Kletterer, der rund 150 Erstbesteigungen in den Alpen für sich verbuchen kann; einige davon sind wichtige Erfolge in den Dolomiten, an den Pale di San Lucano, an der Marmolada und in der Brentagruppe. Mit Paolo Armando eröffnete er eine sehr schwierige Führe in der Nordostwand des Scarason in den Ligurischen Alpen, die bis heute sehr gefürchtet ist und selten wiederholt wird.

Neben seiner intensiven Tätigkeit als Bergsteiger, Schriftsteller und Verleger engagierte Gogna sich als Gründungsmitglied von Mountain Wilderness, dem ersten Verein, der sich ernsthaft und nachhaltig mit den Umweltproblemen im Gebirge befasst. Zu seinen bekanntesten Büchern gehören «Un Alpinismo di Ricerca», «La Parete», «100 Nuovi Mattini», «Mezzogiorno di Pietra» sowie die Fotobände der Serie «I Grandi Spazi delle Alpi».

Giuseppe Miotti

Drei Profis aus dem Wallis

Darbellay, der (dienst)älteste der sechs Cassin-Winterbegeher, war zugleich der mit Abstand erfahrenste. Seine erste bedeutende Neutour lag damals bereits mehr als 15 Jahre zurück: Als knapp 18-Jähriger kletterte er mit seinem 12 Jahre alten Bruder Daniel die erste Route durch die mehr als 400 Meter hohe «Dalle de l'Amône». Nach heutiger Bewertung weist die Route mehrere 6a-Seillängen auf, die beiden sicherten sich aber bloss mit einem Wäscheseil. Auch später blieb Darbellay – der mit seiner Frau Agathe seit 1969 ein Camping in La Fouly betreibt – den heimatlichen Bergen zwischen Dolent, Trient und Portalet verpflichtet, wo sich auch die meisten seiner Erstbegehungen befinden.

In die Alpingeschichte ging er allerdings wegen eines fremden Berges ein. «Michel Darbellay a réussi samedi l'impossible exploit»: Die Alleinbegehung der Eiger-Nordwand 1963 rückte den bescheidenen Bergführer aus Orsières über Nacht auf die Titelseiten und ins Rampenlicht (den Eltern hatte er erzählt, Aprikosen ernten zu gehen). Die Glanzleistung verblüffte umso mehr, als Walter Bonatti wenige Tage zuvor in der gleichen Wand umgekehrt war. Darbellay war seinerseits ein Jahr zuvor vom Eiger zurückgekehrt: Ein Wettersturz hatte ihn und seine Seilpartner Loulou Boulaz, Michel und Yvette Vaucher zur Umkehr gezwungen, als sie bereits die Rampe erreicht hatten.

Wie Gaston Rébuffat, mit dem er ab und an kletterte, war Darbellay ein erfolgreicher Extrembergführer, der mit Gästen ebenso in grossen Nordwänden anzutreffen war (Eiger, Matterhorn, Dru) wie auf schwierigen Felstouren (darunter die Bonatti-Routen am Dru und am Grand Capucin). Er war stets schnell unterwegs: Den Bonattipfeiler schaffte er bereits 1960 ohne Biwak. 1964 nahm er an der Himalaja-Expedition zum Dorje Lhakpa teil, 1967 glückten ihm in Grönland sechs Neutouren – all dies noch vor dem Badile.

Während der Badile für Darbellay eine der letzten «scharfen» Bergtouren bedeutete, stand er für Daniel Troillet am Anfang einer langen Bergsteiger- und Bergführerkarriere. Die beiden weisen ansonsten viele Gemeinsamkeiten auf: Auch Troillet stammt aus Orsières, auch er lebt heute in La Fouly, und wie seine wichtigsten Neutouren (Planereuses, Aiguilles Dorées) und Wintererstbegehungen (Argentière-Nordwand, Grépillon-Nordwand, Couloir Cordier an der Aiguille Verte) zeigen, suchte auch er am liebsten die heimatlichen Berge zwischen Val Ferret und Mont Blanc auf – ganz im Gegensatz zu seinem Bruder Jean Troillet, dem Abenteurer, Höhenbergsteiger und häufigen Seilpartner von Erhard Loretan. Nach den Sturm-und-Drang-Jahren verschob sich sein Interesse hin zur Tätigkeit des professionellen, klassischen Bergführers; seither ist Daniel Troillet in erster Linie auf Hoch- und Skitouren unterwegs, weiht Jugendliche und Schulen in die Geheimnisse und Freuden des Alpinismus ein und leitet Naturbeobachtungstage in seiner Umgebung.

Bildet das im Südwesten des Wallis liegende Val Ferret, die Heimat von Darbellay und Troillet, die natürliche Grenze zwischen Walliser Alpen und Mont Blanc-Massiv, so stellt Camille Bournissens Val d'Hérens so etwas wie den Schwerpunkt, das Herz der Walliser Alpen dar. Der alles dominierende Berg im Tal ist die wuchtige Dent Blanche. Das war auch Bournissens Berg: 1968 stieg er als Erster im Winter durch die Nordnordostwand, dazu noch allein und auf einer neuen Route; im Sommer folgte eine neue Variante am Nordnordwestgrat; 1969 gelang ihm eine neue Route durch die Nordwestwand und 1973 auch noch deren Wintererstbegehung.

Die Erfahrungen, die der Profi-Bergführer sammelte, gab er als Chef der Walliser Bergführerausbildung während vieler Jahre weiter. Und nicht nur in seinem Heimatkanton. 1978 organisierte er den ersten Führerkurs Südamerikas, zahlreiche weitere folgten: Bis 1999 kamen so über achtzig Bergführer aus Peru, Chile, Argentinien, Bolivien und weiteren Ländern zu einer anerkannten Führerausbildung. Bournissen, der den Beruf im Blut hat – sein Vater Basile kam als junger Bergführer am Theoduljoch ums Leben –, hat seine Berufung auch in der Familie weitergegeben: Die beiden Söhne sind Bergführer. Bloss Tochter Chantal nahm einen anderen Weg, einen schnelleren: jenen der Skiweltmeisterin und Abfahrts-Weltcupsiegerin. Vater Camille selbst engagierte sich für noch alpinere Skirennen: Er half entscheidend mit, die berühmte und vergessene «Patrouille des Glaciers» Zermatt–Verbier 1984 neu zu lancieren.

Marco Volken

Top: In der legendären Buchreihe «Die 100 schönsten Touren» von Rébuffat werden die Ziele stets in zunehmender Schwierigkeit geordnet. Im Band «Bernina – Bergell – Engadin» finden sich sieben Badile-Routen, so die Normalroute (auf Platz 28), die Kante (65), die Cassin (91). Und die Engländerroute auf Platz 100. Die ersten Wiederholer, Ruedi Homberger und Hansjürg Wellenzohn, treffen am 6./7. August 1972 auf eine vereiste Gipfelwand (oben und rechte Seite).

1968 Mike Kosterlitz und Dick Isherwood verbringen ihren Urlaub 1968 im Val Masino. Nach der Fuorikante und dem Cengalopfeiler erholen sich die beiden jungen Engländer ein paar Tage am Comersee, um dann zur Gianettihütte zu wandern und ihr wichtigstes Vorhaben anzupacken: die noch nicht wiederholte Corti/Battaglia-Route in der Ostwand. Schlechtes Wetter zwingt sie dazu, zwei Tage zu warten. Um die Zeit totzuschlagen, eröffnen sie am zweiten «Ruhetag» eine neue Route am Porcellizzo, die heute – frei geklettert – mit VI+/VII bewertet wird. Trotzdem sind die beiden Briten etwas enttäuscht und beschliessen, nach Chamonix zu fahren, falls das Wetter am nächsten Tag keinen Versuch zulassen sollte. Aber in der Nacht klart es auf, am Morgen, es ist der 8. Juli, scheint die Sonne. Über den Colle del Cengalo und den oberen Teil des Firncouloirs gelangen sie zum Einstieg. Sie klettern derart unbeschwert empor, dass sie die Abzweigung der Corti/Battaglia verpassen – nicht zuletzt weil die Beschreibung von Corti nur aus wenigen Stichworten besteht. Also folgen sie weiter ihrem pfeilgeraden Risssystem, etwas erstaunt, keine Spuren ihrer Vorgänger zu finden. Kurz vor dem Ende der Schwierigkeiten zwingt sie die Nacht zu einem so spektakulären wie unbequemen Biwak, ansonsten verläuft die Begehung ohne grössere Zwischenfälle. Der 9. Juli sieht sie auf dem Gipfel, nach 500 Metern steilstem Granit mit zwei Stellen VI und zuletzt 150 Metern ununterbrochen künstlicher A2-Kletterei inklusive Schlingenstände. Im Gipfelbuch tragen sie ein: «Corti/Battaglia, 2nd ascent». Damit war die Engländerroute geboren – eine auf Jahre hinaus gefürchtete und bald legendäre Extremtour.

Direttissima auf den Pizzo Badile

In der Nacht klarte es auf, und der Morgen war schön. Wir erreichten den Pass [Colle del Cengalo] über einen einfachen Firnhang, und als wir das Couloir hinunterschauten, dachten wir, wir hätten es schlau angegangen. Es war ziemlich steil, aber nur etwa 150 Meter vom Beginn des Risssystems entfernt. Wir stiegen nacheinander ab, mit kräftigen Tritten in den harten Schnee. Nach 300 Metern bemerkten wir, dass wir die Sache etwas unterschätzt hatten, und erst nach 450 Meter Abstieg und 2 anstrengenden Stunden erreichten wir den Einstieg. Es war jetzt Viertel vor neun. Doch es war mitten im Sommer, und wir hofften, ohne Biwak davonzukommen.

Mike stieg die erste Seillänge vor, einen steilen, weiten Riss. Er hatte ziemliche Schwierigkeiten und musste einige Haken setzen – obwohl er einen alten Ringhaken vorfand, was Mut machte. Bis ich nachsteigen konnte, war mir sehr kalt, und der Fels war feucht. Ein Stapel seltsam verklemmter Schuppen hielt, als wir ihn jeweils belasteten, aber ein kleiner Block, den ich weiter oben auslöste, liess sie alle ins Couloir poltern. Die Hände waren gefühllos und die Kletterei anspruchsvoll. Ich griff nach dem alten Haken und hing fast im Seil – Mike hatte mir nicht gesagt, dass er ihn herausgezogen und in ein Stück Moos gesteckt hatte. Ich kämpfte mich zum Standplatz hoch und fragte mich, wie viele Tage das schöne Wetter wohl anhalten würde.

Wir tauschten die Rucksäcke, und ich ging los. Der leichtere Rucksack war eine Erholung, aber unsere dreissig Haken und Karabiner liessen die Last des Seilersten genauso schwer und mindestens so unbequem wie die des Nachsteigers erscheinen. Zum Glück wurde das Gelände leichter, und die nächsten drei Seillängen waren leichte Kletterei. Das war ermutigend – unser erster Eindruck, dass die untere Hälfte frei geklettert werden könnte, wurde nun bestätigt.

Letztendlich waren nur noch zwei Seillängen wirklich schwierig, bevor die steile Schlusspassage begann. Die Länge, die ich vorstieg, war eine angenehme Rissverschneidung, aber Mikes Seillänge kurz vor der Nische in Wandmitte war ein fieser, brüchiger Kamin, der sich nach rechts neigte. Kurz über meinem Standplatz kletterte er über drei nebeneinander verklemmte Blöcke, dann über eine furchterregend nach oben ragende Schuppe und vermied es geschickt, Steine herunterfallen zu lassen, bis er nicht mehr über mir war. Dann begann ein Sperrfeuer aus Felsblöcken, Geröll und schottischen Flüchen, die minutenlang den Fels hinunterdonnerten. Der Rucksack schien ihn am meisten zu stören. Als ich nachstieg, verstand ich, warum. Der Kamin ist in Ordnung, wenn man nichts am Rücken trägt. Er zog den grossen Rucksack hoch, so wie er schlauerweise auch seinen eigenen nachgezogen hatte, und so konnte ich die Kletterei geniessen und den Felsschrott an der Rückwand des Kamins als eine Art Tretmühle benutzen.

Zwei leichte Seillängen brachten uns zum Sockel am Fuss des steilen oberen Wandteils. Die drei parallelen Risse, die von hier nach oben führten, waren schmal, und offensichtlich war zu Beginn Schlosserei angesagt. Weiter oben führte der rechte Riss in eine grosse Verschneidung, und wir hofften, dort frei klettern zu können. Das abschliessende Dach war etwa 60 Meter entfernt, meinten wir – das war das zweite Mal an diesem Tag, dass wir uns verschätzten. Wir assen ein wenig Schokolade und träumten von einem Riesenteller Spaghetti zum Abendessen.

Halb zwei Uhr mittags, ich war zum Vorsteigen dran. Das Mitschleppen der Haken erwies sich nun doch als sinnvoll – es tat gut, sie zu benutzen, nachdem wir sie so weit heraufgetragen hatten. Wir konnten Abschnitte der Seillänge frei klettern und verwendeten etliche Klemmkeile, um Zeit und Mühe zu sparen. Es gab keinen Absatz, daher baute ich einen Schlingenstand, und Mike stieg vor. Seltsamerweise schien das Dach nicht näher zu kommen.

Nach etwa 30 Metern an ziemlich schlechten Haken machte er am Beginn der Verschneidung Stand, über ihm eine grosse Schuppe, die anscheinend im Riss schwebte. Einige Minuten lang dachten wir über einen Pendelquergang in einen der anderen Risse nach, aber die waren genauso locker und absatzlos. Ich stieg nach, beeindruckt von der Instabilität einiger der Haken und der allgemeinen Brüchigkeit des Gesteins, an dem Mike fixiert war, war aber beruhigt, dass er das hier mit A3-Klettern im Yosemite verglich. Ich näherte mich sehr vorsichtig der grossen Schuppe. Aus der Nähe sah ich, dass sie Teil eines enormen Blocks war – die halbe Wand – und keine Gefahr bestand. Es war eine bemer-

kenswerte Felsformation, eine einen Meter tiefe Felszunge, in der Mitte 30 Zentimeter dick und 5 Meter lang, die aus der Verschneidung in den Himmel hinausragte. Ich zog mich mit einem Mantle auf sie hinauf und stieg weiter.

Leider befand sich im Winkel der Verschneidung kein Kamin, wie wir gehofft hatten, nicht einmal ein Riss, in dem man sich mit den Händen hätte verkeilen können, und so ging es die ganze Zeit mit Haken und Klemmkeilen weiter. Wieder ein Schlingenstand, aber das Dach schien nun näher – 12 Meter, meinte ich zu Mike. 24 mindestens, schätzte er, und inzwischen ging die Sonne unter. Er eilte in bester kalifornischer Geschwindigkeit 40 Meter hoch und war immer noch nicht dort. Er fand einen Absatz, den ersten seit dem Mittagessen, und schlug vor, wir sollten dort biwakieren. «Ist da Platz genug zum Kochen?» – «Warte, bis du es selbst siehst.»

Ich hoffte immer noch, die Schulter zu erreichen, aber die Dunkelheit holte mich auf halber Seillänge ein. Irgendwie war das eine Erleichterung – die Spannung liess nach, wir wussten, dass wir dort biwakieren mussten –, und plötzlich war ich richtig müde. Ich liess drei teure Haken stecken – die ersten, die wir zurücklassen mussten –, und Mike zog mich auf den Absatz hoch, der aus nassem Lehm zu bestehen schien.

Es war schon sehr dunkel, aber er hatte den Untergrund genauer angeschaut. Es gab einen langen Riss hinter einer Schuppe, der vertrauenerweckend weit in den Berg hineinreichte, und wir platzierten dort mehrere Haken. Der «Absatz» war nutzlos, denn er war zu klein für zwei Leute, und vom Dach tropfte es ständig. Wir standen zum Teil auf einer winzigen, abschüssigen Leiste unter der Schuppe, hauptsächlich jedoch in Trittleitern. Ich kämpfte gegen den Schlaf, aber der Spass sollte erst beginnen. Wir

Crack: Vom Cengalopfeiler aus fotografiert Dick Isherwood ein bisschen von Mike Kosterlitz und zwei Drittel der Badile-Ostwand. Das auffällige Risssystem knapp links des Kameraden, im oberen Teil in Verschneidungen übergehend, entpuppt sich wenige Tage später aus der Nähe als sehr kompakt (rechts). Unterwegs finden sie keine Spuren von Corti und Battaglia. Kein Wunder, denn Corti war nie dort gewesen, und auch niemand sonst. Ihre Kletterei stellt sich als die erfolgreichste «Wiederholung» am Badile heraus.

zogen uns Daunenjacken, Regenschutz und Handschuhe an, aber keine langen Unterhosen. Dann beschlossen wir, ein Stück die Schuppe entlang zu queren, weil Mike unter dem stetig tropfenden Wasser stand. Ich schlug noch einen Haken; er klang so gut, dass ich beide Leitern daran befestigte. Wir zogen die Sicherungen nochmals fest, hängten einen Topf auf, um das grösste Rinnsal aufzufangen, und machten es uns im Biwaksack bequem.

Nach ein paar Minuten – wir waren beide sehr durstig – schauten wir hinaus, um zu sehen, wie viel Wasser wir gesammelt hatten. Unglücklicherweise hoben wir beide den Biwaksack gleichzeitig hoch, und er verschwand, den Fels hinuntergleitend, in der Nacht. Es wurde plötzlich kalt. Wir sahen uns an, tranken das Wasser und versuchten zu schlafen.

Auch wenn die Position sehr unbequem war, war ich schliesslich so müde, dass ich einschlief. Ich wachte auf, als ich fiel – der «gute» Haken hatte sich gelöst. Ich fiel nicht in die Sicherung, denn nach einem knappen Meter wurde ich aufgehalten, hauptsächlich durch Mikes Hand in meinem Nacken, aber auch, ich schwör's, durch meine Willenskraft. Wir schlugen ein paar Haken dazu, banden uns doppelt fest und versuchten es noch einmal. Es gab keine Zwischenfälle mehr, aber bis zur Morgendämmerung dauerte es lange. Ich schlief ein bisschen, aber meine gegen den nassen Fels gepressten Beine waren sehr ausgekühlt. Mike hatte weniger Glück, sein Anorak war weniger wasserdicht, er stand unter einem noch grösseren Rinnsal und schlief überhaupt nicht.

Beim ersten Tageslicht fingen wir an zu packen, aber es dauerte eine gute Stunde, bis ich mit dem Klettern begann. Einen schrecklichen Moment lang hingen wir beide an einem Haken, der noch nicht einmal ganz drin war, aber bald war ich kurz unter dem Dach. Mich an einer Reihe senkrecht nach oben genagelter Haken hinaufzuhangeln ist nicht meine grösste Stärke, deshalb hatte ich ziemliche Schwierigkeiten und hängte die Seile in alles ein, was ich finden konnte. Was ich bald bedauerte, als ich mich über die sehr scharfe Kante zog und durch den Seilzug in einer spektakulären Position blockiert war, nur 5 Meter unter einem grossen Absatz. Ich musste ein Seil lösen und brauchte trotzdem alle meine Kraft, um das andere zu bewegen. Als Mike nachgestiegen war, sahen wir, dass eines der Seile teilweise beschädigt war – es sollte eine teure Tour werden. Er stieg die letzten 5 Meter auf die Schulter vor, und wir zogen die nassen Daunenjacken aus, legten uns in die Sonne und freuten uns an der fast horizontalen Welt.

Nach zwei grossen Töpfen Schmelzwasser aus einem Schneefleck gingen uns Tee und Zucker aus, und wir begannen widerwillig erneut mit dem Klettern. Auf der Schulter gab es eine schwierige Seillänge, eine dünne Platte, die in ein steiles, aufgeweichtes Schneefeld führte, aber ansonsten war die Kletterei einfach. Weit unten sahen wir eine Seilschaft in der Cassin-Führe, die sich bereits dem zentralen Schneefeld näherte.

Der Abstieg ging rasch, wenn auch unsere Hände, welche die ganze Nacht nass waren, inzwischen sehr schmerzten. Als wir die Hütte erreichten, trafen wir Richard und Chris Wood, die am Vortag auf dem Nordgrat waren. Sie sagten uns, wir hätten eine neue Route eröffnet – das hatten wir vermutet, nachdem wir nach den ersten paar Seillängen unserer Tour keine Spur von Corti mehr gefunden hatten. Fiorelli war mit seinem Funkgerät beschäftigt, und wir entnahmen den Gesprächsfetzen, dass er über uns sprach. Er war an dem Morgen auf dem Cengalo gewesen und hatte uns oben ankommen sehen. Auf dem besten Foto, das er hatte, zeigte er uns, dass die Corti-Route wie unsere Linie beginnt, aber ziemlich weit unten nach links abzweigt und ein paralleles Risssystem erreicht, das mehr als 100 Meter entfernt ist. Der Grund war uns nicht klar – vielleicht schreckte Corti und Battaglia die Seillänge durch den lockeren Kamin ab.

Wir bezahlten unsere Rechnung und machten uns auf den Weg ins Tal, wo anscheinend alle Welt uns erwartete. Wir waren froh darüber, nicht noch einmal über den Passo di Bondo zu müssen, und dankten den Erbauern des ausgezeichneten Weges zum Rifugio Gianetti. Als wir ins Tal kamen, waren da nicht, wie man uns glauben gemacht hatte, Dutzende von Fernsehkameras und Mikrofonen, aber der lokale Korrespondent der Zeitung «Il Giorno» gab uns die Ehre. Wir konnten das Thermalbad im Hotel in Bagni di Masino frei nutzen, wobei es sich anscheinend nicht nur um Heilwasser, sondern um eine radioaktive Quelle handelte, und dinierten stilvoll als Gäste der Hotelleitung. Vor dem Essen wurde uns ein Modell eines Berges gezeigt, den man nur am Schild als Pizzo Badile erkennen konnte. Man bat uns, unsere Route mit einer gestrichelten Linie einzuzeichnen, wie das auch die anderen getan hatten. Wir konnten am Modell keine Strukturen erkennen, deshalb zogen wir eine direkte Linie in der Mitte zwischen der Corti- und der Cassin-Route. Die kleine Gruppe, die sich zusammengefunden hatte, war offensichtlich sehr beeindruckt davon, und dann sagte einer das Zauberwort: «Direttissima». Wir gingen zu Tisch und waren sehr zufrieden mit uns.

---

aus: «Alpine Journal», 1969

Der Engländer Weg

In den Fünfziger- und Sechzigerjahren erlebte der britische Alpinismus einen ungeahnten Aufschwung, der eine ganze Generation von Elitebergsteigern hervorbrachte: Joe Brown, Hamish MacInnes, Tom Patey, Don Whillans, Chris Bonington, Ian Clough, Dougal Haston, Doug Scott, alle zwischen 1930 und dem Zweiten Weltkrieg geboren. Ihre Erfolge zwischen Mont Blanc und Everest führten das Königreich wieder in die Spitzengruppe der Bergsteigernationen. Es war eine fruchtbare Zeit, die auch etwas jüngere Kletterer beflügelte. Dazu gehörten der Engländer Dick Isherwood und der Schotte Mike Kosterlitz. Wie die meisten britischen Alpinisten erlernten die beiden das Kletterhandwerk an den heimischen Klippen, ehe sie sich an die Alpen und noch höhere Gebilde machten.

Eine erste grosse Unternehmung von Kosterlitz war 1965 die Zweitbegehung der «Directe Américaine» am Dru mit Michael Burke. Ein Jahr später folgte eine Anden-Expedition zur Yerupaja-Nordostrippe, wo das Team bis auf etwa 450 Meter an den Gipfel herankam. 1969 trat Kosterlitz eine Stelle als Wissenschaftler an der Uni Turin an, worauf sich sein Augenmerk vermehrt auf die Felsstrukturen des italienischen Nordwestens richtete. Im Valle dell'Orco, einer der Wiegen des Freikletterns auf der Alpensüdseite, eröffnete er mehrere Klassiker (wie «Sole Nascente» am Caporal 1973, mit Motti und Grassi, lange Jahre die schwierigste Route im Piemont). Eine seiner berühmtesten Routen ist zugleich eine seiner kürzesten: ein Riss an einem haushohen Felsblock,

Dick Isherwood

Mike Kosterlitz

den er anno 1970 mit Bergschuhen (!) beging. Die «Fessura Kosterlitz» wurde trotz unzähliger Versuche erst 8 Jahre später wiederholt und gilt heute noch als harte Knacknuss für ambitionierte Boulderer. Kein Wunder, ist sie doch mit «Fb 6b bloc» bewertet, was einem VIIIer entsprechen würde – eine sensationelle Leistung für die damalige Zeit. Eine Krankheit zwang Kosterlitz später, das Klettern und Bergsteigen aufzugeben. Heute arbeitet der erfolgreiche Physiker als Professor und Forscher an einer Universität im amerikanischen Nordosten.

Dick Isherwood hingegen zog 1969 nach Bangkok. Als Agrarwissenschaftler lebte er lange in Asien, so auch 5 Jahre in Nepal, wo er an Entwicklungsprogrammen im Landwirtschaftsbereich und im Gesundheitswesen mitwirkte. Nach einer Zeit als Direktor eines Forschungsbetriebs in Ostnepal in den späten 1970ern führte er mehrere Gesundheitsprojekte in Bangladesh und Nepal. Sein Interesse verlagerte sich folgerichtig auf den «nahen» Himalaja, im Bestreben, mit Kleinexpeditionen und meist im Alpinstil eher unbekannte Gipfel zu erforschen. Aus dieser Zeit stammen drei Erstbesteigungen – 1973 der South Parbati (6165 m), 1974 der Lamjung Himal (6983 m), 1979 der Dorje Lhakpa (6966 m) – sowie 1976 eine neue Route am Kanjiroba (6883 m). Anlässlich eines Versuchs im Alpinstil am Annapurna II (7937 m) musste er mit Rob Collister auf etwa 7000 Metern umkehren. Isherwood lebt heute mit seiner Frau und seinen zwei Adoptivkindern – einem Bengali und einem Nepali – im amerikanischen Nordwesten und klettert gelegentlich noch in der Umgebung. Die Sehnsucht scheint ihn aber nicht ganz verlassen zu haben, wie seine Kleinexpedition zu zwei unbestiegenen Sechstausendern in Westchina Ende 2005 beweist.

Marco Volken

Temperament, Leidenschaft und Charme

Loulou Boulaz

Yvette Vaucher

1932 wurde die berühmte Crème der Genfer Alpinisten um Raymond Lambert um einen neuen Namen reicher: Louise Boulaz. Sie war die erste Frau, die sich an die schwierigsten Alpenwände wagte; selbst beim Wettlauf um die Grandes Jorasses und den Eiger mischte die zierliche, quicklebendige Frau vorne mit – was für Aufruhr in dieser Männerdomäne sorgte. Begabung, Ausdauer und Bescheidenheit sicherten Loulou aber rasch die Sympathie aller Beteiligten.

Ihr Terrain waren die grossen Wände, die bedingungsloses Engagement und alpinistische Vielseitigkeit verlangen. In einer Zeit, da führerlose Partien noch beargwöhnt wurden, kam eine Frau im Vorstieg in extremen Routen fast einem Skandal gleich. Zu ihren Erfolgen gehören die Erstbegehungen der Zinalrothorn-Nordwand, der Studerhorn-Nordwand, der Dolent-Ostwand, die Zweitbegehungen der Dru-Nordwand, des Crozpfeilers der Grandes Jorasses, der Grand-Cornier-Nordwand, des Stockhorn-Südgrats, die Drittbegehung des Bietschhorn-Südostgrats, der Poire an der Brenva; weiter der Südgrat der Noire de Peuterey, die Marmolada-Südwand, der Walkerpfeiler, der Furggengrat am Matterhorn. Das Wort «schwierig» kam ihr kaum über die Lippen, für sie war alles «schön». Expeditionen führten sie in den Kaukasus, in die Sahara, 1959 zum Cho Oyu. Als Mitglied der Ski-Nationalmannschaft gewann Boulaz an den Weltmeisterschaften 1937 die Bronzemedaille im Slalom.

Bergsteigen war ihr nicht alles: Geprägt durch Armut und häufige Arbeitslosigkeit der Eltern, engagierte sie sich zeitlebens politisch. «Loulou la Rouge» arbeitete als Journalistin und beim Bureau International du Travail; nach ihrer Pensionierung studierte sie Geschichte und Soziologie, nahm weiter an linken Kundgebungen teil und kletterte bis ins hohe Alter.

Yvette Pilliard wuchs eine Generation später ebenfalls in Genf auf. Der talentierten Sportlerin fielen die Erfolge im Bergsteigen und Skifahren rasch zu. Die Heirat mit James-Louis Attinger führte sie zuerst nach Neuchâtel, weg von den Alpen, wo sie zeitweilig der Fallschirmspringerei frönte. Der Ruf der Berge war aber zu laut, und so kehrte sie 1962 nach Genf zurück. Die Begegnung (und spätere Heirat) mit dem damals schon berühmten Michel Vaucher war ihr grosser Wendepunkt zum Extremklettern. Dem in der Alpingeschichte einmaligen Ehepaar gelangen grosse (Nord-)Wände: Matterhorn, Eiger, Triolet, Pilier d'Angle, Freneypfeiler, Bonattipfeiler, die schwierigsten Dolomiten-Anstiege. 1965 kam die Aufnahme in den Groupe de Haute Montagne; 1966 eine beeindruckende Erstbegehung, die direkte Nordwand der Dent Blanche in zwei Tagen und unter schwierigsten Wetterbedingungen. 1971 war das Jahr der internationalen (und erfolglosen) Everest-Expedition, zu der Yvette – die auch auf dem Denali stand – als einzige Frau nebst Grössen wie Don Whillans, Dougal Haston und Pierre Mazeaud eingeladen wurde.

Yvette kletterte nicht nur mit Michel Vaucher (von dem sie sich später trennte): Zu den Touren, die sie mit anderen Seilpartnern ausführte, zählen der Walkerpfeiler – während Michel mit Bonatti am nahen Whymperpfeiler eine Extremroute eröffnete –, die Hemming/Robbins am Dru oder die Nose und der Half Dome im Yosemite. Yvette war 2005 Jury-Mitglied des Piolet d'Or und ist heute noch aktive Tourenleiterin der SAC-Sektion Genf.

Claude Rémy

1969 Nachdem die Cassin-Route schon häufig Damenbesuch erhalten hat, steigt am 20. August die erste reine Frauenseilschaft durch die Route. Es sind zwei erfahrene und prominente Bergsteigerinnen, und sie sind beide nicht zum ersten Mal in der Gegend: Yvette Vaucher, 39-jährig, und Loulou Boulaz, 61-jährig. In einer separaten Seilschaft klettern Bernard Darbellay und Jean-François Gal mit.

1970 Seit einiger Zeit beschäftigen sich italienische Alpinisten mit dem Wandbereich links des grossen Trichters. Tatsächlich findet sich dort eine Rissfolge, die über eine Dachzone in einen schwach ausgeprägten Sporn übergeht und eine logische Anstiegslinie zwischen der Cassin und der Engländerroute ermöglichen sollte. Gianni Rusconi ist die treibende Kraft hinter dem Vorhaben. Ein erster Anlauf findet im August 1969 statt. Trotz Geheimhaltung ahnt Rusconi, dass die Konkurrenz Wind davon bekommen könnte. Wenige Tage später eilt er deshalb zum Wandfuss, wo er prompt drei Ragni aus Lecco entdeckt, darunter Riccardo Cassins Sohn Tono. Nach kurzem Zögern spannen die zwei Gruppen zusammen und kommen im unteren Teil gut voran. Allerdings nur bis zum grossen Band unterhalb der Dachzone, wo die eigentlichen Schwierigkeiten beginnen würden – und wo sie ein Wettersturz zur Umkehr zwingt.
Nach diesem Wettersturz bleibt der Schnee den ganzen Rest des Sommers in der Wand liegen, was die übrigen Bewerber vom Plan abbringt. Nicht so Gianni und Antonio Rusconi. Die beiden Brüder wittern die Chance einer winterlichen Erstbegehung – eine Idee, die sich in ihren Köpfen mehr und mehr festsetzt. Gianni muss zuerst noch die Geburt seiner Tochter abwarten, dann lässt ihn seine Ehefrau ziehen; von da an wird jede Minute und alle Energie ins Projekt investiert. Ab dem 13. Januar kehren sie jedes (!) Wochenende, unabhängig vom Wetter, zu ihrer Wand zurück. Bis Mitte März unternehmen sie insgesamt acht Anläufe, die mal beim Biwakstein am Wandfuss, mal beim Einstiegscouloir und mal etwas weiter oben in der Wand enden. Von Wetterglück können die Rusconis nicht wirklich sprechen. Den höchsten Punkt erreichen sie beim siebten Versuch Anfang März: 10 Meter höher als im Sommer mit Tono Cassin & Co. Dafür vollzieht sich der Rückzug unter dramatischen Bedingungen: Regelmässige Pulverschneelawinen über-

Anlauf: Boulaz versucht die Cassin bereits 1949, mit Bonnant. Der Hüttenbucheintrag auf Sciora ist typisch für die kecke Dame: Pierre, ein ganzer Mann, wird da zur Pierrette, Club Suisse des Femmes Alpinistes, während sich Loulou als CAS-Mitglied ausgibt – und somit als Mann, da der SAC noch keine Frauen akzeptiert (unten). Gleich zehn Anläufe benötigen gar die Rusconi für ihre neue Route: Schlechte Verhältnisse zwingen sie immer wieder zum Rückzug – auch beim vierten Versuch (oben).

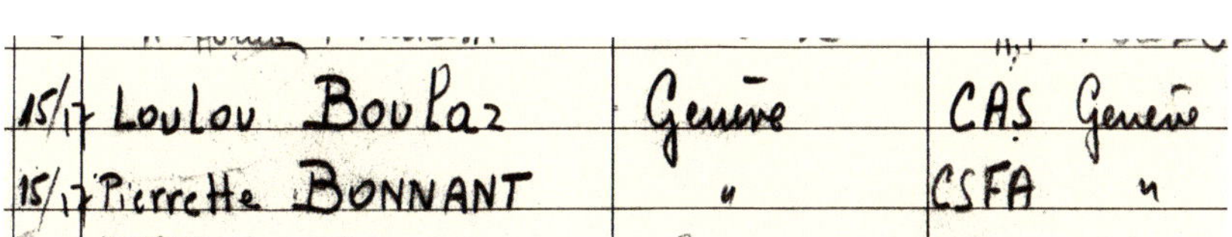

15/1	Loulou Boulaz	Genève	CAS Genève
15/1	Pierrette BONNANT	"	CSFA "

Sturmlauf: Der letzte, erfolgreiche Anlauf von Gianni und Antonio Rusconi gerät vollends zum Kampf gegen Wind, Kälte, Schneestürme und Lawinen. Dazu drücken schwere Lasten auf die Schultern (siebte Seillänge, rechte Seite oben), unbequeme Biwaks unter der Plastikplane aufs Gemüt (achte Seillänge, unten links), tagelange Strapazen auf die Kraftreserven (zu Beginn der Ausstiegsrinnen, unten rechts). Gewidmet ist die «Via del Fratello» – bis V+/A2, 120 Haken – dem 15 Jahre zuvor tödlich abgestürzten Bruder Carlo (oben, 1953 in der Cassin am Preussturm).

spülen die beiden beim Abseilen, später auf dem Gletscher brechen ihnen zwischen den Füssen mehrere Schneebretter weg. Es kommt der 13. März und mit ihm die letzte Chance des ausklingenden Winters. Um ja keine Zeit zu verlieren, vereinbaren sie mit Dino Salis ausnahmsweise einen Heli-Flug zum Einstieg. Ein Verkehrsstau lässt den Flugtermin jedoch platzen, zum neunten Mal in diesem Winter nehmen sie den beschwerlichen Anmarsch durchs Bondascatal unter die Füsse. Obwohl es am nächsten Morgen immer noch schneit, wühlen sich die beiden durch die Schneemassen zum Bergschrund. Die zwei Wochen zuvor hinterlassenen Fixseile erlauben ein schnelles Vorankommen, nach Einbruch der Nacht ist die enge Biwakterrasse unter der Dachzone erreicht. Unter einer Plastikplane, mit mehreren Haken und Seilen gegen die Wucht der Lawinen gesichert, verbringen sie die Nacht. Ab nun erwartet sie Neuland. Der 15. März ist bitterkalt. Und es schneit weiterhin, wie es all die nächsten Tage schneien wird. Gesichert von Antonio, arbeitet sich Gianni – er wird die ganze Zeit über führen – bis knapp unter die grossen Überhänge. Erneuter Abstieg zum Plastikbiwak.
16. März: Material nachziehen, dann 50 weitere Meter gewinnen. Es fehlen noch 40 Meter bis zum Ende der Überhänge. Abseilen zum Biwakplatz. 17. März: Meterdicke Wechten verkrusten den Fels. Schwierige künstliche Kletterei. Die Überhänge sind endlich gemeistert, dann eine weitere Steilstufe. Abseilen zum Biwakplatz.
18. März: Der Gipfel scheint in Reichweite zu sein, das Biwak wird verlassen, und es wird bis zu den Ausstiegsplatten geklettert, aber es reicht doch nicht – ein Notbiwak wird fällig. In der Nacht reisst sie eine wuchtige Lawine von ihrem schmalen Schneesims, plötzlich hängen sie in den Seilen. Ein Teil des Materials ist weg. Gegen weitere Lawinen ankämpfend, ziehen sie sich wieder zum Sims empor und kriechen unter die Plane, aber der Schnee schiebt sich unaufhörlich zwischen sie und die Felswand und erdrückt sie fast. «Es ist unsere längste Nacht in den Bergen, sie ist trostlos, beklemmend. Sie will kein Ende nehmen; die Zeit steht still, und der Berg hat sich in Bewegung gesetzt, es scheint, als würde er mitten in dieser Finsternis einstürzen, mit jeder Lawine ein bisschen mehr.» 19. März: Noch vor der Dämmerung machen sich die beiden auf den Weiterweg, den einzigen Weg aus dieser Falle. Der Schneesturm tobt und überzieht die Gesichter mit einem dünnen Eispanzer. Als sich Gianni das linke Auge mit dem Handschuh freiwischen will, fallen mit dem Eis die Brauen und Wimpern ab. Weiter oben wieder eine Lawine, Gianni wird 30 Meter mitgerissen und kommt doch noch zum Stehen. Nach 8 ½ Stunden Überlebenskampf durch den Schneesturm greift Giannis Pickel unerwartet ins Leere, es ist keine Wand mehr da – das muss der Gipfel sein. Es ist 14.30 Uhr. Ein unbeschreiblicher Augenblick: «Ich möchte schreien, beten, aber die Lippen sind völlig gefroren und lassen sich nicht bewegen. Ich knie mich hin.»
Die Route wird «Via del Fratello» getauft, im Andenken an Bruder Carlo Rusconi, der 1955 beim Klettern in der Grigna tödlich abstürzte. Vier Monate später, am 11. und 12. Juli, wird Gianni Rusconi zurückkehren, um seine Route – mit Teresina Airoldi, Luigi Bosisio, Mario Burini, Giuliano Fabbrica, Giuseppe Fumagalli, Romano Perego und Giorgio Tessari – als Erster zu wiederholen und bei sommerlichen Temperaturen zu geniessen. Und um die im Winter zurückgelassene Ausrüstung einzusammeln, inklusive 16-Millimeter-Filmkamera mitsamt kostbarem Inhalt: die belichteten Rollen ihrer Erstbegehung.

Alpinisten ohne Winterschlaf

Gianni (rechts) und Antonio Rusconi

Den Wendepunkt in der alpinistischen Geschichte des Pizzo Badile stellt die Erstbesteigung des Ostnordostsporns im Winter dar, welche die beiden jüngsten der acht Rusconi-Brüder, Gianni und Antonio, unternahmen. Diese mit einmaliger Zähigkeit und unglaublicher Entschlossenheit durchgeführte historische Begehung sicherte den beiden Kletterern aus Valmadrera, die schon seit mehreren Jahren den Winter zur bevorzugten Jahreszeit für ihre Abenteuer erkoren hatten, ihren Platz in der internationalen Welt des Alpinismus. Die Bergleidenschaft war in der Familie Rusconi nicht neu, auch wenn sie bereits 1955 ein Opfer gefordert hatte, als der älteste der Brüder auf der Südseite der Grigna tödlich verunglückte.

Gianni wurde am 28. März 1943 geboren und fuhr anfänglich Radrennen, bevor auch er zum Bergsteiger wurde, um in die Fussstapfen seines Bruders Carlo zu treten. Gianni war der treibende Geist und charismatische Anführer des starken Teams, das in dem zwei Jahre jüngeren Antonio ein Mitglied hatte, das zu jedem Opfer bereit und ein sicherer Bezugspunkt war, auf den man immer zählen konnte. Eine perfekte Seilschaft, die schon Grosses geleistet hatte, als sie die Winterbegehung der Piussi/Redaelli-Direttissima auf den Torre Trieste (10.–19. März 1968, erste Wiederholung) und der «Via delle Guide» auf den Crozzon di Brenta (mit Gianluigi Lanfranchi und Roberto Chiappa aus Lecco vom 7.–14. März 1969) durchführte.

Gianni und Antonio Rusconi waren in jeder Art von Gelände zu Hause und vor allem durch die harten Bedingungen des Winterbergsteigens gestählt. So können sie auf eine lange Liste von Erfolgen bei winterlichen Besteigungen und Erstbegehungen zurückblicken. Zu erwähnen sind, ausser den bereits genannten, die «Via Attilio Piacco» an der Cengalo-Nordnordwestwand (Erstbegehung 5.–15. Februar 1971), die «Via dei 5 di Valmadrera» an der Civetta-Nordwestwand (Erstbegehung 16.–22. März 1972), die «Via Vera» an der Badile-Südostwand (Dezember 1972, erste Wiederholung), die Philipp/Flamm an der Civetta-Südwestwand (7.–14. Februar 1973), die Ostwand der Dent du Géant (erste Wiederholung 28.–30. Dezember 1973), die Gervasutti zum Pic Guglielmina (23.–28. Januar 1974), die Bonatti auf die Chandelle (4.–5. Januar 1975) und die Bonatti in der Ostwand des Grand Pilier d'Angle (20.–25. Januar 1975, erste Wiederholung mit einer direkten Ausstiegsvariante). Sehr oft wurden sie hierbei von anderen ausgezeichneten Bergsteigern und guten Freunden begleitet, etwa von Heinz Steinkötter, Gian Battista Villa, Giuliano Fabbrica, Gian Battista Crimella und Giorgio Tessari.

Aber die Rusconi-Brüder beschränkten sich nicht auf die Alpen, sondern beteiligten sich auch an aussereuropäischen Expeditionen: zum Mount Saint Elias (1971), nach Peru und in den Himalaja. Als sich die Zeit der grossen Besteigungen ihrem Ende zuneigte, schlugen die beiden Brüder unterschiedliche Richtungen ein: Gianni, der Bergführer und Ausbilder des italienischen Alpenclubs, kletterte auf höchstem Niveau weiter. Den Platz seines Bruders nahm nach und nach und immer besser sein Sohn Giorgio ein. Antonio Rusconi dagegen widmete sich dem Laufsport und dem Marathon, wo er gleichfalls bemerkenswerte Erfolge erzielen konnte.

Es ist heute durchaus keine Seltenheit, Gianni Rusconi an den Wänden des Sasso Remenno im Val Masino, in Arnad oder an den Kalkwänden der sonnigen Felsen in Finale Ligure beim Training anzutreffen. Seine Unternehmungen hat er in zwei Büchern festgehalten: «Pareti d'Inverno», in dem er seine grössten Winterunternehmungen erzählt, und «L'Alpinismo», ein historisch-fachliches Handbuch. Seit einiger Zeit hält er über seine wichtigsten Besteigungen und Expeditionen auch Filmvorträge; dass er sich dabei moderner, multimedialer (Video-)Technik bedient, unterstreicht seine mentale Beweglichkeit und Offenheit für Neues.

Giuseppe Miotti

1972 Fast 20 Jahre nach seinem tragischen Erlebnis mit Felice Battaglia ist Claudio Corti erneut auf Neulandsuche am Badile. Wie damals mit der Ostwand gilt sein Augenmerk auch diesmal einem Wandbereich, der noch nie zuvor besucht wurde – der sonnigen Südostseite. Tatsächlich traversiert die Molteni aus dem Jahr 1935 nach den ersten Seillängen stark nach links und lässt die weite Flanke mit ihrem Pfeiler unberührt. Corti und sein häufiger Partner Claudio Girardi gehen ihn am 26. August an. 8 Stunden, 350 Meter, einige Stellen VI+ und A2, 50 Haken und einen Holzkeil später stehen sie zuoberst. Corti widmet auch diese Route, wie bereits jene in der Ostwand, einem ihm lieben Menschen – die neue «Via Vera» gilt Vera Cenini, der Direktorin der Thermen von Masino und grossen Dame der Bergrettung im Val Masino.
Umgehend erfolgt die Winterbegehung (die streng genommen gar keine ist, denn sie findet wenige Tage vor dem kalendarischen Anfang der kalten Jahreszeit statt). Gianni Rusconi, Giorgio Tessari, Gian Battista Crimella, Giuliano Fabbrica und Gian Battista Villa starten am 18. Dezember 1972 um 6 Uhr vom Rifugio Gianetti, von wo sie den Wandfuss kurz vor Sonnenaufgang erreichen. Alles läuft wie geschmiert, um 14.30 Uhr steht der Erste bereits auf dem Gipfel. Allerdings werden noch eineinhalb Stunden vergehen, bis auch der Letzte dieser ungewöhnlichen Fünferseilschaft aus der Wand aussteigen kann. Dann wird die Biwakschachtel bezogen, für eine gesellige Nacht.

1973 Das Beispiel von Corti zeigt, wie unerforscht die breite Südostwand noch ist. Ein Jahr nach der «Via Vera», genauer am 29. Juli 1973, entsteht eine neue Linie, die dem rechten, östlichen Wandpfeiler folgt. Die «Via del Terzo Pilastro» ist eine der wenigen «einheimischen» Routen am Badile: Felice Bottani und sein Sohn Michele, Pierangelo Ciapponi und Giuseppe (Pep) Dell'Oca stammen alle aus dem Veltlin, aus der Gegend von Morbegno – keine 20 Kilometer Luftlinie vom Einstieg entfernt. Insgesamt benötigen sie für die Neutour, die zwei VIer-Seillängen aufweist, 13 Haken, 2 Holzkeile und 6 Stunden. Ungleich aufwendiger und umständlicher gestaltet sich dagegen die Erschliessung eines anderen Pfeilers, des Ostnordostpfeilers auf der Bondasca-Seite. Tiziano

Schnelllauf: Kaum vier Monate nach der Erstbegehung erhält die «Via Vera» ihre Wintertaufe – durch die zügige Fünferseilschaft Gianni Rusconi (vorne), Giorgio Tessari, Giuliano Fabbrica, Gian Battista Villa und Gian Battista Crimella (von links). Tags darauf quert Crimella den Gipfelgrat, um durch das Couloir zwischen Badile und Badilet abzusteigen.

Stand 1: Daniele Chiappa sortiert am Ostnordostpfeiler das Klettermaterial. Davon braucht es dort besonders viel. Nebst Bohrhaken benötigen Tiziano Nardella und seine Kollegen aber vor allem unzählige Anläufe: «Eine Erstbegehung in Raten: monatelang hartnäckige Versuche am Pizzo Badile», titelt der «Scarpone» am 1. Oktober 1973 in grossen Lettern auf der Frontseite.

Nardella und Carlo Pedroni unternehmen im Februar und März 1973 einige fruchtlose Versuche, mehr oder weniger unterstützt durch Angelo Pinciroli und Giuseppe Lanfranchi. Ende des Winters zieht sich Pedroni frustriert zurück, Nardella lässt hingegen nicht locker. Ab Mai folgen neue Anläufe und kleinere logistische Rückschläge, die den Plan stets zu Fall bringen: Mal ein Gewitter, mal hat einer der Kletterpartner keinen Urlaub, mal hat ein anderer Urlaub und muss mit der Familie ans Meer, mal will einer nicht mehr. Am 9. September jedoch zahlt sich der Starrsinn aus: Tiziano Nardella, Elio Scarabelli, Daniele Chiappa und Giulio Martinelli steigen ein, folgen den eingerichteten Fixseilstrecken bis zum höchsten zuvor erreichten Punkt und setzen die Kletterei fort. Der Pfeiler entpuppt sich, nicht unerwartet, als reine Schlosserei, zum ersten Mal an diesem Berg kommen systematisch Bohrhaken zum Einsatz.
Die Techno-Route am Badile in Zahlen: 40 Bohrhaken und 200 Normalhaken, alle belassen, hakentechnisch anspruchsvolle Stellen bis A3, Schlingenstände und drei Biwaks (beim dritten nächtigt Scarabelli auf dem Sitzbrett, Nardella in einer an einem einzigen Haken festgemachten Hängematte). Nach vier Tagen in teils überhängendem Gelände betreten die vier am 12. September abends um 19 Uhr im aufgehenden Vollmond endlich den ebenen Gipfelgrat, wo sie dem Komfort der neuen Biwakschachtel und ihren vergleichsweise himmlisch weichen Matratzen bis zum nächsten Morgen verfallen.
Ruedi Homberger und Toni Holdener wiederholen den Nardellapfeiler kein Jahr später als erste Seilschaft. Die stecken gelassenen Haken erlauben ihnen ein rasches Vorankommen: Am 11. August 1974 steigen sie in einem einzigen Tag durch und biwakieren erst auf dem Gifpel.

1974 Zu diesem Zeitpunkt zählt die Südwestwand zwei Routen, die Südostwand deren drei, die renommierte Ost- und Nordostwand kommt auf fünf Anstiege. Das Aschenputtel bildet die Nordwestwand: Seit Bramani und Castiglioni 1937 hat sich hier nichts gerührt. Wer sucht sich schon einen Zustieg durch den zerrissenen Gletscher und klettert dann tagelang im Schatten, wenn gleich daneben eine der sechs Rébuffat-Wände lockt?
Bruno De Angeli, Angelo Frigerio und Egidio Redaelli tun dies. In der etwa 500 Meter breiten, noch nie erkundeten Wandflucht links der bestehenden Route haben sie die Qual der Wahl. Zwischen dem 14. und dem 16. September 1974 glückt ihnen eine neue Route mit Schwierigkeiten um V+ und einigen hakentechnischen Stellen bis A2, die knapp links der Gipfelfalllinie beginnt, weiter oben weiter nach links quert und etwa sieben Seillängen unterhalb des Gipfels auf der Nordkante endet. Trotzdem ist es, mit den Worten des Alpinhistorikers Giovanni Rossi, «der erste Versuch, einen direkten Weg durch die Wand zu finden». Die Erstbegeher widmen ihre Route dem Hüttenwart der Gianetti, Giulio Fiorelli.

Da optimale Bedingungen für Winterbegehungen recht selten eintreten, erstaunt es kaum, dass manchmal mehrere Seilschaften unterwegs sind, wenn endlich mal stabiles Wetter mit einigermassen erträglichen Temperaturen angekündigt und der Fels mehr oder minder trocken ist, was Anfang Winter durchaus vorkommen kann. Die Vorweihnachtstage 1974 scheinen tatsächlich günstig für Winterbegehungen zu sein – umso mehr, als der 21. Dezember ein Samstag ist und eine besonders lange Brücke ermöglicht.

Am 22. und 23. Dezember durchsteigen Bruno, Felice und Michele Bottani, Pierangelo Ciapponi und Vincenzo Spreafico die Südwestwand über den südlichen Pfeiler, die «Via Merendi».

Ebenfalls am 22. Dezember erreichen Carlo Pedroni sowie Ermanno und Franco Gugiatti von der Gianettihütte den Fuss des Torrione del Badile, gewinnen diesen über das Schneecouloir und den Westgrat, seilen dann in den Colle del Badile ab und weiter das Kluckercouloir hinunter, wo sie ein Fixseil für einen allfälligen Rückzug hinterlassen. Nach einem Biwak traversieren sie zum Einstieg der Bramani/Castiglioni, beginnen um 10 Uhr mit der Route (–8 °C) und schaffen an diesem Tag volle acht 40-Meter-Seillängen. Abends wird das Nachtlager in der Wand eingerichtet (–13 °C), gegen 20 Uhr schallen durch das schwache Mondlicht Glückwünsche herüber – von der nahen Nordkante der Punta S. Anna, wo die Bergeller Bergführer Guido und Arturo Giovanoli eben mit der ersten Winterbegehung der schwierigen Bonatti-Route beschäftigt sind. Am 24. Dezember schlägt das Wetter zusehends um, im Laufe des Nachmittags setzen kleine Schneelawinen ein; dennoch gelingt es ihnen, die zehn fehlenden Seillängen zu meistern und zum Westgrat auszusteigen. Die rasch einsetzende Dunkelheit und ein starker Schneesturm verwehren jedoch den Gang zum Gipfel und zur dortigen Biwakschachtel – die Heilige Nacht findet im pfeifenden Schneetreiben (–22 °C) auf dem Grat statt. Am Weihnachtstag klart das Wetter rasch auf, der Abstieg geht ohne Zwischenfälle vonstatten. Ein paar Abseilmanöver über den Westgrat, im Vorbeigehen das Fixseil aus dem Kluckercouloir abgezogen, eine weitere 90-Meter-Abseilstelle zum Wandfuss des Torrione: Die erste Winterbegehung der Nordwestwand ist Geschichte.

Stand 2: Ermanno und Franco Gugiatti in der Nordwestwand kurz vor Weihnachten 1974. Die drei – Carlo Pedroni ist mit von der Partie – steigen im Alpinstil in bloss zwei Tagen durch die Bramani/Castiglioni. Dem «Scarpone» ist die Leistung eine kurze Notiz am 16. April 1976 wert.

Thermodynamik und Fallgesetz

Berggefahren am Badile

Problemzone Einstieg

Vom Fuss der Nordkante zieht sich ein schräg abfallendes, firnbedecktes Band in die Nordostwand hinein. Walter Risch hatte es bereits 1923 anlässlich der ersten Begehung der Kante benutzt, um von der Capanna Sciora zum Einstieg zu gelangen. Das brachte ihm den Tadel seines Lehrmeisters Klucker ein, der das Band als allzu heikel einstufte und den Umweg über den Viäl bevorzugte.

Heute dient das Band in umgekehrter Richtung als üblicher Zustieg zu den Wandrouten um die Cassin. Sicherer ist es seit Rischs Zeiten freilich nicht geworden. Das aufliegende Schneefeld ist steil und frühmorgens beinhart, darunter fällt die Wand in die Tiefe ab. Trotzdem verzichten viele Seilschaften aus Gewichtsgründen, aus Bequemlichkeit also, auf die Mitnahme von Steigeisen und Pickel. Andererseits bietet auch vorbildliche Ausrüstung und Seilsicherung nicht immer eine Garantie gegen das Ausrutschen und Mitreissen, wie im Fall des starken britischen Bergführers Jules Cartwright (29) und seiner Kundin Julie Colverd (43), die am 30. Juni 2004 auf dem Weg zur Cassin waren. Einer der beiden glitt aus – den anschliessenden, 300 Meter tiefen Sturz überlebten sie beide nicht.

Glücklicherweise nicht tödlich verlief dagegen ein ganz anderer Unfall, der sich auf ebendiesem Band zutrug. Am 20. Juli 2002 meldete ein Bergsteiger per Mobiltelefon einen «Spaltenunfall mit eingeklemmter Person am Badile». Dazu muss man wissen, dass sich zwischen dem Schneefeld und dem Fels im Laufe des Sommers ein Spalt bildet, der manchmal breit genug ist, dass man darin laufen kann. Mitte Juli 2002 war's aber noch nicht so weit, der Spalt war noch schmal. Ein Kletterer auf dem Weg zum Einstieg rutschte aus und fiel 10 Meter in den Riss hinein, wo er sich tatsächlich verkeilte.

Bächlein durch die Ärmel

Auffallend viele Tourenberichte am Badile erwähnen mindestens ein Gewitter oder einen Wettersturz, manchmal mit Blitzschlag verbunden. Doch nicht alle haben Glück wie Neville Samuel Finzi und sein Führer Franz Josef Biner, die am 4. September 1936 von mehreren Blitzen getroffen wurden und trotzdem überlebten. Zu den weniger Glücklichen gehörte Felice Battaglia, der 1953 in Gipfelnähe von einem Blitz erschlagen wurde. Aber auch wenn's nicht funkt, ist Regen in der geneigten Nordostwand ziemlich ungemütlich. Nach einem Gewitter ergiessen sich rasch Sturzbäche über die Plattenschüsse und folgen logischerweise denjenigen Rissen und Kaminen, über welche die meisten Routen führen; wo der Fels überhängt, bilden sich gar reissende Wasserfälle (man sagt, am Badile seien Bergsteiger auch schon ertrunken). Wenn das Wasser derart über die Wand fliesst, sucht sich von jedem Griff ein kleines, kaltes Bächlein seinen Weg durch den Ärmel bis zum Rumpf des Kletterers, wie Gaston Rébuffat in seinem Bericht schildert. Hagel kann sich auf den Bändern ansammeln und wie Kugellager wirken. Sinkt dann die Temperatur unter den Gefrierpunkt, überzieht plötzlich ein dünner Eispanzer den ganzen Fels, was jegliches Weiterklettern verunmöglicht. Georges und Sonia Livanos und Robert Lepage wurden 1960 anlässlich eines Versuchs am Fuss

Ausgesetzt ist das Firnband, das zum Einstieg der Nordostwand führt. Jules Cartwright und Julie Colverd wurde es 2004 zum Verhängnis: Wie der Blick aus dem Rettungshelikopter zeigt, nehmen ihre Spuren plötzlich ein endgültiges Ende.

der Nordostwand von einem Wettersturz und von Steinschlag zum Rückzug gezwungen; von Livanos darauf angesprochen, bemerkte Cassin klipp und klar, dass ein Wettersturz am Badile schlimmer als am Walkerpfeiler sei.

Die Gewitteraktivität ist im Sommer tatsächlich erheblich. Wenn die feuchtwarme Luft über dem Comer See im Laufe des Tages aufgeheizt wird, beginnt sie zu steigen, kondensiert und bildet Cumuluswolken. Die Strömung verfrachtet diese Wolken anschliessend häufig nach Nordosten, wo sie durch die Topografie angehoben werden, weiterwachsen, im Laufe des Nachmittags die Granitberge des Val Masino erreichen, sich festsetzen und ausregnen. Wer durch die Nordostwand klettert, hat gar keine Chance, aufkommende Gewitter frühzeitig zu erkennen, da ihm die Sicht Richtung Comer See durch die Wand selbst völlig versperrt ist. Einsteigen nur bei günstiger Wettervorhersage und rasches Durchklettern können aber die Chancen auf eine trockene Tour wesentlich erhöhen.

Von der Erbse bis zum Kühlschrank

Auch Steinschlag kann am Badile ein Problem darstellen, denn der Fels ist nicht überall so kompakt, wie er von weitem wirkt. Besonders im oberen, flacheren Teil der Nordostwand liegt auf den Bändern viel loses Material, das von Gewittern, durch den Schneedruck und die Sprengwirkung des Eises in Bewegung gesetzt werden kann. Die Steine fegen meist durch den grossen Trichter in die Tiefe, weshalb für die Cassin-Route im mittleren Teil, wo sie sich dem Trichter nähert, erhöhte Vorsicht und zügiges Klettern zu empfehlen sind. Die einzige Route, die durch den Trichter selbst führt, trägt den adäquaten Namen «Memento mori».

Die Grösse der Projektile reicht je nach Pech von der Erbse, gegen die ein Kletterhelm hilft, bis zum Kühlschrank. Der Berg kann lange Zeit schweigen und ohne Vorwarnung wieder krachen. So am 4. August 1990, als die Rega gleich zwei Einsätze fliegen musste. Einmal für einen Kletterer, der beim Abseilen von einem Stein getroffen und verletzt wurde. Und gleich anschliessend für eine tschechoslowakische Seilschaft, die in der Nordostwand von einer Steinlawine aus ihrem Biwak, aus dem Schlaf, in die Tiefe und in den Tod gerissen worden war.

Von Zeit zu Zeit fegen sogar grössere Abbrüche über die Wand. Ein solcher ereignete sich am 9. August 1998 im mittleren Teil der Nordkante und zog die darunter liegenden Routen der Nordwestwand in

Exponiert wie der ganze Berg ist, zieht er Gewitter und Blitze an. Abendrot, bald prasselt es nieder; dem Fotografen ist's recht, schon in der Sciorahütte im Trockenen zu hocken.

Berüchtigt sind Wolkenbrüche, da sie die Nordostwand in einen Sturzbach (und dann in einen Eispanzer) verwandeln. Bei diesem Rückzug aus der Cassin blieb wohl wenig trocken.

Gefährdet können Kletterer vor allem dann sein, wenn sie sich im Wandtrichter, unterhalb frischer Abbruchzonen oder in der Falllinie anderer Kletterer befinden. Ab einer gewissen Geschossgrösse helfen da auch Helme wenig (Fundstück am Bivacco Molteni-Valsecchi).

Mitleidenschaft (eine Seilschaft, die sich in der «Via Sinelios» befand, kam mit Verletzungen, einem gehörigen Schrecken und mittels 175 Meter Long Line davon). Der Ausbruch gestaltete aber auch die Kante derart um, dass sie ihre Besucher neuerdings mit einer neuen Schlüsselstelle im V. Grad beglückt.

Was für die Wand gilt, stimmt für die beiden Couloirs in noch grösserem Mass. Der Canalone del Badile wird längst nicht mehr geklettert, das geschwundene Eis hat in der überaus steilen Rinne massenweise instabile Felsen zurückgelassen. Das Cengalocouloir hat einzig noch eine gewisse Bedeutung als zwingender Zustieg zu den Routen der Ostwand. Egal, ob man von unten durch das Couloir klettert oder sich vom Colle del Cengalo abseilt, die Steinschlaggefahr ist allgegenwärtig und nimmt in den frühen Nachmittagsstunden infolge Sonneneinstrahlung noch zu. Ein prominentes Opfer ist Carlo Pedroni, einer der erfahrensten Badilisten, der 1982 am Einstieg der Engländerroute von einer Steinplatte erschlagen wurde.

Auf dem Gipfel ist noch nicht Schluss

Jede Tour ist erst zu Hause zu Ende, und der Abstieg vom Badile, wie es sich für einen grossen Gipfel gehört, alles andere als ein Spaziergang. Die unübersichtliche Normalroute bietet unzählige mögliche (und einige unmögliche) Verhauer, Abseilschlingen da und dort zeugen von einer mehr als hundertjährigen Tradition unplanmässiger Abstiegsvarianten. Einen der erstaunlichsten Irrwege gingen Hans und Irma Bernhard, die ihre Hochzeitsreise 1937 an der Kante verbrachten, zusammen mit dem Freund Fonsi Rocco. Die eigentliche Tour verlief ohne Zwischenfälle – bis zum Gipfel, wo sie von einer Wolke verschluckt wurden. Tastend und kletternd versuchten die drei, den Weg hinunter zur Gianetti zu halten. Bald brach die Dunkelheit ein, zahlreiche Blitze erhellten die patschnasse Hochzeitsnacht. Endlich, mit der ersten Dämmerung, riss ein Loch in der Nebeldecke auf, aber was sie darin erspähten, war nicht die Gianetti. Es war Soglio. Tatsächlich hatten sie im Abstieg die ganze Südwestwand traversiert – keine geringe Leistung, es dürfte sich immerhin um eine Erstbegehung gehandelt haben – und waren beim Colle del Badile angelangt. Es erging ihnen aber immer noch viel besser als Molteni und Valsecchi, die ihren Abstieg am gleichen Tag und am gleichen Berg nicht überlebten. Viele seilen deshalb nach einer Begehung der Kante oder einer Wandroute auf der Bondasca-Seite über die Kante wieder ab, was überdies den Vorteil hat, dass man die

schweren Schuhe und den übrigen Ballast am Einstieg zurücklassen kann. Das langwierige Abseilen und Abklettern ist allerdings tückisch und verlangt viel Konzentration (und wird zur Belastungsprobe für alle, wenn sich noch Seilschaften im Aufstieg befinden). Im August 1972 wurden sechs italienische Alpinisten von einer vereisten Passage im oberen Teil der Kante zurückgewiesen und mussten den Rückzug über die gleiche Route antreten. Vielleicht spielten Müdigkeit und Stress eine Rolle. Es war bereits 20.30 Uhr, als der Leiter der Gruppe das Hauptseil fehlerhaft durch die Reepschnur einer Abseilstelle zog, worauf sein Kollege beim Belasten in den Tod stürzte. Der Fall löste eine strafrechtliche Auseinandersetzung aus, die in Alpinistenkreisen Aufsehen erregte und dem schweizerischen Bundesgericht Gelegenheit gab, einen Grundsatzentscheid zur Verantwortung der Tourenleiter zu fällen. Eins ist gewiss: Die 1970 auf dem Gipfel errichtete Biwakschachtel hat seither vielen Bergsteigern einen nächtlichen Abstieg, auf welche Seite auch immer, erspart.

Heikel ist das Abseilen über die Kante besonders bei Gegenverkehr, Müdigkeit, fehlender Routenkenntnis oder bei drohenden Gewittern.

Erschütternd können ganze Felsstürze sein – wie hier am Cengalo. Da bebt manchmal der ganze Berg. Danach fehlt ihm ein Stück.

Beruhigend, dass Sciora-Hüttenwart, Bergführer und -retter Bruno Hofmeister in jeder freien Minute Wand und Kante beobachtet – manchmal unterstützt durch seinen Enkel.

MODERNE ZEITEN
1975–1990

Moderne Zeiten

«Wenige Bigwalls in den Alpen bergen so viel Alpinismusgeschichte wie die Nordostwand des Badile.»

Pietro Corti und Paolo Vitali, «Masino – Bregaglia. Granito D. O. C.», 1993

Wilder Westen: Seit Jahrzehnten kaum mehr beachtet, erfährt die raue, schöne und abgelegene Nordwestwand – «Piz Badile's forgotton face», titelt die britische Zeitschrift «Mountain» – in den Siebzigerjahren eine verdiente Wiederentdeckung (vorangehende Doppelseite).

Freier Osten: Der Schritt weg von der hakentechnischen und künstlichen Kletterei hin zum Klemmkeil und zum Freiklettern ist am Badile in erster Linie eine slowakische Leistung. Bereits 1975 sorgt das Auftauchen von Igor Koller, Andrej Belica (beide links im Bild) und Kollegen für Aufsehen – nicht nur beim Rucksackpacken in Bondo.

1975 Im Sommer 1975 weilt eine etwa zwanzigköpfige Gruppe slowakischer Kletterer im Bondasca. Ihr Ziel: schwierige Routen wiederholen – und vielleicht noch ein bisschen mehr. Es ist ein erfolgreiches Klettercamp, die Ausbeute des zehntägigen Besuchs umfasst eine Engländerroute, eine Bügeleisen-Gemelli-Kante, eine erste Wiederholung der Kasperpfeiler am Cengalo, eine neue Route durch die Nordostwand der Gemelli, mehrere Fuorikanten, mehrere Cassins.

Zu den Teilnehmern gehört ein damals im Westen noch unbekannter Igor Koller. Zusammen mit seinem Kletterpartner Andrej Belica nimmt er sich die steile Badile-Ostwand vor, wo links der Engländerroute ein parallel verlaufender Riss einigen Erfolg verspricht. Nach einem Biwak beim Einstieg gelingt ihnen am 1. und 2. August – ohne grosse Mühe, wie es scheint – eine grosse Route: fast durchgehend freie Kletterei (wenig A0 und A1), ausserordentliche Schwierigkeiten (die Bewertung der Erstbegeher, V+, wurde von Wiederholern in eher VII– korrigiert), wenig Absicherung, 15 Klemmkeile, nur 40 Normalhaken, keine Bohrhaken, die Begehung in einem Zug von unten. Der Kontrast zum nur zwei Jahre zuvor erschlossenen Nardellapfeiler, wo viele Anläufe, Bohrhaken und Fixseile erforderlich waren, ist eklatant.

Gewisse Entwicklungen lassen sich erst mit gebührendem Abstand einordnen. 1993 wird Giovanni Rossi festhalten: «Die Besuche der tschechoslowakischen Bergsteiger in der Region (wie jene der Briten im Val di Zocca Ende der Sechzigerjahre) markieren den Beginn einer neuen Ära. Die einen wie die anderen haben ihre je eigenen Vorstellungen des Klettersports mitgebracht, deren Kern in beiden Fällen der Einsatz

Vorausgehen: Andrej Belica nach dem Quergang, zu Beginn der dritten Seillänge, am 1. August 1975. Die Ostwand gibt sich hier fast senkrecht; tatsächlich ist sie die steilste Seite des Badile, im ganzen Bondascakessel bloss mit der Westwand der Sciora di Fuori vergleichbar – wo Koller und Belica am 5. und 6. August ebenfalls eine Extremroute eröffnen, ehe sie am 8. zwei Kollegen durch die Cassin begleiten.

möglichst einfacher Mittel und die strikte Einhaltung der Regeln der Fairness ist.» Giuseppe Miottis Einschätzung der Route von Koller und Belica ist ähnlich: «Die Zeiten beginnen sich zu ändern, wie die hohen Schwierigkeiten in freier Kletterei und die weitgehend freie Begehung beweisen.» Die Route von Koller und Belica ist, mit anderen Worten, die erste moderne Route am Badile. The times they are a-changin', und, wer hätte das gedacht, die frische Brise kommt aus dem vermeintlich verstaubten Osten. Bloss in einer Hinsicht ist die Route noch traditionell: Sie bekommt keinen poppigen Namen. Heute wird sie als Belica/Koller-Route bezeichnet, manchmal auch als Slowakenroute oder als Tschechoslowakenroute. Gelegentlich taucht gar die Bezeichnung «Via dei Cechi» auf. Sie ist doppelt falsch: Cechi, Tschechen, sind Slowaken bekanntlich nicht wirklich, und als cechi, blind, kann man Koller und Belica mit ihrem alpinistisch vorausblickenden Stil auch kaum bezeichnen.

Igor Koller

Eine neue Route auf den Pizzo Badile

Biwak am Wandfuss in der Nacht vor der Erstbegehung. Und der wohl bekannte Wunsch, das Wetter möge mitspielen. Andrej und ich liegen im Biwak unter der Nordwand des Pizzo Badile, in der wir eine neue Route eröffnen wollen, und ich hoffe inbrünstig, dass es morgen regnet. Es gibt einen einfachen Grund dafür – mir ist schlecht. Ich habe den ganzen Tag nichts gegessen, nicht einmal Tee kriege ich runter, und allein beim Anblick von Wurst wird mir schon übel. Auf dem Weg zur Sciorahütte musste ich mir selbst Trost zusprechen. Am besten schlafen wir drüber. Dann werden wir sehen.

Die Nacht hat meinem Magen nicht geholfen, obwohl der Himmel blau ist. Wir beschliessen, trotzdem einzusteigen. Während Andrej sich mit seinem schweren Rucksack dem Couloir nähert, mache ich etwas Porridge, und es geht mir gleich besser. Um zehn packen wir die übrige Ausrüstung zusammen und gehen los. Die Rucksäcke sind immer noch schwer. Wir schleppen jede Menge Material, Kleidung und Lebensmittel mit, weil wir glauben, dass wir mindestens 4 oder 5 Tage brauchen werden, angesichts dessen, was wir über die Route gehört haben und selbst sehen können. Wir haben wenig Erfahrung mit dieser Art von Unternehmung und verlassen uns deshalb auf die Ratschläge unserer Freunde, die im Yosemite geklettert sind.

Wir sind am Beginn des Couloirs. Bisher kein Steinschlag, also schnell los. Wir haben unsere Ausrüstung in einem Eishockeysack verpackt, den wir durch den Schnee nachziehen. Es ist schwieriger als erwartet – aufzusteigen und gleichzeitig zu ziehen. Endlich erreichen wir den Fels. Der Tag geht zu Ende, und ich suche nach einem Biwakplatz. Jede Abflachung scheint vielversprechend zu sein, aber nur bis ich sie erreiche. Dann verschwindet die Hoffnung auf einen breiten Absatz. Erst nach den ersten drei Seillängen finde ich eine kleine, abschüssige Kante zum Biwakieren. Es gibt Wasser, wir kochen eine Menge, um unsere Energiereserven wieder aufzufüllen. Trotzdem ist mein Abseilmanöver mitten in der Nacht zum Wasserholen ein Abenteuer, das ich nicht unbedingt wiederholen möchte. Morgen ist auch noch ein Tag.

Schlafsäcke sind toll für die Nacht, man sollte sie auf lange Touren unbedingt mitnehmen. Am Morgen müssen wir erst mal Ordnung machen. Wir stopfen alles in den Sack und ziehen die Kletterausrüstung an. Ich muss Wasser holen. Es gibt nicht viel davon, und es lässt sich nicht direkt in die Flasche füllen. Dann erinnere ich mich an Poldos Rat: Eine flache Schlinge am Grund des Rinnsals leitet fast das ganze Wasser in die Flasche. Wir beginnen recht spät zu klettern. Zwei querende Seillängen sind nicht schwer, nur der Sack macht uns Probleme. Ihn am Seil hochzuziehen ist sehr anstrengend. Wir erreichen ein Dach, hier beginnt die eigentliche Kletterei. Wir ziehen in Betracht, Bohrhaken zu setzen. Der Fels ist kompakt, mit brüchigen, fragilen Schuppen. Aber Andrej macht seine Sache gut. Es ist erstaunlich, aber die Klemmkeile halten. Hartes Klettern, er quert und macht Stand. Ich steige nach und entferne die Haken. Gemeinsam beginnen wir, den Sack hochzuziehen. Er bewegt sich 3 Meter nach oben und bleibt dann hoffnungslos hängen. Wir nehmen alle unsere Kräfte zusammen, aber ohne Erfolg. Wir sind völlig fertig. Schliesslich gelingt es uns, ihn seitwärts zu bewegen und ihn so hochzubekommen.

Sobald ich mit dem Klettern beginne, fühle ich mich besser. Scharfkantige, steile Risse, eine Schuppe, auf Reibung nach rechts und einen breiten Riss hinauf durch ein schmales Dach. Und darüber ein wunderbarer Klemmriss und eine tolle Kante, die auf mich warten. Schön! Weiter oben sieht es nach technischem Klettern aus, aber zu unserer Verwunderung geht es ohne Haken. Die Wand ist weniger steil, wir klettern einen Riss hinauf, die Füsse auf Reibung, gelegentlich überraschen uns heikle Piaz-Stellen. Wir haben nicht gemerkt, wie die Zeit ver-

Ausruhen: Igor Koller im dritten Biwak, unmittelbar unter dem Gipfelgrat. Die erste moderne Route am Badile ist geschafft.

geht. Der Blick nach Norden ist unerfreulich. Graue und schwarze Wolken ballen sich zusammen, und es sieht nach Gewitter aus. Und Gewitter im Bergell sind meist schlimm. Deshalb wächst der Druck, und ich treibe Andrej die nächste Seillänge hoch, damit wir unter der Plane in Deckung gehen können.

Die Route wird leichter, aber trotzdem scheint alles ewig zu dauern. Und wir können beobachten, wie der Regen auf die umliegenden Gipfel fällt. Es ist 5 Uhr, und wir werden hier biwakieren müssen. Wir hängen Hängematten auf, setzen uns in eine und strecken die Beine in die andere, ziehen die Plane über uns, und schon setzt der Regen ein. Gott sei Dank regnet es nicht so stark, und auch die Blitze sind gnädig mit uns. In solchen Situationen hängt man seinen Gedanken nach. Wir denken an alles Mögliche, aber die Gedanken haben immer etwas mit unserer prekären Lage zu tun: Wetter, Wetteralternativen, Fluchtmöglichkeiten und schnelle Aufstiegsszenarien. Wir werden heute nicht mehr abseilen können, aber was wäre, wenn es schneit? Das wäre echt hart! Unsere Route im Schnee zu gehen ist höchstwahrscheinlich unmöglich. Es gibt noch die Corti-Route. Wir sind an dem Punkt, an dem Cortis Route die unsere kreuzt. Aber auch diese Alternative wäre kein Nachmittagsspaziergang. Wir werden bis zum Morgen warten. Bei gutem Wetter müssten wir in einem Tag zum Grat kommen. Deshalb beschliessen wir, unsere Essens- und Wasservorräte radikal zu dezimieren. Prager Schinken und Würste, Käse und Apfelmus. Und wir trinken so viel Wasser wie möglich. Wir haben genug zu essen für eine Woche dabei. Der Regen hat aufgehört. Für Andrej ist es nichts Besonderes, in Hängematten und Schlafsäcken zu schlafen, aber ich kann es mir erst mal nicht so recht vorstellen. Die Manöver, um in die Schlafsäcke zu steigen, sind einfach haarsträubend. Ich bin mir nicht sicher, ob ich den Schlafsack festhalten soll, um zu verhindern, dass er hinunterfällt, oder mich festhalten soll, um nicht zusammen mit dem Schlafsack abzustürzen. Schliesslich geht alles gut. Ich lehne am Fels, und der Reissverschluss des Schlafsacks ist nur zu einem Drittel hochgezogen, aber das ist hundertmal besser, als in Leitern zu sitzen. Wir warten ungeduldig, bis es 21 Uhr wird, weil wir dann ein Lichtsignal aus dem Lager bekommen sollen. Da ist das vereinbarte Signal. Drei kurze Lichtblitze. Wir antworten genauso. Dann das erwartete Signal für Schlechtwetter – dreimal kurz und dreimal lang. Das wundert uns nicht, man muss ja nur zu den Schneewolken hinaufschauen. Auf jeden Fall tun die Signale gut. Jemand weiss von uns und sorgt sich um uns, das ist ein gutes Gefühl. Wir können uns ausruhen. Ich

Folgen: Andrej Belica beim Jümaren in der achten Seillänge, daneben der Hockeysack. Bis zur ersten Wiederholung – durch Tarcisio und Ottavio Fazzini am 28. Juli 1986 – vergehen ganze 11 Jahre. Ein Felssturz hat die Route später teilweise in Mitleidenschaft gezogen.

schlafe ein und glaube, einen Stern durch die Wolken schimmern zu sehen.

Der Morgen kommt, es ist nicht extrem kalt, aber das schlechte Wetter bedroht uns immer noch. Wir dürfen nicht zögern. Wir lassen eine ganze Dose am Standplatz und schütten 4 Liter Wasser aus, um weniger Material ziehen zu müssen. Ich verkeile eine Büchse «Czechoslovakia» in einem Riss, und los geht's. Etliche Seillängen sind einfacher, nur das Dach in Wandmitte ist irgendwie höher als erwartet. Unser Riss ist senkrecht, und an einigen Stellen blühen gelbe Blumen. Sie sind schön, aber ausgerechnet hier müssen wir breite amerikanische Haken setzen und uns daran hochziehen. Ansonsten ist kein technisches Klettern nötig. Es ist schwierig, aber wir kommen rasch höher. Andrej benutzt Klemmkeile und Haken und macht weiter bis zum ersten Dach. Ich folge ihm. Steigklemmen sind unersetzlich, ohne sie ginge es nicht. Ich muss mich bei Milan dafür bedanken, dass er sie uns geliehen hat. Diese Unterstützung und die Zusammenarbeit mit den Älteren hilft uns immer sehr. Ich schlage die Haken heraus, während ich in meinem Klettergurt sitze, und bemerke einen alten Trick von Andrej. Das Ende einer offenen Schlinge wird mit einem Knoten am Ende die Wand hinuntergelassen. Ich beschwöre ihn, dass er sich irgendwo verfängt. Und es klappt. Die Stimmung schwankt wie ein Barometer vor dem Sturm. Hinunter? Nie. Ich verschwende keinen weiteren Gedanken daran, schneide die Schlinge ab, wo ich stehe, und lasse 10 Meter Hilfsseil zurück. Ich klettere noch eine Seillänge, und dabei verfängt sich mein Seil in der abgeschnittenen Schlinge. Das darf nicht wahr sein! In solchen Situationen muss man sich zusammenreissen, um nicht durchzudrehen. Die Zeit läuft uns weg, und wir machen so blöde Fehler. Damit nicht genug, auch das Nachziehen ist sehr schwierig. Immerhin geniessen wir die Aussicht auf die herrliche Rissverschneidung, die zum zentralen Dach führt.

Andrej setzt Klemmkeile und Hexentrics und kämpft sich diese klassische Linie hoch. Er macht das ausgezeichnet. Er überwindet das Dach, und wir erleben eine angenehme Überraschung: Die Schlusswand ist nicht so monolithisch, wie sie vom Lager aus schien. Der Fels ist exzellent, und unser freundlicher Riss geht weiter, direkt bis zur Kante. Ein paar Meter leichteres Gelände, dann 3 Meter an Haken. Der Riss wird etwas weiter, ich zögere nicht und klettere schnell im klassischen Stil hinauf. Plötzlich werden die Risskanten runder, und ich muss kämpfen. Ich komme an eine Stelle, wo ich einen Haken setzen könnte, und erst die Stimme von unten, die «Seil aus» ruft, hält mich auf. Also ein Standplatz wie viele andere: ein Knoten und ein Klemmkeil. Ausgezeichnet für statische Last, aber einen Sturz hält er nicht. Es hört sich nicht schön an, wenn sich der Knoten im Riss strammzieht, während Andrej daran hochklettert. Der Riss in der Verschneidung geht weiter. Es gibt kaum eine schönere Kletterei, aber vor Erschöpfung können wir sie nur wenig geniessen. «Nur so schnell wie möglich rauf», das ist unser einziger Gedanke.

Dann höre ich Andrej schreien: «Hurra, ich bin auf dem Grat!» Etwas Erleichterung, dann aber gleich wieder Sorgen wegen des Trichters. Einige langwierige Handgriffe später sind Andrej, der Sack und ich alle auf dem steil abfallenden Grat im Schnee. Entlang der phantastisch geformten Kante auf der anderen Seite des Trichters erreichen schwarze Gestalten den Gipfel in den letzten Sonnenstrahlen. Wir packen unsere Ausrüstung wieder in die Rucksäcke. Meiner ist höllisch schwer. Er unterstützt weder meine körperliche noch meine psychische Stabilität. Ich klettere eher mit einer verzweifelten Wut weiter. Brüchiges Gelände, Schutt, Wasser, Schneefelder und ganze Seillängen ohne irgendeine Absicherung. Es wird dunkel, und der Weg zum Gipfel ist immer noch nicht einfach. Ich erreiche den Gipfelgrat fast im Dunkeln. Ich sehe weiter unten auf der anderen Seite einen Absatz, und schon ist es beschlossene Sache: schnell abseilen und noch ein Biwak. Aber ein bequemes. Was uns am meisten stört, ist die Tatsache, dass wir unseren Freunden im Lager keine Lichtsignale geben können, weil wir es von hier aus nicht sehen können. Sie werden sich Sorgen machen. Nun ja, wenn wir dies hier ohne Schaden überstanden haben, wird sie das auch wieder aufbauen. Es ist stockdunkel, und die Sterne schimmern über der italienischen Seite, zahllose Sterne und die Milchstrasse. Und Sternschnuppen. Eine kürzere oder längere Linie leuchtet und bringt Glück und die Erfüllung eines geheimen Wunsches. Wünsche, die sich auf das Wetter beziehen, auf nahe stehende Menschen, darauf, dass alle gesund und munter zurückkehren und sich wiedersehen.

Der Morgen ist wunderschön. Die Sonne scheint, und Andrejs Stimme weckt mich. Er hat Tee gekocht. Ich könnte mir nichts Besseres vorstellen. Frühstück, 15 Minuten bis zum Gipfel, Händeschütteln. Wieder eine unglaubliche Erfahrung am Berg und ein Stück Selbsterfahrung. Aber es ist noch nicht vorbei. Wer vom Pizzo Badile auf die italienische Seite abgestiegen ist und den Bondogletscher mit schweren Rucksäcken in der Mittagshitze überquert hat, weiss, dass das ein Kapitel für sich ist. Endlich sehen wir nach fünf Tagen von der Moräne aus unsere Zelte, unser schönes Lager. Und es scheint so nahe. Noch 10 Minuten, und dann gibt es nur noch die Freunde, Tee und die Füsse ins kalte Wasser …

---

bisher unveröffentlicht

Ein Revolutionär aus dem Osten

Igor Koller begann seine alpinistische Laufbahn in den slowakischen Klettergebieten und in der Hohen Tatra, wo ihm über 140 beziehungsweise um die 30 (Winter-)Erstbegehungen gelangen. Ausserdem beteiligte er sich mit rund 35 schwierigen neuen Routen auch an der Erschliessung der Sandsteinmassive. Zwischen 1974 und 1977 Mitglied der Nationalmannschaft des tschechoslowakischen Alpenvereins, war Igor in den Siebziger- und Achtzigerjahren einer der aktivsten und erfolgreichsten tschechoslowakischen Wettkampfkletterer, besonders im Bouldern.

In den Alpen war die «Via Slovakia» an der Marmolada im Jahr 1973 seine erste Neuroute, der bald viele weitere folgten. Allein am Badile gehen vier Routen auf ihn zurück – 1975 die Belica/Koller, 1978 die «Weisse Linie» und der «Weg der Blumen», 1980 schliesslich der «Badileto» –, am Pizzo Cengalo eine neue Linie durch die Nordwand (1978). Am Petit Dru gelang ihm 1976 die erste Winterbegehung des Extremklassikers «Directe Américaine». Im Jahr 1981 eröffnete er mit Jindřich Šustr in der Marmolada-Südwand mit knappsten klassischen Mitteln – also ohne jeglichen Bohrhaken – den «Weg durch den Fisch», eine mit 37 Seillängen bis VII+/A3 äusserst schwierige Route, vielleicht die damals schwierigste im ganzen Alpenraum. Die ersten Wiederholungen bestätigten die Angaben, und die Route wurde rasch legendär: Für viele gilt sie als die erste moderne Extremkletterei der Alpingeschichte, denn nie zuvor waren vergleichbare Schwierigkeiten anlässlich einer Erstbegehung von unten erreicht worden. Igor schaffte 1988 auch noch die zweite Rotpunktbegehung des «Fischs», mit Schwierigkeiten bis IX–. Die Marmolada wurde ihm bald zur zweiten Heimat, wo er mit seinen Freunden in 18 Jahren dreizehn weitere Routen eröffnete, so «Via Italia» (1985), «Grosser Quergang» (1986), «Weg der Tauben» (1987), «Via Fram», «La mamma», «Viva Gorbi» (alle 1991), «Freund Feo» (1998) oder «Millennium» (1999). Zu den Höhepunkten der Neunzigerjahre zählen ebenso die Erstbegehung der Sass-Maor-Ostwand (1992), am Picco Luigi Amedeo im Jahr 1994 die erste freie Begehung der «Via Feri Ultra» und die Neutour «Denti del Granito» (beide VIII–), dann am Monte Qualido die erste Rotpunkt von «Il Paradiso può attendere» (1995, 20 Seillängen bis IX) und die Erstbegehung der kurzen, aber heftigen «Forse si forse no» (1996).

Igor hat sich auch als Höhenbergsteiger einen ausserordentlichen Namen gemacht: im Pamir 1977 mit der Erstbegehung der Ostwand des Pik Mashal Zhukow und der anschliessenden Überschreitung zum Pik Lenin, im Himalaja 2002 mit der neuen Route «Scharfes Messer der Toleranz» am Castle Peak (Miyar Valley). Im Jahr 2004 kam er anlässlich eines Versuchs an der noch undurchstiegenen Südostwand des Shipton Spire bis 70 Meter unter dem Gipfelgrat; 2005 kehrte er zurück, um die Route zu vervollständigen («Shipton Prisoners», 21 Seillängen, VIII/A3, WI 5).

Im Jahr 1990 hat Igor seinen ursprünglichen Beruf – er war Bauingenieur – an den Nagel gehängt, um sich ausschliesslich dem Alpinjournalismus, der Fotografie, der Organisation von Anlässen und dem Bergsteigen zu widmen. Er ist ständiger Mitarbeiter zahlreicher nationaler und internationaler Magazine und Fachzeitschriften. Seit 2000 arbeitet Igor zudem als Sekretär des slowakischen Alpenvereins JAMES.

Igor Koller

Jiří Novák, geboren 1945, ist Dozent für Bauwesen an der Technischen Universität in Prag. Seit 1976 bekleidet er verschiedene Funktionen beim Tschech(oslowak)ischen Alpenverein und bei der UIAA. Zahlreiche Neutouren und Begehungen in der Tatra, in den Alpen, im Pamir, Expeditionsleiter im Himalaja und in den Anden. Regelmässiger Mitarbeiter von Alpinzeitschriften, Buchautor, Fotograf. 2005 erschien sein Kletterführer zum Bergell – wo er unter anderem die «Via Canpes» am Cengalo im Winter 1982 erstbeging.

Wie ein Tropfen: Der bauchige «Pilastro a Goccia» knapp links der Bildmitte (rechte Seite), 400 Meter hoch und 200 breit, wirkt aus einem Guss. Aus der Nähe – im Bild Paul Muggli, 1977 mit Ruedi Homberger unterwegs – entdeckt man allerdings die nötigen Risse und Strukturen.

1976 Wenn es eine zweite «erste moderne Route» am Badile gibt, dann die Neutour am Tropfenpfeiler, einer markanten Bastion im linken Teil der Nordwestwand, die ein Jahr später erstbegangen wird. Nach einem ersten gescheiterten Anlauf am 27. Juni rücken Francesco Boffini, Guido Merizzi, Giuseppe Miotti und Giovanni Pirana am 1. und 2. Juli den Plattenschüssen zu Leibe. Die Bilanz nach zwei Tagen Kletterei – in Bergschuhen statt in Finken, wegen der Kälte – beträgt zwei Drittel des Pfeilers, dann müssen sie wegen schlechten Wetters zum Rückzug blasen; die Route wird am 6. August durch Miotti und Guidos Bruder Jacopo Merizzi vervollständigt, indem sie von der Nordkante bis zum zuvor erreichten Punkt abseilen und die fehlenden Seillängen begehen.

Modern an der Route ist die Tatsache, dass sie von Anfang an nicht den Gipfel zum Ziel hat, sondern auf etwa zwei Drittel der Kantenhöhe endet. Modern sind aber vor allem auch die Erstbegeher: noch grün hinter den Ohren (der jüngste ist sechzehnjährig), sorglos und mit dem leisen Ehrgeiz, es der alten Generation zeigen zu wollen. Im Hüttenbuch von Sasc Furä tragen sie in der Rubrik «Mitglied welchen alpinen Vereins?» ein grosses A ein, mit einem Kreis drum herum: die ersten «alternativen» Kletterer am Badile. In Wirklichkeit gehören sie zu einem informellen Verein junger Heisssporne, den Sassisti.

Wie erschütternd nah Spass und Ernst sein können, zeigt sich eine knappe Woche nach Vervollständigung der Route. Zur unbekümmerten Bondasca-Masino-Clique gehört auch Chiara Giuriani, ein 19-jähriges Mädchen. Am 12. August stürzt sie, an der Schleierkante in den Dolomiten im Vorstieg unterwegs, mit ihrem Kletterpartner Walter Borzi ab. Beide sind tot.

Die Route der fünf Burschen erhält erst jetzt den endgültigen Namen: «Via Chiara». Die Kunde einer neuen Linie in der Nordwestwand spricht sich rasch herum. Ruedi Homberger und Paul Muggli sind als Erste zur Stelle: Am 17. Juli 1977 können sie zugleich die erste Begehung in einem Zug von unten realisieren, ohne Biwak. Relativ bald erweist sich die Route als durchgehend frei kletterbar: Aus dem VI/A1 wird ein VI+, und das verpönte A1 wird ersetzt durch ein «af», die magische Abkürzung des soeben aus den USA eingeführten Begriffs «all free».

Giuseppe Miotti

Pizzo-Badile-Nordwestwand, Tropfenpfeiler

Wie die Grossen: Youngsters Francesco Boffini, Guido Merizzi und Giovanni Pirana unterwegs zum Tropfenpfeiler. Giuseppe Miotti: «Niemand nahm unsere Versuche ernst.»

So ein bauchiger Granitpfeiler ist doch wirklich etwas Schönes; meiner Meinung nach ist er der einzige Teil des Badile, der eine gewisse Gutmütigkeit ausstrahlt und nicht nach «abschreckender und grossartiger Wand» aussieht, aber gleichzeitig ist er offensichtlich so kompakt, dass seine Begehung Grosses verspricht. Vielleicht gefiel er mir deshalb so gut, und so beschloss ich, mich mit meinen Freunden Francesco Boffini, Giovanni Pirana und Guido Merizzi, alle «Sassisti» wie ich, an ihm zu versuchen. [...]

Es war ein vollkommen verhunzter Sommer. Jeden Abend entluden sich mehr oder weniger heftige Gewitter, und der Gletscher am Fuss des Pfeilers war wegen des mangelnden Schnees ein richtiges Sieb. Nach einem regnerischen Biwak am Fuss des Pfeilers zogen wir uns beim ersten Versuch geordnet zurück. Am Wochenende darauf schafften wir mehr als die Hälfte des Pfeilers, wurden aber nach einem weiteren Biwak im Regen und wegen Materialmangels erneut zum Rückzug gezwungen. Wenn ich heute daran denke, was wir dabeihatten, muss ich lachen. Ausser einem bisschen modernem «Teufelszeug» wie Hexentrics oder EB Super Grattons, die wir gar nicht benutzen konnten, weil es zu kalt war, hatten wir nichts dabei, was einer neuen Route am Badile würdig gewesen wäre. Boffini hatte anstelle der zu teuren EBs ein Paar Turnschuhe, einen alten Geologenhammer und einen Wanderrucksack im Stil der Dreissigerjahre.

Niemand nahm unsere Versuche ernst. Die Mehrzahl der «Experten» war der Meinung, der Pfeiler sei zu kompakt und deshalb fast nur in künstlicher Kletterei zu schaffen, und ausserdem seien wir mit Guido, unserem Jüngsten, der erst 16 Jahre alt war, noch Grünschnäbel. Aber vielleicht waren wir auch deshalb so starrköpfig, weil keiner auch nur einen Cent auf unseren Erfolg gesetzt hätte. Nach unserem zweiten Rückzug kam ich mit dem Bruder von Guido, Jacopo Merizzi, zurück; die anderen konnten aus Zeitmangel nicht dabei sein. Wir stiegen über die Nordkante auf und seilten uns bis zu der Stelle ab, die wir das letzte Mal erreicht hatten. Um diese Verletzung der traditionellen Regeln auszugleichen, nahmen wir weder Pickel noch Steigeisen mit, um jeden erneuten Rückzug über den Gletscher unmöglich zu machen. Glücklicherweise gelang es uns, die glatten Schlussplatten zu überwinden, die beim Abseilen grosse Zweifel in uns geweckt hatten, und schliesslich waren wir an der Nordkante unter dem grossen Überhang, der vor ein paar Jahren abbrach und einen ziemlich grossen Felssturz verursacht hat.

Nochmals liess uns das Wetter im Stich, aber wir hatten etwas mehr Zeit. Am späten Nachmittag waren wir schon auf dem Abstieg entlang der Kante, in einer irrealen Umgebung mit Nebel, der in Regenbogenfarben schillerte. Stille, Zufriedenheit und wenige Worte begleiteten uns ins Tal und ein fast mystischer Sonnenuntergang, der sicher einen neuen Abschnitt in der Geschichte des Bergsteigens am Badile markierte. Und ihr könnt euch nicht vorstellen, wie stolz wir waren, als etwas später in der Bergsteigerchronik des bekannten «Mountain Magazine» der Titel «Piz Badile's forgotton face – overdue for revival» stand, der sich auf unsere Begehung bezog. Vielleicht noch bewegender und wichtiger war, dass Walter Bonatti mir sagte, er hätte selbst daran gedacht, eine Route über unseren Pfeiler zu eröffnen.

bisher unveröffentlicht

Die Kalifornier aus dem Val di Mello

In der zweiten Hälfte der Siebzigerjahre kam es im Granit der Zentralalpen zu einer neuen, revolutionären Entwicklung in der Kletterszene. Ein Dutzend Jugendliche aus dem Veltlin erkannten, dass das reine Klettern sich endlich vom Zwang, den Gipfel zu erreichen, und vom Heldentum, welches das Bergsteigen selbst noch umgab, lösen konnte: kein Lebenslauf voll eroberter Gipfel mehr, keine Liste von Routen, die man «gemacht» haben musste, um für einen tüchtigen Bergsteiger gehalten zu werden. Es entstand eine völlig neue Art und Weise, den Kontakt zum Fels zu erleben, die auch ein Zeichen des Bruches zwischen den neuen Generationen und den alten, festgefügten bergsteigerischen Überzeugungen war. Anschliessend an einen heftigen Zusammenstoss mit den Vertretern des klassischen Alpinismus in Sondrio rottete sich diese «Gang» ohne Oberhaupt und ohne Regeln unter dem Namen «Sassisti» zusammen.

Das Lieblingsgebiet dieser neuen Gruppe waren sofort das Val Masino und das Val di Mello. Die schweren, steifen Bergschuhe wurden durch bequemere und funktionellere Kletterschuhe mit glatter Sohle ersetzt, und es kamen auch die ersten Klemmgeräte (Klemmkeile und Friends) aus angelsächsischen Gefilden auf. Zum absoluten Vorbild und Bezugspunkt wählten die jungen Kletterer das kalifornische Yosemite Valley, landschaftlich wie bezüglich Lebensgefühl so etwas wie die grosse Schwester des Val di Mello.

Es wurde der siebte Grad ins Leben gerufen und mit ihm die berühmten Routen im Val di Mello, die alle ungeheuer gefürchtet waren, weil man unmöglich Haken in die geneigten und äusserst kompakten Felsplatten schlagen kann, die für jede Route im Tal charakteristisch sind. Daneben entwickelte sich das Klettern an grossen Felsblöcken, das heute Bouldern genannt wird, und das Freiklettern von Routen, die vorher nur mit Leitern und Haken überwunden werden konnten.

Die spielerische Betätigung an niedrigen Felsblöcken wurde bald langweilig, und so trieb es die Sassisti von den bequemen und sonnenbeschienenen Brocken am Talboden hinauf zu den höchsten Gipfeln der Gebirgskette. Natürlich gehörte es auch zu den vorrangigen Zielen, dem Mythos Pizzo Badile noch eine Route hinzuzufügen. In der Nordwestwand gibt es einen wunderschönen, klar umrissenen Pfeiler, der im klassischen Stil jener Zeit abweisend und unbesteigbar schien, eine «harte Nuss», an dem die jungen Leute den Stil des neuen «Val di Mello»-Zeitalters auf ihre eigene Art verewigten. 1976 entstand so die «Via Chiara» am Tropfenpfeiler, eine Route, die lange Zeit zu den technisch anspruchsvollsten am Berg gehörte. Die Erstbegehung war umstritten, weil sie in zwei Anläufen erfolgte und auch nicht auf den eigentlichen Gipfel des Badile führte. Nun hatte der «Sassismo» sein Zeichen auf dem berühmtesten Granitgipfel der Zentralalpen hinterlassen.

Wenige Jahre später hinterliess einer von ihnen weitere, eindrückliche Spuren, auch am Badile: Der 21-jährige Giovanni Pirana unternahm Alleingänge an den gefürchtetsten Eis- und Felswänden der Zentralalpen, auf Routen, die in jenen Jahren zu den bedeutendsten nicht nur auf nationaler Ebene zählten. Die Nordwand des Monte Disgrazia, des Piz Roseg und die «Via Nusdeo/Taldo» am Picco Luigi Amedeo gehören dazu, ebenso die «Via del Fratello» am Badile. Im Juli 1979 gelang ihm nach einem Biwak am Anfang der Schlüsselstelle diese bedeutende Begehung im Alleingang.

Nach ihren Abenteuern am Badile machte jeder der Sassisti auf seine Art weiter. Der eine setzte alles daran, das Spiel an den Felsplatten und an den grossen Wänden im Val di Mello fortzuführen, der andere suchte sich neue Betätigungsfelder für alpines Klettern in den weniger bekannten Alpentälern. Sicher ist, dass diese jungen Leute zu Beginn ihrer bergsteigerischen Tätigkeit eine vielleicht einzigartige und unwiederbringliche Zeit in der Geschichte des italienischen Alpinismus miterlebt haben.

Und heute? Miotti und Jacopo Merizzi arbeiten als Bergführer und sind auch verlegerisch sehr aktiv. Boffini ist Vermessungstechniker bei einer grossen Bank. Pirana arbeitet bei einer Bank in Lugano. Der Bergführer Guido Merizzi ist als freiberuflicher Geologe tätig.

Luca Maspes (siehe Seite 206)

Der Badile als Grenzberg zwischen Ländern und Meinungen

Ruedi Homberger

Ihn für ein Gespräch zu treffen ist gar nicht so einfach. In der touristischen Hauptsaison wird er in seinem Fotogeschäft gebraucht, und sobald die ruhigere Zeit anbricht, ist «Hombi» selbst unterwegs. Im bündnerischen Arosa ist er aufgewachsen, hier nahm ihn der Vater mit 11 Jahren auf die erste Bergtour mit, hier lernte er Ski fahren, klettern und fotografieren, hier lebt er mit seiner Familie – und bricht regelmässig auf, um seinen Leidenschaften nachzugehen: ferne Länder zu sehen, neue Freunde kennen zu lernen, Foto- und Filmaufnahmen zu machen.

Dass er trotz seines beeindruckenden alpinistischen Werdegangs nicht bekannter ist, liegt an seiner Bescheidenheit. In seinem Palmarès stehen viele klingende Routennamen, die er mit grossen Bergsteigerkollegen unternommen hat: die Erstbegehung des langen Verbindungsgrats vom Stockhorn zum Bietschhorn mit Erich Friedli (1964), der Peutereygrat mit Christian Jaeggi, mit Jean Troillet und René Mayor der Fitz Roy, mit Paul Muggli und Hansueli Brunner 1978 der Cassinpfeiler am Mount McKinley im Alpinstil sowie weitere Besteigungen in Alaska mit Henry Barber, Yvon Chouinard, Charly Sassera, Paul Claus und Reto Rüesch. 1972 fuhr er mit Walter Belina und Freunden aus dem Churer Kletterclub CKC in den Kaukasus, in den Neunzigerjahren war er mit dem Tschechen Miroslav «Mira» Šmid im Pamir, in Nepal und in Alaska; er bestieg die Westwand der Ama Dablam und brachte – daheim in Arosa – Sherpa Tenzing Norgay das Skifahren bei.

Die Konstante in Ruedi Hombergers alpinistischer Karriere ist der Badile. Nachdem im Sommer 1962 die Bergführerprüfung abgelegt war, führte ihn eine der ersten Touren über die Nordkante; 1964 beging er mit Peter Arigoni die Cassin. Im August 1972 gelang ihm und Hansjürg Wellenzohn aus Chur die Engländerroute in der Badile-Ostwand. Nachdem sie im Frühsommer 1972 im Yosemite grosse Routen geklettert waren und bei Chouinard Stopper und Hexentrics gekauft hatten, wagten sie sich in die noch nicht wiederholte Tour. Von den Erstbegehern fanden sie kaum Spuren, doch schliesslich stiessen sie auf einen ersten Haken und erreichten das grosse Dach, unter dem die Engländer genächtigt hatten. Sie überwanden die Schlüsselstelle und biwakierten auf einer kleinen Plattform über dem Dach; am nächsten Tag kamen wegen vereister Platten mit Schneeauflage Pickel und Steigeisen zum Einsatz: «Auch unsere Nachfolger werden die Route praktisch im Urzustand antreffen, auf die ganzen 700 Meter Wandhöhe stecken nur etwa vier Haken.»

Ruedi Homberger hatte noch nicht genug vom Badile. Vom 17. bis zum 20. März 1973 versuchte er eine Winterbegehung der Engländerroute mit Gübi Luck und Hansjürg Wellenzohn. Am 11. August 1974 machte er mit Toni Holdener die zweite Begehung der Nardella, ohne Biwak – leicht und schnell war ihre Devise, sie hatten nicht einmal einen Rucksack dabei, stopften sich die Ausrüstung in die Windjacken. Die erste Wiederholung des Tropfenpfeilers mit Paul Muggli erfolgte am 17. Juli 1977 auf Bitten der Erstbegeher, die um ein objektives Urteil baten. Im August 1979 beging er die «Via del Fratello» mit Bobi Götte und Marc Graf, wobei sie im Überhang in Wandmitte auf massive, mit Eisenreifen verstärkte Holzkeile der Erstbegeher stiessen. Am 3. August 1985 folgte der «Weg der Blumen» mit Martin Moosberger, am 23. Juli 1986 die «Ringo Star» mit Marc Graf.

Für Ruedi Homberger ist der Badile ein faszinierender Berg, der gefährlich sein kann – wegen des Steinschlags und weil man auf der Nordseite das von Süden kommende Unwetter nicht sieht. Aber er ist auch ein Berg, an dem unterschiedliche Meinungen zur Routenerschliessung aufeinander prallen, ein Grenzberg im doppelten Sinne, zwischen den Plaisir-Anhängern im schweizerischen Norden und den «cleanen» Kletterern im italienischen Süden. Zu Hombis grossen Zeiten war das einfacher: Damals hiess die Ethik «hochkommen» – ob man dafür in eine Schlinge griff, kümmerte keinen.

Karin Steinbach Tarnutzer

1977 Ermanno Gugiatti gelingt am 24. Juli die erste Solobegehung der Bramani/Castiglioni in der Nordwestwand. Ganze 3 Stunden benötigt er, um den Eisbruch und die verschneiten Platten zu überwinden, die zum Einstieg führen. Dieselbe Zeit, nur 3 Stunden, erfordert anschliessend die eigentliche Route. Am gleichen Tag ist auch seine Kletterfreundin Serena Fait aus Sondrio unterwegs: Die Zwanzigjährige klettert als erste Frau allein über die Nordkante. 4 Jahre später ist sie die erste Bergführer-Aspirantin Italiens – zusammen mit Renata Rossi, die ihrerseits am 21. August 1984 die Kante solo machen wird.

1978 In der zweiten Hälfte der Siebzigerjahre erfährt das Bergsteigen eine rasche Entmythisierung. Zu den Nutzniessern gehört insbesondere die Jugend, die sich in immer zarterem Alter an grosse Berge und Wände macht. Am 21. August 1978 klettert der fünfzehnjährige Alberto Maraffio aus Promontogno mit Arturo Giovanoli durch die Cassin – in Wechselführung. Zwei Tage später turnt die erst zwölfjährige Monica Hofmeister aus Bondo mit ihrem Papi Bruno über die Nordkante.
Derweil sind die Kletterer aus dem Osten wieder am Werk. Zuerst Milan Doubner und Jiří Splíchal am 13. August, mit einer ungewöhnlichen Neutour: eine direkte Linie am Westgrat, 81 Jahre nach Klucker – 10 Seillängen mit Stellen V und einer A1-Passage. Am 21. August tritt erneut der Slowake Igor Koller auf, der seinen 1975er-Urlaub offensichtlich genossen hat. Zu diesem Zeitpunkt gibt es bereits fünf Routen links der Cassin, aber keine einzige rechts davon. Tatsächlich sehen die riesigen, kompakten Plattenschüsse sehr gewagt aus. Koller und sein damaliger Landsmann, der Tscheche Stanislav Šilhán, reiben sich die Hände, legen los, und wieder fällt ein Meilenstein: die erste Route der Wand, die durchgehend in freier Kletterei eröffnet wird. Ein Biwak, 24 Seillängen (drei davon, zu Beginn, gemeinsam mit der Cassin), 17 Stunden reine Kletterzeit, 35 Haken und Keile zur Absicherung. Offizielle Schwierigkeit III bis V+, später auf VI berichtigt. Gleichzeitig hält der erste Phantasiename am Badile Einzug: «Weisse Linie» (ursprünglich «Weisser Streifen»), nach einer entsprechenden Felsbänderung der Wand.
Vier Tage später, am 26. August, der zweite Paukenschlag: Der «Weg der Blumen», der sich schnurgerade durch jenen Wandbereich emporzieht, der bisher der Cassin zugeteilt war. Koller und Šilhán schaffen

Riss mit Keil: Gesichert von Igor Koller, kann der Rissspezialist Stanislav Šilhán in den Ausstiegsseillängen der «Weissen Linie» sein Können ausspielen. Die Route wird rasch zum modernen Klassiker.

Riss im Schuh: Da Igor Koller – oben in der ersten Seillänge der «Weissen Linie» – irrtümlich zwei rechte Kletterfinken dabei hat, reisst er kurzerhand einen Schuh hinten auf und zieht ihn links an.

Risse und Platten: Der «Weg der Blumen» in einer seltenen Wiederholung, durch Ruedi Homberger und Martin Moosberger 1985 (rechte Seite). Die erste All-free-Begehung, mit Schwierigkeiten bis VII, schaffen Conradin Clavuot und Beat Monstein am 14. August 1983.

den Durchstieg in 16 Stunden und ohne Biwak, als wär's ein Blumenbeet. 29 Seillängen, dasselbe Material wie in der «Weissen Linie» (35 Haken und Keile) zur Absicherung. Ihre bündige Feststellung: VI/A1 und «difficult».

1979 Es mag reiner Zufall sein: 1979 entpuppt sich jedenfalls als Jahr der Solotouren. Giovanni Pirana – ein Sassista, der drei Jahre zuvor bereits bei der «Via Chiara» mit von der Partie war – macht den Auftakt mit der «Via del Fratello», die er am 22. und 23. Juli im Alleingang durchklettert, mit einem Biwak zu Beginn der schwierigen Seillängen.
Um einen Tag verschoben ist der Engländer Martin Moran unterwegs. Nach Solobegehungen des Cengalopfeilers (15. Juli) und der Cassin am Badile (16. Juli) nimmt er sich am 23. Juli wieder den Badile vor. Diesmal über die Engländerroute, wo er sich bloss in den Sechserstellen sowie in den Techno-Seillängen sichert und am Ende der grossen Verschneidung biwakiert, um anderntags den Gipfel zu erreichen und über den Passo di Bondo zur Capanna Sciora zurückzukehren. Für den Bergsteiger – und späteren Bergführer – aus Sheffield ist es der erste Sommer in den Alpen.
Zwei Wochen später taucht ein neuer Name in den Annalen des Badile auf, einer, der dem Berg noch lange treu bleiben sollte: Bobi Götte. Der erst siebzehnjährige Bündner durchsteigt am 8. August die Cassin solo in 3 Stunden. Zwei Tage später kommt die «Via del Fratello» dran, die er bereits fünf Wochen zuvor mit Marc Graf und Ruedi Homberger für Filmaufnahmen geklettert war und die er in 5 Stunden erledigt. Und schliesslich, am 9. September, legt er noch die erste Alleinbegehung der «Weissen Linie» nach.
In den folgenden Jahren werden noch einige Wiederholungen solo folgen, allein an der Engländerroute beispielsweise jene von Sergio Savio (15. Juli 1982) und von Antonello Cardinale (1. September 1984). Aber die grossen Probleme sind mit den Erfolgen von 1979 auf Jahre hinaus gelöst.

Risse, dann Überhänge: Zweimal Igor Koller in «Badileto» – links in der zweiten Seillänge, rechts in der Schlüsselstelle. Die mit Marian Marek eröffnete Route ist die erste und bis heute einzige durch den Vorbau der Nordkante.

1980 Nach 1975 und 1978 ist der Ost-Express wieder da. Die Beute der Kletterer aus dem Osten – die eigentlich keine ist, denn sie nehmen nichts mit, sondern hinterlassen stets viel – sind drei neue Routen im oberen Schwierigkeitsbereich.
21. August: Jiří Beneš und Leopold Sulovsý folgen der «Grossen Verschneidung», die den Tropfenpfeiler der Nordwestwand rechts abgrenzt (VI, A1). Die Route wird kaum wiederholt, erstmals im Sommer 1986 von Domenico Chindamo und Alberto Tegiacchi.
22./23. August: Igor Koller und Marian Marek richten ihr Interesse auf das noch undurchstiegene und zuvor wohl kaum je beachtete Bollwerk im äussersten rechten Bereich der Nordostwand, jenseits des Einstiegsbands. Sie taufen das 14 Seillängen hohe Ding «Badileto». In zwei Tagen und 14 Kletterstunden (mit Biwak am Wandfuss) bahnen sie sich einen Weg durch die teilweise überhängenden Granitfluchten, unter Einsatz von 20 Haken, 6 Klemmkeilen und – ausnahmsweise – 3 Bohrhaken. Ihre eigene Bewertung liegt bei VI/A1/Ae, bis heute sind keine Wiederholungen bekannt.
24. bis 26. August: Josef Rybička, Jan Šimon und Ladislav Škalda wagen, was vor ihnen niemand – ausser Jean Fuchs und Raymond Monney 1948 und die Franzosen um Maurice Herzog 1949 – ernsthaft in Betracht gezogen hatte: einen direkten Aufstieg durch die Rinne, die den grossen Trichter der Nordostwand entwässert, und weiter oben durch den Trichter selbst. Eine ununterbrochene Serie von Überhängen im unteren Wanddrittel erfordert schwierige Hakenarbeit und A3-Kletterei, weiter oben folgen einige Passagen bis VI+. Nach drei Tagen ist die Direttissima vollbracht. Sie heisst «Memento mori» – gedenke, dass

du sterben musst –, wohl kaum in Anlehnung an Muriel Sparks Roman. Eher lässt sich vermuten, dass sich die drei bewusst sind, an welch seidenem Faden das Leben an diesem steinschlägigsten Ort am Badile hängt. Die bis heute direkteste Route durch die Schauseite des Badile ist zugleich die gefährlichste.

1981 Wer erinnert sich noch? Nach seiner Meinung gefragt, hatte Cassin 1968 zur Winterbegehung seiner Route durch Darbellay & Co. gratuliert und angefügt: «Ich glaube, dass für eine Viererseilschaft die Wand auch in traditionellem Stil zu schaffen wäre.» Damit meinte er: in alpinem Stil, das heisst in einem Zug, ohne Fixseile, ohne fest installierte Camps in der Wand, ohne Arbeitsteilung in Spitzen- und Nachschubseilschaften, ohne Helikopterunterstützung.

Mit genau diesem Vorhaben geht am 2. Januar 1981 eine Dreierseilschaft ans Werk: Danilo Gianinazzi, Michel Piola und Marco Pedrini – der seinen Eltern gegenüber vorgibt, eine Skitour auf den harmlosen Monte Bar hinter Lugano unternehmen zu wollen. Am ersten Tag steigt meist Piola vor, weitgehend in Steileistechnik: Bis zum grossen Schneefeld in Wandmitte können die Steigeisen bloss während 3 Seillängen abgelegt werden. Ein langer Tag, denn erst um 11 Uhr nachts – mehr als 5 Stunden nach Einbruch der Dunkelheit – ist das obere Ende des Schneefelds erreicht und das Nachtbiwak bezogen. Der zweite Tag in der Wand sieht Pedrini im Vorstieg. Die Wand ist relativ trocken, das Klettern geht zügig, Piola und Gianinazzi steigen mit ihren Jumar-Steigklemmen nach. Das Tagesziel, das Ende der Ausstiegskamine, wird jedoch um zwei Seillän-

Rinnen und viel Schnee: Danilo Gianinazzi (vorne) und Marco Pedrini in den Ausstiegscouloirs der Nordostwand, anlässlich ihrer Winterbegehung der Cassin im Alpinstil – 13 Jahre nach der Expedition von Darbellay, Gogna & Co.

Freikletterer und Freigeist

Marco Pedrini kniend, dahinter Danilo Gianinazzi (links) und Michel Piola.

Gemäss Stefan Glowacz zählte Marco Pedrini mit Güllich, Edlinger, Kauk und Moffat zu den grossen, charismatischen Kletterern der Achtzigerjahre. Nicht nur: Bis zu seinem Tod – beim Abseilen am Dru 1986, 27-jährig, nach einer Solo der «Directe Américaine» – war der Bergführer aus Lugano der vielleicht vielseitigste Bergsteiger seiner Zeit. Ob Klettergarten (seine «Signora del Tampax» im Val di Mello war eine der ersten 8a-Routen Europas) oder klassische Wände (Eiger, Matterhorn), ob Wettkampf- oder Eisfallklettern, ob Winterbesteigungen, kalifornische oder norwegische Bigwalls, überall setzte er Massstäbe.

Seine Vorliebe galt aber den extremen Freiklettereien in alpinem Gelände. Viele Klassiker kletterte er als Erster frei, wie den Bonattipfeiler (1981, bis 7a) und die «Directe Américaine» (1982, bis 7a) am Dru; 1983 eröffnete er am Grand Capucin die Variante «Panoramix», ein 7b+-Dach auf fast 3800 Metern; im Tessin gelang ihm im gleichen Jahr die erste weitgehend freie Begehung der Südwand des Poncione d'Alnasca, 20 Seillängen bis etwa 7b.

Ende 1985 besuchte Marco auf der Höhe seines Könnens Patagonien. Sein Hauptziel, die erste Solobesteigung des Cerro Torre, schaffte er im Handumdrehen in 13 Stunden; die Besteigung wiederholte er dann noch zweimal mit dem Filmemacher Fulvio Mariani, der mit Cumbre einen sehr starken Film über Pedrini realisierte. Und wenige Wochen später war Marco mit Kurt Locher am Fitz Roy, um den Casarottopfeiler zu wiederholen; als sie sich verstiegen, kletterten sie einfach weiter – obwohl bloss mit Keilen und Friends ausgerüstet – und erfanden so «Chimichurri y tortas fritas», eine durchgehend freie Route mit Schwierigkeiten bis 6c, die damals schwierigste Linie am Fitz. Knapp unter dem Gipfel flog Pedrini, renkte sich dabei eine Schulter aus und verlor einen Teil seiner Ausrüstung. Mit nur einem Satz Keilen seilten die beiden über die Route wieder ab.

So begnadet und visionär sein Alpinismus war, so oft eckte «Crosta» mit seiner Spontaneität, mit seiner überschäumenden Phantasie und Anarchie, seinen Provokationen, seiner Ironie und Kompromisslosigkeit an. Mit der Toproute «Arrapaho» im Valle dell'Orco löste er 1983 in ganz Italien eine lange Kontroverse über die Ethik des Freikletterns aus. Die Felsprüfung am Bergführerkurs absolvierte er aus Protest mit Steigeisen an den Füssen (und brillierte), zur Prüfung zum Sportlehrer hatte er seine Badehose so befestigt, dass sie beim Turmspringen vom Körper flog und ihn splitternackt zeigte. Seine Schrullen überforderten manchmal sogar die besten Freunde.

Und seine Gefährten am Badile? Danilo Gianinazzi (geboren 1957) stammt aus demselben Luganeser Kletterclub wie Marco, den Scoiattoli dei Denti della Vecchia, verfolgte allerdings eine Karriere eher klassischen Zuschnitts: Hochtouren, Wiederholungen von schwierigen Routen im Urner Granit oder in den Dolomiten, Klettereien in Norwegen, einige (Winter-)Erstbegehungen im Tessin.

Anders Michel Piola (geboren 1958), der unermüdliche Routeneröffner aus Genf. Zwei Seelen scheinen in seiner Brust zu stecken. Da ist mal der unermüdliche Routenerschliesser, der allein im Mont-Blanc-Massiv weit über hundert alpine Sportkletterrouten einrichtete – stets von unten, aber mit einem Augenmerk auf Wiederholer, weshalb viele seiner Linien längst moderne Klassiker sind. Daneben wendet sich der Bergführer, Sportlehrer und Führerautor immer wieder dem Abenteuergelände zu: am Eiger (fünf Routen) wie am Matterhorn (Zmuttnase), am Freney wie am Brouillard, in Patagonien (vier Routen, Piolet d'Or 1992) wie auf Borneo. Dazu gehören auch Wintererstbegehungen und Expeditionen (Himalaja/Everest, Grönland, Madagaskar, Marokko, Yosemite, Türkei, Argentinien ...). Über 1300 Neutouren gehen mittlerweile auf sein Konto, ein Nachlassen ist derzeit nicht abzusehen.

Marco Volken

Schnee, dann Sturm und Nebel: Marco Pedrini steigt im oberen Teil der Nordostwand nach (links). Der Aufstieg erfolgt – trotz Wettersturz in der zweiten Nacht und einem Bergschuhverlust – einigermassen reibungslos. Anders der Abstieg über die Normalroute, bei Nebel, Schneetreiben und Lawinen. Am Wandfuss wartet der gute Geist Maurizio Bellini – einer der Lehrmeister von Pedrini und Gianinazzi.

gen verpasst, ein recht unbequemes Biwak ist die Folge. Mehr als der fehlende Komfort bestimmen zwei andere Geschehnisse den ausklingenden Tag: Es setzt heftiger Schneefall ein, und einer von Pedrinis Aussenschuhen verabschiedet sich grusslos, dafür von einem Schwall nur bedingt frommer Ausdrücke begleitet, in die Tiefe der Wand. Das Problem wird am nächsten Morgen durch Einpacken des Fusses in sämtliche verfügbaren Socken und Plastiksäcke gelöst, über die ein Steigeisen geschnallt wird. Während sich Pedrini über seinen unkonventionellen Aufzug lustig macht, darf wieder Piola den Vorstieg übernehmen. Am Abend des 4. Januar stehen die drei Schweizer auf dem Gipfel, im Schein der letzten, langsam verlöschenden Stirnlampe suchen sie die Biwakschachtel jedoch vergeblich – obwohl Pedrini und Gianinazzi die Wand und den Gipfel bereits von früher kennen. Es bleibt nichts anderes übrig, als eine geeignete Stelle für ein improvisiertes Biwak zu finden. Plötzlich wird Gianinazzi

Schnee, Fels, Schnee: Deutlich sichtbar, da schneefrei, ist der steilste Wandbereich der Ostwand; darunter und darüber – und daneben, in der Nordostwand – ist alles verschneit (oben). Bereits im März 1973 versuchen Ruedi Homberger, Hansjürg Wellenzohn und Gubert Luck eine Winterbegehung (rechte Seite).

von einer Windböe umgeworfen, stürzt in ein Couloir hinab, schlägt an einer scharfen Felsnase auf, purzelt weiter; da springen Pedrini und Piola geistesgegenwärtig in das benachbarte Couloir, und das Seil bleibt an der kleinen Zwischenkrete hängen. Als sich Pedrini nach einer temperamentvollen Würdigung des Vorfalls wieder beruhigt, fällt sein Blick auf die scharfe Felsnase, die sich bei näherem Hinsehen als Teil eines Schaufelblatts entlarvt. Daran hängt ein Schaufelstiel, und wiederum daran festgemacht ist das Gipfelbiwak, das dankbar ausgegraben wird. In der Nacht fallen weitere 50 Zentimeter Neuschnee.

Der Abstieg gestaltet sich nicht ganz einfach, die Routenwahl will nicht richtig gelingen und zwingt sie zu mehrmaligem Abseilen über zahlreiche überhängende Absätze. Immer wieder ertönt ein leises, gespenstisches «Oh ... Ooooh ...», das mit der Zeit deutlicher wird, bis sie realisieren: Es ist Maurizio Bellini, der ihnen entgegenkommt und sie zum Wandfuss lotst. Mit ihm erreichen sie die Gianetti, wo der zweite Helfer wartet, Aldo Bontagnoli. Die technischen Schwierigkeiten sind jedoch nicht ganz vorbei: Der mit Wassereis überzogene Wanderweg Richtung Bagni wird sie noch zwingen, ihre Steigeisen ein letztes Mal anzuschnallen.

Zwei Wochen später, zwischen dem 17. und dem 21. Januar, will der bekannte und umstrittene Kletterer Dante Porta die Cassin gar im Alleingang gemacht haben. Die Begehung wird von Kennern und Zeitzeugen allerdings (wie jene der «Weissen Linie» durch Roberto Clerici vom 20. bis zum 23. Dezember 1986) stark angezweifelt – nicht zuletzt, weil sich die Wand zur fraglichen Zeit in einer alles andere als kletterbaren Verfassung befunden haben soll.

1982 Im darauf folgenden Winter herrscht wieder Betrieb am Berg. Erstmals beteiligen sich Tschechoslowaken am frischen Vergnügen – und Tschechoslowakinnen. Die begehrteste Herausforderung dieser Zeit ist ohne Zweifel die Engländerroute, die bereits mehrere Versuche abwehrte. Zuzana Hofmannová und Alena Stehliková lassen sich davon nicht einschüchtern und strecken sich nach der Trophäe. Zwischen dem 11. und dem 15. Februar gelingt ihnen tatsächlich, was viele für unmöglich gehalten haben – ein solcher Erfolg durch eine reine Damenseilschaft. Und erst noch in reinstem Alpinstil.

Schnee, Fels: Gubert Luck in den Einstiegsseillängen, Hansjürg Wellenzohn im weitgehend trockenen, steilen Wandabschnitt, anlässlich des 1973er-Versuchs. Zuzana Hofmannová und Alena Stehliková sollten 1982 mehr Glück haben. Allerdings nur bis zum Gipfel.

Auch František (Franta) Bauer und Jan (Honza) Ďoubal sind in diesen Tagen unterwegs. Eine Woche nach der Erstbegehung der «Via Canpes» am Cengalo mit Jiří Novák steigen sie gleichzeitig mit Hofmannová und Stehliková in die Wand, allerdings ein paar hundert Meter weiter rechts. Ihr Ziel heisst erste Winterbegehung und zugleich erste (bis heute vermutlich auch letzte) Wiederholung der «Memento mori». Die beiden erreichen den Gipfel bereits am 14. Februar. Um den Abstieg gemeinsam anzutreten, warten sie noch auf ihre Freundinnen. Die Nacht auf den 16. verbringen sie gemeinsam im Gipfelbiwak, dann beginnt der Abstieg. Sie kommen nicht weit, noch auf dem Gipfelgrat bricht Bauer durch eine Wechte und stürzt tödlich ins Seil. Nach einem erfolglosen Rettungsversuch kehren Hofmannová, Stehliková und Ďoubal zum Biwak zurück, wo sie eine weitere Nacht verbringen. Am 17. verlassen sie definitiv den Gipfel über die Nordkante. Abkletternd und vor allem abseilend kommen sie rasch voran. Als sie sich nur noch wenig oberhalb des Einstiegs befinden, kommt durch ein Wolkenfenster plötzlich ein Helikopter angeflogen. Die Rettungsmaschine mit Arturo Giovanoli und Jiří Novák an Bord spürt die drei rasch auf und beendet ihr alpinistisch so erfolgreiches wie menschlich tragisches Abenteuer.

Mit der Cassin im Alpinstil (1981), der Engländerroute durch Hofmannová/Stehliková (1982) und dem Nardellapfeiler durch Antonello Cardinale und Danilo Valsecchi (30. Dezember 1983 bis 4. Januar 1984) geht eine wichtige Phase des Winterbergsteigens zu Ende: Mit Ausnahme der Corti/Battaglia – sie wartet unseres Wissens immer noch auf eine solche Begehung – sind nun sämtliche grossen Klassiker des Badile gelöst.

Badile – Wintererstbegehung der Ostwand

Für 1982 hatten wir uns einiges vorgenommen. Gleich Ende Januar fuhren wir ins Bergell und schlugen bei unserem Freund Arturo Giovanoli in Promontogno das «Basislager» auf. Aber lang hielten wir uns dort nicht auf. Während unsere Kameraden Franta Bauer, Honza Doubal und Jirka Novák am Cengalo-Nordpfeiler eine neue Route eröffneten, kletterte ich mit Alena Stehliková zum «Training» vom 1. bis 3. Februar die Bügeleisenkante an den Pizzi Gemelli. Es war die dritte Winterbegehung. Die glatten, von einer dünnen Eisschicht bedeckten Granitplatten ließen in uns keinerlei Illusionen aufkommen, dass bei solchen Bedingungen unser Hauptziel Vergnügen bereiten könnte. Jirka Novák hatte uns nämlich für die Engländerroute der Piz-Badile-Ostwand begeistert, eine schwierige Route, die noch ohne Winterbegehung war.

Schicksalsgenossen: Jan Ďoubal, Zuzana Hofmannová, František Bauer, Alena Stehliková (von links) am Fuss des Cengalo im Februar 1982. Die Damen haben soeben die Bügeleisen-Gemelli-Kante hinter sich, die Herren – zusammen mit dem fotografierenden Jiří Novák – eine neue Route am Cengalo. Tage später werden die vier am Badile parallel klettern, Franta Bauer wird den Abstieg aber nicht überleben.

Eisbedeckter Granit

Am 11. Februar 1982 verließen wir um zwei Uhr morgens Arturos Hütte. In etwa fünf Stunden stiegen wir in märchenhaftem Mondlicht über betonharten Schnee zum Wandfuß der Badile-Nordostwand hinauf. Franta und Honza sind mit dabei. Sie haben mit ihrer Erstbegehung noch nicht genug. Nur Jirka konnte nicht mitkommen. Er mußte ja mit unseren italienischen Gastgebern deren Gegenbesuch in der Tschechoslowakei besprechen, denn auch unsere Reise war offiziell ein Bergsteigeraustausch.

In der Mitte des Nordostwandfußes trennten sich unsere Wege. Franta und Honza hatten sich das zentrale Nordost-Couloir vorgenommen. Wir mußten noch ein kurzes Stück weiter. Aber bald standen auch wir am Einstieg.

Die Engländerroute beginnt mit einer Verschneidung, die unter den gegebenen Bedingungen eher an eine »Waschwanne« erinnerte. Schon nach den ersten Metern war ich voll bedient. Es handelte sich um heikelste Kletterei über von Eis bedeckte Verschneidungen und Platten – und zu allem Überfluß fand ich keine Haken. Mich tröstete nur, daß diese Seillänge nach der Beschreibung mit VI/A1 die schwierigste ist. Manchmal ist es aber nur Theorie, was auf dem Papier steht – vor allem im Winter, wenn die jeweiligen Bedingungen entscheidend sind.

Biwak in der Hängematte

Jedenfalls brauchte ich zwei Stunden für die erste Seillänge. Aber in den folgenden Seillängen bis zur Abzweigung der Cortiführe kamen wir auch nicht schneller voran. Die Verschneidung der Engländerroute sah ziemlich flach aus, der Schlußaufschwung erschien uns greifbar nahe.

Nach dem ersten Biwak in der Hängematte warteten auf uns abwechselnd Risse und Verschneidungen, durchwegs V bis V+, A1 und A2. Die erste Seillänge im fünften Schwierigkeitsgrad fiel mir verhältnismäßig leicht. Aber sehnlich schauten wir immer hinauf zum Gipfelaufschwung, der von der Sonne in goldenes Licht getaucht wurde. Auf Alena kam danach schwere Arbeit zu. Die Platte der anschließenden Seillänge war unter einer Eisschicht völlig verborgen. Alles mußte sie, insbesondere für die notwendigen Zwischensicherungen, wegschlagen. Nur langsam kam sie voran, aber schließlich war sie hinter der Verschneidungskante verschwunden. Uns war mehr als klar, daß uns diese erste Winterbegehung sehr, sehr viel Kraft kosten würde. Während ich mir noch darüber Gedanken machte, erlöste mich plötzlich das Rufen von Alena: »Ich hab' Stand.« Sie führte auch die nächste Seillänge. Mittlerweile war es so spät geworden, daß wir einen Platz für das Biwak suchen mußten. Etwa 20 Meter über uns vermuteten wir zu Recht ein Band, aber es war abschüssig und bot keine Sicherungsmöglichkeit. So stiegen wir noch zum Ende eines breiten Kamins hinauf, der sich nach zehn Metern schließt und in einem Handriß fortsetzt, der wiederum in einer plattigen Verschneidung endet. Das bedeutete für uns, dass wir doch irgendwie auf dem abschüssigen Band für die Nacht bleiben mußten.

Den dritten Tag begann ich voller Auftrieb. Ohne Schwierigkeiten brachte ich den Riß hinter mich. Aber was dann kam, kostete mich eine Stunde: Auf der Platte, die sich an den Riß anschloss, lag eine fünf Zentimeter dicke Eisschicht, die beim ersten Kontakt abbrach, so daß ich mit meinen Steigeisen auf der glatten Granitplatte stand. Schließlich erreichte ich aber doch den folgenden Kamin, in dem zwei alte Haken steckten. Alena stieg diesen Kamin sehr schnell hinauf, so daß wir bald darauf den Abschnitt mit Schnee und Eis erreicht hatten. Eine Stunde später standen wir unter dem letzten Wandaufschwung.

Sehnsucht nach Sonne

Am Stand fanden wir gute Sicherungshaken von Vorgängern – hier würden wir biwakieren. Doch die zwei Stunden, die wir bis Einbruch der Dunkelheit noch Zeit hatten, wollten wir nutzen. Erstmals seit drei Tagen konnte ich die Steigeisen zum Klettern abnehmen. Vor mir lag ein unterschiedlich breiter Riß, in dem sich an manchen Stellen nur der kleinste Stopper zur Sicherung unterbringen ließ und an anderen Stellen noch der Zehner-Hexentric locker saß, dazu war die Kletterei extrem schwierig. Vor lauter Begeisterung vergaß ich jedoch ganz die aufkommende Dunkelheit. Auch die dritte Nacht verbrachten wir in der Hängematte. Unser einziger Wunsch in jener Nacht galt dem Sonnenschein des nächsten Morgens.

Aber unser Traum erfüllte sich anderntags nicht. Der Himmel war bewölkt. Hoffentlich würde das Wetter nicht umschlagen! Wir steigerten unser Tempo, soweit das möglich war. Nachmittags begann es aber doch zu schneien. Tief unter uns am Wandfuß erkannten wir zwei kleine Punkte – Jirka und Arturo. Nur einige 100 Meter trennten uns, aber wie weit waren wir in Wirklichkeit von ihnen entfernt! Wir kämpften gegen die drohende Möglichkeit eines vierten Biwaks in der Wand. Unsere schlechte Stimmung besserte sich jedoch deutlich, als wir von oben die Stimmen unserer Freunde Honza und Franta hörten. Sie hatten also schon den Gipfel erreicht.

Das Verhängnis

Das Biwak blieb uns nicht erspart. Fast die ganze Nacht konnten wir nicht schlafen, weil wir immer wieder von Schnee bedeckt wurden. Das Packen der Rucksäcke bereitete uns am nächsten Morgen große Mühe. Die letzten Seillängen waren ein einziger Kampf und kosteten den Rest unserer Kräfte. Spät am Nachmittag erst hatte die Quälerei ein Ende, als wir auf dem Grat nach kurzer Suche unsere Freunde trafen. Sie hatten sich schon Sorgen um uns gemacht. Gemeinsam erreichten wir die Biwakschachtel am Gipfel.

Am Morgen des 16. Februar begannen wir zu viert mit dem Abstieg. Vier Seillängen waren wir auf dem Gipfelgrat ausgegangen, als der vorausgehende Franta Bauer plötzlich mit einer Wächte abstürzte. Wir waren am kurzen Seil geklettert, aber Franta hatte die losen Seilschlingen nicht am Klettergurt fixiert – ein verhängnisvoller Fehler! Honza seilte sich sofort zu ihm ab und versuchte, Franta durch künstliche Beatmung wiederzubeleben. Doch alle Mühe war vergeblich, der Körper unseres Freundes blieb leblos. Wir zogen seinen Körper näher zum Grat heran. Dann stiegen wir traurig und fassungslos über dieses überflüssige, tragische Unglück zurück zur Biwakschachtel. Nach einer bedrückenden Nacht beschlossen wir, über die Nordkante abzusteigen. Ungeachtet der durch Nebel und Schnee erschwerten Bedingungen kamen wir jedoch schnell voran, so daß wir gegen vier Uhr nachmittags schon unweit des Kantenfußes standen. Der Himmel klarte auf, und als Arturo und Jirka dann mit einem Hubschrauber der Schweizer Rettungsflugwacht hereingeschwebt kamen, da wußten wir, daß damit unser Abenteuer zu Ende war.

Rückblickend kann ich sagen, daß die erste Winterbegehung der Engländerroute ohne Zweifel mein bisher härtestes, aber auch traurigstes Erlebnis in den Bergen war.

---

aus: «Bergsteiger», 1982

Sandstein, Granit und Achttausender

Zuzana Hofmannová entschloss sich, Bergsteigerin zu werden, als sie an Weihnachten 1974 einen Film über die Erstbesteigung des Nanga Parbat durch Hermann Buhl sah. Im Januar 1975 begann sie – gegen den Willen ihrer Eltern – zu klettern, anfänglich meist im tschechischen Elbsandstein, ab 1978 auch in der Sächsischen Schweiz, wo sie viele der damals schwersten Routen von Bernd Arnold bis VIII+ wiederholte. Dazu kamen Bergtouren in der Hohen Tatra, besonders im Winter. Die ersten alpinen Erfolge verzeichnete sie in den Julischen Alpen, am Jalovec und Šite. Jahrelang war sie Mitglied der «Leistungsgruppe» (Nationalmannschaft) des Tschechoslowakischen Alpenvereins.

Zu den Höhepunkten ihrer Karriere zählen die erste Winterbegehung der Civetta-Nordwestwand («Weg der Freunde», 1980), die erste Damenbegehung der Chergiani-Route am Tjutju-Bashi (Kaukasus, 1981) und die Winterbegehung der Engländerroute am Badile. Daneben gelangen ihr in den Achtzigerjahren klassische Touren und Erstbegehungen, so die erste Winterbegehung des Westpfeilers der Torre Coldai, die Erstbegehung der «Via Centrale» an den Gemelli, der Walkerpfeiler, die Bonatti und die Harlin/Robbins an den Drus, der Freneypfeiler, die Winterbegehung der Schleierkante (direkte Variante) und viele weitere Routen – auch im Bergell und im Rätikon.

Einen eindrücklichen Einstand im Höhenbergsteigen gab sie 1984 bei der Erstbegehung der Dhaulagiri-Westwand. 1985 folgte die erste Begehung der Huascarán-Nordwand durch ein reines Damenteam, 1988 die Nordwand des Khan Tengri (Pamir) und die Teilnahme an der erfolgreichen Annapurna-Westwand-Expedition. Nach einer fünfjährigen Pause nahm sie das Klettern wieder auf. Nebst den heimatlichen Klettergebieten waren es wieder die hohen Berge: 1998 die Huascarán-Nordwand, diesmal auf der Italienerroute; 1999 der Pik Lenin über die Lipkinfelsen, ein Versuch am Pik Pobeda und die erfolgreiche Begehung der Südroute des Khan Tengri. 2003 erreichte sie den Pik Korzhenewskaya und den Pik Kommunismus, 2004 den Mittelgipfel am Shisha Pangma. Ansonsten arbeitet Zuzana als Leiterin eines Outdoor-Sportgeschäfts.

Alena Stehliková betrieb in jungen Jahren wettkampfmässig Sportgymnastik und Judo. Zum Bergsteigen kam sie daher verhältnismässig spät, dafür stellten sich die Erfolge sehr schnell ein, so dass sie bereits 1981 in die «Leistungsgruppe» aufgenommen wurde. Ihr Spektrum war sehr breit: Alena ging anfänglich meist in die Hohe Tatra, auch im Winter, sowie in die Sandsteingebiete der Sächsischen Schweiz und Böhmens; später kamen zahlreiche Fels- und Eistouren auf der ganzen Welt und einige Expeditionen hinzu.

In ihrer bergsteigerischen Karriere finden sich einige Glanzstücke: die «Directe Américaine» an den Drus im Vorstieg (1979) sowie, mit Zuzana, die erste Damenbegehung der Chergiani-Route am Tjutju-Bashi und die Winterbegehung der Engländerroute am Badile. Weitere wichtige Etappen in den Achtzigerjahren waren die Harlin an der Aiguille du Fou, eine Winterbegehung der Gemellikante im Bergell, der direkte Westpfeiler des

Zuzana Hofmannová (links) und Alena Stehliková

Scheideggwetterhorns, die Winterbegehung der Schleierkante (direkte Variante) oder der «Diedre de l'Alicantropia» (Ordesa) und die «Via Murciana» am Naranjo de Bulnes in Spanien.

Im Jahr 1983 erreichte sie im Pamir den Pik Korzhenewskaya (über die Budanov-Route) und den Pik Kommunismus (Borodkin-Route), 1984 folgte die erfolgreiche Dhaulagiri-Westwand-Expedition, 1988 der Chapdara über die Sphinx (Fangebirge), ein Jahr später eine neue Route (VII+) auf den Petrogradec im Ak-Su-Gebiet. Zuletzt, 2002 und 2004, unternahm sie zwei Versuche an der noch undurchstiegenen Nordwestwand des 7349 Meter hohen Talung (Himalaja) im Alpinstil.

Alena ist auch im Rahmen des Alpenvereins tätig – jahrelang als Vertreterin bei den internationalen Frauentreffen «Rendez-vous Hautes Montagnes», ab 1997 als Vizepräsidentin des tschechischen Alpenvereins, seit 2005 als dessen Präsidentin. Gelegentlich publiziert sie Beiträge in tschechischen und internationalen Bergsteigerzeitschriften.

Jiří Novák

Auslaufmodell: Die «Diretta Giulio Fiorelli» ist im unteren Teil eine hakentechnische, vom aufkeimenden Freiklettern noch unbeeinflusste Kletterei (sie konnte bis heute nicht «befreit» werden). Im Bild Luca Maspes, 16-jährig, in der ersten Seillänge seiner ersten Route am Badile.

1982 Ende der Siebziger-, Anfang der Achtzigerjahre scheint der Platz für neue und zugleich vollständig unabhängige Routen eng zu werden, das Hauptinteresse liegt bei der Begradigung alter Anstiege. Kollers Route aus dem Jahr 1975 ist eine Art direkte Corti/Battaglia, sein «Weg der Blumen» 1978 eine direkte Cassin. Die Molteni in der Südostwand, auch sie eher diagonal verlaufend, kommt 1982 dran: Durch den kompakten, teilweise überhängenden Bereich rechts der Normalroute legen Carlo Pedroni, Alberto Rossi und Camillo Selvetti am 13. August mit Bohrhakenunterstützung eine kurze, aber heftige Techno-Kletterei (VI/A2), die weiter oben die Molteni kreuzt und gerade zum Gipfel emporzieht. Sie ist die zweite Route, nach jener in der Nordwestwand 1974, die dem beliebten Hüttenwart der Gianetti gewidmet wird: «Via Diretta Giulio Fiorelli».

1985 Besseres Material, neue Trainingsmethoden, vor allem aber eine Revolution im Kopf führen zu einem Quantensprung im Klettersport. Der Schwierigkeitsgrad 8a, erstmals 1979 in den USA geklettert, erreicht den europäischen Kontinent im Jahr 1983 und den Fuss des Badile 1985 (mit der «Signora del Tampax» von Marco Pedrini). Solche Kunststücke sind zu dieser Zeit nur den besten Kletterern erlaubt, aber sie zeigen die rasanten Fortschritte einer Branche, die sich bis vor kurzem noch an einem sechsten Grad freuen konnte.

Das stark verbesserte Klettergartenniveau lässt sich selbstverständlich nicht eins zu eins auf einen Badile übertragen, hinterlässt an seinen Granitwänden aber bald deutliche Spuren. Grundsätzlich wären zwei Entwicklungen möglich: zum einen mit nahen Hakenabständen – die Akku-Bohrmaschine kommt in diesen Jahren langsam auf – technisch noch anspruchsvollere Routen zu erfinden, zum anderen mit weiten Hakenabständen die psychischen Schwierigkeiten zu erhöhen und dort Linien zu suchen, wo sie bisher niemand zu suchen wagte. Getreu der im Bergell wie im Val Masino traditionell zurückhaltenden Absicherungspraxis entscheidet sich die neue Generation, zumindest zu Beginn, für einen äusserst sparsamen Einsatz des Bohrhakens. Die zwei Namen, die man sich für die nächsten Seiten merken muss: Tarcisio Fazzini und Paolo Vitali.

An die Grenzen des Vorstiegs

Zu den Bergsteigern, die mit dem Badile in Verbindung gebracht werden, gehören Tarcisio Fazzini und sein starkes Team. «Tarci» kam 1963 in Premana zur Welt, einem Bergdorf zwischen Lecco und dem Veltlin. Er fühlte sich den Traditionen seines Dorfes verbunden, wo er im Familienunternehmen – einer Scherenmanufaktur – arbeitete.

Fazzini begann Anfang der Achtzigerjahre mit dem Klettern, wozu ihn einige Freunde gebracht hatten. Eine wichtige Rolle spielte sein Cousin Ottavio, ein zurückhaltender, ausgezeichneter Bergsteiger, der sich im Vorstieg mit Tarci stets abwechselte. Nach einer gewissen Lehrzeit in den Platten des Valle di Mello fühlten sich Tarci und seine Freunde aus Premana 1985 bereit für den Badile. Zu jener Zeit erlebte das alpine Klettern einen kreativen Aufbruch. Grosse alpinistische Aufgaben warteten auf ihre Lösung, wozu man allerdings das in Klettergärten erreichte Niveau ins alpine Gelände übertragen musste. Tarcisio fand dies sofort einleuchtend, gehörte er doch zu jenen Alpinisten, die einer Weiterentwicklung gegenüber offen waren. An seinen Felsen am Cainallo verbesserte er die Technik, um gewappnet zu sein für Stellen, an denen «man besser keinen Sturz riskiert».

Ab 1985, dem Jahr von «Ringo Star», häuften sich die Erstbegehungen der Clique aus Premana, wobei Tarcisio bei der Auswahl der Ziele und beim Stil der Begehungen stets eine zentrale Rolle spielte. Erst waren es klassische Routen entlang den Schwachstellen eines Berges, dann immer gewagtere Freiklettereien unter beschränktem Einsatz von Bohrhaken. Innert weniger Jahre gelang ihm so eine einmalige Karriere, was die Liste der Erstbegehungen bezeugt. Zu den vier Routen am Badile kommen viele im Valle di Mello und im Val Masino hinzu: jene am Scingino 1988 mit Norberto Riva, Sabina und Livio Gianola («Chi si ferma è perduto» und «Delta Minox», Letztere immer noch eine Referenztour für schwierigste Plattenkletterei, nicht nur in den Zentralalpen), die Bigwalls wie «La Spada nella Roccia» am Qualido und «Vuoto senza ritorno» an der Mongolfiera (beide mit Ottavio Fazzini und Norberto Riva, 1989) und kurz zuvor «Pejonasa Wall» und «Carettera de la cocia» am Precipizio degli Asteroidi. Um am Picco Luigi Amedeo die steil abfallenden Wände von «Elettroshock» zu erklettern, begleitet vom treuen Norberto und von Freundin Sabrina, griff Tarcisio als Erster im oberen Val Masino zum Bohrer. Zusammen mit Giuseppe Miotti und Camillo Selvetti wagte sich der vielseitige Bergsteiger auch in Eis und kombiniertes Gelände, als er im Winter die letzte noch unberührte Wand in der Bondasca durchstieg, die gefährliche Nordostwand des Cengalo («Cacao Meravigliao», 1987).

Seine letzte Route eröffnete Tarci am Tropfenpfeiler. Sie war anders als die anderen, sie führte einen neuen Kletterstil am Badile ein, denn diesmal bohrte er eine direkte Linie ein, die an die heutigen Sportkletterrouten erinnert: «Galli delle Alpi» ist alles andere als ein Nachmittagsspaziergang, aber sie unterscheidet sich massiv von der bereits legendären, parallel verlaufenden «Jumar Iscariota», die er drei Jahre zuvor erst-

Tarcisio Fazzini

begangen hatte. Es war ein Zeichen dafür, dass sich die Zeiten änderten. Nachdem alle wirklich logischen Linien am Badile erschlossen waren, bewegte sich Fazzini weg vom alpinen Kletterstil hin zur Suche nach der reinen Kletterei auf schönen, kompakten Wänden und mit Bohrhakenabständen, die einigermassen sichere Wiederholungen erlaubten. Tarcisio ist heute noch ein Begriff, vielleicht weil er mehr als alle anderen den Übergang vom «Sassismo» zum modernen, extremen Sportklettern im Gebirge personifiziert. Auch deshalb ist jede seiner Routen heute noch gefürchtet und gebietet Respekt. Im Winter 1990 hat uns Tarcisio beim Abstieg von einer Eisfallkletterei in seinen heimischen Bergen für immer verlassen. Heute noch fragen sich viele, welche Meisterstücke er dem Alpinismus noch hätte schenken können, hätte sein Leben kein so frühzeitiges Ende gefunden.

Luca Maspes

16 Stunden: Eindrückliches leisten Floriano Castelnuovo und Danilo Valsecchi am 26. Juli 1986: Cengalopfeiler, Marimonti, Badile-Ostgrat, Abstieg über Nordkante, Cassin (oben).

17 Seillängen: «Ringo Star» wird rasch zum Extremklassiker. Guido Lisignoli und Stefano Caligari wiederholen ihn am 10. Juli 1986, Marc Graf (rechte Seite) und Ruedi Homberger 12 Tage später.

Die vielleicht erste Route dieser Art – und zugleich die Lösung des «letzten echten alpinistischen Problems des Badile» – ist «Ringo Star»: keine extremen Schwierigkeiten (ein Sechser als Schlüsselstelle), aber eine bestechend elegante und durchgehend frei gekletterte Linie, die durch die ganze Nordwestwand direkt zum Gipfel führt. Sie ist das erste grosse Werk von Tarcisio Fazzini: Am 16. August 1985 kommt er mit seinem Cousin Ottavio Fazzini bis vier Seillängen unter den Gipfel, wird dort aber von einem Gewitter und dem zugehörigen Hagel zum Ausweichen auf die Kante gezwungen. Drei Tage später kehrt er, diesmal mit Tita Gianola, zum Gipfel zurück, seilt sich zum Umkehrpunkt ab und holt die restlichen Seillängen nach.

1986 Ein Jahr nach Tarcisio Fazzini betritt der zweite Protagonist dieser Zeit die Arena, Paolo Vitali. Auch ihm geht es um moderne Neulandsuche. Unter seiner Federführung entstehen in nur vierzehn Tagen zweieinhalb neue Routen im noch unerschlossenen Bereich zwischen «Weisser Linie» und Nordkante.

2. August: «Peter Pan», mit Sonja Brambati und Adriano «Franz» Carnati, 14 Seillängen bis VI+ und eine Stelle A1 (heute VII/VII+), nur 9 Haken und 3 Bohrhaken, später mehrmals wiederholt.

3. August: «Moscacieca», mit Adriano Carnati, eine unbeabsichtigte Variante zur «Weissen Linie», 5 neue Seillängen (die zweitletzte führt von einem heiklen Stand – zwei nach unten schauende Normalhaken – in anhaltend exponierter Reibungskletterei bis VII– ohne jegliche Sicherungsmöglichkeit 40 Meter empor), kein einziger Haken belassen, keine Wiederholungen bekannt.

16. August: «Neverland», mit Sonja Brambati und Adriano Carnati, 11 Seillängen, kompakte Platten mit zwei Sechserstellen, spärliche Absicherung (11 Haken, 3 Bohrhaken), lange Run-outs, in den folgenden Jahren ein häufig wiederholter Klassiker. In einem Beitrag im «Notiziario» des CAI Lecco mit dem Titel «Was übrig bleibt … nach den Tschechen» gibt Paolo Vitali einen Einblick in die damaligen Beweggründe: «Unsere Hausberge wurden von den 1970er- bis in die 1980er-Jahre von einer Welle tschechoslowakischer Bergsteiger, die wie nationale Expeditionen organisiert waren, regelrecht überspült. Die ‹Tschechen› kletterten vor allem zwischen den Dolomiten und den Rätischen Alpen, insbesondere im Val Masino und im Bergell. Ihre Ausrüstung war im Vergleich zu der unsrigen ziemlich ‹antiquiert›, aber diese starken Bergsteiger verfügten über

Paolo Vitali (geb. 1964), Sonja Brambati (geb. 1961), Adriano Carnati (geb. 1963)

Neulandsuche als Leitmotiv

Paolo Vitali ist – zusammen mit der Gruppe um Tarcisio Fazzini – zweifellos einer der «Erneuerer» des Kletterns Ende der Achtziger-, Anfang der Neunzigerjahre. Mit einer Reihe wichtiger Wiederholungen zwischen Dolomiten und Mont Blanc stach Paolo schon ganz jung aus dem renommierten Bergsteigerambiente um Lecco heraus und wurde früh in die Ragni di Lecco aufgenommen, dank deren er die Berge am anderen Ende der Welt kennen lernen konnte. Gerade einmal 19 Jahre alt war Vitali, als er mit dem jungen Carlo Aldè und dem grossen Casimiro Ferrari unter dem abweisenden Murallón stand, dem noch unerstiegenen Granitkoloss in Patagonien. Drei Monate kämpften sie sich durch Stürme und mussten immer wieder den Rückzug antreten, bis sie endlich mit dem Gipfelerfolg belohnt wurden, obwohl ihre Zeit dort eigentlich längst abgelaufen war. Paolo setzte seine Karriere in Patagonien fort (Cerro Torre und eine neue Route auf die Aguja Poincenot), aber es folgten auch viele Reisen in andere fremde und selten besuchte Gegenden, so in den Karakorum (Erstbesteigung des Sosbun Spire I), nach Indien (mit der Entdeckung der Granittürme des bis dahin unbekannten Miyar Valley sowie einer vom Wetterpech knapp vereitelten Besteigung des Neverseen Tower), nach Grönland (erste Begehung des Zentralpfeilers am Nalumasortoq) und in den Pamir (drei neue Routen im Ak-Su-Tal), wobei sich sein Besteigungsstil von den klassischen Expeditionen unterschied: kleine Seilschaften, wenig Informationen über die Gegend, Suche nach neuen Routen.

Paolo und seine Frau Sonja Brambati, die erste von den Ragni aufgenommene Frau, waren nicht nur ausserhalb Europas tätig, sondern haben auch in den Alpen so viele neue Wände entdeckt und Routen eröffnet wie wenige andere. Ihr bevorzugter «Rohstoff» war der Granit des südlichen Bergells und des Val di Mello, wo sie mit als Erste einen neuen Erschliessungsstil einführten, der sich durch heikle Passagen über kompakte Platten, durch die Begehung von unten und durch lange Hakenabstände auszeichnete. Heute sind sie etwas milder geworden, im Bestreben, sicherere und einfacher zu wiederholende Routen zu schaffen. Oft wurde das Paar von Adriano «Franz» Carnati begleitet, einem anderen starken Bergsteiger aus Lecco, der bei wechselnder Seilführung sicher mithalten konnte. Das bestens eingespielte Terzett war in jedem Gelände zu Hause, zunächst im unteren Val di Mello mit Dutzenden neuer Routen, dann mit den Bigwalls des Qualido, wo sie als Erste systematisch Bohrhaken anbrachten und selbst die glattesten und steilsten Zonen dieser 700 Meter hohen Granitwand durchsteigen konnten. In dieser Wand eröffnete die «Firma Vitali» ein Dutzend wichtiger Routen, von der gefürchteten «Transqualidiana» (Vitali wurde bei dieser Gelegenheit von Gianni Rusconi begleitet, dem Mann für Winterbesteigungen und Erstbegeher der «Via del Fratello») bis zu den oft wiederholten Routen «Melat» und «Artemisia». Aber die Suche nach Erstbegehungen trieb das Paar auch in die alpinen Wände im südlichen Bergell, in Gebiete, die zuvor noch keinen Sportkletterer gesehen hatten. Zu diesen Erstbesteigungen gehören die drei Routen mit Carnati an den weit abgelegenen Zwillingspfeilern des Torrone («Il Tempio del broncio» und «Scacciapensieri», später die modernere «Ilinx»), die drei Routen auf die Punta Paganini im Val di Ferro («Asterix», «Obelix» und «Idefix»), die beiden Routen an der Südseite des Cengalo («Cammino degli Inca» mit Tita Gianola, «Carosello»), die exponierte Plattenroute durch die Nordwand des Ligoncino («L'eco di Chefren» mit Carnati) und weitere Routen in der Gegend um das Rifugio Allievi-Bonacossa («Filo Logico» an der Punta Allievi und «Lapislazzuli» an der Averta) sowie die jüngste Route «Giovani marmotte» am Cavalcorto. Am Badile eröffneten sie Mitte der Achtzigerjahre fünf Routen durch die Nordostwand, alle rechts der Cassin. Die Aktivitäten von Paolo, der Bergführer, aber heute von Beruf Informatiker ist, und seiner Frau Sonja wurden 1997 beim Bergfilmfestival in Trient mit dem SAT-Preis ausgezeichnet. Seit jenem Jahr gehören die beiden auch der berühmten GHM, der Groupe de Haute Montagne, an. Meinungsverschiedenheiten bezüglich Führungsstil und bergsteigerischen Prioritäten führten hingegen 1998 zu ihrem Austritt aus den Ragni di Lecco. Heute ist das Paar immer noch unterwegs, aber eher in den Kalkgebieten um Lecco und im oberen Veltlin, wo es gut abgesicherte Routen und Klettergärten erschliesst, die den Kletterern schöne Wochenenderfahrungen in der Senkrechten bieten.

Luca Maspes

ganz andere Mittel. Gewohnt, die schwierigen Routen ihrer Sandsteintürme mit spärlichen Absicherungen zu meistern, und mit einer festen Entschlossenheit ausgestattet – die vielleicht auch daher rührte, dass die weniger verdienstvollen Teilnehmer aus der Gruppe mit Auslanderlaubnis ausgeschlossen wurden –, vollbrachten sie in jenen Jahren unzählige ernsthafte Erstbegehungen. Damals vielleicht etwas vernachlässigt, wurden diese Routen nun zu Recht aufgewertet, und man hat realisiert, wie weit diese Alpinisten mit ihrer Auffassung und ihrem technischen Niveau der Zeit voraus waren. Einige Jahre später hat man begonnen, ihrem Beispiel zu folgen und die Wände unserer Berge neu zu erforschen, zu «lesen», und hat dabei neue Möglichkeiten entdeckt, auch ausserhalb der klassischen Normen. Zu dieser ‹Strömung› gehören auch die Routen, die wir kürzlich in den Platten der Badile-Nordostwand und am Ostsüdostpfeiler des Pizzo Cengalo eröffnet haben.»

Während Vitali & Co. an der Sonne klettern, legt sich Tarcisio Fazzini erneut mit der Nordwestwand an. In Begleitung von Ottavio Fazzini und Livio Gianola sucht er am 5. August den Tropfenpfeiler auf, um einen im Vergleich zur «Via Chiara» direkteren Anstieg zu versuchen.

«Wir steigen bei unsicherem Wetter ein und merken sofort, von den ersten Seillängen weg, aus welchem Stoff dieser Pfeiler ist: äusserst kompakter Granit. Nach jeder Länge hoffen wir, dass die nächste leichter sein wird. Im Gegenteil, je weiter wir steigen, desto schwieriger werden die Platten, und sie lassen sich kaum absichern. In der zweiten Seillänge taucht bereits der Handbohrer auf, und die Plättchen begin-

Neuland: Paolo Vitali enträtselt die Platten von «Peter Pan», Sonja Brambati – sie ist die erste Erstbegeherin am Badile – sichert, und Adriano Carnati fotografiert. Die drei, unten in der gleichen Reihenfolge von links, sind vierzehn Tage später wieder auf Entdeckungsreise – durch «Neverland», die Heimat Peter Pans.

Ungesicherte Traversen: «Jumar Iscariota»-Gelände (im Bild Luca Maspes, 1992 mit Luca Salini unterwegs). Der Routenname ehrt Livio Gianola, der, seit erst zwei Monaten kletternd, all die Traversen mit Jumars nachsteigen muss. An der Spitze klettert nebst Tarcisio sein Cousin Ottavio – Autor von «La prima volta era un re» in der Südostwand (mit Antonio Fazzini 1988) und Winteralleinbegeher der Molteni ebendort.

nen zu glänzen (keine Sorge, sie dienen nur der Absicherung). Unsere Ethik ist sehr streng: alles frei, um jeden Preis. Nur in der siebten Seillänge werden wir ein paar Pendelquergänge veranstalten, die die besten Capitan-Habitués erschaudern liessen.
Die letzten zwei Seillängen lassen deutlich nach, durch den Nebel erkennen wir langsam das Profil der Nordkante; es ist 21.15 Uhr am 5. August, diese 450 Meter senkrechten Granits haben ganze 13 Stunden in Anspruch genommen, 13 Stunden Anspannung, die sich unter kräftigem Händedruck und Schulterklopfen endlich lösen. Ehrlich gesagt hatte ich, als ich meinen Kollegen diese Route vorschlug, niemals mit solchen Schwierigkeiten gerechnet, aber nun ist sie gemacht, alles ist vorbei, jetzt müssen wir an die Zukunft denken, oder eher an die Gegenwart: Der Abstieg über die Nordkante ist alles andere als einfach, besonders nachts, mit nur einer Stirnlampe. 2 Stunden später betreten wir (mit nicht wenigen Beulen) die Hütte und legen uns in den ersehnten Schlafsack. Wir sind wirklich geschafft, aber der Badile hat uns diesmal eine der schönsten Erfahrungen unseres Lebens geschenkt.»
Bei dieser «schönsten Erfahrung» – sie erhält den Namen «Jumar Iscariota» – handelt es sich gemäss Führer von Miotti und Maspes um «eines der Meisterwerke der Achtzigerjahre in den Zentralalpen», und es ist wohl der alpinistische Höhepunkt der Karriere Tarcisio Fazzinis. Mehrere Seillängen im Bereich VII oder VII+ (und eine Stelle A1), einige verrückte Pendler, längste Hakenabstände: nur 10 Bohrhaken und etwa 15 Normalhaken für 12 Seillängen und 400 Meter Wandhöhe. Auf dem Topo wünscht Tarcisio allen «buon divertimento!!!». Nach der ersten Wiederholung am 16. August 1987 haben Guido und Massimo Lisignoli zu «Jumar Iscariota» nur einen Kommentar übrig: heller Wahnsinn.

1987 Das neue Jahr sieht beide Teams wieder am Werk. Am 11. Juli sind Vitali, Brambati und Carnati erneut in der Nordostwand, angelockt vom Sektor links der «Neverland». Es entsteht so «Diritto … d'autore», die den kompakten Platten in Reibungskletterei beikommt, in den steilsten Partien kleine hervorstehende Würfel aus Kalifeldspat als Tritte benutzend: 500 Meter bis VI+. Die Absicherung ist wie gewohnt spärlich, mit bloss 13 Normalhaken und 7 Bohrhaken – davon 6 für die Standplätze und bloss einer für eine heikle Kletterstelle. Kurt Winkler, der die Route mit Andreas Roth bereits am nächsten Tag wiederholt, erinnert sich an eine phantastische Kletterei in bombenfestem Granit.

Am selben 11. Juli sind auch die drei der «Jumar Iscariota» unterwegs, Tarcisio und Ottavio Fazzini sowie Livio Gianola. Ein Jahr zuvor hatten die beiden Fazzinis von der Belica/Koller aus eine Linie zur Linken ausgemacht, die einen direkten Weg durch die Ostwand versprach. Tatsächlich ergibt die Folge von Rissen und Verschneidungen, die sie an diesem Tag in 8 1/2 Stunden überwinden, eine ausnehmend elegante, schöne und nicht allzu schwierige (VI+/A1) Route, die sich zudem ausgezeichnet mit Keilen und Friends absichern lässt – weshalb sie bloss 4 Tricams, einen Keil und einen Haken belassen. Das ist nicht eben viel für eine 580 Meter hohe Wand, in einer Zeit, in der sich anderswo gebohrte Stände und 5 zusätzliche Bohrhaken pro Seillänge langsam als Standard etablieren. Dessen ungeachtet trauen die Erstbegeher ihrer Kreation eine grosse Zukunft zu, was im Namen «Via diretta del popolo» auch zum Ausdruck kommt. Die Route muss aber zwei volle Jahre auf weiteres Volk warten, wobei auch diesmal der Bergeller Guido Lisignoli als Erster zur Stelle ist. Der Bergführer aus Piuro, der ein besonderes Faible für die Routen von Fazzini zu haben scheint, klettert die direkte Linie – die erste der Ostwand, die direkt auf den Gipfelgrat mündet – am 28. Juli 1989 zusammen mit Luigi Airone. Manchmal lohnt sich ein Blick in die Zukunft. Was ist aus diesen beiden Routen geworden? Die «Diritto ... d'autore» steht heute im Schatten der nahen und sehr beliebten «Another day in paradise», die ihr die Show und wohl auch etwas das Ambiente stiehlt. Und die «Diretta del popolo» – vor wenigen Jahren durch Rossano Libera erstmals durchgehend frei geklettert – leidet unter fortschreitender Einsamkeit, seit sich das Eis aus dem Cengalocouloir zurückzieht und den Zugang zur Zitterpartie macht ...

1988 Die beiden Koller/Šilhán-Routen aus dem Jahr 1978, die «Weisse Linie» und der «Weg der Blumen», folgen den Rissen und

Lange Run-outs: die Platten der «Diritto ... d'autore», 1987 entdeckt von Paolo Vitali, Sonja Brambati und Adriano Carnati (im Bild, in den letzten Seillängen). Das Urheberrecht an ihrer Route kann ihnen niemand nehmen, der Routencharakter dagegen ändert sich vier Jahre später, als gleich daneben «Another day in paradise» aufgeht.

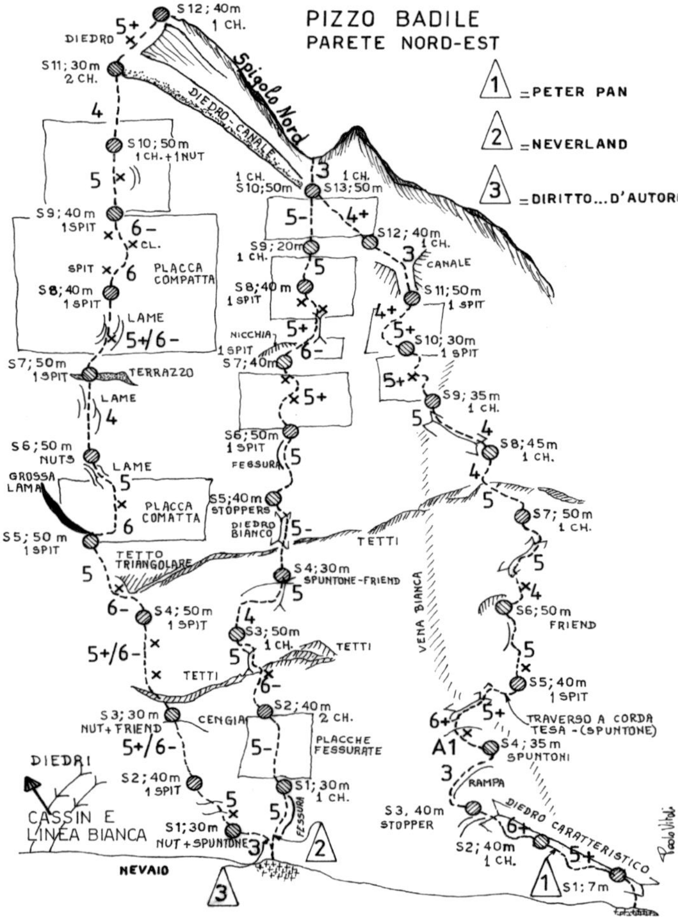

Vier Jahre: In dieser Zeit eröffnet Tarcisio Fazzini vier Routen, Vitali & Co. in nur zwei Jahren gar deren 4 1/2 (die Skizze zeigt drei davon). Auch im übrigen Val Masino treten sich die zwei Teams – «amici rivali», wie Vitali in einem Nachruf auf Fazzini schreibt – schier auf die Füsse. Fazzini punktet eher bei Rissen, Vitali eher bei schwierigen Platten.

Kaminen am rechten beziehungsweise linken Rand einer kompakten und auf den ersten Blick kaum kletterbaren Zone. Niemand kann die Aussichten zu diesem Zeitpunkt besser einschätzen als Paolo Vitali, Sonja Brambati und Adriano Carnati. Überzeugt von der Möglichkeit eines Durchstiegs, verlassen sie am 23. Juli die «Weisse Linie» nach einer Seillänge, um den Plattenpanzer zu knacken. Vitali: «‹Favola ribelle› ist, von unseren fünf neuen Routen, jene mit den vielleicht schwierigsten Kletterstellen. Die neunte Seillänge, die mehrere Überhänge überwindet, ist zwingend und mit nur einem Haken abgesichert.» Besagte Seillänge ist nach heutiger Bewertung ein glatter Siebener, die ganze Route misst 700 Meter, je 6 Bohr- und Normalhaken bleiben stecken.

1989 Die Neutouren der Fazzinis scheinen die Nordwestwand aus ihrem Dornröschenschlaf zu wecken. Trotz schattiger Exposition und alpinem Zustieg entwickelt sich am Ende des Jahrzehnts eine erstaunlich rege Tätigkeit.

12. bis 15. Januar 1989: Erste Winterbegehung der «Via Chiara» am Tropfenpfeiler durch Gianni Caronti, Maurizio Fasano und Antonio Prestini.

25. Juni 1989: Davide Corbetta, Danilo Galbiati und Giulio Maggioni eröffnen die «Via Sinelios» am Tropfenpfeiler, eine besonders lohnende und zeitweise beliebte, feingriffige Route im rechten Pfeilersektor mit homogenen Schwierigkeiten zwischen 5b und 6a.

22. August 1989: Mit «Galli delle Alpi», ebenfalls am Tropfenpfeiler, hält die Bohrmaschine Einzug am Badile. Es ist ausgerechnet Tarcisio Fazzini, der mit Norberto Riva diese erste Route systematisch mit Bohrhaken absichert. Die Zwischensicherungen liegen zwar weit auseinander (im Schnitt 2 pro Seillänge, plus 2 an jedem Stand), aber es bestehen keine Zweifel an der Absicht, eine Genusskletterei einrichten zu wollen: ausgeglichene Schwierigkeiten (5/6a/6a+/6a/6a+/6b+/6a), keine gefährlichen Run-outs, einfache Routenfindung, Abseilen über die Route. Auf dem Topo wirbt Fazzini gar mit den Worten «die schwierigen Stellen sind äusserst kurz und immer auf Reibungstritten». Was bewegt den ehemaligen Abenteurer in seinem letzten Lebensjahr – er wird am 7. Januar 1990 verunglücken –, blosse 20 Meter neben seiner legendären und gefürchteten Psycho-Route «Jumar Iscariota» eine Plaisir-Tour zu nageln? Ein Besuch im Mont-Blanc-Gebiet ein Jahr zuvor weckt in ihm den Wunsch, ähnliche Routen wie Michel Piola einzurichten. Er handelt sich damit viel Kollegenschelte ein, wie er weiss – vor allem

aus dem Val di Mello. Mit den Worten eines seiner Kletterkollegen: «Ich wanderte eben durch eine Gegend, in der das Anti-Bohrhaken-Geschrei noch in den Ästen hallte, und die indiskreten Blicke der alten Garde hatten noch nicht aufgehört, ihre Missbilligung kundzutun. Aber wer hat gesagt, man dürfe keine Bohrhaken setzen, keine Bohrmaschinen verwenden, gibt es etwa die Bibel der Kletterer? Oder die Zehn Gebote der Alp? Wir glauben, dass jeder die Freiheit haben sollte, den für ihn am besten geeigneten Weg zu wählen.» Tarcisio selbst präzisiert: «Aber Vorsicht, wenn man früher auf der einen Seite übertrieb, ist man jetzt drauf und dran, auf der anderen Seite zu übertreiben. Nach meiner festen Überzeugung reicht es nicht, eine Route von unten erstzubegehen, um den Einsatz des Bohrhakens zu rechtfertigen; entscheidend ist, dass sich der Kletterer bis an seine äusserste Grenze vorwagt, um einen übertriebenen Einsatz zu vermeiden.» Die Route, erstmals wiederholt am 1. September durch Mario Giacherio und Oscar Meloni in 3 Stunden, mausert sich jedenfalls rasch zu einem kleinen Klassiker (und wird 2005 durch Carlo Micheli sanft saniert).

1990 Guido und Jacopo Merizzi, Luigi Mingotto und Carlino Pinciroli finden am 6. August in der Falllinie des Einstiegs zur Nordkante eine relativ kurze (350 m), erstaunlich leichte (5+), mit Klemmgeräten gut absicherbare Führe, die sie «Fuga dall'Ovest» taufen.
Die erstaunliche Betriebsamkeit an der Nordwestwand – drei neue Routen in knapp mehr als einem Jahr (und deren acht in 16 Jahren) – hätte das Zeug, die vergessene Seite des Badile neu zu beleben. Es wird anders kommen: Das Routenangebot wird sich zwischen 1990 und 2005 nicht vergrössern, nicht zuletzt weil sich dort sowieso nur noch wenige Einsamkeitssuchende verirren. Dass sich der Zustieg über den Gletscher im Zuge der Klimaerwärmung immer heikler gestaltet, spielt dabei wohl eine Rolle.

Vier Tage: So lange dauert die Winterbegehung der «Via Chiara» am Tropfenpfeiler im Jahr 1989 durch Gianni Caronti (im Bild), Maurizio Fasano und Antonio Prestini. Die drei stossen auf anspruchsvolles Mixed-Gelände: Risse und Platten sind über weite Strecken mit Schnee und Eis überzogen.

Objektiv steil

Bergfilme am Badile

Wenn Filmer in den Bergeller Bergen drehen, dreht sich fast alles um den Pizzo Badile – und am Badile fast alles um Riccardo Cassin und die Nordostwand. «Ein Drama bahnt sich an», lockte die ARD das Publikum, als sie 1986 den Film «Die Badile-Nordostwand» von Martin Schliessler ausstrahlte. Der deutsche Alpinist und Filmer hatte die fünf dramatischen Julitage von 1937 mit Bergeller Alpinisten nachgestellt, die mit alten Kletterschuhen, Hanfseilen, Segeltuchrucksäcken und Filzhüten die Cassin-Route hinaufkletterten.

Cassin wurde von Edy Giovanoli verkörpert, dessen Seilkameraden Vittorio Ratti und Gino Esposito von Guido Giovanoli und Bruno Hofmeister. Den Part der unglücklichen Zweierseilschaft Mario Molteni und Giuseppe Valsecchi spielten Marcello Negrini und Arturo Giovanoli. «Die Dreharbeiten zogen sich vom Juli bis in den September 1983 hin», erinnert sich Negrini. Die Schönwetteraufnahmen waren in drei Wochen im Kasten, doch musste die Crew lange auf das notwendige schlechte Wetter warten. «Zwischendurch haben wir als Bergführer weitergearbeitet», sagt Arturo Giovanoli, «wir wollten ja unsere Kunden nicht verlieren.» Abgesehen vom dramatisch verlaufenen Abstieg, der gegen Ende des Jahres am Corvatsch nachgedreht wurde, entstanden alle Aufnahmen im Badile-Sciora-Gebiet. Das Team übernachtete jeweils in der Sciorahütte oder im Zelt.

Das Klettern mit der historischen Ausrüstung sei anstrengend und mitunter heikel gewesen, berichtet Negrini. Alle Nahaufnahmen machte Martin Schliessler, der mit der Kamera mitkletterte, während sein Sohn Tobias (heute ein bekannter Hollywood-Filmer) aus Distanz filmte, etwa von der Nordkante aus. Den klettertechnischen und alpinismusgeschichtlichen Kommentar spricht Schliessler selbst. Das Fernsehen strahlte die dokumentarische Inszenierung wiederholt aus. Später entstand die gestraffte Fassung «Zwischen Fels und Eis» und davon die rätoromanische Kurzfassung «Traunter grip e glatsch».

Das Fernsehen popularisiert den Badile

Kein anderer Filmer hat sich so oft mit dem Badile beschäftigt wie Schliessler, kein anderer hat den Pizzo Badile dank dem Fernsehen einem grösseren Publikum bekannt gemacht. Schliessler war 1954 jüngstes Mitglied der deutsch-österreichischen Karakorum-Expedition gewesen. 1962 hatte er die Badile-Nordostwand zum ersten Mal durchstiegen.

1970 begann Schliessler am Badile zu drehen, für den Fernsehfilm «Bergsteigen im Bergell». Zuerst war Schliessler mit Paul Bernett und Manfred Dürschner an der Nordkante unterwegs, doch zwang ein Wetterumbruch das Trio zur Umkehr, was «eindrucksvolle Rückzugsbilder» ergeben habe, schreibt Schliessler in seiner Autobiografie «Beruf: Abenteurer»: «Hagelschauer, Wind und lange Abseilstellen liessen die Szenen für den Bergell-Film atmosphärisch dicht werden. Auch war gut zu sehen, wie die Bergschuhe auf den nassen Algen immer

Halbtotale: Martin Schliesslers Inszenierung des 1937er-Dramas existiert auf Deutsch («Zwischen Fels und Eis») und Romanisch («Traunter grip e glatsch»), nicht aber in der Sprache der Darsteller und der Dargestellten («Tra roccia e ghiaccio»).

wieder blitzschnell abrutschten und Paul oder Manfred am Seil pendelten.»
Ein paar Tage danach stieg Schliessler mit Volker Crempin und dem jungen Bergeller Nicolin Gianotti, damals Hüttenwart auf Sasc Furä, in die Nordostwand ein. «Nicolin und Volker kletterten sehr schnell, doch wäre mir nicht dauernd die umgehängte 16-Millimeter-Kamera im Weg herumgebaumelt, hätte ich das Tempo relativ gut halten können. Die Arbeit mit der Kamera in einer extrem schweren Wand ist natürlich eine zusätzliche Belastung und kompliziert manche Situation.» Als die drei den Gipfel erreichten, war die Sonne bereits untergegangen; das Trio stieg in die Nacht hinein ab.

Hanfseil, Stirnband und Gipfelzigarette

Schliessler war beileibe nicht der Erste, der am Badile filmte. Die frühesten Aufnahmen drehten jene Unbekannten, von denen die Bezwinger der Nordkante, Walter Risch und Alfred Zürcher, 1923 profitierten. Gleich nach dem Einstieg querten die beiden in die Nordostflanke hinaus, wo ihnen ein zurückgelassenes Seil zupass kam, wie Zürcher berichtete: «Im Sommer 1920 waren von einer italienischen Filmgesellschaft nervenkitzelnde Aufnahmen an dieser Wand gemacht worden. Man hatte zu unserm grossen Nutzen ein doppelt genommenes Seil von 25 Metern in unserer Flanke hängen gelassen.» Ein seltener Fall: Filmer behindern Kletternde nicht am Vorwärtskommen, sondern erleichtern es.
Die nächsten Badile-Aufnahmen, von denen wir heute Kenntnis haben, entstanden Mitte der Fünfzigerjahre. 1956 drehte Pietro Magni den stummen Schwarzweissfilm «Arrampicate in Valmasino». Die sorgfältig gefilmten Szenen dokumentieren anschaulich zwei Kletterfahrten der Bergführer Giulio und Dino Fiorelli, auch technische Details wie das Platzieren von Haken oder das Einhängen von Trittleitern. Wir sehen, wie das Duo am Pizzo Cengalo in der Bonacossa-Route und dann am Pizzo Badile in der Molteni-Route klettert. Die Fiorellis sind noch mit einem breiten Rucksack, mit Hanfseil und mit Stirnband unterwegs. Schon beim Sichern und später auf dem Gipfel gehört die Zigarette im Mundwinkel dazu.

Flugaufnahme: Gaston Rébuffat filmt die Badile-Nordostwand aus der Luft, am Boden, dazu weitere vier Nordwände. «Sterne und Stürme», mehrfach ausgezeichnet, gehört zu den Überfliegern unter den Bergsteigerfilmen.

Rébuffats Sterne und Stürme

Bereits ein Jahr zuvor hatte der französische Alpinist Gaston Rébuffat am Badile ein paar packende Minuten für seinen preisgekrönten Farbfilm «Étoiles et Tempêtes» realisiert – was deutsch den schönen Stabreim «Sterne und Stürme» ergibt. Den Titel hatte Rébuffat ein Jahr zuvor auch für einen Bestseller verwendet, in dem er unter anderem seine Zweitbegehung der Cassin-Route im Jahr 1948 schildert. «Étoiles et Tempêtes» ist eine Hommage an die grossen Nordwände der Alpen: Grandes Jorasses, Eiger, Matterhorn, Grosse Zinne und eben die Badile-Nordostwand. Im Gegensatz zur Buchfassung kommt der Petit Dru darin nicht vor.
Der Bergsteigerfilm beginnt mit Spielfilmszenen. Rébuffat verleitet einen Freund zu

ersten Kletterversuchen. Rasch mausert sich dieser zum begabten Kletterer – nun können Maurice Baquet und Rébuffat die Nordwände in Angriff nehmen. Als Dritter klettert in der Seilschaft Kameramann Georges Tairraz aus Chamonix mit. Aufgelockert wird der Film durch Slapstickszenen und eine poetische Einlage. Auf dem Schneefeld am Fuss einer Kletterwand spielt Baquet Cello, derweil sich Rébuffat zur Musik «tanzend» abseilt. Schnitt zur Badile-Nordostwand, zum «grossen Problem des Engadins». Die beiden Franzosen steigen über ein Schneefeld zum Einstieg hoch. Rébuffat trinkt Wasser von einem kleinen Rinnsal, das über den Fels läuft – küsst quasi die Wand, bevor er sie in Angriff nimmt. Zu sehen sind vor allem Aufnahmen der gewaltigen Wand von unten, aber auch Flugaufnahmen. Dazu lässt Rébuffat im Kommentar die Alpinismusgeschichte Revue passieren.

Rébuffat zeigte den Film in der halben Welt, so je einen Monat in den USA und in Japan. 1955 wurde der Streifen am Bergfilmfestival von Trento mit dem Grossen Preis ausgezeichnet, und 2002 wurde er am gleichen Festival zum besten aller bisher ausgezeichneten Filme gekürt.

Als Filmzitat ist Rébuffats «Felskuss» am Badile-Rinnsal auch in Adalberto Frigerios «Masino primo amore» zu finden, einem 1975 entstandenen Farbfilm, der die Bergeller Granitberge zwischen Fornokessel, Badile und Disgrazia vorstellt. Neben Kletterrouten wie der Badile-Nordkante wird auch der neu eröffnete Sentiero Roma mit seinen landschaftlichen Reizen vorgestellt. Der Film war in der Cineteca des CAI in Turin lange Zeit der am häufigsten ausgeliehene Streifen. Die Filme von Rébuffat und Frigerio wurden in den Neunzigerjahren in die Vivalda-Reihe «I capolavori del cinema di montagna» aufgenommen und als Video zugänglich gemacht.

Erstbegehung – im Winter und erst noch gefilmt

Die packendsten Badile-Aufnahmen drehte in den ersten Monaten des Jahres 1970 der italienische Alpinist Gianni Rusconi, als er zusammen mit seinem Bruder Antonio die «Via del Fratello» eröffnete – im Winter. Wenn man sieht, wie sich die beiden Bergsteiger im Schneegestöber und durch Lawinen behindert hocharbeiten, so staunt man, dass die Energie von Gianni Rusconi auch noch für das Filmen reichte. Neben dem Biwakmaterial schleppten die beiden Brüder auch verschiedene Fotokameras sowie die 16-Millimeter-Filmkamera mit, die sie von der Cineteca des CAI ausgeliehen hatten.

Wegen des miserablen Wetters mussten die Rusconis auf dem Weg zum Gipfel Kamera und Filmrollen in der Wand zurücklassen. Erst im Juli, anlässlich der ersten Wiederholung der «Via del Fratello», konnten sie das Material bergen. Damit und mit Aufnahmen von weiteren Winterbegehungen realisierte Francesco Rizzini den Film «Morire in montagna», eine filmische Betrachtung über Leben und Tod. Gegengeschnitten sind Schwarzweissaufnahmen von der Beerdigung des 1955 verunfallten Rusconi-Bruders Carlo – daher der Name der Route. Der bedeutungsschwangere Kommentar spricht den Bruder direkt an: «Leuchtender Bruder, finsterer Bruder, kalter Bruder ... wir werden uns wiedersehen.» An verschiedenen Festivals war «Morire in montagna» zu sehen, in Les Diablerets wurde der Film ausgezeichnet.

1979 realisierte Ruedi Homberger einen Farbfilm über eine Wiederholung der «Via del Fratello» durch die beiden jungen Kletterer Bobi Götte und Marc Graf – «kein professioneller Film», wie der Aroser Fotograf und Bergführer sagt. Götte kletterte mit zwei Seilen zügig voraus, an einem kletterte Homberger samt seiner Bolex-Reflexkamera und fünf Filmspulen nach. Die Aufnahmen sind packend und anschaulich – wie in Rusconis Film stockt dem Laien oft der Atem. Auf dem Gipfel entledigen sich die Kletterer ihrer Helme, zum Vorschein kommen zeitgemässe lockige Mähnen. Homberger führte den Film, von dem nur das Original existiert, unzählige Male bei SAC-Sektionen und anderen Ge-

Amerikanische: Die Tessiner Fulvio Mariani, Silvio Vicari und Gianluigi Quarti (von links), allesamt erfolgreiche Kletterer, begleiten Riccardo Cassin durch seine Wand anlässlich «Cinquant'anni dopo».

legenheiten vor und kommentierte ihn persönlich – wie das für Amateurfilme typisch ist. «Hombi will mit einem Film zeigen, wie heute unsere Jugend am Pizzo Badile herumturnt», kündigte die Sektion Arosa die Vorführung an.
Ein Jahr danach realisierte das Schweizer Fernsehen mit den Bergführern Leo Blättler, Andrea Florineth und Paul Nigg einen Beitrag «Der Badile – ein Berg zum Klettern mit blossen Händen».

Immer wieder Cassin

Auch Cassin, der die Nordostwand 1937 als Erster bezwungen hatte, kehrte immer wieder in die Wand zurück: 1956 für seine erste Wiederholung, 1971 dann für eine weitere, die gefilmt wurde. Cassin kletterte mit jungen Freunden aus Lecco, mit Pino Negri, Mario Conti und seinem Sohn Pierantonio.
Am 29. Juli 1987 – exakt 50 Jahre nach der Erstbegehung – durchstieg Riccardo Cassin im Alter von 78 Jahren noch einmal die Nordostwand. Als ihn darauf der Tessiner Filmemacher Fulvio Mariani bat, dasselbe nochmals vor laufender Kamera zu tun, sagte Cassin spontan zu: «Ben, andiamo un'altra volta, alla prima giornata di bel tempo.»
Zwei Wochen später war es so weit. Floriano Castelnuovo klettert voraus, Cassin folgt mit seiner blauen Mütze, die er mit einem Halsband gesichert hat. Beide tragen rote Pullover mit dem Abzeichen der Ragni di Lecco, der Kletterspinnen. Cassin klettert ruhig, sicher, flüssig. Es ist ein Vergnügen, seinen eleganten Bewegungen zu folgen.
Regisseur und Kameramann Mariani kletterte mit dem Tonmann Gianluigi Quarti und dem Assistenten Silvio Vicari als separate Seilschaft, ohne das Duo Castelnuovo/Cassin zu behindern. Ein zweiter Kameramann filmte aus dem Helikopter. Aus der Distanz werden die Dimensionen erst richtig deutlich. Ohne einen markierenden Kreis wäre die winzige Seilschaft in der gewaltigen Wand kaum zu erkennen. Auch dieser Film gewann in Trento einen Preis.
Der braun gebrannte und gut gelaunte Cassin lässt es sich nicht nehmen, unterwegs Erinnerungsfotos zu knipsen, beispielsweise vom Kameramann. Wie du mir, so ich dir. Und sagt in die Kamera: «Zu viel Angst ist schlecht, aber ein wenig Angst braucht es in den Bergen. Wer keine Angst hat, ist ein Pazzo, ein Narr.»

Totale: Riccardo Cassin und Fulvio Mariani in der Nordostwand. Zwei Generationen trennen sie. Was sie verbindet: Sie gehören in ihrem jeweiligen Fach zu den Referenzgrössen.

Jürg Frischknecht

ABENTEUER UND PLAISIR
1991–2005

Abenteuer und Plaisir

«… der Pizzo Badile, an dessen Wänden sich in den letzten 15 Jahren die konkreten und logischen Möglichkeiten neuer Routen nahezu erschöpften.»

Giovanni Rossi, «Pizzo Badile», 1993

Vergnügt? «10 Meter über dem letzten Haken … Meine Waden brennen vor Schmerz, und ich zähle die Sekunden, während sich der Bohrer Millimeter für Millimeter in den eisenharten Granit frisst.» Kurt Müller in der 15. Seillänge (oben). Die Wiederholer folgen auf dem Fuss: Bobi Götte und Willi Kuhn am 22. Juli, Marco Da Rold (vorangehende Doppelseite) und Marco Volken am 14. August 1991.

Diskussionen um untere und obere Grenzen der Absicherung, um kollektive Spielregeln oder die Selbstbestimmung des Einzelnen, um historisches Erbe (und die Frage nach dem Erbverwalter) versus moderne Ansprüche oder, konkreter, um Sinn und Unsinn des Bohrhakens werden am Fuss des Badile, und da besonders auf der Südseite, traditionell virulent geführt. Soll, darf, muss Klettern am Badile ein/kein Abenteuer sein, oder ein/kein Genuss? Mit der Bohrmaschine in der Nordwestwandroute «Galli delle Alpi» erhält die Diskussion neuen Schwung.

1991 Von diesen Auseinandersetzungen gänzlich unbelastet, richten die zwei Urner Kletterer Kurt Müller und Hans Zgraggen am 3. August 1990 rechts der «Weissen Linie» 6 Seillängen ein, denen sie – diesmal verstärkt durch Bruder Bruno Müller – am 19. Juli des nächsten Sommers 11 weitere folgen lassen; das Werk wird tags darauf mit 5 Seillängen zwischen Gletscher und Einstiegsband vervollständigt. «Was wir hier in puncto Felsqualität antreffen, übertrifft unsere kühnsten Erwartungen: eisenharter Bergellgranit allererster Güte, vom Wasser ausgewaschen. Ab und zu frage ich mich sogar, ob wir hier tatsächlich im Granit klettern, oder ob es sich nicht etwa um Kalk handelt …» Im Wissen, dass diese Wand auch höchst dramatische, fast höllische Tage bescheren kann, und dankbar für die ihnen gebotene Chance, taufen sie die Route «Another day in paradise».
Die drei erfahrenen Erstbegeher, im Granit der Zentralschweiz zu Hause, sichern die Route so ab, wie sie eine neue Linie zum Beispiel am Salbitschijen absichern würden: mit Augenmass und neuzeitlichen Bohrhaken. Insgesamt sind es deren 120; wenn man die Doppelhaken an den Standplätzen berücksichtigt, ergibt das einen durchschnittlichen Hakenabstand von immerhin noch 9 Metern. Und das bei einer respektablen Schwierigkeit, die meist zwischen V und VI+ schwankt, mit je einer Stelle VII und VII–.
Die Reaktionen folgen, nicht ganz unerwartet, auf dem Fuss. Am lautesten äussern sich jene, die den Berg geschändet und die Ethik verraten sehen; andere gehen hin, um sich ein eigenes Urteil zu bilden. Zum Leidwesen der einen und zur Freude der ande-

ren deuten alle Anzeichen auf eine grosse Zukunft: erstklassiger Fels, homogene Schwierigkeiten, direkte Linienführung, relativ wenig objektive Gefahren (Pesci: «Es ist die sicherste Route am Badile») und, bestimmt nicht zuletzt, vertrauenswürdige Absicherungen. Pietro Corti und Paolo Vitali fragen in ihrem 1993 erschienenen Führer: «Was kann eine derart genussreiche Tour anderes werden als ein Super-Klassiker?» Die Antwort ist deutlich: Innert weniger Jahre entwickelt sich «Another day in paradise» zur meistbegangenen Route der ganzen Nordostwand – noch vor der Cassin.

Am anderen Ende der Erlebnisskala befindet sich eine Route wie «Est … Asi», die am 4. August in der Ostwand eröffnet wird. Gestartet in der Absicht, die «Diretta del popolo» zu wiederholen, steigen Luca Maspes und Luca Salini zu weit links ein. Der Fehlgriff ist rasch bemerkt, was die beiden allerdings nicht davon abhält, weiterzuklettern – trotz bloss 5 mitgeführter Normalhaken. «Wenn etwas dazwischengekommen wäre, hätten wir uns gar nicht abseilen können mit dem wenigen Material …» Der abenteuerlichen Route ist allerdings ein kurzes Leben beschieden: 2 Jahre später fegt ein Felssturz über die entsprechende Wandpartie.

Im gleichen Jahr sind noch zwei weitere Abenteuer zu vermelden, zwei bedeutende Solounternehmungen. Am 18. August liefert Guido Lisignoli einen eindrücklichen Beweis seines Könnens: Aufstieg über den Nordwestpfeiler zum Cengalo, weiter auf der Pinardi-Route zur Punta Sertori, den Ostgrat entlang zum Badile, die Nordkante hinab und erneut auf den Badile über die Cassin – alles in 7,5 Stunden. Und am 22. August klettert Luca Maspes die «Neverland» in der Nordostwand durchgehend seilfrei in 3 Stunden – «on

Abenteuerlich: Luca Maspes sucht sich – am Seil mit Luca Salini – seine «Est … Asi» durch die Ostwand (links) und klettert zwei Wochen später – allein und seilfrei – durch die «Neverland» (rechts). Zu den Abenteuern des Jahres 1991 gehört auch die Südostwandroute «La muchacha de las Bragas de Oro» von Josechu Jimeno und Oscar Brambilla: Am 19. Juli eröffnet, gleichzeitig mit «Another day in paradise», ist sie kaum je wiederholt worden.

Vergänglich: Daniele Fiorelli im Gipfeleisfeld anlässlich der Erstbegehung von «Totò Riina» (rechts); Domenico Gaggini im Eisschlauch der «Grossen Verschneidung» am Tropfenpfeiler (rechte Seite). Beide Routen werden dank Eisauflage über weite Strecken in Steileistechnik geklettert: ein ausschliesslich winterliches und auch dann seltenes Vergnügen.

sight», also ohne die Route zuvor je begangen zu haben.

1992 Wie viel Plaisir darf es sein? Zumindest im Winter stellt sich die Frage kaum. Trotzdem, oder vielleicht gerade deswegen, pilgern in diesem Jahr mehrere Seilschaften zum Fuss der Nordwestwand. Zwei mal zwei Abenteurer sehen ihre Anstrengungen belohnt, zuerst Guido und Massimo Lisignoli am 6./7. Januar mit der direktesten und längsten Wandroute, der «Ringo Star». Später folgen Stefano Pizzagalli und Domenico Gaggini mit der «Grossen Verschneidung» am Tropfenpfeiler: Gestartet im ersten Licht des 15. Februar, erreichen sie die Nordkante im Schein der Stirnlampen und seilen im Vollmondlicht über die Route wieder ab.

1993 Im Winter 1992 hatte Luca Maspes eine neue Route in der Südwestwand versucht. Die Hälfte war geschafft, da tauchte eine unerwartete, senkrechte Eisstufe auf – ohne Steileisgeräte unpassierbar, weshalb er umkehrte. Am 17. Januar 1993 begleiten ihn einige Kollegen – Daniele Fiorelli, Danilo Grossi, Stefano Mogavero und Benvenuto Moré – bei der Vervollständigung. Es ist die bis heute einzige moderne Mixed-Route am Berg (6/A0 und 60 Grad im Eis) – sie erlangt aber anderweitig Popularität: durch ihren Namen. Zwei Tage zuvor war der berühmte, seit fast 25 Jahren gesuchte Mafiaboss Totò Riina verhaftet worden. «Wir wollten ‹unschuldig› an dieses Ereignis erinnern.» Mit einem Jahr Verzögerung geht ein medialer Aufschrei durchs Land bis hinauf zum Staatsfernsehen RAI: «Wie kann man einem solchen Menschen eine Route widmen?»
Dessen ungeachtet übernimmt Maspes nun mehr und mehr die Rolle des Badile-Abenteurers. Im Juli desselben Jahres gelingt ihm die erste Alleinbegehung der 1973er «Via del Terzo Pilastro» in der Südostwand – seilfrei und on sight. Im oberen Teil kommt er von der Route ab; durch eine Serie von Verschneidungen und Schuppen (VI/VI+) schafft er den Gipfel «mit ein paar Schrecken». Sie halten ihn aber nicht allzu lange auf: Vom Einstieg zum Gipfel benötigt er nur 2 Stunden.

Anfangen, wo andere am Ziel sind

Luca Maspes

Luca «Rampikino» Maspes ist gegenwärtig einer der aktivsten und kreativsten italienischen Kletterer, und kann – obwohl noch jung – bereits auf eine lange Klettererfahrung und viele Erfolge zurückschauen. Bereits im Alter von 10 Jahren machte er mit den Bergen des Val Masino Bekanntschaft, als er mit seinem Vater den anspruchsvollen Sentiero Roma beging. Es war wie Liebe auf den ersten Blick, die ihn seitdem zu immer grösseren Abenteuern antrieb. Mit 16 Jahren zeichnete sich bereits seine Zukunft ab, denn Luca hatte schon die gefürchtetsten Routen des Valle di Mello und einige Alleinerstbegehungen alpiner Routen hinter sich.

Alleinbegehungen wurden zu einem wichtigen Element in Maspes' Aktivität, und der Badile mit seinen enormen Granitwänden bot ihm unbegrenzte Möglichkeiten. 1991 war es die «Neverland», 1993 die «Via del Terzo Pilastro», beide seilfrei. Im Jahr 1995, nachdem er ebenfalls im Alleingang «Soli di Ghiaccio» und «Città di Sondrio» im Val di Zocca wiederholt hatte, kehrte Maspes zum Badile zurück: Mit der Solobegehung der «Jumar Iscariota» reihte sich der Alpinist aus Sondrio zu Recht in die Spitzengruppe der herausragendsten Bergsteiger ein, und seitdem rennt er von Erfolg zu Erfolg. Auch wenn Maspes allen, auch modernsten Formen des Kletter- und Bergsports gegenüber offen ist, hat er für sich eine strenge und klassische Ethik bewahrt, die sich in allen seinen Unternehmungen widerspiegelt. Gleichzeitig hat er ein besonderes Interesse am Expeditionsbergsteigen entwickelt, das ihn über die Alpen hinaus nach Patagonien und in den Karakorum führte, wo er Dutzende von Wänden namenloser, bis 6000 Meter hoher Gipfel durchstiegen hat. In diesem Sinne sind auch die Eröffnung der «Totò Riina» und die «Est … Asi» am Badile zu verstehen. Er hat überall neue Routen geschaffen, nicht nur im südlichen Bergell, sondern auch im nahe gelegenen Val Malenco, dessen Wände Rampikino über Jahre hinweg erforschte. Nach dem Aspirantenkurs hat er sich beruflich voll auf die Berge und seine journalistische und verlegerische Tätigkeit konzentriert. Er gehört zu den Gründern der Zeitschrift «Pareti», die er verliess, als er sich «Su Alto» zuwandte, einer ähnlichen Zeitschrift, die von Vivalda herausgegeben wird. In der Folgezeit hat er mit Giuseppe Miotti einen Führer über das südliche Bergell veröffentlicht, der noch heute als Standardwerk für das Gebiet gilt.

Maspes versteht sich als Allroundbergsteiger, so dass er weder das Eisklettern noch die Gletscher aus den Augen verlor. Auch hier war er immer auf der Suche nach schwierigen neuen Routen in den Wänden des Val Masino und des Bernina, manchmal auch im Mont Blanc-Gebiet. Besonders erwähnenswert sind hier die Aneinanderreihung von Tacul und Jorasses-Nordwand im Alleingang in 24 Stunden und auch die Erstbegehung von «Senza Pietà» in der Berninagruppe im Alleingang.

Seinem offenen und umtriebigen Wesen, das ständig nach neuen Möglichkeiten Ausschau hält, mit denen er seine Leidenschaft für die Berge vermitteln kann, entspricht, dass er vor wenigen Jahren die Internetseite «Go Mountain» ins Leben rief und dass er seit einiger Zeit auch im Regionalfernsehen Erfolg mit einer Sendung hat, für den er auch ausgezeichnete Filme dreht.

Seit kurzem ist der Bergsteiger aus dem Veltlin sozusagen zu seinen Wurzeln zurückgekehrt und widmet sich wieder intensiv und erfolgreich dem Felsklettern, was er einige Zeit vernachlässigt hatte. Seine gegenwärtigen Aktivitäten reflektieren nun die jahrelange Erfahrung in den Bergen und zeigen seine inzwischen erlangte Reife. Aber ein Ende ist noch nicht abzusehen. Im Jahr 2005 leitete Luca im Karakorum die erste Expedition von «UP Project», einem von ihm entwickelten Dreijahresprojekt, das ihn zusammen mit den besten italienischen Bergsteigern durch die Welt führen wird, auf der Suche nach neuen Klettergebieten und Wänden für alpine Besteigungen auf höchstem Niveau.

Giuseppe Miotti

1995 Erneut finden wir Maspes, erneut allein – diesmal am Tropfenpfeiler, für die erste Solobegehung der Extremroute «Jumar Iscariota». «Es war an meinem dreiundzwanzigsten Geburtstag (5. August), die Route kannte ich bereits von einer Wiederholung mit Luca Salini 1991. Bis auf einige Seillängen habe ich mich selbstgesichert und brauchte insgesamt gut 7 Stunden, nicht zuletzt weil in der Nachbarroute ‹Galli delle Alpi› ein Freund stürzte und sich dabei am Fussgelenk verletzte. So alarmierte ich per Funk die Rettung und wartete, bis der Helikopter den Freund aus der Wand geflogen hatte.»
Am 6. August 1945 legte eine amerikanische Atombombe die Stadt Hiroshima in Schutt und Asche. Auf den Tag genau 50 Jahre später eröffnen die Gebrüder Rossano und Valentino Libera eine neue Route in der Ostwand, über den kompakten Pfeiler zwischen der Engländerroute und dem Nardellapfeiler. Mit einer Seillänge 7a und zwei 6c+ entpuppt sie sich, nicht ganz unerwartet, als bisher anspruchsvollste Kletterei am Badile (was sie bis heute geblieben ist). Die Schwierigkeiten sind obligatorisch, die Kletterei heikel, die Hakenabstände gross, die Run-outs lang. Die beiden Bündner Bergführer Giacum Frei und Andrea Bianchi wiederholen «Hiroshima» am 24. September 2001 – bis auf die letzten drei Seillängen, weil Frei noch am selben Abend in Chur sein muss. Bianchi: «Die Route ist ziemlich wild abgesichert und kann zum Teil auch mit Klemmgeräten nicht besser abgesichert werden (psychisch sehr anspruchsvoll!). Zum Teil auch Stände nur mit einem 8er-Bohrhaken. Das ist sicher die gefährlichste Kletterei, die ich je gegangen bin …»

2001 Nach «Hiroshima» ist es sechs Jahre still, dann kommen wieder Abenteurer. Diesmal allerdings mit einem modernen Vorhaben wie aus längst vergangenen Zeiten: Mario Vannuccini und Fabio Fazzini überschreiten in 5 Tagen, vom 13. bis zum 17. August, den ganzen Grenzkamm zwischen Val Masino und Bergell, von der Punta Torelli bis zum Monte Sissone – über Badilet, Badile, Sertori, Cengalo, Gemelli, Cima della Bondasca, Pizzi del Ferro, Zocca, Allievi, Castello, Rasica und die drei Torroni. Insgesamt 22 Gipfel und gegen 13 Kilometer Kletterstrecke in vollständiger Autonomie, also ohne jegliche externe Unterstützung und ohne vorgängige Einrichtung heikler Stellen.

2002 Vilo Jakubec und Jano Mierka finden Neuland ausgerechnet in der bereits stark erschlossenen rechten Hälfte der Nordostwand. In zwei Anläufen, am 26. Juli 2001 und am 28. Juli 2002, richten sie «La storia lunga» ein: 10 neue Seillängen Plattenkletterei zwischen der «Weissen Linie» und der «Another day in paradise»; nach einer Traverse erfolgt der Ausstieg über die letzten 4 Seillängen der «Paradise». Die beiden Slowaken preisen die Qualität der Kletterei und würden ihr «drei Sterne» geben, wenn sich ein direkter Ausstieg finden liesse. Fazit der Internetseite www.planetfear.net: «The unclimbed direct finish remains an obvious challenge for a strong party.»

2003 Sind die Grenzen der Erschliessung erreicht? Die vollen sieben Jahre, die zwischen «Hiroshima» und «La storia lunga» verstreichen, könnten darauf schliessen lassen, dass die sinnvollen, logischen und/oder dankbaren neuen Aufstiegslinien langsam ausgehen. Doch dann kommt das Jahr 2003.
6. Juli: Anlässlich eines Führerkurses klettern Hervé Barmasse, Massimo Datrino, Massimo Farina und Ezio Marlier durch die

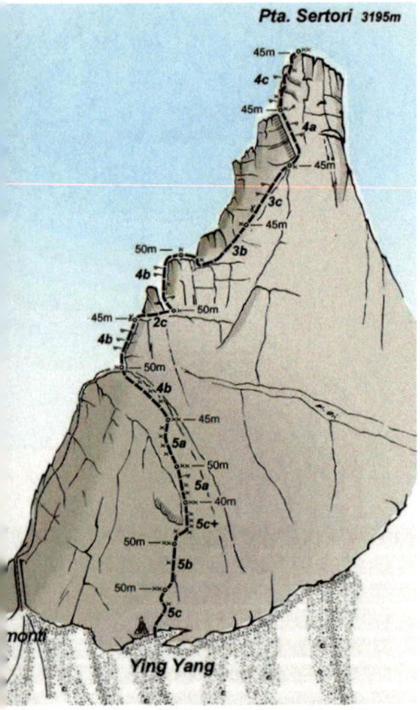

Wegweisend: Mit seinen Plaisir-Führern prägt Jürg von Känel die Entwicklung hin zum «genüsslichen» Klettern entscheidend mit. Nordkante und «Another day in paradise» finden schon in der ersten Ausgabe – «Schweiz Plaisir» aus dem Jahr 1992 – Aufnahme, die Cassin folgt 1998 nach der Sanierung durch Bobi Götte. (Noch) unveröffentlicht dagegen ist das Topo der Götte-Route «Ying Yang», das Jürg von Känel wenige Monate vor seinem Tod zeichnete (oben).

Wegsuchend: Ohne Kletterführer lässt es sich in den riesigen Plattenschüssen trefflich verirren – zwei Kletterer in «La storia lunga».

Südostwand, wo noch niemand zuvor war – zwischen der «Via Vera» und der «Via del Terzo Pilastro». Für ihre «Ringhio», obligatorisch 6b, verwenden sie statt Bohrhaken nur Klemmgeräte und eine Handvoll Normalhaken.

2. August: Fulvio Cossi und Davide Spini erfinden eine kurze Einstiegsvariante (3 Seillängen) zur «Marimonti» an der Punta Sertori, die sie «Ingaggio e disgaggio» taufen; am 27. August folgt eine weitere, etwas längere von Bobi Götte, Karin Winter und Ruth Siegenthaler («Ying Yang», 6 Seillängen).

Und dann wäre da noch die neue Route von Andrea Bianchi und Giacum Frei, deren Entstehungsgeschichte so ungewöhnlich ist wie ihr Routenverlauf. Anfang Juli veröffentlicht das «Bündner Tagblatt» die Pläne der beiden Bergführer: «Wir haben die Absicht, eine Route vollständig von unten im alpinen Stil zu eröffnen, so dass sie frei geklettert werden kann», erklärt Bianchi der Zeitung: «Es ist eine absolut direkte Linie durch die Ostnordostwand.» Der Journalist berichtet weiter, dass die Route «an Einzelstellen Schwierigkeiten bis zum oberen 8. Schwierigkeitsgrad aufweisen» dürfte und dass die Erstbegehung für die erste Augusthälfte beabsichtigt sei. Die gleiche Zeitung titelt am 5. August: «Fixseile für neue Route am Badile sind installiert». Die Fixseile hängen allerdings wesentlich weiter links als geplant, da die ursprünglich ins Auge gefasste Linie unter einem frischen Felsabbruch liegt. Am 6. August kann der Journalist, per Mobiltelefon von den Kletterern auf dem Laufenden gehalten, den Erfolg vermelden («Nun fehlt neuer Badile-Route noch der Name»), am 7. dann: «Die neue Badile-Route heisst Panoramica».

«Panoramica» deshalb, weil man Einsicht in zwei Wände hat – eine originelle Idee, die jedoch eine sehr gesuchte Routenführung nach sich zieht: Vom Colle del Cengalo steigt man an Fixseilen zum Einstieg hinab, von wo 4 Seillängen in anspruchsvoller Risskletterei (bis 6b+) am linken Rand der Ostwand zum Ostgrat führen; dann wird 200 Meter weit – wiederum an Fixseilen – in die Südostflanke gequert, um zu 2 Seillängen zu gelangen, die über kompakte Platten wieder zurück zum Ostgrat leiten, über den man schliesslich zum Gipfel aufsteigen kann. Einmal abgesehen von dem alten Seil, das im Quergang der Molteni-Route in der Südostwand hängt, und dem kurzen Sicherungsseil bei der Schlüsselstelle der Normalroute sind dies die ersten fix installierten Hilfsseile am Badile. Ob 6 Seillängen einen solchen Eingriff an einem traditionell zurückhaltend abgesicherten Berg rechtfertigen, wird von vielen bezweifelt.

Dies sind bis heute, Stand Ende 2005, die letzten Neutouren – bestimmt keine Schwergewichte. Überhaupt: Seit 1867 haben Kletterer aus halb Europa etwa fünfzig neue Wege (und unzählige Varianten) auf den Berg gefunden, in den letzten 10 Jahren seit «Hiroshima» sucht man aber vergebens nach ernsthaften Erstbegehungen oder gar nach dem alpinistischen Quantensprung. Der Klettersport am Badile scheint ins Stocken geraten zu sein; ob er sich gar in einer Sackgasse befindet? Ein Blick auf die Vergangenheit zeigt, dass sich der Alpinismus nicht linear und stetig, sondern eher schubweise entwickelt. Alles spricht dafür, dass wir bald wieder staunen können – zu viele «Probleme» harren dort noch einer Lösung …

2004 Eine Ausnahme, ein grosses Abenteuer mit Ausrufezeichen, gibt es doch noch zu vermelden: Rossano Libera klettert zwischen dem 14. und dem 18. Februar

Das Abenteuer in den Zeiten des Bohrhakens

Rossano (rechts) und Valentino Libera

Man findet die beiden in den Bergsteigerchroniken nicht, und manchmal sind sie auch ein wenig scheu und wollen gar nicht, dass man etwas über ihre Leistungen im Granit des südlichen Bergells erfährt. Sie haben einen langen Atem, wenn es darum geht, ein Ziel zu erreichen, sind technisch sehr versiert und daran gewöhnt, hohe Schwierigkeitsgrade mit anspruchsvollsten bergsteigerischen Leistungen zu kombinieren: die Brüder Valentino und Rossano Libera. Eine neue Route pro Jahr, auch wenn sie dafür den ganzen Sommer benötigen, ohne Hast und ohne Bedürfnis, ständig neue Routen für alle zu eröffnen. Das steht im Widerspruch zum Zeitgeist und zum Entstehen all der «modernen» Touren, die heute die Kletterer ins südliche Bergell locken.

Ihre Routen sind so eine Art gefürchtetes Markenzeichen der beiden Brüder aus Novate Mezzola, einem Dorf am Eingang des Val Chiavenna. Hier beginnen die unendlich langen Zustiege hinauf ins Val Codera und ins Valle dei Ratti, der Spielwiese für die ersten wichtigen Besteigungen des Geschwisterpaares. Ein Beispiel ist die Nordwand der Sfinge, eine eindrucksvolle glatte Mauer aus Granitplatten, die bis Anfang der Neunzigerjahre nur zwei Routen im klassischen Stil durchzogen. An dieser Wand hinterliessen die Brüder ihre Spuren, eine Art Generationensprung an der Wand, die sie als ihre «Hauswand» bezeichneten. Mit der Abenteuerroute «Leggende del Lis» (eröffnet in drei Tagen im Jahr 1990, zusammen mit «Teo» Colzada und Pietro Nonini) und der technischeren «One» (mit Davide Biavaschi im Sommer 1992) fanden die beiden die richtige Mischung aus der Absicherung mit Bohrhaken und dem Streben nach hohen Schwierigkeitsgraden.

So entstanden an diesen einsamen und wenig besuchten Wänden, die sich viele Stunden Fussmarsch vom Tal entfernt in einer kalten, nordexponierten Umgebung befinden, Routen, für deren Erkletterung die Beherrschung des achten Schwierigkeitsgrades obligatorisch ist – moderne Klettertouren, die keine Verschnaufpausen gewähren, weshalb sich die Wiederholungen der zwei Routen an der Sfinge und der anderen Libera-Kreationen am Finger einer Hand abzählen lassen. In den folgenden Jahren haben Rossano und Valentino andere schwierige Routen eröffnet und einige grosse Kletterprobleme gefunden und gelöst, wie etwa den grandiosen «Pilastro del Rut» im engen Vallone di Revelaso, den man oberhalb ihres Dorfes aufragen sieht, der aber schwer erreichbar in einer ursprünglichen Gegend liegt. Die unendlich lange «Amici Miei» entstand erst nach vielen Anläufen, nicht nur wegen der Länge dieser neuen Route, sondern auch, weil sie bis in die höchsten Schwierigkeitsgrade frei und spärlich abgesichert klettern wollten. Auch diese Route mit ihren 20 Seillängen über Felsplatten im achten Grad und höher wartet noch auf Wiederholer.

Die Brüder gingen den Badile in ihrem eigenen Stil an und suchten sich einen der imposantesten Wandabschnitte auf der Nordostseite, den senkrechten Pfeiler zwischen der Engländerroute und der künstlichen Kletterei der «Nardella» aus. Nach diesem Abenteuer, genannt «Hiroshima» und bis heute eine der härtesten Routen am Badile, trennten sich ihre Wege im Gebirge. Rossano, der Jüngere, begann mit seinen Alleingängen, die ihn in einige der wildesten und anspruchsvollsten Routen im südlichen Bergell führten. Dazu gehören die «Chi si ferma è perduto» am Scingino, «Viaggio dei Mongoplegici» am Medaccio und die Nordwand des Pizzo di Prata im Winter. Aber am eindrücklichsten bleibt – nicht nur in der alpinen Chronik, sondern auch für Rossano selbst – die Alleinbegehung der «Ringo Star» an der Badile-Nordwestwand im Winter: ein Traum, den sich Rossano erfüllte und bei dem er sein Bestes geben konnte, um sich in einer so kalten und menschenfeindlichen Umgebung wie in dieser Wand im Winter «durchzukämpfen».

Luca Maspes

allein durch die Nordostwand, auf den Spuren der «Ringo Star», was zugleich die erste grosse Winteralleinbegehung in der Geschichte des Badile bedeutet (vor ihm gab's lediglich Giorgio Anghileris Wintersolo der Kante Anfang der 1990er-Jahre). Sein Bruder Valentino begleitet ihn am Samstag bis zum Einstieg und verabschiedet sich, dann gilt's ernst, die körperliche Reise beginnt, und mit ihr der mentale Trip. «Die Essenz des Bergsteigens ist meiner Meinung nach Leiden, Entsagung und Aufopferung.» Die Zuversicht scheint ihn aber nicht zu verlassen: «Ich hatte nicht damit gerechnet, mich so wohl zu fühlen, ich könnte einen ganzen Monat hier bleiben!», sagt er seinem Bruder am Telefon von der Mitte der Wand aus. Auf der Suche nach dem ultimativen alpinistischen Erlebnis wählt er mit der «Ringo Star» absichtlich eine ihm unbekannte Route – ein Projekt, das ihm schon seit 2 Jahren vorschwebte –, und prompt kommt er im oberen Teil von der richtigen Linie ab. Der «Fehler» fällt ihm aber erst am Mittwochabend auf, als er im Schein der Stirnlampe die letzte Seillänge zum Gipfel klettert. Tatsächlich hat er 7 neue Seillängen hinter sich, im Winter, allein, in der wildesten Wand des Badile.

Nach insgesamt fünf Tagen und vier Biwaks ist der Gipfel erreicht. Keinen Tag zu früh, wie sich rasch zeigt: 2 Stunden nachdem er die Biwakschachtel bezogen hat, schlägt das Wetter entschieden um. An einen Abstieg am Donnerstag ist nicht zu denken, am Freitag ebenso wenig; infolge eines Missverständnisses macht man sich im Tal indes Sorgen und schickt eine Rettungsmannschaft los, die am Samstag das Biwak erreicht. Rossano Libera ist wohlauf, hätte noch ausreichend Lebensmittel und wäre am liebsten allein abgestiegen.

Berge bewegen: Seit jeher sind sich die verschiedenen Nutzer des Badile uneins über die richtige Mischung aus Genuss und Abenteuer. Haken? Bohrhaken? Fixseile? Abseilpisten? Immerhin existieren noch keine Pläne für einen Klettersteig, und die «Punta Otis Sertori» ist – vorerst? – eine Vision des Künstlers Martial Leiter.

2005 Abenteuer oder Plaisir? Historisch betrachtet, hat sich der Klettersport seit 1867 oder 1937 ungemein stark entwickelt. Das technische Niveau hat sich wesentlich verbessert, wie die bewältigten Schwierigkeiten zeigen. Andererseits hat die mentale Leistungsfähigkeit des Durchschnittskletterers deutlich nachgelassen, das Sicherheitsbedürfnis umgekehrt proportional zugenommen. Am Badile – anders als an vielen anderen Bergen der Alpen, die üppig abgesichert sind – stossen die meisten Wiederholer heute eher an psychische denn an physische Grenzen: Der Sechser ist kein Problem, selbst ein Siebener würde drin liegen, aber 20 Meter ohne

Cool: 2005 tragen Mario Scarpa, Jacopo Merizzi, Luca Maspes und Giovanna Novella einen Buddha – eigentlich einen Hotei – auf den Gipfel, um gegen die unzähligen Gipfelkreuze zu protestieren; nicht alle freut's. 2005 steigt der 86-jährige Walter Belina zum vielleicht 20. Mal über die Nordkante – seine letzte Cassin-Wiederholung schaffte er mit 80 –, um sich am Badile zu erfreuen; das Fernsehen ist dabei. 2005, ein Blick von Promontogno nach oben: eine wahre Freude.

einen Haken sind für viele Kletterer mindestens 10 zu viel, und der Standplatz mit zwei rostigen Mauerhaken und einem halben Dutzend ausgebleichter Reepschnürchen steht nicht mehr in den Lehrplänen der Bergsteigerkurse. Im neuen Jahrtausend ruft das «Fussvolk» nach Stahlankern.

Um diesem Bedürfnis Rechnung zu tragen, sind die Standplätze der populärsten Routen in den letzten Jahren überholt worden: 1995 die Kante, die auch abseilfähiger gemacht wurde (Bobi Götte), 1997 die Cassin mit jeweils 2 Bohrhaken pro Stand (wieder Bobi Götte), 2005 ersetzten Bruno und Kurt Müller 60 der alten, angewitterten und rostigen Ringbohrhaken in der «Paradise» («der Charakter der Route ist aber geblieben», unterstreicht Bruno Müller). Ähnliches gilt für die «Marimonti» an der Sertori und für die Normalroute durch die Südflanke.

Was meint der Altmeister dazu? In einem Interview für die Zeitschrift «Alp» im Jahr 2000 wurde Cassin gefragt, ob die Bohrhaken an den Standplätzen eine Entweihung seiner Route bedeuteten. «Aber nein doch; wichtig ist, dass man ausschliesslich die Standplätze einrichtet, aus Sicherheitsgründen, und die Schwierigkeiten der Route in ihrem natürlichen Zustand belässt. Die Route ist sowieso schon übernagelt, wie ich anlässlich meiner letzten Wiederholung feststellen konnte.»

Der Badile bietet heute vier, fünf Routen, die bei guten Verhältnissen auf halbem Weg zwischen Plaisir und Abenteuer liegen; dort findet man auch die allermeisten Leute. Alles andere ist Abenteuergelände geblieben, das – wie Freshfield 1894 festhielt – der «zahlenmässig Begrenzten Gemeinschaft Ernsthafter Bergsteiger» vorbehalten ist. Solange dies so bleibt und zukünftige Routen die alten respektieren, kann sich jeder sein Erlebnis nach eigenem Gusto aussuchen.

In seinem bislang letzten Werk, «Im Banne des Giganten – der lange Weg zum Eiger», erzählt Joe Simpson von seiner Sehnsucht, die berühmteste Nordwand zu durchsteigen. Das Buch endet mit den Worten: «Wenn wir es bis zum Gipfel schafften, würden wir den Bergen endgültig den Rücken kehren – oder einfach mal ins Bergell fahren und uns die Nordwand des Piz Badile ansehen. Nur ansehen, versteht sich, weiter nichts.» Wenn sich Simpson dafür interessiert, kann das alles bedeuten. Ausser Plaisir.

Wand für Wand

Alle Routen am Badile

1 Südflanke (Normalroute), William Augustus Brevoort Coolidge mit François und Henri Dévouassoud, 26.7.1867
2 Canalone del Cengalo, Anton von Rydzewski mit Christian Klucker und Mansueto Barbaria, 9.7.1892
3 ESE-Grat, Anton von Rydzewski mit Christian Klucker und Emile Rey, 19.6.1893
4 Canalone del Badile («Klucker-Couloir»), Christian Klucker, Johann Martin Schocher, 6.7.1896
5 WSW-Grat, Anton von Rydzewski mit Christian Klucker und Mansueto Barbaria, 14.6.1897
6 Sertori Erstbegehung, Bortolo Sertori, 17.9.1900
7 SW-Wand, «Gola occidentale», Alfredo Redaelli mit Bortolo Sertori, 30.7.1904
8 Sertori N-Wand des Gipfelzahns, Emilio Castelli mit Giacomo Fiorelli, ca. 1905
9 Sertori (Normalroute), Alfredo Redaelli mit Giacomo Fiorelli, 30.6.1906
10 N-Kante, Alfred Zürcher mit Walter Risch, 4.8.1923
11 Sertori S-Grat, «Marimonti», Pompeo Marimonti, Dauro Contini, 12.8.1923
12 Sertori ENE-Kante, Mario Pinardi, Giacomo Molinatto, Camillo Riva, 31.7.1932
13 SE-Wand, «Molteni», Mario Molteni, Mario Camporini, 16.–17.8.1935
14 SW-Wand, Mario Molteni, Noseda, 12.9.1935
15 NE-Wand, «Cassin», Riccardo Cassin, Gino Esposito, Vittorio Ratti, Mario Molteni, Giuseppe Valsecchi, 14.–16.7.1937
16 NW-Wand, «Bramani-Castiglioni», Vitale Bramani, Ettore Castiglioni, 27.–28.7.1937
17 Sertori E-Wand, Alfonso Vinci, Elia Bernasconi, Paolo Riva, 14.8.1939
18 Sertori S-Grat, direkter Einstieg, Giulio Fiorelli mit Gefährte, ca. 1950
19 SE-Wand, «Molteni», Variante, Primo Mattalia, Franco Piccinini, 1951
20 E-Wand, «Felice Battaglia», Claudio Corti, Felice Battaglia, 17.–18.8.1953
21 SW-Wand, S-Pfeiler, Giulio Fiorelli, Emilio Frisia, Romano Merendi, 13.9.1957
22 E-Wand, «Engländerroute», Mike Kosterlitz, Dick Isherwood, 8.–9.7.1968
23 E-Wand, «Via del fratello», Antonio und Gianni Rusconi, 14.–19.3.1970
24 SE-Wand, «Vera», Claudio Corti, Claudio Girardi, 26.8.1972
25 SE-Wand, 3. Pfeiler, Felice und Michele Bottani, Pierangelo Ciapponi, Giuseppe Dell'Oca, 29.7.1973
26 E-Wand, Nordpfeiler («Nardella»), Tiziano Nardella, Elio Scarabelli, Daniele Chiappa, Giulio Martinelli, 9.–12.9.1973
27 NW-Wand, «Giulio Fiorelli», Bruno De Angeli, Angelo Frigerio, Egidio Redaelli, 14.–16.9.1974
28 E-Wand, «Belica-Koller» (Slowakenroute), Andrej Belica, Igor Koller, 1.–2.8.1975
29 NW-Wand, Tropfenpfeiler, «Chiara», Francesco Boffini, Guido und Jacopo Merizzi, Giuseppe Miotti, Giovanni Pirana, 1.7.+6.8.1976
30 W-Kante, Milan Doubner, Jiří Splíchal, 13.8.1978
31 NE-Wand, «Weisse Linie», Igor Koller, Stanislav Šilhán, 21.–22.8.1978
32 NE-Wand, «Weg der Blumen», Igor Koller, Stanislav Šilhán, 26.8.1978
33 NW-Wand, «Grosse Verschneidung», Jiří Beneš, Leopold Sulovský, 21.8.1980
34 Vorbau NE-Wand, «Badileto», Igor Koller, Marian Marek, 22.+23.8.1980
35 NE-Wand, «Memento mori», Josef Rybička, Jan Simon, Ladislav Skalda, 24.–26.8.1980
36 SE-Wand, «Diretta Giulio Fiorelli», Carlo Pedroni, Alberto Rossi, Camillo Selvetti, 13.8.1982
37 NW-Wand, «Ringo Star», Tarcisio und Ottavio Fazzini, Tita Gianola, 16.+19.8.1985
38 NE-Wand, «Peter Pan», Paolo Vitali, Sonja Brambati, Adriano Carnati, 2.8.1986
39 NE-Wand, «Moscacieca», Paolo Vitali, Adriano Carnati, 3.8.1986
40 NW-Wand, Tropfenpfeiler, «Jumar Iscariota», Tarcisio und Ottavio Fazzini, Livio Gianola, 5.8.1986
41 NE-Wand, «Neverland», Paolo Vitali, Sonja Brambati, Adriano Carnati, 16.8.1986
42 NE-Wand, «Diritto d'autore», Paolo Vitali, Sonja Brambati, Adriano Carnati, 11.7.1987
43 E-Wand, «Diretta del popolo», Tarcisio und Ottavio Fazzini, Livio Gianola, 11.7.1987
44 NE-Wand, «Favola ribelle», Paolo Vitali, Sonja Brambati, Adriano Carnati, 23.7.1988
45 SE-Wand, «La prima volta era un re», Ottavio und Antonio Fazzini, 28.8.1988
46 NW-Wand, Tropfenpfeiler, «Sinelios», Davide Corbetta, Danilo Galbiati, Giulio Maggioni, 25.6.1989
47 NW-Wand, Tropfenpfeiler, «Galli delle Alpi», Tarcisio Fazzini, Norberto Riva, 22.8.1989
48 NW-Wand, «Fuga dall'Ovest», Luigi Mingotto, Carlino Pinciroli mit Guido und Jacopo Merizzi, 6.8.1990
49 NE-Wand, «Another day in paradise», Bruno und Kurt Müller, Hans Zgraggen, 3.8.1990, 19.+20.7.1991
50 SE-Wand, «La muchacha de las Bragas de Oro», Josechu Jimeno, Oscar Brambilla, 19.+20.7.1991
51 E-Wand, «Est... Asi», Luca Maspes, Luca Salini, 4.8.1991
52 SW-Wand, «Totò Riina», Luca Maspes, Daniele Fiorelli, Danilo Grossi, Stefano Mogavero, Benvenuto Moré, 17.1.1993
53 E-Wand, «Hiroshima», Rossano und Valentino Libera, 6.8.1995
54 NE-Wand, «La storia lunga», Villiam Jakubec, Jan Mierka, 28.7.2002
55 SE-Wand, «Ringhio», Hervé Barmasse, Massimo Datrino, Massimo Farina, Ezio Marlier, 6.7.2003
56 Sertori S-Grat, Variante «Ingaggio e Disgaggio», Fulvio Cossi, Davide Spini, 2.8.2003
57 E-/SE-Wand, «Panoramica», Andrea Bianchi, Giacum Frei, 4./6.8.2003
58 Sertori S-Grat, Variante «Ying Yang», Karin Winter und Ruth Siegenthaler mit Bobi Götte, 27.8.2003

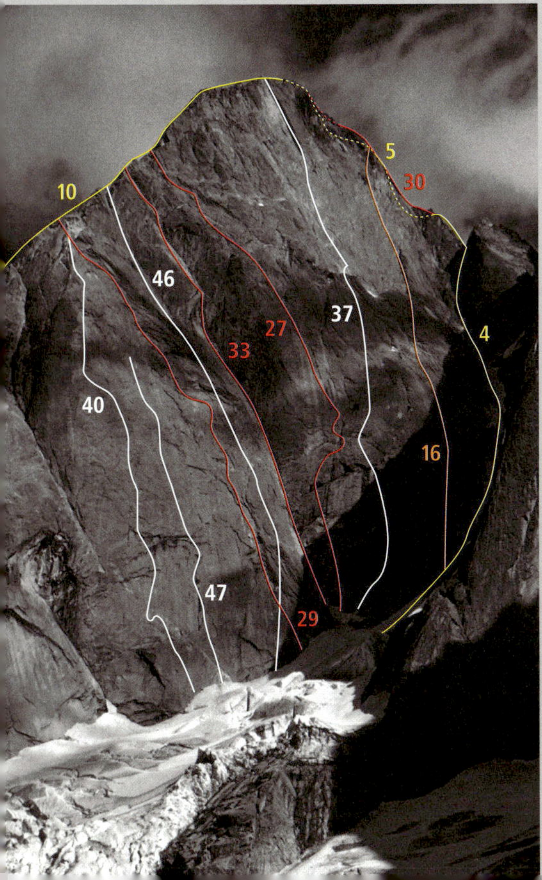

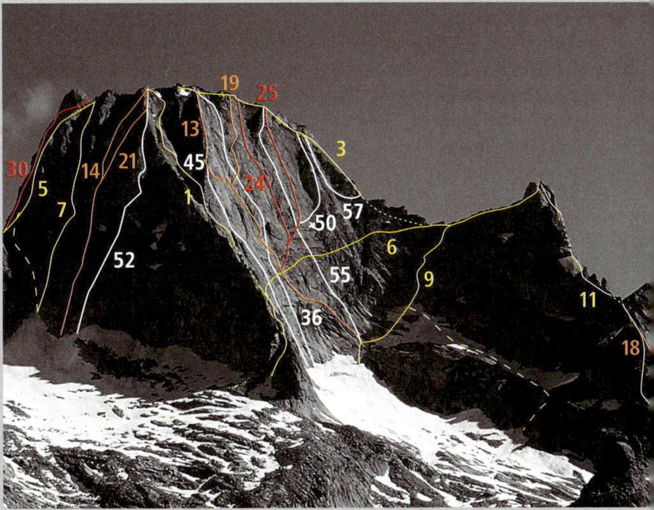

1867–1930
1931–1960
1961–1980
1981–2005

100 m

Trips und Tipps

Besteigung des Pizzo Badile (3305 m)

Von den Anstiegen, die auf den Badile führen, kann die Normalroute über die Südseite als verhältnismässig einfach gelten: Die Kletterschwierigkeiten sind bescheiden (eine Stelle 3b, sonst meist 2), Geübte können – vielleicht abgesehen von dieser einen Stelle – auf das Seil auch verzichten. Allerdings ist die Routenführung recht kompliziert, was ein Mindestmass an Erfahrung erfordert; bei Nebel kommen zuweilen selbst Ortskundige ins Rotieren.
Die Route: Vom Rifugio Gianetti (2534 m) steigt man gegen den Badile an. Diesem vorgelagert ist ein Sporn, durch eine Kerbe vom Südgrat getrennt. Über eine Felsrampe von Westen her zu dieser Kerbe, dann kurz östlich dem Grat entlang, bis ein Kamin mit Fixseil (3b) zurück zum Grat führt (Castelli-Piatti-Kreuz). Etwas empor, wieder rechts hinaus und leicht absteigend (Steinmännchen) in den grossen Wandtrichter queren. Durch diesen auf (fast) beliebigem Weg über kurze Felsstufen und Kamine direkt zum Gipfel. Vom Rifugio Gianetti 3 Stunden. Im Abstieg lässt sich an einigen vorhandenen Haken und Schlingen abseilen.
Alle übrigen Anstiege sind anspruchsvoll, lang und nur sehr zurückhaltend eingerichtet. Für die nordseitigen Routen inklusive Kante dauert die Hauptsaison bestenfalls drei Monate, die Zeit zwischen Ausaperung und Einschneien. Detaillierte Beschreibungen und Routenskizzen finden sich in den Kletterführern, insbesondere im aktuellen SAC-Alpinführer «Südliches Bergell – Disgrazia» (2006) von Ruedi Meier.
Zahlreiche Bergführer in der Region bieten ihre Dienste an. Der wohl erfahrenste Badile-Führer ist Siffredo Negrini aus dem bergellerischen Casaccia (Tel. 081 824 31 62). Weitere Bergführer finden sich beispielsweise unter www.4000plus.ch (Schweizer Bergführerverband) und www.guidealpine.lombardia.it (Bergführerverband Lombardei).

Wanderungen am Pizzo Badile

Wer den Badile lieber bewundern denn besteigen möchte, kann sich auf eine der vielen Wanderungen der Umgebung einlassen. Besonders empfehlenswert sind:

Von Süden: Valle Porcellizzo
Ausgangspunkt ist das altehrwürdige Kurhotel der Bagni del Masino (1172 m), am Eingang zum Valle Porcellizzo (im Sommer Busverbindung von San Martino Valmasino). Durch steilen Wald in vielen Wegkehren über Corte Vecchia und die «Termopili» (ein schmaler Durchgang zwischen grossen Felsblöcken) zum Wildbach des Val Sione (Fixseil, bei hohem Wasserstand oder Altschnee hilfreich). Etwas später gelangt man zur schönen Hochebene der Casera Porcellizzo (1899 m), wo sich der Blick erstmals auf das so grosse wie grossartige Kar des oberen Valle Porcellizzo mit dem Gipfel-Halbrund um Badile und Cengalo öffnet. Jenseits des Bachs, teilweise über einen mit Platten ausgelegten Viehweg, allmählich hinauf auf die obere Geländestufe. Sanfte, von Gletscherschliffplatten durchsetzte Grashänge führen schliesslich zum Rifugio Gianetti (2534 m). Knapp 4 Stunden ab den Bagni, Schwierigkeit T2+.
Eine interessante Abstiegsvariante bietet der «Sentiero Risari»: vom Rifugio Gianetti über den Passeinschnitt zwischen Cima del Barbacan und Monte Boris zum Rifugio Omio und auf dessen Hüttenweg hinunter zu den Bagni. Gianetti–Omio–Bagni 4 Stunden, Schwierigkeit T4.

Von Norden: Val Bondasca
Von der Bondascabrücke bei Bondo (836 m) auf markiertem Weg ins Val Bondasca hinein, im oberen Teil die Strasse ein paar Mal kreuzend. Ab dem Parkplatz auf ca. 1300 Metern (hierher auch mit dem Auto, Fahrbewilligung am Automaten in Bondo) nach Laret, über den Plän Marener und durch die Felsschlucht des Camin zur Alp Naravedar (kurze Fixseile, nützlich bei Nässe). Auf Naravedar und noch besser bei der Capanna Sciora (2120 m) geniesst man eine sagenhafte Rundsicht auf die wilde, schöne Bondasca mit ihren Granitzinnen und Gletschern. Von Bondo 4 Stunden, vom Parkplatz 2,5 Stunden, Schwierigkeit T3.
Bei der Capanna Sciora setzt ein weissblau markierter Pfad an, der über das Geröll- und Gletschervorfeld unter den Nordabbrüchen von Cengalo und Badile hindurch zum Viäl führt, einem ausgesetzten Grasband mit Kraxelstellen (gute Fixketten). Über die Plotta, eine weite Landschaft aus Felsplatten und eingelagerten Mooren, gelangt man bald zur Capanna Sasc Furä (1904 m). Auf steilem, aber gut gesichertem Weg hinunter zum Parkplatz und nach Bondo. Von der Capanna Sciora zur Capanna Sasc Furä 3 Stunden, Schwierigkeit T4; Abstieg zum Parkplatz 1 Stunde, nach Bondo 2 Stunden, Schwierigkeit T3.

Rund um den Badile
Seit in den letzten Jahren der Vadrec da la Bondasca unterhalb des Passo di Bondo zunehmend zerrissen ist, wird zur Umrundung des Badile mit Vorteil etwas weiter ausgeholt – 4 Tage in anspruchsvollem Alpinwandergelände, mit Schwierigkeiten um T5 (Steigeisen und/oder Pickel hilfreich, Trittsicherheit und Schwindelfreiheit obli-

Aussichtspunkt: Einen eindrücklichen Blick auf Nordwestwand und Nordkante gewährt der Pizzo Trubinasca, der sich eine Kraxelstunde oberhalb des Bivacco Pedroni-Del Prà (am Verbindungsweg Gianetti–Sasc Furä) befindet.

gatorisch). Tag 1: Bondo–Capanna Sciora; Tag 2: Pass Cacciabella Sud–Vadrec da l'Albigna–Passo di Zocca–Rifugio Allievi; Tag 3: Passo Qualido–Passo del Camerozzo–Rifugio Gianetti («Sentiero Roma»); Tag 4: Passo Porcellizzo–Passo della Trubinasca–Capanna Sasc Furä–Bondo.

Weitwanderungen
Zwei der berühmtesten anspruchsvollen Trekkings der Alpen ziehen am Fusse des Badile durch: im Norden der «Sentiero Alpino Bregaglia», welcher die Hütten Forno, Albigna, Sciora und Sasc Furä verbindet (4 Tage, T4 bis T5), im Süden der «Sentiero Roma» (Rifugio Gianetti–Rifugio Allievi–Rifugio Ponti plus Ein- und Ausstieg, 4 bis 5 Tage, T4 bis T5). Nähere Angaben zu diesen abenteuerlichen Routen finden sich in der Wanderliteratur (siehe weiter unten).

Berghütten und historische Hotels

Capanna Sasc Furä (1904 m). Am Fusse der Badile-Nordkante im oberen Val Bondasca gelegen. CAS Sezione Bregaglia. 46 Plätze, immer offene Winterhütte mit 4 Plätzen. Von Anfang Juli bis Mitte September durchgehend, anschliessend bis Ende September zeitweise bewartet. Tel. 081 822 12 52, www.bregaglia.ch/casbregaglia. Vom Parkplatz Laret 2 Stunden, von Promontogno/Bondo 3,5 Stunden.

Capanna Sciora (2120 m). Unterhalb der Scioragruppe gelegen, gegenüber der Badile-Nordostwand. SAC Sektion Hoher Rohn. 42 Plätze, ausserhalb der Bewartungszeit Winterraum mit 10 Plätzen (auf Anfrage). Von Anfang Juli bis Ende September durchgehend bewartet. Tel. 081 822 11 38, www.sachoherrohn.ch. Vom Parkplatz Laret 2,5 Stunden, von Promontogno/Bondo 4 Stunden.

Rifugio Gianetti (2534 m). Im oberen Valle Porcellizzo gelegen, am Fuss der Badile-Südseite. CAI Sezione Milano. 80 Plätze, ausserhalb der Bewartungszeit kleine Winterhütte ohne Koch- und Heizmöglichkeit. Von Ende Juni bis September durchgehend bewartet. Tel. 0039 0342 64 51 61, www.huetten-biwaks.com. Von Bagni del Masino 4 Stunden, von San Martino 5 Stunden.

Bivacco Redaelli (3305 m). Auf dem Gipfel des Badile gelegene Biwakschachtel. CAI Sezione Lecco. 6 Plätze, immer offen. www.huetten-biwaks.com.

Aussichtspunkte: Der Badile – mit seinen Nachbarn zur Linken, Cengalo und Scioragruppe – lässt sich vom schmucken Dörfchen Soglio aus besonders bequem bewundern (oben); oder, noch etwas deutlicher, vom plattenbelegten Wanderweg der Panoramica (Mitte); oder, noch etwas wilder, vom wasserreichen Talabschluss des Val Bondasca (unten).

Ausgangspunkte: Beim Hotel Terme Bagni del Masino (oben), dem früheren Stützpunkt für Badile-Besteiger, erinnert eine Tafel an den Masino-Erforscher Francesco Lurani. Für Nordwand-Aspiranten hingegen war die Pension Sciora in Promontogno (unten) die erste Adresse; heute kehren vor allem Wanderer und Feinschmecker ein.

Terme Bagni del Masino (1172 m). Historisches, ehrwürdiges Kurhotel, in mehreren Etappen ausgebaut rund um die 1462 erstmals erwähnte Heilquelle. Vor dem Bau der Gianettihütte diente das Hotel als Ausgangspunkt für Badile- und andere Fahrten im Valle Porcellizzo, später war hier die Meldestelle der Rettungsstation einquartiert. Offen von Mai bis September. Tel. 0039 0342 64 10 10, www.bagnimasino.it.

Pension Sciora, Promontogno (821 m). Stattliches Bergellerhaus aus dem Jahr 1594, eines der ältesten von Promontogno und Bondo. In der stilvollen Pension gingen zahlreiche berühmte Alpinisten ein und aus, von Cassin über Rébuffat, Terray und Lachenal bis hin zu den Rusconi; der rastlose Buhl übernachtete nicht, parkierte aber sein Fahrrad 1952 im angebauten Schuppen. Tel. 081 822 14 90, www.bregaglia.ch, pension.sciora@bluewin.ch.

Hotel Bregaglia, Promontogno (821 m). Alter, imposanter Flügelbau aus der Belle Époque (1876) knapp unterhalb der Porta, der Bergeller Talenge. Auch hier stiegen Bergsteiger ab, nicht zuletzt 1923 Zürcher und Risch anschliessend an ihre Erstbegehung der Kante. Tel. 081 822 17 77, www.bregaglia.ch.

Karten

Landeskarte der Schweiz 1:25 000, Blatt 1296 Sciora, oder 1:50 000, Blatt 278 Monte Disgrazia.

Kletterführer

Griffin, Lindsay: Bernina and Bregaglia. Selected Climbs. Alpine Club, London 1995.
Maspes, Gianluca/Miotti, Giuseppe: Masino Bregaglia Disgrazia. Montagne per quattro stagioni. Guida dalle guide, Sondrio 1996.
Meier, Ruedi: Clubführer Bündner Alpen, Band IV. Südliches Bergell – Disgrazia. SAC Verlag, Bern 2006.
Mellor, Chris: Swiss Rock. Bregaglia Granite selected climbs. Selbstverlag, Croydon 2000.
Nigg, Paul: Bergell. Gebietsführer für Wanderer, Bergsteiger und Kletterer. Bergverlag Rother, München 2004.
Novák, Jiří: Bergell. Horolezecké vystupý/Kletterführer. Montana, Brno 2004.

Wanderführer

Bauer, Ursula/Frischknecht, Jürg: Grenzland Bergell. Wege und Geschichten zwischen Maloja und Chiavenna. Rotpunktverlag, Zürich 2004.
Bauer, Ursula/Frischknecht, Jürg: Veltliner Fussreisen. Zwischen Bündner Pässen und Bergamasker Alpen. Rotpunktverlag, Zürich 2000.
Donatsch, Peter: Alpinwandern Graubünden. SAC Verlag, Bern 2000.
Lisignoli, Guido: Bregaglia – le più belle escursioni. Lyasis, Sondrio 2005. Deutsch: Bergell – Die schönsten Wanderungen. Lyasis, Sondrio 2005.
Miotti, Giuseppe/Vannuccini, Mario: La nuova guida del Sentiero Roma – Val Masino ambiente e natura. Guida dalle guide, Sondrio 2003.
Volken, Marco/Kundert, Remo: Alpinwandern Südbünden. SAC Verlag, Bern 2007.

Information

Ente turistico Pro Bregaglia, CH–7605 Stampa, Tel. 081 822 15 55, www.bregaglia.ch.

Consorzio Turistico Porte di Valtellina, Piazza Bossi 7/8, I–23017 Morbegno, Tel. 0039 0342 60 11 40, www.portedivaltellina.it und www.valtellina.it.

Literaturverzeichnis

Aus Platzgründen werden nur die wichtigsten Quellen erwähnt; weitergehende Literaturangaben sind beim Herausgeber erhältlich. Abkürzungen: **AJ** Alpine Journal (London), **CAI** Club Alpino Italiano, **CAAI** Club Alpino Accademico Italiano, **DÖAV** Deutscher und Österreichischer Alpenverein, **Jb.** Jahrbuch, **Jg.** Jahrgang, **Mb.** Monatsbulletin, **RM** Rivista mensile del CAI, **SAC** Schweizer Alpen-Club, **Zs.** Zeitschrift.

Führer

Bachmann, Ruedi: Clubführer Bündner Alpen, Band IV. Südliche Bergeller Berge und Monte Disgrazia. SAC Verlag, Bern 1989 (4. Auflage); 1992 (5. Auflage).

Ball, John: The Central Alps – being the Second part of The Alpine Guide. Longmans, Green & Co., London 1864.

Ball, John: Ball's Alpine Guides, East Switzerland. Longmans, Green & Co., London 1873.

Bonacossa, Aldo: Guida dei Monti d'Italia. Regione Masino – Bregaglia – Disgrazia. Club Alpino Italiano und Touring Club Italiano, Milano 1936.

Bonacossa, Aldo/Rossi, Giovanni: Guida dei Monti d'Italia. Regione Masino – Bregaglia – Disgrazia, volume I (2. Auflage). Club Alpino Italiano und Touring Club Italiano, Milano 1977.

Brasca, Luigi: Guida dei Monti d'Italia. Alpi Centrali, Vol. I – Alpi Retiche occidentali (darin: Parte III. Regione Albigna–Disgrazia, verfasst durch Romano Balabio). Club Alpino Italiano Sez. Milano, Milano/Brescia 1911.

Brusoni, Edmondo: Guida ciclo-alpina-itineraria-descrittiva della Valtellina e regioni adiacenti della Svizzera. Touring Club Italiano, Sondrio 1906.

Collomb, Robin G.: Bregaglia West – Sciora, Cengalo, Badile, Trubinasca. West Col Productions, London 1967 (1. Auflage); 1974 (2. Auflage).

Corti, Pietro/Vitali, Paolo: Masino – Bregaglia, Granito D. O. C. Grafiche Cola, Lecco 1993.

Griffin, Lindsay: Bernina and Bregaglia – Selected Climbs. Alpine Club, London 1995.

Lurani, Francesco: Le montagne di Val Masino – Appunti topografici ed alpinistici. Estratto dall'Annuario della Sezione di Milano [del CAI], Milano 1883. Faksimile in: Revojera, Lorenzo: Un patrizio milanese verso la modernità – Francesco Lurani Cernuschi (1857–1912) fra arte, alpinismo, letteratura, musica e scienza. Persico Europe, Cremona 2004.

Maspes, Gianluca/Miotti, Giuseppe: Masino Bregaglia Disgrazia, Montagne per quattro stagioni. Guida dalle guide, Sondrio 1996.

Meier, Ruedi: Clubführer Bündner Alpen, Band IV. Südliches Bergell – Disgrazia, 6. Auflage. SAC Verlag, 2006.

Mellor, Chris: Swiss Rock – Bregaglia Granite selected climbs. Croydon 2000.

Miotti, Giuseppe/Mottarella, Lodovico: Sul granito della Val Masino. Mevio Washington, Sondrio 1979.

Miotti, Giuseppe/Gogna, Alessandro: Bergell – Disgrazia – Engadine. Du Badile à la Bernina, les 100 plus belles courses et randonnées. Denoël, Paris 1985. Italienisch: Dal Pizzo Badile al Bernina, le 100 più belle ascensioni ed escursioni. Zanichelli, 1986. Deutsch: Bernina, Bergell – die 100 schönsten Touren. Carta, Pforzheim 1985.

Nigg, Paul/Philipp, Hans: Kleiner Führer durch das Bergell. Rother, München 1964.

Nigg, Paul: Führer durch das Bergell. Rother, München 1968 (2. Auflage); 2004 (7. Auflage).

Novák, Jiří: Bergell – Horolezecké výstupý/Kletterführer. Montana, Brno 2004.

Rossi, Renata: Badile, sogno nel granito. Albatros, Valmadrera 1989.

Rütter, Hans: Clubführer durch die Bündner Alpen, IV. Band – Die südlichen Bergeller-Berge und Monte Disgrazia. SAC Verlag, Bern/Schuler, Chur 1922 (1. Auflage). SAC Verlag, 1935 (2. Auflage); 1966 (3. Auflage, revidiert von Hans Grimm und Men Zisler).

Strutt, Edward Lisle: The Alps of the Bernina, W. of the Bernina Pass. Part I: The Range W. of the Muretto Pass. Conway and Coolidge's Climbers' Guides. T. Fisher Unwin, London 1910.

Tanner, Hermann Alfred: Führer für Forno – Albigna – Bondasca. Eigenverlag, Basel 1906.

Weitere Literatur

Alp Nr. 187: Cassin – Badile. CDA & Vivalda, Torino 2000.

Alp Nr. 21/222: Val Masino. CDA & Vivalda, Torino 2004.

Beldi, Fritz: Neues und Seltenes aus der Bondasca. In: Die Alpen, 1936, S. 313–322.

Belina, Walter: Badile, Bergell & Belina – Geschichten und Bilder aus dem Leben eines Bergführers. Eigenverlag, Chur 2005.

Boscacci, Antonio/Pelosi, Mario/Bettini, Giovanni/Fassin, Ivan: Montagne di Valtellina e Valchiavenna. Banca Piccolo Credito Valtellinese, Sondrio 1982.

Bramani, Vitale: Da «una giornata dell'ala» alla Nord-Ovest del Badile. In: RM, 1939, S. 79–84.

Buhl, Hermann: Allein durch die Badile-Nordostwand. In: Bergsteiger (München), Jg. 20 (1953), S. 378–385.

CAI Milano: Val Masino – Numero speciale del bollettino mensile. CAI Milano, 1954.

CAI Morbegno: Badile 87, cinquant'anni di leggenda. CAI Morbegno, 1987.

Calegari, Angelo: Il Pizzo Badile di Valmàsino dal versante Nord. In: RM, 1912, S. 195–202 (siehe auch Seite 51).

Calegari, Angelo: Pizzo Badile, prima ascensione invernale. In: RM, 1939, S. 30f.

Campiotti, Fulvio: Badile, una prima a «puntate». In: Lo Scarpone, 1.10.1973.

Cassin, Riccardo: La parete Nord-Est del Pizzo Badile. In: RM, 1937, S. 354–357.

Cassin, Riccardo: Dove la parete strapiomba. Baldini & Castoldi, Milano 1958.

Cassin, Riccardo: Italian climbing between the wars. In: AJ, Vol. 77, 1972, S. 149–156.

Cassin, Riccardo: Cinquant'anni di alpinismo. Dall'Oglio, Milano 1977.

Cassin, Riccardo: Capocordata – la mia vita di alpinista. Vivalda, Torino 2001. Deutsch: Erster am Seil. AS Verlag, Zürich 2003.

Coolidge, William Augustus Brevoort: Cima di Tschingel, first ascent. In: AJ, Vol. 4, 1868–1870, S. 51.

Corning, Ursula: In the shadow of Piz Badile. In: AJ, Vol. 48, 1936, S. 251–256.

Corti, Claudio: Accadde 15 anni fa. In: Notiziario del CAI Lecco, 1968, S. 10–13.

Darbellay, Michel: Im Winter durch die Badilewand – Erfolg einer europäischen Seilschaft. In: Alpinismus (München), 4/1968, S. 24–27.

Favre, Betty: Badile. In: Die Alpen, 1954, S. 249–254.

Ferrari, Casimiro: Ricordi di una prima invernale. In: Die Alpen, 1967, S. 56–59.

Freshfield, Douglas W.: Italian Alps, sketches in the mountains of Ticino, Lombardy, the Trentino, and Venetia. Longmans, Green & Co., London 1875.

Freshfield, Douglas W.: Notes on old tracks. In: AJ, Vol. 17, 1894/95, S. 419–429.

Frischknecht, Jürg/Kramer, Thomas/Schweizer, Werner: Swiss: Filmlandschaft Engadin Bergell Puschlav Münstertal. Bündner Monatsblatt, Chur 2003 (www.filmlandschaft.ch).

Giacometti, Arnoldo: 75 anni Sezione Bregaglia del Club Alpino Svizzero 1903–1978. CAS Sezione Bregaglia, Typoskript, Promontogno 1978.

Giacometti, Arnoldo/Maraffio, Alberto: 100 anni Sezione Bregaglia Club Alpino Svizzero (1903–2003). CAS Sezione Bregaglia, 2003.

Gugelloni, Giuseppe: Punta Sertori – Prima Ascensione e Traversata della Parete Sud-Est del Pizzo Badile. In: RM, 1900, S. 373–378.

Hargreaves, Alison: A Hard Day's Summer – Six classic north faces solo. Hodder & Stoughton, London 1994.

Hofmannová, Zuzana: Badile – Winter-Erstbegehung der Ostwand. In: Bergsteiger (München), Nr. 12/1982, S. 27–29.

Isherwood, Dick: Direttissima on the Piz Badile. In: AJ, Vol. 74, 1969, S. 1–6.

Klucker, Christian: Erinnerungen eines Bergführers. Eugen Rentsch Verlag, Erlenbach 1930. Italienisch: Memorie di una guida alpina (con una prefazione di Roberto Osio). Tararà edizioni, Verbania 1999.

L'Orsa, Fortunato/Roch, André: Noch einmal die Badile-Nordkante. In: Die Alpen, 1926, S. 377–379.
Lachenal, Louis: Carnets du vertige. Editions Pierre Horay, Paris 1956, S. 160–164. Neuausgabe bei Éditions Guérin, Chamonix 1996, S. 179–184. Deutsch: Ein Leben für die Berge. Hallwag, Bern 1963, S. 144–148.
Livanos, George: Cassin – Il était une fois le sixième degré. Arthaud, Paris/Grenoble 1983. Italienisch: Cassin – c'era una volta il sesto grado. Dall'Oglio, Milano 1984.
Marchini, Riccardo/Mottarella, Lodovico: Album. Cento anni di montagne in Bassa Valtellina. CAI Morbegno, 2002.
Marimonti, Pompeo/Contini, Dauro: Punta Sertori, prima ascensione per la cresta Sud. In: RM, 1924, S. 105f.
Meciani, Pietro: Il sesto grado in Val Masino. In: RM, 1950, S. 61–70.
Meciani, Pietro: I primi alpinisti nella regione del Masino. In: RM, 1950, S. 173–182.
Meridiani Montagne Nr. 19: Badile. Domus, Milano 2006.
Merisio, Luca/Lisignoli, Guido: Giganti di Granito. Valmasino e Bregaglia. Lyasis, Sondrio 2003. Deutsch: Giganten aus Granit. Bergell und Valmasino. Montabella, St. Moritz 2003.
Mierisch, Willy: Eine Klubfahrt über die Badilekante. In: Österreichische Alpenzeitung (Wien), Jg. 57 (1935), S. 154–159.
Minnigerode, Bernhard: Aus den Bergeller Bergen. In: Jb. des SAC, Jg. 15, 1880, S. 102–133.
Miotti, Giuseppe: La Via del Tarci. Guida dalle guide, Sondrio 1999.
Müller, Bruno und Kurt: Piz Badile – Another day in Paradise. In: Bergsteiger (München), 5/1992, S. 71–77.
Niederer, Max (Red.): 75 Jahre Sektion Hoher Rohn SAC (1891–1966). SAC Hoher Rohn, Wädenswil 1966.
Nothdurft, Günter: In den Platten der Piz Badile Nordostwand. In: Der Bergkamerad (München), Jg. 18 (1956/57), S. 268–277.
Piola, Michel: La colère du Badile. In: Alpinisme & Randonnée (Meylan), Nr. 51/Janvier 1983, S. 30–33.
Rébuffat, Gaston: La face nord-est du Badile. In: Alpinisme Nr. 9 (1948/49), S. 147–161.
Rébuffat, Gaston: Étoiles et tempêtes (Six Faces Nords). Arthaud, Paris/Grenoble 1954. Deutsch: Sterne und Stürme – Die großen Nordwände der Alpen. Nymphenburger Verlagshandlung, München 1955. Neuausgabe bei Bruckmann, München 1986.
Redaelli, Alfredo: Pizzo Badile – Punta Orientale per nuova via sulla parete Ovest. In: RM, 1905, S. 52.
Revojera, Lorenzo/Carlesi, Piero/Lucioni, Carlo/Pesci, Eugenio: Milano e le sue montagne. CAI Milano, Milano 2002.
Rho, Franco: Capodanno sulla Nord-Est del Badile. Tamari, Bologna 1968 (1. Auflage); Nordpress Edizioni, Chiari BS 2004 (2. Auflage).
Rossi, Giovanni: Sulla storiografia dell'alpinismo – concetti generali e fonti per la storiografia dell'alpinismo nella regione Màsino – Bregaglia – Disgrazia. In: RM, 1979, S. 263–269.
Rossi, Giovanni: Pizzo Badile (1977–1993). In: Annuario del CAAI, 1993, S. 89–95.
Rusconi, Gianni: La via del fratello. In: RM, 1971, S. 549–561.
Rusconi, Gianni: La via Vera sulla parete S-SE del Pizzo Badile. In: RM, 1973, S. 357–360.
Rusconi, Giovanni/Garobbio, Aurelio: Pareti d'inverno. Il Castello, Milano 1973.
Rydzewski, Anton von: Im Hochgebirge des Bergells. In: Jb. des SAC, Jg. 27, 1892, S. 184–205.
Rydzewski, Anton von: Ersteigung des Piz Badile über den Westgrat. In: Zs. DÖAV (München), Bd. 29, Jg. 1898, S. 190–196.
Rydzewski, Anton von: Hochtouren im Bergell im Sommer 1893. In: Jb. des SAC, Jg. 58, 1923, S. 118–169.
SAC-Redaktion: Piz Badile über die Nordost- und Nordwestflanke und das dazwischen liegende Bollwerk. In: Jb. des SAC, Jg. 48, 1913, S. 308.
Lo Scarpone, redazione: Il Pizzo Badile per la parete Sud-Est (Ausgabe 1.9.1935); Vinta la sud est del Pizzo Badile (Ausgabe 1.4.1956); Parete Sud-Ovest del Pizzo Badile (Ausgabe 16.11.1957); Pizzo Badile – parete N-O – Via Bramani-Castiglioni (Ausgabe 16.4.1976).
Schachtel, Roger: Caught on a cliff face. Raintree, Milwaukee 1980.
Schliessler, Martin: Beruf: Abenteurer. BLV, München 1972, S. 186–189 und S. 198–200.
Schulz, Karl: Eine Woche im Albigna-Disgrazia-Gebiet. In: Zs. DÖAV (München), Bd. 15, Jg. 1884, S. 490–512.
Stiebler, Christof/Nigg, Paul: Bergell – Granitberge über südlichen Tälern. Rother, München 1968.
Strutt, Edward Lisle: New Expeditions in 1911 and 1912 – Bregaglia Group. In: AJ, Vol. 26, 1912, S. 464f.
Strutt, Edward Lisle: The Grey Twins. In: AJ, Vol. 37, 1925, S. 138–154.
Taylor, Colin: Piz Badile Commentary. In: Mountain (London), Nr. 28, 1973, S. 30–39.
Terray, Lionel: Les conquérants de l'inutile. Des Alpes à l'Annapurna. Gallimard, Paris 1961. Neuausgabe bei Éditions Guérin, Chamonix 1995. Deutsch: Vor den Toren des Himmels. Von den Alpen zum Annapurna. Nymphenburger Verlagshandlung, München 1965, S. 194–198.
Vinci, Alfonso: Monti del Másino, regno del granito. In: RM, 1938, S. 421–427.
Vinci, Alfonso: Punta Sertori e Pizzo Cengalo. In: RM, 1939/40, S. 42–44.
Vitali, Paolo: Quel che rimane ... dopo i ceki ... In: Notiziario del CAI Lecco, 3/1987, S. 8–13.
Weilenmann, Johann Jakob: Aus der Firnenwelt – Gesammelte Schriften. 3. Band, S. 166–206. A. G. Liebeskind, Leipzig 1877.
Zopfi, Emil: Die grosse Wand – Ein Abenteuer in den Bergen. Schweizerisches Jugendschriftenwerk, Nr. 1564, Zürich 1981.
Zopfi, Emil: Badile – zwanzig Jahre später. In: Sanduhren im Fels, Limmat Verlag, Zürich 1994.
Zürcher, Alfred: Bergfahrten im Bergell. In: Die Alpen, 1925, S. 3–11.

Filmverzeichnis

Frigerio, Adalberto: Masino primo amore. 1975. 37 Min., Farbe.
Homberger, Ruedi: Via Fratello – Piz Badile. 1979. 18 Min., Farbe, stumm. Mit Bobi Götte und Marc Graf.
Magni, Pietro: Arrampicate in Valmasino. 1956. 13 Min., s/w, stumm. Mit Giulio und Dino Fiorelli (Videofassung mit Klaviermusik).
Mariani, Fulvio: Cinquant'anni dopo. 1987. 20 Min., Farbe. Mit Riccardo Cassin, Floriano Castelnuovo.
Rébuffat, Gaston: Étoiles et Tempêtes. 1955. 90 Min., Farbe. Mit Gaston Rébuffat und Maurice Baquet.
Rizzini, Francesco: Morire in montagna. 1974. 19 Min., Farbe. Mit Gianni Rusconi (Kamera), Antonio Rusconi und anderen.
Schliessler, Martin: Bergsteigen im Bergell. 1971. 29 Min., Farbe. Mit Paul Bernett, Volker Crempin, Manfred Dürschner, Nicolin Gianotti (spätere Version: Berge und Gletscher. Aus meinem Reisetagebuch. 1978).
Schliessler, Martin: Die Badile-Nordostwand – Der Weg ist das Ziel. 1986 (Aufnahmen 1983). 50 Min., s/w. Mit Edy Giovanoli, Bruno Hofmeister, Arturo Giovanoli, Guido Giovanoli, Marcello Negrini, Hans Ettl, Ludwig Gramminger.
Schweizer Fernsehen: Der Badile. Ein Berg zum Klettern mit blossen Händen. 1980. 12 Min., Farbe. Mit Leo Blättler, Andrea Florineth, Paul Nigg.

Bildnachweis

Abkürzungen: **o** oben, **m** Mitte, **u** unten, **l** links, **r** rechts, **A** Archivbild

Carlo Aldé, Lecco: S. 134
Andrea Badrutt, Chur: S. 212 r
Ueli Bärfuss, Samedan: S. 117 l (A), 118 (A)
Maurizio Bellini, Monteggio: S. 178
Res Blum, Bottighofen: S. 69, 70 l
Robert Bösch, Oberägeri: S. 217 o
Gianni Caronti, Selva di Cadore: S. 195 (A)
Riccardo Cassin, Lecco: S. 81–86 (A)
Vera Cenini, San Martino: S. 115 r (A)
Daniele Chiappa, Lecco: S. 154 (A)
Claudio Corti, Olginate: S. 126 (A)
Michel Darbellay, La Fouly: S. 135–139 (A)
Bruno Domenighetti, Gordola: S. 67
Mimmo Fiorelli, S. Martino: S. 48 u (A)
Jean Fuchs, Bienne: S. 97 (A)
Ralf Gantzhorn, Hamburg: S. 51 o, 59, 63, 103, 159 o
Roberto Grizzi, Gordevio: S. 108
Ruedi Homberger, Arosa: S. 128 o, 142, 143, 148 r, 158 o, 168, 172 (A), 175, 180–182, 189
Dick Isherwood, Port Townsend: S. 145, 147 (A)
Jürg von Känel, Reichenbach: S. 208
Igor Koller, Bratislava: S. 162 (A), 163, 164 (A), 165, 173, 174 (A), 176 (A)
Martial Leiter, Lausanne: S. 6, 8, 211
Heinz Leuzinger, Diesbach: Einband Titelseite, S. 88 u
Valentino Libera, Novate Mezzola: S. 210
Alexander Luczy, Bienne: S. 15
Herbert Maeder, Rehetobel: S. 64 l
Giulio Malfer, Rovereto: S. 127
Fulvio Mariani, Cadro: S. 9 (A), 77 (A), 78 (A), 198 (A), 199 (A)
Luca Maspes, San Martino: S. 73, 186 (A), 192 (A), 203 (A), 204, 206 (A)
Giuseppe Miotti, Sondrio: S. 47 (A), 53 u (A), 96 (A), 128 u (A), 131 (A), 170
Bruno Müller, Attinghausen: S. 202
Jiří Novák, Kladno: S. 167, 183, 185
Celso Ortelli, Sondrio: S. 116 u
Carlo Pedroni/Archiv Giuseppe Miotti, Sondrio: S. 155
Michel Piola, Plan-les-Ouates: S. 177, 179
Stefano Pizzagalli, Dongo: S. 205
Gianni Rusconi, Lecco: S. 149 o, 150–153
Anton von Rydzewski, Reproduktion Jean-Pierre König, Zürich (www.rydzewski.ch): S. 34 o, 36, 40, 41, 44, 48 o
Marco Salis, Pontresina: S. 120, 156
Olga Salis, Bondo: S. 115 l (A)
Paolo Vitali, Ballabio: S. 191 (A), 193, 194
Marco Volken, Zürich: Umschlag Titel- und Rückseite, Einband Rückseite, S. 10, 13, 16–17, 19, 23, 27, 28 o, 32–33, 35, 43, 45, 49, 50 u, 51 u, 52 l, 53 o, 54–55, 57, 65, 70 m, r, 71, 72, 74–75, 87, 89, 105, 114, 117 r, 122–123, 125, 129, 132, 133, 157, 158 u, 159 m, u, 160–161, 169, 188, 200–201, 209, 212 l, 213, 215, 216, 217 m, u, 218
Ballu, Gaston Rébuffat, Paris 1996: S. 101, 197
Bill Birkett/Bill Peascod, Women Climbing, London 1989: S. 148 l
Aldo Bonacossa, Guida dei Monti d'Italia, Regione Masino – Bregaglia – Disgrazia, Milano 1936: S. 79
Walter Bonatti, Le mie montagne, Bologna 1962: S. 88 o
Antonio Boscacci et al., Montagne di Valtellina e Valchiavenna, Sondrio 1982: S. 25, 58
Luigi Brasca, Guida dei Monti d'Italia, Alpi Centrali Vol. I, Milano/Brescia 1911: S. 22 u
CAS Bellinzona e Valli, Uomini storie montagne, Bellinzona 2004: S. 98 l
Ettore Castiglioni, Il giorno delle Mésules, Torino 1993: S. 94, 95
Douglas W. Freshfield, Italian Alps, London 1875: S. 18
Jürg Frischknecht et al., Filmlandschaft Engadin Bergell Puschlav Münstertal, Chur 2003: S. 196
Jean Gaberell, Gaberells Schweizerbilder II, Thalwil 1930 (ca.): S. 64 r
Horst Höfler/Reinhold Messner, Hermann Buhl, Zürich 2003: S. 107, 109
Francesco Lurani, Le montagne di Val Masino, Milano 1883: S. 26 u, 28 ur, 31 u
Giuseppe Miotti, La Via del Tarci, Sondrio 1999: S. 187
Lorenzo Revojera et al., Milano e le sue montagne, Milano 2002: S. 28 ul
Lorenzo Revojera, Un patrizio milanese verso la modernità, Cremona 2004: S. 26 o
Roger Schachtel, Caught on a cliff face, Milwaukee 1980: S. 119
Johann Jacob Scheuchzer, Ouresiphoites Helveticus sive Itinera Alpina tria, London 1708: S. 30
Louis Spiro, Guides de montagne, Lausanne 1928: S. 21
Lionel Terray, Vor den Toren des Himmels, München 1965: S. 102
AJ, 1926: S. 20
Alpe Neige Roc 4/1952: S. 113
Alpinisme, 1948/49: S. 99, 100
Blick, Zürich, 12.8.1968: S. 121
Jb. des SAC, 1907: S. 50 o
Die Alpen, 1925: S. 61
Die Alpen, 1938: S. 22 o, 37 o
Die Alpen, 1952: S. 111
Die Alpen, Mb. 1937: S. 76
Mtlg. DAV, 1951: S. 24 u
Österreichische Alpenzeitung, 1935: S. 66
RM, 1900: S. 46
RM, 1912: S. 56
RM, 1973: S. 91
Museum Alpin Pontresina, Foto Marco Volken: S. 42
Archiv CAS Bregaglia, Promontogno: S. 52 r, 116 o
ETH-Bibliothek, Zürich: S. 31 o, m
Privatarchiv Walter Mittelholzer, Wangen b. Dübendorf: S. 98 r
Archiv Gruppo Ragni Lecco: S. 110
Archiv SAC Hoher Rohn, Wädenswil: S. 37 u, 149 u
Sammlung Marco Volken: S. 93
Zentralbibliothek Zürich: S. 24 o, 34 u

Übersetzungen

Die Übersetzungen aus dem Italienischen und Englischen stammen von Monika Eingrieber, jene aus dem Französischen von Margarete Botzian.

Dank

Der Herausgeber dankt ganz herzlich dem AS-Team: Karin Steinbach Tarnutzer für die überaus fruchtbare Zusammenarbeit, Urs Bolz für die einfühlsame Gestaltung und Peter Schnyder und Heinz von Arx für das Verlegen eines derart sperrigen Buchs.
Nebst den Mitautoren und Fotografen haben zahlreiche im Buch erwähnte Alpinisten durch persönliche Auskünfte zum Gelingen beigetragen. Darüber hinaus danken wir folgenden Personen und Institutionen: SAC-Zentralbibliothek, Bibliothek des CAI Milano (Renato Lorenzo), Zentralbibliothek Zürich (Thomas Germann), DAV-Bibliothek München (Klara Esters), CAS Bregaglia (Arnoldo Giacometti, Alberto Maraffio), SAC Hoher Rohn (Karl Rusterholz), Ragni di Lecco (Carlo Aldé), CAI Morbegno (Franco Scotti), CAI Lecco (Annibale Rota), Sonia Livanos, Valeria und Carla Maraffio, Ruedi Meier, Andrea Mittelholzer und Rainer Rettner.

«Saurierpanzer, der unmerklich langsam durch die Eismassen des Quartärs bricht», heisst er beim Schriftsteller Emil Zopfi. Zeichner Martial Leiter skizziert ihn als liegendes Nashorn (Pixel auf Faxpapier, 5,5 x 1,9 cm, 2005): Pizzo Badile – Urtier aus Urgestein.

Bergmonografien
1 **Jungfrau** – Zauberberg der Männer
2 **Finsteraarhorn** – Die einsame Spitze
3 **Eiger** – Die vertikale Arena
4 **Piz Bernina** – König der Ostalpen
5 **Tödi** – Sehnsucht und Traum
6 **Watzmann** – Mythos und wilder Berg
7 **Titlis** – Spielplatz der Schweiz
8 **Mönch** – Mittelpunkt im Dreigestirn
9 **Glärnisch** – Rosen auf Vrenelis Gärtli
10 **Wilder Kaiser** – Klettergeschichte. Geschichten vom Klettern
11 **Piz Palü** – Dreiklang in Fels und Eis
12 **Bietschhorn** – Erbe der Alpinisten
13 **Badile** – Kathedrale aus Granit
14 **Churfirsten** – Über die sieben Berge

www.as-verlag.ch

Gestaltung: www.vonarxgrafik.ch, Heinz von Arx, Urs Bolz, Zürich
Lektorat: Karin Steinbach Tarnutzer, Zürich
Druckvorstufe: Matthias Weber, Zürich
Fotolithos: Ast & Jakob AG, Köniz
Druck: Südostschweiz Print AG, Chur
Einband: Josef Spinner Großbuchbinderei GmbH, Ottersweier
ISBN 3-909111-21-1

«Erst später, nach vielen weiteren Gipfeln,
ist mir klar geworden, dass das
der schönste Granit der Welt ist.»

Walter Bonatti, 1987

Verlag und Herausgeber danken der Kulturförderung des Kantons Graubünden (Chur), dem Ente turistico Pro Bregaglia (Stampa), dem CAS Bregaglia (Promontogno) und der Heli Bernina AG (Samedan) für die finanzielle Unterstützung.

Umschlag Titelseite:
Massiv – der Badile aus der Vogelperspektive. Zwischen Nordost- und Nordwestwand, zwischen Sonne und Schatten empor zieht sich die schneidige Nordkante, der berühmte Kletterklassiker aus dem Jahr 1923.

Umschlag Rückseite:
Felsig – Kletterer in den Platten der Nordostwand, unterwegs auf dem modernen Sportklassiker «Another day in paradise» aus dem Jahr 1991.

Einband Titelseite:
Ätherisch – der Badile aus der Malerperspektive. Aquarell (50 x 70 cm, 1999) von Bergführer Heinz Leuzinger, der die Nordostwand auf dem historischen Cassin-Klassiker dreimal kletterte, erstmals mit 18 Jahren 1958.

Einband Rückseite:
Eisig – Kletterer auf der Plota, unterwegs zur Nordkante. Die Route ist über alle Generationen hinweg ein Klassiker geblieben; hier im Jahr 2005.